yuyanxue lunji

语言学论集

张志毅 张庆云 著

2016年·北京

图书在版编目(CIP)数据

语言学论集/张志毅,张庆云著.—北京：商务印书馆,2016
ISBN 978-7-100-12333-4

Ⅰ.①语… Ⅱ.①张…②张… Ⅲ.①语言学－文集 Ⅳ.①H0-53

中国版本图书馆 CIP 数据核字(2016)第 150726 号

所有权利保留。
未经许可,不得以任何方式使用。

语 言 学 论 集

张志毅　张庆云　著

商 务 印 书 馆 出 版
(北京王府井大街36号　邮政编码100710)
商 务 印 书 馆 发 行
北京市艺辉印刷有限公司印刷
ISBN 978-7-100-12333-4

2016年12月第1版　　　　开本 787×960　1/16
2016年12月北京第1次印刷　印张 27¾
定价：60.00元

目 录

语言学及类型学

语言研究创新论 3
21世纪初汉语研究管测 18
柏拉图以来词义说的新审视 25
印欧语与汉语历时类型概论 41
印欧语中词的屈折变化的简化趋势 58
词的格形态的简化趋势 68
印欧语中词的语音简化述略 77
汉语中词的屈折变化的简化与消失 85
论泛称词和特称词 92
词的理据 106

词汇语义学

词汇语义学的元理论——词汇语义学的理论是从哪里来的？ 123
词汇语义学的新进展 131
词汇学的现代化转向 146
词源学的流派和理论 156
词位的语义结构 171
《现代汉语词典》的原型语义观 179
《汉语词汇》的贡献与词汇学的新进展 186
新词个体和世界整体 192
新时期新词语的趋势与选择 199
异形词是词位的无值变体 206
语汇研究的简单枚举和定量分析——成语和惯用语典型群的建立 214
同场逆推仿造新词 219
古今汉语词类活用同异论纲 225
汉语面部语义场历史演变 232

《说文》的词源学观念——《说文》所释"词的理据" …… 244
汉语的体点关系和体点复合词 …… 252
"禹鼎"考义 …… 262
"环境"是日源外来词吗？ …… 265

词典学

辞书的原型论——祝贺《辞书研究》而立华诞 …… 271
世界语文辞书的思潮 …… 279
理念演绎辞书 …… 293
现代语文性辞书的整体观 …… 301
语文辞书元语言的规则 …… 310
语文辞书的历时原则 …… 318
语文性辞书的语义学原则 …… 324
《现代汉语词典》释义体系的创建与完善——读《现代汉语词典》第5版 …… 331
辞书强国——辞书人任重道远的追求 …… 342
义类词典编纂法 …… 355
国语运动的杰作——国语辞典 …… 366

书评

一本英文版的古汉语著作——《古汉语语法四论》 …… 379
读《汉语口语教科书》 …… 381
喜读 A. Л. 谢米纳斯的《现代汉语词汇学》 …… 387
《明清敬谦语研究》读评 …… 391

怀念吕叔湘先生

吕叔老——甘做人梯，光前裕后 …… 395
星沉丰碑在——怀念吕叔老 …… 398

序言

《汉语词汇》再版序言 …… 405
《汉语词汇学论集》序 …… 408
《对外汉语词典释义研究》序 …… 410
《词汇论》序 …… 412

"现代汉语词汇学丛书"序 ………………………………………… 414
"当代语言学论丛"总序 …………………………………………… 417
《现代俄语词汇的多义性研究》序 ……………………………… 419
《古代法律词汇语义系统研究》序 ……………………………… 421
《古汉语书目指南》前言 ………………………………………… 423
《汉语数据库建设及其应用》序 ………………………………… 425
"语言文字理论与应用研究文库"总序 …………………………… 426
《普通话水平测试(PSC)的社会语言学阐释》序 ……………… 428
《汉语构词法和造词法研究》序 ………………………………… 430
《汉语大词典订补》序 …………………………………………… 432
《英、日、法学习词典编纂研究》序 …………………………… 434

语言学及类型学

語言學及文字學

语言研究创新论

一、创新的含义

1. 创新的含义:创新就是从背景知识和文化到前景知识和文化的破旧立新的或创造性的过程和结果。这时的"创新"(innovation)是广义的,包括创造(creation)和创业(enterprise)。

2. 创新的标准:①起点创新。发现新现象、新问题(含反常问题),提出新假设。②过程创新。思路、方法、分析、验证、推理独特,从追踪到原创。③结果创新。首先,理论要素(新概念、新范畴及其推论)具有超前性、前瞻性、超逸性。其次,追踪中见突破性,原创中见新奇性。再次,材料、论据等具有独创性。最后,具有指导性,一为对科学的指导,一为对实践的指导(含社会效应)。眼光短浅者只注重成果的当前效应,而忽视当前不可见的、不可估量的长远的未来效应。权威们应当宽容,鼓励科学创新的多元化,学者创新的自由性。

3. 创新的层面:①国际大师级;②国内大师级;③一般学者级;④博士级;⑤硕士级;⑥学士级;⑦中小学级。不同层面,有不同层级、不同侧面的创新。⑤～⑦级更注重起点过程创新,思维创新。德国的诗人、剧作家兼思想家歌德认为,凡是值得思考的东西都有人思考了,我们的任务是重新思考。我们要倡导:求异忌同思维、同中求异、异中求同(黑格尔)、平中求奇、实中求虚、虚中求实、正中求反、反中求正、有中求无、无中求有。一位牛津教授说:"牛津教你有中之无,剑桥教你无中之有。"(连淑能,2001)

二、创新的重要性

1. 创新,是人类永恒的主题。人类每一个文明的前进脚步,都是以创新为动力。电的发明,使人类进入了空前光明和能源无限的时代,飞机和飞船的发明使人类大大缩短了时空距离。因此,爱因斯坦(A. Einstein)认为"要是没有能独立思考和独立判断的创造能力的人,社会的向上发展就不可想象"。

2. 创新,是新世纪的永恒的主题。借用英国文艺复兴著名诗人莎士比亚的话来说,新世纪是"艳丽的新世界"(A brave new world)。这里有色彩缤纷的机遇,也有不见硝烟的争战。21世纪,国与国、单位与单位之间正在展开多种争战,其中心是人才争夺战,人才的中心就是创新人才。人才的类型有四种:

"十"型:知识面宽而深,会创新。

"一"型:知识面宽,没有深度。

"I"型:知识面窄,有一定深度。

"T"型:知识面宽而深,不会创新。

要争夺的就是"十"型人才。因此,创新就是每个求职者,特别是学生生存、发展最具有魅力的光环。

3. 创新,是各类各级学校、各种课程的永恒主题。中国教育开始重视这一主题,这是中国教育的希望之光。杨振宇在比较中西教育之后认为,中国学生在考试成绩上一般名列前茅,但在做研究工作方面,中国学生就显得吃力,创造力不够。

创造力不够,是中国教育的传统弱点——求同排异。到了唐代韩愈总结教师的三大职能是"传道、授业、解惑",而且是局限于"经史子集"之中,主线是学习研究人与人之间关系(而古希腊以来西方主线是人与自然的关系),不允许在正统之外有"异说",一千多年的科举制更是把历代的精英奇才禁锢在经典成说的小天地之中,特别是到了明清两代的科举八股文,连题目都主要取自《四书》,内容也要依据朱熹的《四书集注》,"代圣人立说",不允许自由发挥。在这样的"一统"教育制度下,怎么会产生创新人才。幸亏有些未入科举牢笼的遗野之才,为中华民族留下了创新之作,例如有唐代李白的诗歌,宋代毕昇的活版印刷术,明代李时珍的《本草纲目》,清代蒲松龄的《聊斋志异》等。

"五四"之后,特别是1949年之后,教育力求革新,但是创新教育还远未达到西方的程度,还是更多地追求"一言堂"、标准答案、升学率,其后果就是杨振宁所总结的"创造力不够"。

在新世纪曙光初照的时候,正是应该大力提倡创新教育的刻不容缓的时刻。尤其是在小学至大学阶段,更是创新教育的关键时期。

日本教育专家研究的结论是,创新思维的细胞位于人脑前额脑前叶部分,10—20岁是脑前叶逐渐生长、发达时期,如果不及时训练,尽可能地使用这些细胞去创新,那么到了20岁每天会有10万细胞变成废物,大约6年左右就丧失了创新能力。这个时期,就是从小学四年级到硕士研究生毕业前后。因此,中小学、大学本科、硕士研究生阶段,是培养创新思维的丰收的黄金时期。"在学生的脑力劳动中,摆在第一位的并不是记住别人的思想,而是让学生本人思考。也就是说,进行生动的创造。"(苏霍姆林斯基)

4. 我国学术界的现状急需创新思维。我国学术界的多数成员都是我们近50年培养的人才。这些人的科研过程和成果,显示出的现状是七多七少:

追踪多,原创少;描写多,理论少;模仿多,创新少;个性多,共性少;微观多,宏观少;国优多,世优少;国内大师稍多,国际大师极少。这种现状,迫使我们要如饥似渴地去培养一批一批有创新思维的人才。脱去工匠气,生发大师魂。

三、创新的动力

创新的动力,主要来源于非智力因素。把非智力因素引入科学,这是以美国为代表的世界科学20世纪70年代以来的新潮。普遍认为,非智力因素在科学创新中起了主要作用。非智力因素包括下面7个要素:

1. 人品道德。人品端正,学品才能端正。道德高尚,学品才能高尚。人品道德是智慧的火种。力避抄袭。

2. 崇高的精神。必须有献身于国家、民族的科学事业、教育事业和其他事业的精神。任何科学事业,都是异常艰苦的、枯燥无味的。必须有"下地狱的精神"。

3. 立志定向。古人说"学莫大于立志"。志向高远,才能最大限度激起创新的动力,才有成功的更大可能。德国人有一句谚语:"向天空的星星瞄准,总比向矮树瞄准打得高些。"志向必须始终一致,如果多次变更主攻方向,那么便不能克敌制胜。"只要能专注,就能取得连自己都会吃惊的成就。"(马克·吐温)多处挖坑,一无所获;打深一口井,或得水或得油。

4. 意志毅力。攻取高远的确定的目标,最需要的就是锲而不舍的意志、毅力。因此,爱因斯坦说:"优秀的性格和钢铁般的意志比智慧和博学更为重要……智力上的成就在很大程度上依赖于性格的伟大,这一点往往超出人们通常的认识。"有这样的性格意志,便有超凡的毅力,便能排除杂念和干扰,便能持之以恒、坚忍不拔、百折不回。

5. 兴趣。首先是好奇,这是西方科学的诱因之一。其次,只有浓厚的兴趣,才能对思索的课题演奏三部曲:爱上它、恋上它、迷上它。兴趣的浓缩就会产生超常的凝聚力、爆炸力,激发创新的热情。"成为一个杰出科学家最重要的,第一是要对科学有兴趣"。(丁肇中)

6. 勤奋。勤能补拙,勤能超凡。爱因斯坦生前再三声明,自己并没有超人之才,只有超常的勤奋。他在1955年4月逝世以后,美国病理学家冯姆·哈维博士对他的大脑解剖研究结果是:体积、重量、细胞、组织四项指针都同同龄正常人相同。如果我们都像爱因斯坦那样,像蜜蜂一样勤奋,什么创新奇迹都会出现。蜜蜂酿造一公斤蜜,大约得从蜂房到蜜源花丛间来回飞行45万公里,约等于绕地球11周。李政道八十岁时累了就睡两三个小时,起来再研究,一年还发表6篇文章。

7. 勇气。17世纪法国的哲学家、物理学家、生理学家笛卡儿提出"破除学界之奴性"的"怀疑论",主张思想自由,坚持批判的态度。这是以理性主义为基础的。因为,后来的爱因斯坦认为,对于世界这个"永恒的谜"只有"部分地可以认识"。严格地说:人们的认识是永无止境的。这一理性认识告诉人们:必须不断解放思想,不停地问个"为什么",大胆地突破思维定式,永远克服思维的惯性、惰性和奴性。不"唯圣""唯经""唯书""唯上""唯师"。"大疑则大悟,不疑则不悟。"(朱熹)"在可疑中而不疑者,不曾学,学则须疑。"(张载)"打开一切科学的钥匙是问号。"(巴尔扎克)

四、创新的指导思想

1. 创新的指导思想是哲学。"哲学"的希腊语 philosophia,意思是"爱智慧"。19世纪70年代日本翻译为"哲学",古汉语里的"哲"也是"有智慧"的意思。因此,爱因斯坦认为"哲学是科学之母",也有人说"哲学是科学之王"。王国维之所以能成为中国现代学术史上的开先河的人物,能在古典文学、诗词创作、古器物、古文字、上古史诸方面取得前无古人的成就,源于他年轻时钻研过康德、叔本华、尼采等德国哲学。哲学为他打开了智慧之门。

在古今中外的无数的哲学思想中,首先要吸收古代哲学和马克思主义哲学的精华:自然辩证法和唯物辩证法。

其次,吸收新哲学的新智慧。1892年和1895年德国哲学家和数理逻辑学家弗雷格(G. Frege)两篇垂史册的论文《论涵义和所指》《对意义的所指的解释》引导着世界哲学发生了第二次转向——从认识论转向分析哲学或语言哲学,并且成为一百多年以来西方哲学的主流。我们应当读读罗素(B. Russell)的《西方哲学史》和一些代表作,吸收一些新的智能。比如关于概念的研究在范畴论之后又出现了维特根斯坦(L. Wittgenstein)等人的"原型论",从家庭成员的相似性认识概念成员的共性特征,从一般成员和边缘成员认识概念的梯度特征。这对研究许多概念是具有普遍的更新的认识价值。

2. 学习思维科学,自觉接受创新思维训练。为此应读下列几本书:《走进思维的新区》(梁良良、黄牧怡,中央编译出版社,1996);《创造心理学》(周昌忠编译,中国青年出版社,1983/陶国富,立信会计出版社,2005);《思维奥妙探索——思维学导引》(卢明森,北京农业大学出版社,1994);《思维心理学》(刘志雅,暨南大学出版社,2005)。

3. 学习科学学或科学哲学,在更高层次上更自觉地训练创新思维。在科学之上有一门研究科学发现、创新规律的学问叫科学学或科学哲学。学习这门学问会在更高层次上更自觉地训练自己的创新思维,因为这是知识的知识。从前,培根说:"知识就是力量"(非培根原话,是别人把两句话拼合而成),而美国的未来学家托夫勒说:知识的知识才是力量。我们以为,更准确地说,知识的知识才具有更大的力量。因为知识是无限的,而知识的知识是有限的,它是打开知识之门的金钥匙,是"可转移的技巧"(transferable skills)。这方面的较好的书有:《科学革命的结构》(库恩,上海科学技术出版社,1980),《科学究竟是什么》(查尔默斯等,商务印书馆,1982),《科学学纲要》(徐纪敏,湖南人民出版社,1987),《科学发现的逻辑》(K. R. 波珀著,查汝强、邱仁宗译,科学出版社,1986/章士嵘著,人民出版社,1986),《西方科学哲学》(夏基松、沈斐凤,南京大学出版社,1987),《科学逻辑》(张巨清,吉林人民出版社,1984),《科学思想的概念基础》(瓦托夫斯基,求实出版社,1982),《发生认识论原理》(皮亚杰著,王宪钿等译,商务印书馆,1981)。

五、创新的基础

1. 高原上的高峰。

自然界的高峰是长在高原上。科学的高峰是长在知识高原上。对于一个民族、社会来说,知识的高原主要是三种积累:多派哲学、各学科理论、理性的领先的文化。理论是科学的灵魂。没有理论的"研究",只能是事实的描写,材料的堆积,感性的循环,技术的记录。李约瑟博士写的《中国科学技术史》,基本上是技术史。中国人从公元前613年观察记录彗星,至1910年共记录31次。比阿拉伯人领先679年,比欧洲人领先1602年。可是我们没有天文理论,只是见过彗星,并没有认识它。还是英国天文学家格林尼治天文台台长哈雷靠万有引力的理论计算出它的周期是76年,轨道是椭圆形的,因此,这颗星被命名为哈雷彗星。这是中国没有理论的悲剧,我们应当永远记住这个教训。所以经典的警示是:一个民族如果要想站在世界的顶点,一刻也离不开理论思维。美国科学哲学家瓦托夫斯基(M. W. Wartofsky)认为"从科学是思维的一种理性体系的程度上说,科学从根本上说就是理论"。而理论产生的先决条件之一,是学术群体的培植,特别是学派的建立。

2. 一个科学工作者,需要两个方面的13种积累。

一方面是知识结构。包括:①哲学及思维科学;②逻辑和数理逻辑;③数学和高等数学;④本学科的理论知识;⑤临界知识(如跟语言学临界的有信息学、认知科学、心理学、文化学、历史学、文学)。"两个科学家之间的交流,具有巨大的创造科学和复兴科学的价值。"(控制论创始人维纳)更高更新的创造,不仅需要两个学科的交叉,而且需要八面来风、百花酿蜜。科学工作者不是蚂蚁、蜘蛛,而是蜜蜂。因而培根说:"我们不应该像蚂蚁一样只会收集,也不应该像蜘蛛一样光会从肚子里吐丝,而应该像蜜蜂一样采百花酿蜜。"(连淑能,2001)达尔文从马尔萨斯《人口论》、莱尔《地质学原理》等许多论著中吸取花蜜,产生了"生存竞争,优胜劣汰"的思想,促进了生物进化论学说的形成。

另一方面是智力结构。包括8种能力:①外语(多种),②古语,③母语,④观察,⑤记忆(苏联心理学家:"记忆是一切智慧的源泉"),⑥反应(敏锐),⑦思维,⑧(知觉、感觉)表述。

会一种外语,就是打开一扇知识的窗户。19世纪德国语言学家洪堡特(K. W. von. Humboldt)认为"学会一门外语或许意味着在迄今为止的世界观领域中获得一个新的出发点"。而他本人竟掌握10来种外语。美国语言学家布龙菲尔德掌握了10多种外语。

恩格斯把外语和古语比喻为掌握知识的两种杠杆。华罗庚、钱学森、王力、吕叔湘、钱钟书、季羡林都是兼通外语和古语的,这就是他们成为国内大师的两个至关重要的杠杆。

学外语,必须下苦功夫。功夫就下在外语思维上、外语文化上、外语习惯上。要严防母语的负迁移。语言和逻辑不同。任何语言都有非逻辑表达式。如汉语的"养病"、"救火"、"未婚妻"、"没治了"、"心疼儿子"、"差点儿迟到/差点儿没迟到"、"两人骑一匹马/一匹马骑两个人"、"图书馆天天开放,星期一除外"(《现代汉语词典》

"除外"例句)。20世纪上半叶德国籍的两位哲学家胡塞尔(E. Husserl)、卡尔纳普(R. Carnap)都肯定了语言中的非逻辑现象。有的哲学家认为,修辞是一种模糊逻辑。有的逻辑学家竟断言:自然语言没有逻辑。19世纪英国法学家、哲学家边沁(J. Bentham)说:"错误从来没有像它扎根在语言那样难被消除。"(沙夫:《语义学引论》,商务印书馆,1979)

3. 观察。

(1) 理论的指导。力避"眼见为实"的直觉的、感性的、片面的观察。

理论决定观察的广狭、深浅、多少。

观察和实验是有区别的,地质学是典型的观察科学,物理、化学是实验科学。地质学的客体常支配科学家,物理学家、化学家常支配客体,因而物理学、化学进步快,假说、理论形成得多。从支配的角度看,语文学者常支配客体,也常被客体支配。因此,其中包括观察,也包括实验。

(2) 观察包括:面向实际的反复调查,面向书本的反复阅读。

观察的面要广。达尔文随贝格尔舰进行的是环球考察。

观察的次数要尽可能多,贵在反复多次。美国的民族学家摩尔根千万次地观察现代的美洲印第安人的原始社会,写了著名的《古代社会》,引起了全世界各种学派的特别重视,恩格斯的《家庭、私有制和国家的起源》的副标题竟然是《就刘易斯·亨·摩尔根的研究成果而作》。

(3) 观察要准确。例如在一次心理学会上,两个持枪人闯了进来,混战20秒,冲出去。主席让与会者写目击记,40份答卷中,仅有一篇错误少于20%,14篇错误为20%—40%,25篇错误在40%以上,另外在半数以上的答卷中有20%的细节是臆造的。这就是观察不准确的实例。

(4) 观察要有深厚的兴趣。在田野,植物学家注意的是植物,动物学家注意的是动物,地质学家注意的是地质构造,农夫注意的是庄稼,文学家注意的是风景、兼及植物、动物、地貌、庄稼。兴趣决定了观察内容及其深度。

(5) 观察必须加进思索。全神贯注,善于否定以往的自以为是的经验。多问为什么?特别是对司空见惯的现象。牛顿问为什么苹果会落地?不断用理论武装自己,达尔文环球观察的同时,研读《地质学原理》(莱尔)。本学科的理论不成熟,要注意研读邻近学科的。狄德罗认为,科学的三种主要方法是:观察、思考、实验。因此车尔尼雪夫斯基强调"思索、思索、再思索"。

(6) 观察必须肯下苦功夫。法国昆虫学家法布尔(J. H. Fabre)是这方面的典范,他用 6 年时间反复观察蚕蛾求偶过程。他一生观察过 400 多种昆虫猎食、营巢、生育、抚幼、搏斗的详情,写出 10 卷巨著《昆虫记》,揭示了昆虫世界的许许多多的规律。鲁迅称他是为科学"肯下苦功夫"的人。

(7) 观察必须随时随地记下大量材料。这是创新的物质基础,"独创性一个最好的标志就在于选择材料之后,能把它加以充分的发挥,从而使得大家承认压根儿想不到会在这个题材里发现那么多的东西。"(歌德)为此,马克思写过 100 多本笔记,科幻小说之父法国的凡尔纳在 40 年中写过两万五千本笔记,平均每年写 60 本,一个月写 5 本,一周写一本多。据《林肯传》记载,他在繁忙的国务中,把所有的材料随时记在碎纸片、旧信封、破纸包上,常把这些材料暂时存放在高大的帽子里,待有暇再分类、整理、修改、以备演说之用。

洋人有这种精神,我们的祖宗也有。南北朝有个叫任末的。爱读书而买不起书,便用衣裳做笔记,他的学生抢着用新衣换他的旧衣。这是衣服笔记的成功。

唐代白居易常记下所见、所闻、所感,回家分门别类放在各种陶罐里。一整理便成篇。这是陶罐笔记的成功。

唐代李贺,随手将诗句写在纸条上,装进总不离身的布袋中。回家整理成诗篇。这是口袋笔记的成功。

元代陶宗仪每日下田,间休时把所感写在树叶上,10 多年装满几缸树叶,以此写成 30 卷的《南村辍耕录》。这是树叶笔记的成功。

由此可见,化平庸为神奇的关键是勤奋、恒心和毅力。

4. 创新基础或积累中更主要的是民族社会行为。

其中心是各级教育单位必须以创新为永恒的主题,特别是高等教育必须树立高瞻远瞩的战略目标。欧洲 12 世纪创建大学的时候,确定五个目标:智能、思想、知识、学术、技能。继而 19 世纪英国散文家和演说家纽曼(J. H. Newman)更强调指出"大学训练的,是通过一个伟大而又普通的手段,达到一个伟大而又普通的目的,它的目标是提高全社会的智力水平,是培养公众的理解能力,是纯洁国民的趣味,是为群众积极性提供真正的原则,为群众所追求的希望提供确定目标,是扩大与端正时代精神,是帮助行使政治权力,是改善私人间的交流交往。"总之,我们认为大学的战略目标,第一是思维智能,第二是文化,第三是应用。应当允许大学高谈阔论、放言高论、奇谈怪论、异想天开、浮想联翩、神游八极、心游万仞、坐而论道,以便提出超前的理论,培养"具有潜质的远矗之才"(陆谷孙)。

六、创新的途径

1. 一史二线，一个制高点。

一史，就是一个学术史。二线，就是学术史中分两条线，一为文献史，二为学说史。一个制高点，就是得站在学说史的制高点，以便俯视、掌握全局，自觉地给某一学说在学说史中定位：先后、优劣、高低等。这样，我们的研究才会有两个效果：一是可以超越一个学派的狭隘的视域；二是不会走回头路，回到原始落后的状态。"不畏浮云遮望眼，只缘身在最高层。"（王安石《登飞来峰》）而现在的研究状况，不那么令人满意。其一，一些文学史、语言学史、训诂学史、语法学史、词汇学史等方面著作的主线是文献史，而不是学说史。一些基础教材及一般论著没有站在学说史的制高点，一些观点回到了原始或中世纪的学说，而编著者一点也没察觉。这是学术悲剧。

2. 三种模式中的优势模式。

一是理论模式，理论阐述是论著的主线，受理性指导。

二是描写模式，受经验论指导或影响。

三是描写兼理论模式，受经验论和理性论指导。

三种模式，各有优劣，各有功用。但是从科学发展史和科学哲学的眼光看，理论模式是优先倡导的，它对科学的发展起首功作用。学者只有长于理论模式，才能脱去匠气，生发学魂，孕育大师。

3. 三个视野，三级升格。

治学的成败主要因素之一是，视野或眼界的广狭。对于多数学科的学者来说有两个视野：汉语文献，外语文献。而对国内的中外文学学者和汉外语言学者来说还有一个视野："汉外文献"，即用汉语写的，以外国文学、外国语言为论据的，发表在中国各外语院校系所办的外语教学与研究类的杂志上。这类文献，被大多数汉语学者和中国文学者所忽视，特别是他们的硕士和博士论文，绝大多数都没有引用这类文献。换一个视角，国内的外国文学和外国语言的学者、硕士、博士极少引用汉语文献。总之，绝大多数语言学者或仅有一个视野，或仅有两个视野，而不兼具三个视野。早在公元6世纪颜之推就告诫学者"观天下书未遍，不得妄下雌黄"。应大力倡导陈恒先生的办法：竭泽而渔。

只有兼具三个视野，读了三类文献，语言学者治学才能完成从平原而高原而高峰的追踪。追踪完毕,才仅仅是创新的起点。有的学者连追踪都望尘莫及,更不见项背,就自以为有了创新,急于付梓"论著",这不是出于浅薄无知,就是过于急功近利。

4. 三级突破。

一级突破是,追踪之后达到国优——国内优秀。至少在材料论据,或实验论证,或思路方法方面有一定的创新,最好是在理论方面有创新——对旧理论的改进或改型,或把已有理论移植嫁接到另一学科。如把模糊理论、心理理论、逻辑理论移植到语言学,创立模糊语言学、心理语言学、逻辑语义学。

二级突破是,追踪之后达到世优——世界优秀,主要是对旧理论的改革,以新学说代替旧学说。例如对燃烧原因的研究,由燃素说改革为氧化说。

三级突破是,有重大原创,填补国际重大空白,建立了革命性的理论,对一个学科或两三个学科有重大推进。这种重大的原创,是获诺贝尔奖的重要原则。爱因斯坦的相对论就是对牛顿的万有引力学说的重大革命。哥白尼的日心说是对地心说的重大革命。

5. 三个优势方法。

科研从一个侧面说,就是一个个智能网络结构的再创造。而智能网络结构中的软智能结构就是方法论。这个软智能结构在科研中至少有两个奇效:一个是它能有效地促使某项研究尽快闯出新思路,把所涉及的理论知识系统化;一个是它能促使某项研究开创新程序和新途径,创造性地运用新方式,并把研究中的理论、知识跟能力在更高水平上交融。

创新,需要综合、交叉使用多种方法。比较而言,下列三个方法处于优势状态。

(1) 演绎法。亚里士多德、笛卡儿、爱因斯坦等理性论学派,首推演绎法。任何一门科学都是由最高层次的第一原理到最低层次的命题的演绎等级系统。数学几乎全部定理、公式等命题都是靠演绎法证明而被承认的。特别是欧几里得几何学是典型的演绎法思想体系,它雄视数学界垂两千年之久,主要功绩不在于几何学本身,而在于首创了完整的演绎法科学体系。牛顿的力学主要得益于演绎法。爱因斯坦在总结他的科研成功经验时说:"适用于科学幼年时代以归纳法为主的方法,正让位给探索性的演绎法。"(《爱因斯坦文集》第一卷262页,商务印书馆,1976)英国语言学家莱昂斯(Lyons)也认为,从20世纪70年代以后,演绎法取代了归纳法的主导地位。

当然,从历史上说,培根、穆勒等经验论学派曾经首推归纳法,并认为科学知识结构是由最低层的经验事实命题到顶端的一般原理,是逐步归纳的命题金字塔。不过,这是古典归纳主义。现代归纳主义不再认为归纳是科学的发现法,而有一定的证明、助发、补充作用。爱因斯坦论证量子假说主要用了归纳法。要从某些现象、事例得出共性,需要借助于归纳法。但是对热能转换为机械运动的证明,恩格斯说:"十万部蒸汽机并不比一部蒸汽机能更令人信服地证明这一点。"(恩格斯:《自然辩证法》190页,人民出版社,1955)归纳法,对经验定律(原理)、理论定律(原理)、由低升高的定律(原理)在不同程度上有一定的助发作用。

(2)创新比较法。比较法,是人类认识世界的基本方法,是科学工作者惯用的方法。康德说:"每当理智缺乏可靠论证思路时,模拟这个方法往往能指引我们前进。"(转自扎德《模糊集合,语言变量及模糊逻辑》1页,科学出版社,1982)。但是它只给极少数人以新的重大发现。其间的分界在于:如果比较迥异者的个性,或比较雷同者的共性,那么将是收获甚微。这是思维科学所说的低级阶段。如果比较迥异者的共性,或比较雷同者的个性,那么将可能有重大发现。这是思维科学所说的高级阶段。

因此,黑格尔说:"假如一个人能看出当前即显而易见的差别,比如,能区别一支笔与一头骆驼,我们不会说这个人有了不起的聪明。同样另一方面,一个人能比较两个相似的东西,如橡树与槐树,或寺院与教堂,而知其相似,我们也不能说他有很高的比较能力。我们所要求的,是要看出异中之同和同中之异。"(黑格尔:《小逻辑》253页,商务印书馆,1981)

比较法的特殊形式是模拟法。其模式是:因为A具有a、b、c属性,也具有d属性,B也具有a、b、c属性,所以B也应具有d属性。这种方法的助发特效尤其显现在科学前沿阵地上:那里因为资料奇缺,归纳法不能显效;那里因为联系线索不明,演绎法也不能显效。因此,康德断言:"每当理智缺乏可靠论证思路时,模拟这个方法往往能指引我们前进。"(康德:《宇宙发展史概论》147页,上海人民出版社,1972)

(3)"定性——定量——定性"往复循环法。定性分析,是对事物性质进行分析,是最基本的分析,它回答的是"有无、是非"等质的问题。它提出学科的新方向,推动着科学的发展、进步。但有许多定性分析陷入内省式的简单枚举法,给认识事物带入一定的主观性、局限性。能弥补这一缺欠的是定量分析。

定量分析,是对事物多元数量进行分析,它回答多少、程度等量的问题。它也是从直觉到理性的科学化,是把复杂的不甚可靠的直觉转化成简单的可靠的直觉,直至理性认识。如果只靠非科学的直觉获得数据,那么各种科学都不会得到当今的现代化的进步。定量分析正从自然科学向社会科学扩大应用范围。美国伯克利加州大学电机工程系扎德(L. A. Zadeh)教授认为"一种现象,在能用定量的方法表征它之前,不能认为它被彻底地理解,这是现代科学的基本信条之一"。(扎德:《模糊集合、语言变量及模糊逻辑》1页,科学出版社,1982)定量分析包括定域的全量分析和抽样分析。后者是科学中常用的方法,其具体方法有:(1)随机抽样法——①简单或单纯随机抽样;②分层抽样;③整体(整群)抽样;④系统抽样(依相等距离或间隔抽样);⑤多阶段抽样。(2)非完全随机抽样法——①偶遇法;②定额抽样;③空间抽样法(事先不掌握总数量);④滚雪球法(多次并逐级扩大)。1880年德国保罗提出词义演变的"扩大、缩小、转移"三分说,直至今日还奉为成说。根据我们的定量分析,扩大和缩小两种演变数量之和只占总量的18%,显然它们不是演变的主要规律,在用这个定量表征之前,人们对词义演变规律还没有彻底的了解。

现代科学要求定性和定量相配合,遵循"定性——定量——定性"往复循环的科学之路。在定性的基础、前提、条件下,用定量把定性精华、规律化,把定性推进到新的认识层级上。少用内省简单枚举法。认清不兼容原理。

七、培养创新思维、整体思维(原子思维)

1. 理性思维。

理性思维是科学的中心轴,离它越远越远离科学。以爱因斯坦为代表的科学之路是:在经验和直觉之后提出创造性设想,之后是逻辑推理、实验证明,之后是结论。其理性思维的具体过程是:经验直觉产生顿悟或灵感,萌发新想法,产生初始的新观念,形成新概念,上升新范畴,经过比较、分析、综合、判断、推理、思辨、演绎出理论体系。

理论的四个来源。(一)传统认为,理论来源于实践、实验、事实、观察。可是,俗语说的"眼见为实"是片面的,肉眼对天体的直观常有错觉,亲眼看见的特异功能常是被表面现象迷惑了。(二)一些理论是继承、借鉴(外用)的总结、改型、改革、革命。(三)一些理论是来源于人们的思索、推理。因此爱因斯坦再三强调"概念是思维的自由创造",而不是从经验中直接由科学逻辑、数理逻辑概括的。现代科学认为,实践和理论是互相转化的。(四)来源于移植。大学科间的:从经济学移植"价值",法国语言学家特斯尼耶尔(L. Tesniere)50年代从化学移植"配价"。小学科间:音位、素→义位、素→词位、素。

2. 发散思维。

思维中最可贵的是创新思维,而在创新思维中美国学者(托兰所)首推发散思维。

发散(性)思维,又叫"求异思维",它寻求多种为异和多种答案,寻求多向、多层、多因素思维,是对已有结论或答案重新思考:从正面、反面、中间,从上层、下层,从原因、经过、结果、构造、功用等多种因素和角度。应该经常不断发出古希腊学者克温季列安的"七问":谁?什么?用什么?为什么?怎么办?何时?何地?后来陈望道在《修辞学发凡》里提出"六何":何人,何物,何时,何地,何故,如何。力求发散面广大,发散量多而频,这样最易重组已知信息,发现创造新信息。达·芬奇的老师教导他:"即使是同一个蛋,只要变换一个角度,形状就会立即不同。"

跟发散性思维相辅相成的是收敛性思维(辐合思维),它是把发散性思维的内容集中、统一、比较之后,得出最佳值,因而是对发散性思维的补充。

3. 逆向思维。

逆向思维,是跟常规或已有思维相反的思维,可以打破思维定式,产生新思想概念,创造新事物。它包括:①从A事物对B事物的反作用认识B事物。常规是温度变化引起长度变化,而伽利略从长度变化想到温度变化,结果发明了温度计。爱迪生用手指和金属针感受到金属膜的振动,反过来想就是金属针可以记录振动痕迹,由此发明了录音机。②从事物的两极是相通的,可以进行相反的思考。由冷热两极,先有巴斯德发明了加热杀菌法,逆向思维促使汤姆生发明了低温杀菌法。③由事物在一定条件下可以相互转化,可以做出相反的思考。先有机械能转化为热能,反过来,人们又把热能转化为机械能,发明了蒸汽机。光和热的转化,也促使人们借助逆向思维发明了许多东西。如果正话反思,反话正思,那么不仅不落俗套,还会有创造。

4. 联想思维。

联想思维是创新思维的一种,由A事物、概念或人想起相关的B事物、概念或人。按照亚里士多德的说法,主要有三种方法:(1)从时空或事理相关的事物角度想,有接近联想。例如门捷列夫由原子量想到化学性质及其连续性、间隔性,于是发现了周期率。(2)从类似事物角度想,有相似联想。例如17世纪荷兰物理学家惠更斯由声音的直线传播、反射、折射、波动性,联想到光的直线传播、反射、折射,并由此推论光也有波动性。(3)从相反事物角度想,有对比联想。例如高烧会损坏人的白细胞,反过来人们想到用高烧杀伤癌细胞,结果发明了人工高烧治疗癌症的方法。

推广开来,任何事物之间都可以建立远近不同的联想。俄国心理学家哥洛万斯和斯塔林茨用多次实验证明,两个看来不相关的事物,经过四五个中介联系事物,都可以发现两者之间的联系线索。例如书和太阳,由书联想到纸,由纸想到木浆纸,由木浆纸想到树木,由树木想到树木的造物主太阳。这样的联想训练,有助于开阔思路,活跃思维,起动创新思维。

5. 想象思维。

想象思维,特别是活泼的想象,是由引发物升为创造物(精神或物质形态)的枢纽,是创新性很强的思维。因此,爱因斯坦认为:想象比知识更重要,因为知识是有限的,而想象力概括着世界上的一切,推动着进步,而且是知识进化的源泉,严格地说,想象力是科学研究中的实在因素。(张巨清,1984:98)朱自清对闻一多的赞誉是:"特别能够体会古代语言的曲折处。当然以上这些都得靠学力,但是更得靠才气,也就是想象。单就读古书而论,固然得先通文字声韵之学;可是还不够,要没有活泼的想象力,就只能做出点滴饾饤工作,决不能融会贯通的。"(《朱自清诗文选集》206页,人民出版社,1958)狄德罗认为"想象是一种物质,没有它,一个人既不能成为诗人,也不能成为科学家,成为有思想的人,有理想的人,真正的人。"

培养想象思维能力,主要有三种途径。一是在模仿中想象,即在同类事物中,在构造或性能相同、相似的基础上,去想象一种新事物。鲁索说:"一切优秀艺术家都是从临摹开始的。"许多建筑、教材、产品都是模仿想象,即同类求新。二是在跳跃中想象,以异类事物的某种联系为启发,想象创造出新事物新概念。1912年,德国地理学家魏格纳从冰山移动,想象大陆移动,创建了大陆漂移说。三是在超越中想象,这是超越现实条件的创造想象、升华创新,把事物某一点予以极力扩展,特别强调、尽力渲染或抽象。伽利略想象出一个真空环境中的落体定律,推翻亚里士多德的重物比轻物先落地的直观经验结论。牛顿从苹果落地把想象扩展到高山乃至月球,推动了万有引力学说的创立。科幻小说之父凡尔纳100多年前在一部小说中尽情超越想象:人类在未来某个时候,将在美国佛罗里达建立一个火箭发射站,发射到达月球的飞行器。果然1961年在那里发射了第一个载人宇宙飞船。

八、余论

创新思维有待训练,智力有待开发,这是学校教育的中心主题。除了上述创新思维培养的主要方面,还有一些具体的可参考的方法,列举如下:西方较多使用的有"思维七步法"：①加、减兴趣法；②考虑所有因素；③预测后果与结局；④确定目标，参照现实；⑤优先考虑重要方案；⑥考虑可能性和客观条件；⑦听取他人意见。我国许立言、张福奎提出过 12 个"聪明的办法"：加一加、减一减、扩一扩、缩一缩、变一变、改一改、联一联、学一学、代一代、搬一搬、反一反、定一定，这主要用于培养少年儿童的创新思维。美国创造学家奥斯本提出过包括 75 条创新思维训练的清单（如寻求其他功用，寻求可模仿的事物，寻求次序、部件等重组而创造新事物，寻求反向思考），这里不再一一介绍。此外，有个思维方法值得特别强调——"集思（智）法"，即必须用多种形式、方法、程序，在课堂上调动和集中学生的智慧，有企业、高校或科研单位，调动和集中行家或专家的智慧。总之，创新思维有广阔的开发天地，我们教育工作者既要用已知方法，又要创造未知的新方法。在广泛的创造中完成人类和世纪的创新这一永恒主题。

参考文献：

[1]　查尔默斯：《科学究竟是什么》，商务印书馆，1982。
[2]　江天骥：《当代西方科学哲学》，中国社会科学出版社，1984。
[3]　库恩：《科学革命的结构》，上海科学技术出版社，1980。
[4]　连淑能："外语科研的创新问题"，《外语与外语教学》，2001(10)。
[5]　梁良良、黄牧怡：《走进思维的新区——当代创意思维训练》，中央编译出版社，1996。
[6]　卢明森：《思维奥秘探索——思维学导引》，北京农业大学出版社，1994。
[7]　夏基松、沈斐凤：《西方科学哲学》，南京大学出版社，1987。
[8]　章士嵘：《科学发现的逻辑》，人民出版社，1986。
[9]　张巨清：《科学逻辑》，吉林人民出版社，1984。
[10]　周昌忠编译：《创造心理学》，中国青年出版社，1983。

21 世纪初汉语研究管测

管测、展望之类,是属于未来学范畴的。其中有很多科学性,也有一定的主观性。因此,见仁见智者有之,说梦说痴者也有之。有人认为,21 世纪是汉语、汉字的世纪,这是狭隘的成见决定了背向视域。其民族自尊心、自豪感可敬,然而其愚昧到夜郎自大、甚至于阿 Q。时间无情地过滤着真假,不久就会宣判这种荒唐说法纯属谬论。

科学的成见决定了正向视域。季羡林等许多名家认为,21 世纪是语言学、生物学的世纪。这是以历史的前奏为依据的。产生于 19 世纪 20 年代的历史比较语言学是进化论的先导,早于进化论半个世纪,被称为达尔文之前的达尔文思想。产生于 20 世纪初的索绪尔结构语言学曾引导过人类学等许多学科,特别是它使哲学家对语言发生了兴趣,是现代哲学从近代的认识论转向语言哲学的动因之一。语言学和计算机科学的互补互动将给 21 世纪创造出目不暇接的奇迹。

一、理论研究管测

1. 加强理论研究

新中国的语言研究,整整半个世纪,在吕叔湘先生倡导的"务实"精神指导下,在汉语描写上取得了多方面的显著成绩。今后,在继续务实的基础上,将要适当地加强理论研究。我们应该牢记哈雷彗星的教训:中国人从公元前 613 年(即孔子出生前 62 年)至 1910 年,观察记录这颗彗星 31 次,比阿拉伯人(观察始于公元 66 年)、欧洲人(观察始于公元 989 年)都早得多,多得多。然而中国人并没有认识它,而是英国人哈雷算出了它的运行周期为 76 年,轨道为椭圆形。这是得力于数学物理学等理性思维。而理性是现代西方文化的标志,一切科学都以理性为中心寻求规律。"一个民族如果想站在世界的顶点,一刻也离不开理论思维。"(恩格斯)

根据现代语言学的 3 个趋势,我们的研究应该是 3 个并重:其一,微观语言学理论和宏观语言学理论并重；其二，个别语言学理论和对比语言学、类型学、普通语言学理论并重；其三，结构语言学理论和功能语言学、应用语言学理论并重。

2. 与哲学关系空前密切

西方哲学分3个阶段，有两次大转向：由本体论转向认识论（始于近代哲学之父笛卡儿至康德），由认识论转向语言。后一个根本性转向发生在20世纪之初。罗素、维特根斯坦、海德格尔、加达默尔等人认为，语言与世界之间存在着先天的同构关系；哪里有语言，哪里就有世界；谁拥有语言，谁就拥有世界；语言是存在的家园。分析语言是当代西方哲学的特征，语言成为哲学的中心课题。不同的哲学流派，对语言及其意义提出了不同的看法；五彩纷呈的语言哲学观，势必强烈地影响语言学家的观点。在英美以及德法，受过严格哲学、逻辑学训练的人，有一些自然成为创见迭出的语言学家。乔姆斯基就是其中的杰出代表。

3. 汉语语言学科理论创建途径

基础途径：理清学术史中的思想史。学术史中包括两种史：一是文献史，二是思想史。中国语言学界出版了许多以训诂学史、文字学史、音韵学史、语法学史、修辞学史、语言学史为内容的著作。这些著作的主要或基本内容都属于文献史，缺乏理论，缺乏学术思想。各种学说、观点，在史的系列里，从原始到现代，各处于不同位置。不了解学说的历史地位，在著作中常发生观点摇摆；摆来摆去，很可能摆到原始观点上去，而自己却没有觉察，这就是在不明学说史的糊涂舞台上扮演了悲剧角色。这就是最原始的柏拉图观点。

4. 模式途径

（1）互补创造

牛顿力学与爱因斯坦相对论在宏观与微观、低速与光速条件下互补。描写语言学与历史语言学互补创造更新的理论，个别语言学与普通语言学互补创造更新的理论，发生学与类型学互补创造更新的理论。

（2）嫁接创造

基础汉语研究、应用汉语研究，应该不断地从各种尖端科学、新科学、哲学、逻辑学中移植新概念、新原理、新方法。模糊语言学、计算语言学者是从数学引进的新概念、原理和方法。

（3）改造创造

氧化说改造了燃素说。原型论至少在概念、词义形成上改造本质论。原型论，是维特根斯坦在20世纪50年代提出的，70年代受到普遍重视，至今又产生了原型语义学。思维的个性说，在一定意义上，是对思维的共性说的改造。从前一直认为,语言是有民族个性的,而思维对各民族则具有共性。对这一传统观点的改造是:思维具有民族性,而它研究的起点是语言的民族性。

(4) 融化创造

电学与磁学融化,创造了电磁学。语义学和语法学融化,创造了语义语法学。语用学和语法学融化,创造了语用语法学。词汇学和语义学融化,创造了词汇语义学。

二、方法论管测

方法论是科学哲学或科学学的一个重要方面,爱因斯坦认为它比科学本身更重要。因为它有助发作用。我们应该站在黑格尔、恩格斯、爱因斯坦等许多巨匠论多元方法的历史、地位、价值的高度,来认识某个具体方法。

1. 以演绎法为主

归纳法和演绎法是互补的,但其助发作用并不是等量齐观的。归纳法对经验等定律(如对一个词或一个语法形式的特征和功用的描写)有较大的助发作用。演绎法对探索性定律(如重大科学假说,宏观理论,如生成语法、词汇扩散论)有较大的助发作用。理性论学派,不同于经验论学派,首推演绎法。爱因斯坦特别强调:"适用于科学幼年时代以归纳法为主的方法,正让位给探索性的演绎法。"在语言学界,莱昂斯(1987)已经注意到一个明显的动向:20世纪60年代中期以来,演绎法占了主导地位。

2. 新取向的比较法

黑格尔认为,假如一个人能看出笔和骆驼的显而易见的区别,并不算很聪明;如果能看出橡树与槐树,寺院与教堂的相似点,也不能算有很高的比较能力;聪明与能力表现在能看出异中之同和同中之异。我们再升华一步,新取向在于:求迥异之同,雷同之异,这将促使我们在科学上有重大发现。汉英、汉俄等对比,是属于非亲属语言类型学范畴,其寻得的个性,特别是共性,将对语言学有较大贡献。类型学是当前国际语言学界普遍重视的一个研究方向。哥本哈根学派鼻祖叶尔姆斯列夫(L. Hjelmslev,1972)认为"只有通过类型学,语言学才能上升为完全普遍的观点而变成一门科学"。

3. 定量分析法渐盛

不兼容原理告诉我们,对象的复杂性和对它研究的精确性成反比。为了求得精确性,必须为复杂的对象设定一个封闭域,以便进行定量分析。词汇单位,特别是义位,比语音单位、语法单位多得多,复杂得多,因此必须把义位限定在有限的语义场内进行定量分析。美国加州大学教授扎德认为,一种现象,在能用定量的方法表征它之前,不能认为它被彻底地理解,这是现代科学的基本信条之一。

4. 新的观察法

研究观察法。科学哲学的重要内容之一。狄德罗认为,观察是科学的3种主要方法(另为思考与实验)之一。结构主义的自治原则,在近一个世纪中一直统治着语言学领域。近来不再把语言看作自治(自足)结构,而是看作认知工具(或功能),目光兼顾语言内外,投向语言之外的有联系领域:神经、心理、逻辑、哲学、社会、文化、生物、计算机等等。随着认知语言学、语用学成为热门学科,对语言的观察必然由单向、单角度、单层面、静态转为多向、多角度、多层面、动态。

5. 小心谨慎地使用结构主义方法

① 分布法。Dubois 和 Apresjan 等人创立的这一方法有一定的用处,但是一直不太成功。

② 分解法(语义成分分析法),是语义场理论的产物。Lounsbury 和 Goodenough 1956 年首次使用,但是一直没有取得领先和主流地位。大多数词义(如"牛""红")都无法分解到底(福特,1975)。对能分解的词义来说,也无非是把英语翻译成一种辅助语言,充其量不过是语义学的代用品,分解语义学不是真正的语义学(刘易斯,1972)。20 世纪 70 年代分解法不再盛行,80 年代极少有人使用。(徐烈炯,1993)但是,它作为认知词义的一种方法仍有其效用。

③ 公理法(意义预设[公设])跟莱昂斯的早期(1963、1968)结构主义著作有关,它分析的是词的语义结构。如"牛×→动物×"(凡牛都是动物)。但是也没有占领更大市场。

④ 替换法是语法分析的辅助方法,不是主要方法。因为替换受到语法、语义、语用、语音诸条件限制。

6. 有限度地使用逻辑法

在语言研究中,逻辑法一直是个传统方法,但是一直处于次要地位。海德格尔早就主张"把语法从逻辑中解放出来"。同样,语义学也应该从逻辑中解放出来。

7. 方法高科技化

计算机时代把语言研究方法高科技化了。

计算机语料库的建立,几十种功能的计算机《汉语大词典》,人机对话,机译理工文献准确率已达到 90% 以上,自然语言分析器可以分析出一个句子的主要语法成分，声音合成器能使机器说话。

三、几个小学科的展望

1. 外部的汉语学

冲破结构主义的自治（自足）系统的封闭域，开展以汉语为中心的辐射、开放的学科研究。

（1）汉语交际学。在研究言语行为的语境、会话类型、原则、过程、方式、艺术，正副语言和不同单位的选用等方面将有新进展。

（2）汉语文化学。在汉语历史文化、时代文化、对比文化（跨文化交际学、语言国情学）方面的研究将有新进展。

（3）汉语社会语言学。新课题是语言的社会性结构、专业语言（法律语言、公关语言、广告语言、外交语言等等）、双（多）语和双言问题等。

（4）汉语哲学。从汉语角度（用汉语语料）研究语言的功能、意义、结构及其与存在、意识、社会、真理、理解（解释）的关系，将开拓一个新天地。

2. 汉外对比语言学

（1）以类型学为姊妹学科，同其所同，异其所异。确定以汉语为主体的对比原则，而平行双向对比是不可取的。

（2）文化学、社会语言学、语义学、语用学、篇章语言学、语篇分析学等新学科拉动、推进了对比语言学。

（3）对比单位从语音单位、词、短语、句子扩大到句群、段落、篇章。

到 2010 年以前我国主要对比语种是 7 个：英、日、俄、法、德、西、朝（韩）。其中以汉英对比为主，以语义特别是语义场对比最热。

3. 传统语义学——训诂学

新证派、考释派、注疏派、集成派、校笺派、理论派等多派优势互补、取长补短，训诂学将在实践、理论上双丰收，在实践和理论结合上产生新训诂学。

置于当代西方语言哲学高视角下，吸收其中文本阐释学的思想精华。

吸收当代西方语义学的新营养，除了"义素""语义场"之外，还应注意吸收"义位变体""义丛""句义""句群义""语境"等成果。

吸收中外邻近学科成果：考古学、社会学、民俗学、文化学、人类学等等。

4. 音韵学

利用方言研究古代音系,可能是成功之路。严学宭(1986)认为有三种框架:直线(单线)框架,以高本汉、李方桂、王力为代表,从上古至现代,方言直线发展;非直线(复线)框架,以张琨为代表,《诗经》偏重北方方言,《切韵》偏重南方方言;逆推框架,以罗杰瑞为代表,由现代闽语及次方言上推原始闽语,再推出原始吴语、原始北方话、原始汉语……。一个框架比一个框架更科学,但是也更艰难。

用汉藏语系比较研究、古代汉外音译对照研究成果,补充、订正传统的韵语、韵书研究结果。

5. 对外汉语教学

世界上有 60 多个国家 1000 多所学校几百万人在学汉语。美国有 200 多所高校设中文专业,日本有近百万人学汉语,法国巴黎第三大学有世界最大的中文系(学生 1800 多人),各国来中国学汉语的有十几万人。这样一个汉语热,世界各地从正负方面向这个学科提出大大小小、千千万万个问题,这就迫使这个学科急于研究下列问题:(1)汉语的语音、语义、语法、语用众多实际微观问题的理性阐释(含"变体"[variety]和"共核"[common core]);(2)教学方法、手段现代化、科学化问题;(3)教学理论问题(诸如"语言形式结构和交际功能的关系""语言文化知识和技能的关系""口语和书面语的关系");(4)教材系统和效果问题;(5)国外的教学经验及应用语言学研究问题。

6. 语义学

20 世纪 80 年代主要是译介。90 年代有了初步成果。除了一些论文以外,有贾彦德的《汉语语义学》(北京大学出版社,1992)、石安石的《语义论》(商务印书馆,1993)、詹人凤的《现代汉语语义学》(商务印书馆,1997),此外还有刘叔新、符淮青、周荐的词汇学、词义学专著。今后的语义学主攻方向:①用现代逻辑、数理逻辑研究汉语语义;②研究词义、短语义、句义等的形式化;③结合语法、语用,对语义进行综合研究,求得动态真值;④创获了 3 类成果:论文、专著、大型现代汉语词典及义素词典。

7. 语法学

汉语语法学的新趋势是:

(1)多元研究,即研究的多角度、多层次、多平面、多状态(动、静),多目的(理论、应用)。

(2)多向比较研究,即研究中的汉外比较、古今比较、普方比较。

(3)多科联系研究,即研究中吸收语义学、语用学、心理学、逻辑学、认知学等成果。

（4）多流派，国外出现语法理论和实践派别多元化。诸如层次语法、法位学（结构主义的延续）、转换生成语法（对结构主义的否定）、交际语法、言语语法、语用语法、格语法、依存语法、功能语法、语义语法、认知语法、蒙塔古（R. Montague）语法、广义短语结构语法、机译语法、普遍（共性）语法等等。汉语语法研究也应该多元化，其中尤其应该注重研究已形成世界潮流的认知语法、功能语法，形成新趋势的普遍（共性）语法，为人机对话模型（SHRDLU）服务的语法模型、机译语法等。

8. 方言研究

汉语方言在基本完成田野调查和出版系列方言词典之后，应该从普通语言学理论高度研究其中最有价值的数据，或者用以说明共性理论，或者用以补充、修正共性理论。

9. 近代汉语研究

近二十多年，近代汉语研究取得了多方面的显著成果。今后推进性的主要研究应该包括：

（1）多视角的系统比较。向上跟上古汉语系统比较，向下跟现代汉语系统比较，横向做方言系统比较，做口语和书面语系统比较，做汉语和蒙语、满语等比较。

（2）理论研究。把历史语言学、类型学、词汇学、语义学、语法学、语用学、音系学等等应用于近代汉语各科研究，解释事实，概括规律。

（3）扩展研究领域。词汇方面，除了考释研究，还应该注重研究词汇演变规律：词义演变、构词法演变，各类词汇的演变；各断代词汇研究及断代辞书的编写。语法方面，有近代特点的句型、语法格式、虚词、语法成分、语法范畴的研究，各断代语法特点研究及断代语法专业书的编写。

摆在汉语工作者面前的研究任务十分繁杂，特别艰巨。这些研究，不仅具有理论学术价值，而且具有实用价值，更具有民族文化竞赛的意义，必须占领一个个高峰，为民族为祖国争光，任重而道远。

参考文献：

[1] 戚雨村:《现代语言学的特点和发展趋势》,上海外语教育出版社,1997。
[2] 徐烈炯:《当代国外语言学:学科综述》,河南人民出版社,1993。
[3] 许嘉璐等:《中国语言学现状与展望》,外语教学与研究出版社,1996。
[4] 严学宭:《严学宭谈汉语史研究》,《语文导报》1986年第1期。

（原载南开大学《语言文化研究》（第七辑），天津人民出版社,2000年）

柏拉图以来词义说的新审视

只有在俯瞰视角下把握专题学说史(不单单是文献史)整体,才能分清各种学说的正偏误、高中低。只有超越一个学派(学说)的狭窄视域,才能发现其他学派(学说)的合理性与片面性。在这两种思路下,有必要重新审视一番柏拉图以来的各种词义学说。

什么是词义?自柏拉图、荀子以来两千多年,一直是人类思想史的中心问题之一,特别是哲学、语言学、心理学、逻辑学、思维科学、神经生理学等许多学科煞费苦心研究的问题,更是当代语言哲学的中心课题之一。如果离开语言哲学这个宏观大背景来讨论意义问题,就是瞎子摸象;如果背离语言哲学意义观,就是宏观失控。关于词义,英国哲学家奥格登(C. K. Ogden)等(1923,1946,1952)列出 22/23 个定义,利奇(1983)转引 11 个,现在常见的有十多种。这里按形成理论的历史脉络,予以总结评论。

1. 指称说

指称说(referential theory)也叫指示说(denotative theory)、对象说、命名说。

主张这一学说的,在中国首推荀子:名是指实的。(《正名篇》)从古至今,许多社会的愚昧思想都把词和物混同,这是人类永恒的问题。(哈亚卡瓦,1949)初始期的古希腊哲学认为,词与物是统一的。二者的分离始于柏拉图:词"代表""指示"(denote)或"指称"(refer)外部世界的物体。(《对话录》)它们是思想反映的可感知的现实事物:一种抽象的实体,不是纯意识的东西。词、物分离及对物的界说,世称此为柏拉图主义(Platonism)。与此微别的是唯实主义(realism):词义对应的是现实世界中的可感知的事物(含个体、性质、关系、状态等)。这两种主张合称唯实主义语义观。柏拉图等唯实论"词——物"观,一直流行在迄今为止的哲学史中,也是现今人们根深蒂固的成见。

这一学说在中世纪以后不断泛起。近代有密尔。现代较有影响的是罗素:他指出词语是代表某种东西的符号(1903);继而他(1905)又把词语划分为专名(proper name——直接指的那个对象如莎士比亚就是它的意义)和摹状词(description——其意义就是由所组成的语词如"《罗密欧与朱丽叶》作者"的意义而定);他认为词的意义就是事物!(1983:86)剑桥大学哲学家维特根斯坦前期(1922)也有同样的观点:"名称表示对象,对象就是名称的意义。"现代语言学伦敦学派首领弗斯也认为,词汇意义是所指的客观事物。结构语义学和逻辑语义学都认为,意义是独立于人脑的客观实体。蒙塔古20世纪70年代前后也坚持意义指称理论(referential theory of meaning)。此外,也产生了其他变异派别,其中首要派别是概念主义(见7."概念说")。还有一派认为,语词和指称的对象之间的关系是间接的,中介是说话者,但是一般都忽略中介,只简便、习惯称为:某词指什么(人、物、事、时、地等)。另一个变异派别还有一个巧妙的说法:词义是词跟所指对象的关系(见4."关系说")。

指称说在西方哲学背景中属于意义对应理论(correspondence theory of meaning)。20世纪的指称论者一直把直指定义(ostensive definition,一译"实指定义")作为语词意义的最基本模型。因为它具有直观性、简明性、实用性,所以一直延续到现在。但是,指称说仍是比较原始的、比较陈旧的观点。

随着思维的发展,从对象与意义混同论的原始阶段过渡到对象和意义区分论的新阶段。打出这一过渡信号的首推德国数理逻辑学家弗雷格。他在一百多年以前,接连发表了两篇功垂史册的论文《论涵义和所指》(1892)、《对意义的所指的解释》(1895)。其要点有:

(1) 区分出符号(一译"指号")、意义(德文 Sinn,一译"涵义")、所指(德文 Bedeutung,一译"指称"或"意谓",王路[1996:137—164]认为译成"意谓"更准确)。因为译法不同,弗氏的上述两文和下述提法都可以做相应的变换。

(2) 一般情况下,符号有相应的意义,意义有相应的所提,所指不止一个符号。

(3) 有些情况,一个符号有意义,没有所指。

(4) 所谓的"意义"包含了:①符号出现的方式(表音或表义,表示直义或转义),②符号出现的语境(民族文化大语境),③辨识所指对象的方式(常是片面的,选取命名的某个角度)和过程。把握了意义,不一定把握了所指。

(5) 他用望远镜观察月亮做比喻:月亮好比所指,望远镜上的图像(一译"影像")好比意义,视网膜上的图像好比表象(或心理学意义上的"意象")。意义(涵义),是处于所指对象和意象之间的;意义不是对象本身,也不像意象那样主观,而是客观的、不依赖主观意识的,可以供人们共同使用的东西。

在弗雷格之前,中世纪对意义(signification)的理解就是最本来、最自然、不依据其他东西而理解的意义。(朱水林,1992:44)弗雷格的学说是现代关于意义学说的发端。

在弗雷格之后,最有影响的哲学家维特根斯坦在后期著作《哲学研究》中否定了自己早期著作《逻辑哲学论》的观点:"名称意指对象。对象就是它的意义。"并且引了奥古斯丁《忏悔录》中的话批判了这个观点。赖尔早就嘲笑指称说是"菲多—菲多"(狗及其名字)理论。其他学说也从不同角度批评了指称说的非科学性:

(1) 语言的"物性"与科学的"对象性"不同。词所说之物不是一个或一类对象本身,19世纪20年代末洪堡特(1997:104)已经断定,词不是某个事物的等价品,是对这个事物的理解,语言从不指称事物本身。胡塞尔在《纯粹现象学通论》中就概述过对象和意义的区别。美籍普通语义学创始者柯日布斯基(1993)说,"面包"表示而不等于实物面包。"达于词之物……是在词中感觉到它自身的规定性。"(伽达默尔,1986)这种观念或许在亚里士多德那里就萌芽了:符号表达的是"心灵的体验"。(《解释篇》)莱昂斯(1995)主张分清意义和指称。

(2) 它只适用于专名和物体词(object word)的直指定义,不适用于下列各类词:

① 虚词,特别是介词、连词、叹词等(归属另有他说)。无指称,有意义。

② 表示虚构、没有实在对象的词,有人称之为无所指的空指号。如:鬼、神、天使、麒麟、金山、摇钱树、外星人、太空城、几何学上的"点"等大量数学抽象词、英语神话中的 unicorn(独角兽)、俄语等神话中的美人鱼,它们的外延为零集。有内涵,无外延。(柯日布斯基)在虚构中,语词当然只有意义。(弗雷格)其意义仅为"虚设的意义"。(胡塞尔)如果说它有指称,也是在虚构的世界里,(塞尔)是心理上的存在。(柯日布斯基)

③ 许多动词、一些抽象名词、形容词没有实在的指称对象。培根认为"想""幸福"无所指。切斯认为"真理、个人主义、自由、崇高"等找不到所指对象。事实上,大多数词与事物对象没有明显的联系。(克里斯特尔,1988)

④ 对专名意义的看法是有分歧的:有人(如罗素)认为有意义,有人(如克里普克)认为没有意义,有人认为有一些专名是没有意义的,但是它们有所指。

(3) 同一词语的同一义位可以指称不同的对象或其不同侧面,不能因此说它的意义(义位)不同。同一个人称代词可以指不同的人;某些职位名词(如:"总统""经理")可以指不同的人;"东西"等泛义词可以指许多不同对象;集合名词(如"天体")的类义和特指义(离我们200亿光年的天体)指的对象有群体或个体之别。维特根斯坦指出,名称指示对象的时候,可能指的是物体的颜色、形状、质量或数量等等的其中一项,"在每一种情况下都可以意指不同的东西"。(徐友渔等,1996:60)

(4) 不同词语(义位)可以指称同一对象,不能因此说它们的意义相同。19世纪20年代末洪堡特(1997:104)用梵语的大象的不同名称说明其指称相同,而概念不同。弗雷格(1892)的经典例证是"晨星"(morning star,汉语叫"启明"等)和"昏星"(evening star,汉语叫"长庚"等)都指金星(汉语又有"太白""明星"等二十来个名称)。我们还可以补充许多例证:希腊语和拉丁语的"月亮"指称相同,可是意义不同(一表"时间",一表"亮度");"等边三角形、等角三角形"内涵不同,所指相同;灵魂(亚里士多德)、心(孟子)、意识(佛家)都指心理现象,但意义不完全相同。科学义位和普通义位指的对象相同,而意义不同;基本义值不同的词,如"学生、孩子、儿子"可以指称同一对象;附属义值迥异的词,如"教书匠"和"园丁",所指相同,而内涵不同。可见所指不是纯外延性的,这就是"指称的稳晦性"。(蒯因,1961)从(3)(4)两项,足见胡塞尔强调的意义和对象的不同,意识以不同意向、方式去反映同一对象,对同一对象的理解、把握有多向度性。

(5)义位和所指对象没有共变关系:"脸"由小变大,而面部未变;"人"义深化了,而古今的人基本相同;书、史册表里都变了,而"书、史册"的义值未变;"镜"所指对象变了,而"镜"义值未变。

(6)能理解、掌握词义(义位),有时并不能辨认所指对象:狼—野狗,麦苗—韭菜,谷苗—莠苗。有时知道所指对象,但不知道词义,如"银河"。

(7)词义(义位)是意识单位,具有主体性,而所指物一般没有主体性。古希腊斯多葛(Stoikoi,源出 stoa,据此又译为"斯多阿"或"斯多亚")派学者早就称词义为 lecton——存在于思想中的非物质的东西。

(8)词场和物类不对等。义位对物并不是全部、机械、准确地照相,而是反映着关于事物的意识,因此各语言对万般复杂的世界的切分和提取总是千差万别、千变万化。美国语言学家、人类学者沃尔夫发现河皮语除了鸟以外,只有一个表示飞行物(飞虫、飞机、飞行员等)的词。而汉语、俄语、英语等至少有几十乃至上百个词表示飞行物。

总之,"词语具有一定的所指物,这是一个普遍性的结论。"(石安石,1993:27)但是,所指物并不等于词义,所指物仅仅是词的基义形成因素的一种、一类、一部分。指称说远远不能解释形形色色的语言现象以及词与物的千差万别的关系。指称说在英美和德法当代哲学中早已不流行。特别是德法欧陆哲学家谈论语义不提及对象,倾向把语义归于主体方面。对象和意义不等同,这是当代许多学科的大多数学者认为理所当然的结论。其首功当然归属弗雷格的智慧,而罗素所持的相反观点则是一种倒退。"语词,指称,意义的三角关系是逻辑实证主义普遍接受的语义学原则。"丘奇尔用一句话概括为:"一个名字指示(denote)其被指物而表达

(express)其意义,意义即为此被指物的概念。"(李幼蒸,1993:221)

2. 观念说

观念说也叫意念说。这也是一个古典的观点。欧洲中世纪经院哲学家阿贝拉尔认为,语词是标志观念的。英国17世纪唯物主义经验论哲学家约翰·洛克《人类理解论》(或译为《论人类理解》,1690)第三卷第二章说"字眼底意义"是表示观念的。"字眼底功用就在于能明显地标记各种观念,而且它们固有的、直接的意义,就在于它们所标记的那些观念。"(386页)休谟、索绪尔、密尔、胡塞尔也有同样的观点。20世纪中叶格赖斯(1957)在句子层面上继承了意念说。

idea,或译为"观念",或译为"意念",其内涵自柏拉图以来就说法不一:①思想或经验中的东西;②经验留存的印象;③从特殊经验抽象的一般结果;④内省、记忆或想象的对象;⑤词语引起的主观联想;⑥在笛卡儿和洛克那里是指"直接知觉的东西"。大多认为它是人对客观事物的表象(image,又译为"意象""影像")或形象。

"观念说"虽然克服了指称说的原始性、直观性等缺点,但是,它本身又有更大更多的缺点,受到了弗雷格、莱尔、蒯因等许多哲学家的攻击。这种论调已经过时:

(1) 观念,两千多年来是多解的。拿多解的观念作为词义的答案,令人莫衷一是,难以捉摸,因而词义仍是个未知数、未定数。它忽视了词义的固定性和规约性。

(2) 大多数词义在人脑中不产生表象或形象,特别是虚词、数词、抽象的名词、动词、形容词等。连洛克本人也认为有些词没有相应的观念。

(3) 对同一词(义位),不同的人产生的观念或表象(意象)不同。常因人、因时、因地、因事而异。如对"亚历山大大帝的战马",画家、骑手、动物学家有不同的表象。"牛"在说汉语的我国南北方人中的表象不完全相同,在印度语、欧洲语言中的表象更不相同。"一个词即使是被当作单纯表示概念的物质符号在具体的场合来使用,它在不同的个人头脑中也难以引起相同的表象。"(洪堡特,1997:220)弗雷格认为,应该把符号的意义和与之相联系的表象区别开来,表象往往充满情感,是主观的,同一意义常常伴随着不同的表象。(涂纪亮,1996:4—5)表象是个别人根据以前的感觉印象和记忆而形成的内在图像,是个别人的,而意义是多数人共有的。后来他在《思想》一文中进一步论证了表象和意义的区别。罗素虽然说过"字词可以用来描述或创造一种想象的意象",但是他并不认为词义等于意象。

(4) 不同的词语可能产生相同的观念或表象,如"家畜、耕田、拉车、拉犁"可能都会出现"牛"的表象。

(5) 洛克认为观念是私有的。按洛克的说法推论,意义、语言也该是私有的。但是,产生私人语言是不可能的。(维特根斯坦)观念又是主观的,属于心理的东西,个人之间的观念不同。同一个人心中一个意义常与不同观念相联系。

3. 用法说

自 20 世纪初以来,不断有人主张用法说。其说各异,略举数家。20 世纪初,德国新语法学派首领之一布鲁格曼(或译"布立格曼")认为,一个词的真正意义要看把它用于什么地方。

20 年代,法兰西学派第二代代表巴黎大学教授房德里耶斯(1921)在《语言》中认为:词任何时候都不可能两次用于同一个意义;任何一个词用多少次,就有多少意义。

30 年代,美国学者切斯(1938)在《词的暴虐》里认为,词的真正意义在于观察人们运用它时做什么,而不在于运用它时说什么。维特根斯坦(1993)说"一个词的意义就是它在语言中的使用"。(涂纪亮,1996:300)他认为,一个词的意义不只是要通过它的使用来"确定",一个词的意义就"在于"使用。"每一个符号自身似乎是死的。什么给它生命?——使用中它活了。"他认为,指称说、观念说等都把意义看作"体"(entity,本体),而不是看作"用"(use,用法)。

50 年代,美国语言学家裘斯(1950)在一篇论文中对意义(含词义)从纯分布的角度下个定义:"那是'一个形位'同其他一切形式在上下文出现的条件可能性。"(岑麒祥,1992:145。"形位",在此可理解为语素)英国的弗斯主张"意义取决于搭配",意义可以联系上下文的用法来确定。美国的哈斯认为,一部分词语的意义就是它在一定语境中出现的特点。

德国语言家雷西(1953)在《词的内容》里认为,每个词都是一种社会习惯(Brauch),是由支配它的用法条件(Wortbedingungen)确定的。

70 年代,肯普森(1977:28)说"词的意义取决于它对句子的贡献"。

80 年代,英国语言学家曼彻斯特大学博士克鲁斯(1986:16)认为,一个词的语境关系即构成了该词的词义。

用法说确实具有操作性。所谓词的用法,是指词的语义、语法、语用等方面的使用规则。学语言、教语言、研究语言,主要内容都是用法。有许多词无法下定义,但是可以说明用法。用法的变化,常决定词义的变化。词义并不是所指物,并不都是表象,但是每个词都有用法,而对用法分析又具有操作性,尤其是能归纳出词的义位变体(言语义),可以作为归纳义位、分析词义的前导。因此,用法说易于为人接受,突破了指称说、观念说的局限性(如虚词无指称、无观念)。加里教授甚至认为它是"现代哲学最重大的成就之一"。

"用法说"乌尔曼(S. Ullmann,1962:3 章)称之为"操作定义"(operational

definitions)。比起各种分析论（如关系、反应、概念、反映等理论），它也有自身的局限性：

（1）用法这一概念也很空泛、含糊（莱昂斯，1977：I，400），没有明确的定义，有些词无法通过用法来确定、分析其意义。因为用法包括同义替换、使用对象、使用范围（含语域）、使用频率、组合特点、分布规则、接格关系、句法功能、修辞用法等等。

（2）维特根斯坦对自己的用法说产生了疑问。疑点就在于：一个词的意义比它的用法多出了某种东西，而这些东西是不能加以分析的。我们认为，意义具有稳定性、社会性，而引申用法、比喻用法等用法是不稳定的，常具有特殊性、个人性。（布达哥夫，Р. А. Булагов，1958：19—23）如"冰淇淋作风"（指又甜又冷。《围城》14）"四喜丸子的脸"（含厌腻意，同上 78），没有上下文就无法确定它们的意义。

（3）有些用法与意义无关。

神出	鬼没	魑魅	魍魉
a	b	a	b
兄弟	国家	姊妹	城市
a	b	a	b
东西	南北	一鳞	半爪
a	b	a	b
金银	铜铁	将军	阁下
a	b	a	b
少将	师长	柴米	油盐
a	b	a	b

以上各例 a、b 换位就不符合习惯用法，但是跟意义无关。

（4）不能解释词义和用法的矛盾：①意义基本相同而用法不同，如"美丽/漂亮"意义基本相同，但"漂亮"能重叠，能形容小伙子，"美丽"不能；②意义不同而用法相同的更多；③会用某词，而不知其义（如"阿门"）；④知其义，而不会用（希腊词、拉丁词、俄语的 дать [给]）；⑤有的词的用法很多，而词义只有一个。如"了、是"。

4. 关系说

关系说也叫联系说，包含中介论。这个说法可以追溯到欧洲中世纪唯理语法学者的观点："词是通过概念的中介指示物的。"（乌尔曼，1962：5）19 世纪末弗雷格认为，意义是词句、事物的思想的中介。20 世纪 30 年代，罗素则认为，词语的意义是词语及其指称对象之间的关系，这关系就是意义。（徐友渔等，1996：61）同时代的布龙菲尔德则认为,词的意义取决于它跟其他词义的关系,一个语言表达形式的意义等于它跟所有其他词之间可能关系的总和。50年代,苏联学者斯米尔尼茨基(1955)说:"语义不只是语音和所代表的事物或现象的联系,而且是语音和事物或现象的反映的联系。"60年代,沙夫(1962)把意义理论归纳为四种,其中主要的一种便是关系说。关系说又有五种:①双边,词与物;②三边,词、人与物;③多边(多重),词、环境、人、物、文化、话语;④差异关系,能指差异,所指差异;⑤较流行的一种是中介论,即词义就是语音和事物之间的联系或联系物,是语音和事物的中介。马里采夫(1961:6)说:"意义不是客观现实在某种形式中的反映,而是词(声音的组合)和反映外部世界的不同类型的精神形式之间的联系和关系。"乌尔曼认为,词义是"名称和意思的相互关系"(1951),"词义(meaning)是语音(sound)和观念(sense)之间的相互的可逆性关系"(1962)。70年代,阔索夫斯基(1974)说:"词义应当看成是某一现象在人们的意识中的反映与语音之间的关系。"80年代,巴怀士和佩里认为,意义就是境况之间的关系。(徐烈炯,1993:78)M. 约翰逊(1996)转述了客观主义的语义观点:意义是符号与客观世界的一种抽象关系。

关系说中另一种较流行的观点是真值论。导源于波兰逻辑学家塔尔斯基的真值语义研究。后来哲学家戴维林(1967)在论文《真理与语义》中研究了词语与世界的联系,语句的意义与命题真假(用事实检验)有关。

关系说是对指称说的修正,是婉转的指称说。其主要优点是突破了原始的"词—物"对应的二元论,从心理学和信息论等视角,看到词物之间的中介的联系,词义中既有"物"的信息,也有"关系"或"联系"的信息。其缺点是:

(1) 割断了词义和思维的联系,似乎不靠意识也能产生词义。

(2) 在做词义分析时,无法把"关系"或"联系"分离出来,因而不能做静态描写。

(3) 各种"关系说"都未说明是如何联系的,诸如联系的条件、方式、管道等。

(4) 关系或联系,仅仅是词义产生的必要条件,而不是词义本身,不能舍本讲条件。

(5) 阿普列祥(Апресян,1959)认为关系说是违背逻辑的:如果意思A有三个名称,那么便有三个关系,即三个意义。斯米尔尼茨基批评"关系说":每个词都有音义关系,是否每个词的意义都相同呢?(李锡胤,1963)

(6) 真值论的弊病更明显:词语的意义有千万个,而真假只有两种,不宜对应。有许多语句(疑问句、祈使语句)无所谓真假。这种词义观,不易立足。

5. 行为反应说

20世纪头十年,兴起了心理学行为主义学派,以美国华生影响最大。20年代以后,杜威、莫里斯、罗素、蒯因等哲学家相继主张或倾向行为主义,注重"刺激—反应"公式。罗素从指称论转向行为论——反应说:"如果某种一定的刺激 A 在小孩身上引起某种一定的反应 R,并且经常和 B 这个词一起被经验到,那么早晚 B 会产生反应 R 或它的一部分。只要一发生这种情况,B 这个词对于小孩立刻就有一种'意义':它的'意义'就是 A。"与哲学界同出一源,语言学界也出现了行为反应说。其主要代表首推美国现代最有影响的语言学家布龙菲尔德(1933/1980:116)的观点:意义是"说话人发出语言形式时所处的情境和这个形式在听话人那儿所引起的反应","我们一般根据说话人的刺激来讨论或确定意义"。

行为反应说无法解决以下七个矛盾:①同一情境,不同的词语有不同的意义;②不同情境,同一词语有不同的意义;③对同一词语,不同的人或不同的情境有不同的反应;④对不同的词语,同一人有相同的反应;⑤对词语的刺激,没有反应;⑥只有明白词语的意义,之后才能做出反应,而不是相反;(徐友渔,1996:68)⑦用词语之外的东西来代替词语的意义,而二者没有一一对应关系。如果依据这种理论,那么对于大多数词语(抽象词语、表情状词语等等)都无法确定意义。(乌尔曼,1962:58)维特根斯坦特别强调指出,用某种心理过程的观点来解释词语的意义,是从根本上把人们引入歧途。

6. 因果说

这一学说有比较清晰的哲学源流关系。1892 年弗雷格区分出符号所指、符号意义和符号,并绘制了"指称物—含义—记号"三角图式。几乎同时又有皮尔士的"客体—解释因素—表现体"三角图式。1918 年,剑桥大学麦达林(Magdalene)学院两位哲学家奥格登和理查兹(I. A. Richards)讨论意义问题。1919 年,罗素写了一篇论文《论命题:它们是什么和它们如何意谓》,提出意义的因果论。1920 年,罗素与奥格登、理查兹等人开会讨论"意义的意义"。1921 年,罗素写了《心的分析》一书,对其理论做了详尽阐述,强调了因果论:词所引起的行为效果决定了词义。1923 年,奥格登、理查兹出版了《意义之意义》(1989:324)一书,继承了罗素的心理反应的因果关系,并在书中绘制了跟弗雷格(1892 年绘)、皮尔士雷同(艾柯,1990:67/2006:73)的三角形:(1)事物;(2)词;(3)意义。(见图表 1)(1930 年理查兹来北大、清华、燕京三校讲"意义的逻辑"等,写了《"意义的意义"的意义》,发在《清华学报》第六卷第一期《文哲专号》)。以维特根斯坦为首的哲学家、逻辑学家、语义学家从各自视角对奥格登、理查兹的说法,特别是对其语义三角提出了多种批评。后来作者对语义三角做了三点改造。一是改变三角的名目:(1)所指物,(2)符号,(3)思想或所指内容;二是把(1)(2)之间的底线改为虚线,以示其间没有必然联系;三是表明(3)(1)之间、(3)(2)之间是两种不同的关系。(见图表2)这样就由传统语义学的"对应论"转向了现代语义学的"三元论"。学界常称其说法为"因果论""对应论"或"符号说"。其主要缺点是他认为(3)跟(1)(2)都是因果关系。其实(3)(2)之间不应有因果关系,(1)(3)之间也不完全是因果关系,否则不能解释同音词、同义词、多义词、同指不同义现象。乌尔曼(1962:3章)批评"三角关系说"把"事物"这一非语言要素包括在词义中了。

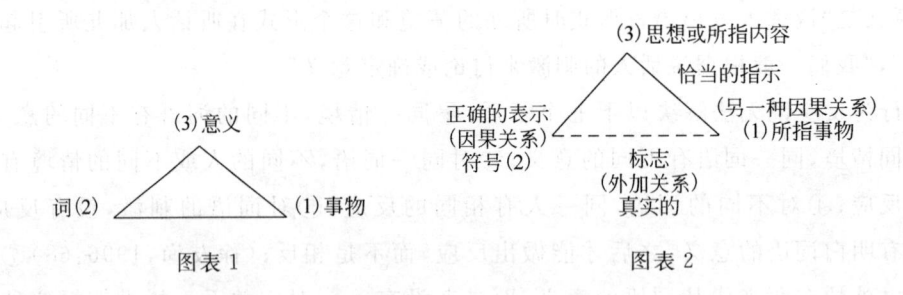

```
              (3)意义                              (3)思想或所指内容
                                                    恰当的指示
                                          正确的表示              (另一种因果关系)
                                          (因果关系)  --------   (1)所指事物
                                            符号(2)    标志
                                                     (外加关系)
   词(2)                (1)事物                       真实的
        图表1                                         图表2
```

7. 概念说

意义对应论的变异派别之一是概念主义(conceptualism):词义对应的是意识中的概念。

早期概念说是属于二元论的。19世纪20年代末洪堡特(1997:84,104)认为词语是单个概念的符号,词始终针对概念,"是指称事物的概念"。20世纪初,索绪尔(1980:101)认为,语言符号所指是概念。20年代的美国语言学家萨丕尔(1921)曾介绍了当时流行的观点:"词是一个概念的符号性的语言对应物。"40年代,苏珊·昂杰认为"符号所直接'表示'的就是这些概念而不是这些事物"。(莫里斯,1946/1989:61)50年代,加尔金娜-费多鲁克(1951)说:"大部分词的意义与概念相吻合,形成统一的逻辑—事物意义。"王力(1958:564)说:"词是能表者(它能表示一个概念),概念是所表者(词所表示的是它)。"60年代,高名凯(1963:202)认为,语义和概念并不相等,但是语义是以概念为基础的,是概念在语言中的表现形式。70年代,奈达(Nida,1975:14)说:"文字符号的指称物并不是现实世界中的物体,而是客观世界中的物体、事件、抽象事物及其相互关系反映在人们大脑中的一个或一组概念。"金岳霖等(1979:21)认为,实词表示概念,连词"如果,那么""或""而且",分别表达假言判断、选言判断与联言判断的逻辑概念。欧洲许多结构语言学学者把语言看作声音和概念结合系统。80年代,哲学家哈蒙(1987)认为,每个词都有概念,有些概念没有知觉内容,但是有推断作用,如"因为、而且、非、每个"等连词和量词。

后来的概念说属于三元论:词(形式)、概念、事物。在哲学的影响下,概念说在欧、美、俄都比较流行。乔姆斯基也主张概念说。比起观念说，概念说的优点是可以分离出内涵和外延并对它们加以分析和描写，而且任何语言都有相当多的词（主要是术语）是表示概念的。其缺点是：

（1）以哲学范畴代替了语义范畴，未注重概念和义位的区别。

（2）词义（义位）是信息交际单位，概念是思维单位（各语言也不尽相同）。如果以概念进行交际，就会发生种种障碍。因为交际中的许多义位除了有一些概念义之外，还有大量的是普通义、意向、意志、语气、情感、态度、评价、理据义等各种陪义，还有语法义（构词义、词类义、功能义等）、语用义。词义（义位）表示的是词语单位的全部内容，而概念只表示词语的部分内容。

（3）有很多词（义位）不表示科学概念：

① 用于一般场合的只表普通义的词：水、米、喝等。

② 只表情感的叹词（洪堡特，1997：120）：啊、呸、哎呀、哈哈等。个别学者，如特拉弗尼切克（1956），认为叹词也表示概念。

③ 主要表情感的词：心肝儿、宝贝儿等亲昵词；笨蛋、窝囊废等詈骂词。

④ 部分表情态的词：绿油油、红红的、暖烘烘、冷冷地。

⑤ 表语气的词：哇、呢、吗、吧、呀。

⑥ 代词：我、这个。胡塞尔称"我、这个"为"半概念"。（涂纪亮，1996：79）

⑦ 冠词：a、the。

⑧ 前置（介）词：在、从、向、对于、把、关于。

⑨ 大多数象声词：哗啦、扑哧、叮当、乒乓。

8. 反映说

反映说是 20 世纪 50 年代以来在苏联（俄国）和中国盛行的观点。

维诺格拉多夫院士（1953）说："词反映出人们如何理解现实的某一部分以及该部分与现实中其他部分的关系，反映出在一定时代中社会和人民是如何理解它们的。"斯米尔尼茨基（1955）说："词义是对象、现象或者关系在意识中的一定反映。"布达哥夫（1958：8）说"词正是现实现象和人类精神生活的反映"。什麦廖夫（Л. Н. Шмелёв，1964）、别列津（1979）、戈洛温（1979）等也有类似的观点。这种观点也反映在卡沙特金等四人（1989：73）编写的师范学院通用的《俄语》教材中："词汇意义是某种现象、现实（对象、事件、性质、行为、关系等等）在词中的反映。"在中国的论著、教材中，这种观点也较为流行，如岑麒祥（1961）说："词义所代表的其实并不是某种事物或现象，而是这些事物或现象在人们意识中的一定反映"。高名凯和石安石（1963：113）认为"词义就是……人们对客观对象的概括反映。"吕叔湘（1980：62）认为"意义是外界事物……在人的脑子里的反映"。

这种观点来源于辩证唯物主义反映论：

（1）反映的内容是客体、主体以及语言世界，除了其一般和本质特征之外，还有作为常识标志的区别特征。即包括科学和常识两个层次。

（2）人们对事物做出了能动的反映，其中包含着人们的理解、认识、取舍、评价等。

（3）对同一事物可以做出不同的反映，如"家父""令尊"。

（4）这种反映只能接近认识的极限，而不能达到认识的极限，其中难免有质的虚假和量的非等同。如"心想事成""心是推动血液循环的器官"。世界上实际有几十万种颜色，反映到语言中并用语言描述的只有 1000～1200 种。

（5）随着客体、主体及语言世界的发展变化，词义（义位）也在发展变化。

（6）这种反映离不开一定的民族语言，特别是语音形式。

这种观点的缺点是：没有说清楚词义反映和概念反映的异同，没有注意到词义的语言系统性和民族性。

9. 四角说

70 年代末，苏联语言学家梅利尼科夫（1978：223）主张从"语义四角形"说明词义："符号—符号映象—所指物映象—所指物"。80 年代初，苏联语言学家诺维科夫（1982：90—91）主张从"符号—意义—概念—对象"四元素说明词义，并绘制了一个四角梯形（见图表 3）。

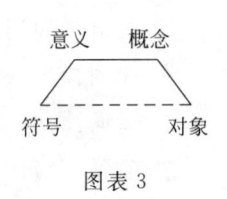

图表 3

这两个学说都推进了奥格登主义三角形论，注意到了词义和概念的异同。但是"四角说"的"符号映象"和"所指物映象"是模糊的，把复杂的词义简单化为"映象"。"梯形说"也未认识到词义的另一些复杂因素。

10. 五因素说

70 年代，苏联语言学家戈洛温（1977：71—72）从五个因素说明词义的形成：词（语音）—音象—联系—客观对象的反映—客观对象。其中他比较注重联系：音象和客观对象的反映的联系就是词义。

他比斯米尔尼茨基向前推进了一步，提出了跟"音响形象"对应的"物的反映（形象）"。不如诺维科夫之处是，没有注意到词义和概念的异同、关系。此外，他没认识到"反映"的差异、"联系"的差异。他因袭了关系说或联系说的不足。

11. 词义说的总结

指称说、观念说、用法说属于对应论，概念说属于分析论。用法说又属于功能论、操作论。各自从自己的理论观点阐述词义,各自以其合理内核帮助人们从不同视角认识词义。

指称说、观念说、用法说属于二元论。

因果说、关系说、概念说、反应说属于三元论。三元论的萌芽可以追溯到两千多年前的古希腊斯多葛学派的语言三要素说:(1)事物,(2)意义,(3)记号。还有中国的《易经·系辞上》提出的"物、意、言",《墨子·经上》提出的"实、举、言",《庄子·秋水》提出的"物、意、言"。后来,晋代陆机提出的"物、意、文",南朝刘勰《文心雕龙·熔裁》提出的"事、情、辞"。到 20 世纪 20 年代,英国学者奥格登等提出了"物、词、义"。形式与内容上的一脉相承,包含着人类思维历时或共时的暗合。

反映说、四角说属于四元论。

五因素说属于五元论。

12. 七因素新说

从二元论到五元论,人类的认识承先启后,后流推前浪,逐渐接近词义形成的多元复杂性。再进一步,我们提出义位(词义)形成的七元论,即七因素:①音;②音象;③普通义位;④学科义位;⑤物象;⑥物性;⑦物。见图表 4。

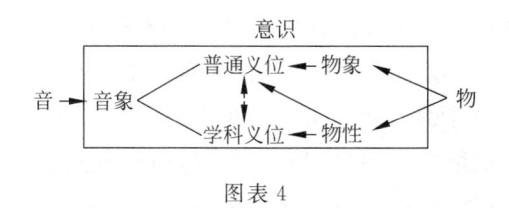

图表 4

对七因素阐述如下:

(1) 音,哪怕是语音,不进入意识中,就是外在的、孤立的、纯物质(或物理、生理)性声音,但是它是表示词义的物质基础。

(2) 音象,就是音响形象(image acoustique)。索绪尔在他的《教程》(32,101—102)中有十来处阐述了这个概念:是语言符号的表象,词的自然表象,声音表象,不是物质的,不是纯物理的,而是心理印迹,属于感觉的,是能指。因此我们认为,它具有民族性、时代性。

(3) 普通义位,是意识单位之一。俄国学者说它是所指物(денотат)。实际上它既反映指称特征,也反映表意特征,表示的是所指事物的最显著的、最易为语言共同体所认识的标记特征。波铁布尼亚(1888;新版 1958:19—20)称之为近义,谢尔巴(1940)、卡茨(1963)称之为词典意义,阿普列祥(1974)称之为朴素概念。普通义位包含着语义义、语法义和语用义。它具有较明显的民族性。同一种类的动植物或

相同的特性,可能被不同社会赋予不同的意义。(列维-斯特劳斯,1987:64)

(4) 学科义位,也是意识单位之一。俄国学者说它是所指概念(сигнификат)。它反映范畴特征,表示所指事物的本质属性。波铁布尼亚称之为"远义",谢尔巴、卡茨称这为"百科"意义,阿普列祥称之为科学概念。

不论是普通义位,还是学科义位,都是"文化单位的意义"。(艾柯,1976)两种义位可以转化:一些普通义位科学化,一些学科义位普通化。

(5) 物象(借自休谟,1957:33),是事物反映在意识中的群体表象以及人的精神情感。

(6) 物性,是事物反映在意识中的群体特征属性或本质属性。这个概念相当于鲍丁杰(1970)的"头脑中的物体"(概念)。

(7) 物,是指广义的事物,"在这里以及其他类似的地方,'事物'一词都用于一般哲学意义。它不仅指事物本身,而且也指过程、关系、状态以及现实中全部现象的总和"(兹维金采夫,1981:371)包括在主体、客体、语言三个世界。人们对物的反映可以从物象到物性,也可以舍弃物性,只选取物象。

(2)至(6)是意识范围,贾肯道夫(R. Jackendoff)称为"投射世界",利奇称"投射"为"映射"。(1)和(7)是游离在意识之外的,在映射条件下才相关。(2)和(5)(6)在意识中(胡塞尔认为是通过意向活动)才有可能产生联系,其联系的结果就是统一物或结合物,即(3)和(4),就是义位或词义。义位是由范畴、表意、指称等多元素形成的最基本的语义单位,它反映着语言主体对物的社会化的一般的(主要是最显著的可感特征)认识或理解,其中包括对物的切片及切片之间的关系。对物的切片指社会文化习俗(不完全是科学逻辑的)对个体或物类及其特征的切分提取。总之,义位反映着语言共同体对物的理解。义位跟音节匹配成词,是自由的最小语义单位,由义值(基本加陪义)和义域组成。

参考文献:

[1] 布龙菲尔德:《语言论》,商务印书馆,1980。
[2] 岑麒祥:《论词义的性质及其与概念的关系》,见:《中国语文》1961年第5期。
[3] 岑麒祥:《国外语言学论文选译》,语文出版社,1992。
[4] 陈立中等:《反映论新论》,中国社会科学出版社,1997。
[5] 弗雷格:《论涵义和指称》(一译《论意义和意谓》)(1892),见:《语言哲学名著选辑》,生活·读书·新知三联书店,1988。
[6] 高名凯:《语言论》,科学出版社,1963。
[7] 高名凯、石安石:《语言学概论》,中华书局,1963。

[8] 威廉·冯·洪堡特:《论人类语言结构的差异及其对人类精神发展的影响》,商务印书馆,1997。
[9] 肯普森:《语义理论》,剑桥大学出版社,1977。
[10] 金岳霖:《形式逻辑》,人民出版社,1979。
[11] 李安宅:《意义学》,商务印书馆,1935。
[12] 李幼蒸:《理论符号学导证》,中国社会科学出版社,1993。
[13] 列维—斯特劳斯:《野性的思维》,商务印书馆,1987。
[14] 罗素:《人类的知识》,商务印书馆,1983,86 页。
[15] 洛克:《人类理解论》,商务印书馆,1983。
[16] 吕叔湘:《语文常谈》,生活·读书·新知三联书店,1980。
[17] 石安石:《语义论》,商务印书馆,1993,27 页。
[18] 索绪尔:《普通语言学教程》,商务印书馆,1980。
[19] 涂纪亮主编:《语言哲学名著选辑》,生活·读书·新知三联书店,1988。
[20] 涂纪亮主编:《现代西方语言哲学比较研究》,中国社会科学出版社,1996。
[21] 王力:《王力文集》(十一卷),山东教育出版社,1990。
[22] 王路:《弗雷格思想研究》,社会科学文献出版社,1996,137-163 页。
[23] 维诺格拉多夫:《词的词汇意义的主要类型》,见《俄文教学与研究》,1958 年。
[24] 谢尔巴:《词典编纂学一般理论初探》,见《词典学论文选译》,商务印书馆,1981。
[25] 休谟:《人类理解研究》,商务印书馆,1957,33 页。
[26] 徐烈炯:《语义学》,语文出版社,1990。
[27] 徐烈炯:《当代国外语言学·学科综述》,河南人民出版社,1993。
[28] 徐友渔等:《语言与哲学》,生活·读书·新知三联书店,1996。
[29] 朱水林:《逻辑语义学研究》,上海教育出版社,1992,44 页。
[30] 兹维金采夫:《普通语言学纲要》,商务印书馆,1981,371 页。
[31] Вудаго, Р. А. Введение в науку о языке, москва. /布达哥夫:《语言科学引论》,莫斯科,1958。
[32] Дотебня, А. А, 1888—1889, Изалисок по русской грамматике. Ⅰ-Ⅱ, Москва, 1958. /波铁布尼亚:《俄语语法札记选》,1988—1989, Ⅰ-Ⅱ 卷,莫斯科,1958。
[33] Cruse, D. A. *Lexical Semantics*, Cambridge University Press, 1986;16.
[34] lоloвин, В. Н. *Введение в языкознанпе*, Москва. /戈洛温:《语言学概论》,莫斯科,1977。
[35] Lappin, S. /拉宾, *The Handbook of Contemporary Semantic Theory*. Blacwell Publishers Ltd,外语教学与研究出版社,1996/2001。
[36] Lyons, J. *Semantics*, Ⅰ-Ⅱ, Cambrige University Press. /莱昂斯,《语义学》(Ⅰ-Ⅱ卷),剑桥大学版社,1977。
[37] Мельников, г. п. *Системология и языговые аслекты кибернетики* /梅利尼科夫,1978, Москва.
[38] Nida, E. *Exploring Semantic* Structure. Wilhelm Fink Verlag München,1975。
[39] Новиков, Л. А. *Семантика русского языка*, Москва,1982. /诺维科夫:《俄语语义学》,莫斯科,1982。
[40] Ogden, C. K, Richards, I. A. *The meaning of meaning*,1923(1927、1932、1936、1946、1949、

1956,London,1938 New York)/奥格登、查理兹:《意义之意义》,1923(1927、1932、1936、1946、1949、1956 伦敦多次再版,1938 纽约)。

[41] Смирницкнй, А. И. К *вопросу о слове*(Проблема тоЖсдества слова), Труды. *Института языкознания АН СССР*. Москва, Т. 4/斯米尔尼茨基:《词的问题》("词的同一性"问题),苏联科学院语言研究所论集(4 集),1954。

[42] Смирницкий, А. И. *Лексическое и грамматическое в слове. в кн. вороосы грамматического стороя*. Москва. ,1955./《词的词汇和语法成分》,《语法结构问题》,莫斯科,1955。

[43] Смирницкий, А. И. *Лексикология английского языка*. Литературы на иностранных языках. Москва. ,1956./《英语词汇学》,外文出版社,莫斯科,1956。

[44] Ullmann, S. *Semantics. An Introduction to the Science of Meaning*. Oxford:Blackwell./乌尔曼:《语义学:意义科学导论》,牛津出版社,1962。

(原载《中国语文》2000 年第 2 期)

印欧语与汉语历时类型概论

一、从类型学谈起

1. 本文的论题,是属于历时类型学(typology)范畴的。19世纪初叶,从类型学产生时开始,洪堡特(1767—1835)、施莱歇尔(A. Schleicher, 1821—1868),直到马尔(Н. Я. Mapp, 1864—1934),都在一定程度上,把印欧语和汉语做过比较。结论是:汉语是孤立语,是"最不完备的""原始的"语言,而印欧语则是"最完备的""发达的"语言。二者分别处于语言发展的初级和高级阶段上。到20世纪70年代,安蒂拉(R. Anttila)还坚持这种观点。

2. 19世纪末叶,类型学进一步发展,上述的结论被当作无法证明的假说而被抛弃了。叶斯柏森(J. O. H. Jesperesen, 1860—1943)、高本汉(Bernhard · Karlgren, 1889—1978)等人认为,汉语同英语一样,是"进步的""高等进化的"语言。但是,他们没有令人信服地说明汉语和英语到底有哪些共同的地方。

3. 现代类型学,不主张从进化论的角度评价各种语言的优劣,而主张继承并综合历史比较语言学的某些成果,揭示各种类型语言的特点、变化的类型以及内在联系的普遍的发展规律。并且强调把从前的形态类型研究扩展到语音类型、语法类型、词汇类型研究方面。因而本文将从语音、语法、词汇几个方面的一些发展趋势,比较印欧语和汉语的共同的及相关的地方,仅把印欧语和汉语的历时类型作一简要概述。希望藉以补充类型学的空白,并改变对印欧语和汉语的某些陈旧的看法。

二、语音历时类型

1. 近一个世纪,许多国家的语言学家的研究结果表明,印欧语的语音发展,就几个方面说,出现了简化的趋势。汉语也有同样的趋势。不过,因为语言类型的差异，简化趋势的具体内容不完全相同。

2. 印欧语语音的简化，我们可以从辅音丛（consonant）①简化和元音简化上考察。

处于词首、词尾的，特别是处于词尾的辅音丛，简化的趋势是很明显的。古英语词首的[hr][hl][hn][kn][gn][wr]。到现在都丢掉了第一个辅音。其中在中世纪晚期丢掉了[h]，如 hring＞ring。在现代早期丢掉了[k][g][w]，如 gnagan＞gnaw[nɔː]。词尾的[-ng][-mb]都丢掉了后一个辅音。long 今读[lɔŋ]，climb 今读[klaim]。

处于词中间的辅音也时常简化。如古俄语的-гн-，-ън-到现在时常丢掉第一个辅音。例如 Двигнути＞Двинуть。

当然，印欧语至今还有一些辅音丛。而汉语则早已完成了辅音丛的全部简化过程。多数学者认为，上古汉语存在过辅音丛。其内证是：汉字的谐声字、异读、异文、读若等都有很多遗迹，古代口语词、方言词、译音词也有许多遗迹。其外证是：汉藏语系的其他语言都有辅音丛。古代的辅音丛有的单化了，有的整个失落了，于是就表现为现代汉语没有辅音丛的面貌。

印欧语还有过元音简化的趋势。博杜恩·德·库尔特内（И. А. Бодузн де Куртенз）经研究确定，几乎所有的斯拉夫语语音系统最重要的发展趋势之一，就是它们的元音系统在最近一千年的期间内都在简化。②在 8 世纪以前，在共同斯拉夫语中，有 *en、*on，但在开音节规律起作用后，到古斯拉夫语时期，分别变为两个鼻元音（Ѧ）、（Ѫ），再往后发展分别变成（я'a）、y，鼻元音终于消失了。12 世纪以前，在古俄语中，有两个由 ъ、ь 表示的弱元音，发音很像短促的 o 或 e，到现代已经消失了。处于词尾的元音更容易弱化以至消失。俄语在 11—13 世纪，词尾 ти 不带重音时 и 便弱化，最后消失，词尾变成 ть；现代俄语词尾 ти 是旧形式的残留，残留的条件是 ти 读重音。此外还发生过非重读元音对立消失的现象。如非重读元音 o、a 在 18 世纪中叶还是对立的，到 19 世纪中叶对立消失了。非重读元音 и、e 在 20 世纪 30 年代还是对立的，到 50—70 年代，在一般口语里，完全消失了。③在法语从拉丁语脱胎、演变过程中，元音也发生过一些较大的消减。

印欧一些语言，有过复合元音向单元音转化的趋势。从共同斯拉夫语向各斯拉夫语发展过程中，在辅音之前或词尾的复合元音转化为单元音，以 и 结尾的一些复合元音转化为单元音，复合元音[oi]转化为单元音。18 世纪中叶俄语还有 ѣ 元音，发作二合元音或准二合元音 иэ，到 19 世纪中叶，ѣ 并于元音 э 中。12—16 世纪，法语的复合元音也有转化为单元音，如 tout 念成[tu]，fait 念成[fɛ]。这种趋势，在现代英语中仍然存在着。如[ei]>[e]或[ɛ],[eiə]>[e:ə],[aiə]>[a:ə]>[a],[əuə]>[ə:]等等。

现代汉语,虽然比印欧语富于复合元音,但是在汉语发展中,复合元音单元音化的趋势也存在过。7—12世纪,在汉语的韵母中,大约有40个左右复合元音,4个单元音,到现代只有13个复合元音,而单元音却增加到10个。这说明,有许多复合元音在一定条件下转化为单元音。在这类变化中,大多数低元音转化为高元音,这就是"元音高化"的规律。

3. 关于汉语的语言简化,我们还可以从音节中的声母、韵母以及音节的数目来考察。

首先看声母的简化。7—12世纪,汉语大约有36或37个声母。到14世纪,北方话只有24个声母了。到现代,普通话只剩下21个声母了,而且还有很多字变成了零声母。而一部分带[ɣ-][ŋ-][m-][ȵ-]等声母的字,早在中古至近古时期就变成了零声母。如"雨、云"(ɣ-),"牙、月"(ŋ-),"雾、闻"(m-),"日、儿"(ȵ-)等。这类现象,也就是音节开头辅音失落现象。在声母简化中,比较主要的变化是,[b][g][d][dʑ][dz][v][dʐ][ʑ][z][ɣ]等浊辅音变为相应的清辅音。这就是"浊音清化"的规律。这个规律,在汉藏语系的许多语言中形成明显的趋势。而在俄语的语流音变中则仅仅出现一点苗头。如词尾的 ж、з、д 时常变成 ш、с、т。这可能导致语言的历时音变。

其次,看韵母的简化。7—12世纪,汉语有325个韵母(如不算声调,有150多个)。到13—14世纪减少到200个左右,到现代只剩下140多个(如不算声调,只有39个)。韵母虽然也有分化,但是合并是主流。对这个趋势,可以从韵的合并和韵尾的合并两方面来说明。

7世纪前后,反切中保留了明显的合并韵的遗迹。当时的韵书虽然分为206韵。但是在反切中常混用。据统计,当时有关仙韵[*iɛn]和元韵[*an]的137个反切中,已经有23.7%的反切把两个韵混用了。

13世纪以前,韵尾共有三种:一是元音收尾的开音节,二是[-m][-n][-ŋ]鼻辅音收尾的闭音节,三是[-p][-t][-k]口辅音收尾的闭音节。最晚到16世纪,[-m]尾消失了,并入[-n]尾中。最晚到14世纪,[-p][-t][-k]消失了,变成开音节。

有人推测,在上古汉语的早期,还有以[s]这个口辅音收尾的闭音节。大约在上古汉语的早期和中期之交,[-s]尾消失了,带[-s]的字变成了去声。而[-s]尾在现代藏语里还保留着,其功用之一是把动词变成名词,如['graŋ](数,动词)＞[graŋs](数、名词)。这恰好相当于汉语的去声功能之一。④

最后,看音节数目的减少。据统计《切韵》有3600左右个音节,《广韵》有3877个音节(这两部韵书虽然不能代表一时一地的语音,但大体上反映了中古汉语的语音概貌)。到现代,只有1332个音节。⑤

这样一来,是否就像法国的葛兰言(M. Granet)所说的:"无论如何,在中国历史上所能找到的最早的口语,似乎已是一种语音上非常贫乏的语言。"⑥如果所谓"语音贫乏"是指音节数目,那就不对了。古代汉语的音节数目,跟现代英语是相仿的,现代英语也只不过有几千个音节。现代汉语的音节数目虽然比古代减少了许多,但是仍然比只有112个音节的日语音节数多得多。问题在于,语音贫乏与否,不能看音节的数目,得看音节和音节排列(permutation)成词的情况。近代和现代汉语,比古代汉语常采用两个音节排列成词的方式来补偿语音的简化。我们不妨用数学排列公式来计算一下从1332个音节中每次取两个音节的排列结果:

$A_m^n = m(m-1)(m-2)\cdots(m-n+1)$

$A_{1332}^2 = 1332(1332-1)$

$A_{1332}^2 = 1772892$

这就是说,可以排列成170多万个不同的两个音节组织形式。当然这只是理论数字,其中虽然已经包括了音节不同次序这一因素(ab一组,ba又一组),但是还没有包括重叠、轻声、儿化等因素。因此实际数字,可能增加一些;受另一些因素制约,也可能减少一些,但不会离这个数字太远。这个数字用来传达再繁多的语言信息都足够了。可见,汉语语音的简化并不是贫化;它用较经济的语音个体(音位),通过能产的组织形式,使汉语语音的整体丰富了,更富于表现力了。

三、语法历时类型

1. 内部屈折变化的消减。

先看看印欧语的内部屈折变化情况。

在所有的印欧语里,都有元音屈折现象。以德语的 bruch(折断)为例:

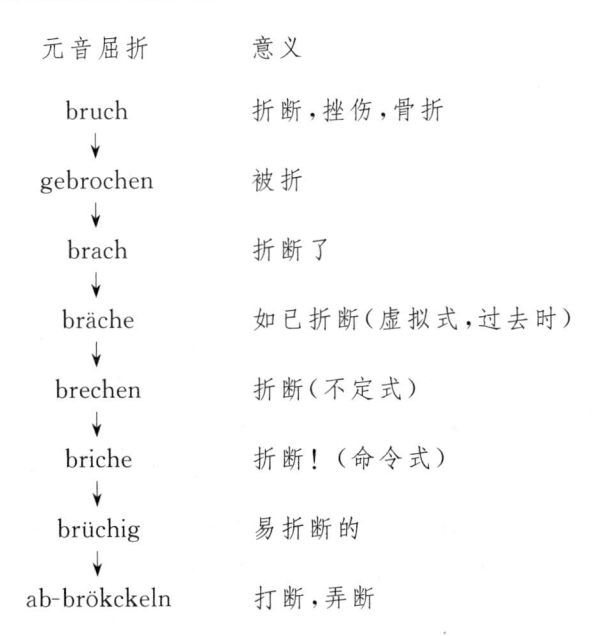

元音屈折	意义
bruch ↓	折断，挫伤，骨折
gebrochen ↓	被折
brach ↓	折断了
bräche ↓	如已折断（虚拟式，过去时）
brechen ↓	折断（不定式）
briche ↓	折断！（命令式）
brüchig ↓	易折断的
ab-brökckeln	打断，弄断

在这个词根里，标准德语用了它的全部单元音表示八种屈折，形成了一个复杂的系列。

这种复杂的元音屈折，在现代印欧语里已经不多见了。古代英语的元音屈折曾经是名词复数的重要表达手段之一。如 boc＞bec（许多书）。现代英语的名词复数，除了沿用古代的少数内部屈折形式以外，一般都采取外部屈折，即词尾附加形式（现代加-s 或-es，而古代是加-as 或 a）。如 book＞books（许多书）。内部屈折对构成过去式、过去分词来说，在古英语中也是重要手段之一，到现代英语中则成为补充手段。如 sing＞sang＞sung 已被列入动词的不规则变化。

内部屈折，在俄语里也逐渐受到限制。现在构词法上已很少用内部屈折，如 ол（赤裸裸的，短尾形容词）＞оль（赤贫者，名词）。在构形上，内部屈折只限于构成某些动词不同的体，如 Называть（称呼，未完成体）＞Назвать（完成体）。像俄语这样较典型的屈折语，只剩下外部屈折保持着相当高的能产能力。

再看汉语的内部屈折情况。

上古汉语也有元音屈折现象。如[＊hiuəi]（动词，围）:[＊hiuei]（名词，帷，即围布）。[＊hoang]（形容词，横的）:[＊heang]（名词，衡，即秤杆，秤）。[＊piuən]（动词，分）:[＊puən]（名词，半）。[7]与这种现象相同的珍贵数据，至今还保留在陕西商县方言中。[8]请看下表：

动词	喷	淋	病	动	取
普通体	p'ɛ	liɛ	pi	tuɤ̃ɤ	t'y
完成体	p'ā	liā	pia	tuaɤ	t'yɛ
用例：	喷漆啦	淋雨啦	病啦	动工啦	取钱啦

上古汉语的辅音屈折用得更多些。如[*djiat]（不及物动词，折）:[*tjiat]（及物动词，折，弄断）。[*kyan]（主动词，见）:[*hyan]（被动词，被看见）。[*keôk]（动词，教）:[*heôk]（名词，校）。到隋朝，颜之推已经自觉地把这类现象记录在《颜氏家训·音辞篇》中，"军自败曰败"读浊声母，"打破人军曰败"读清声母。至今在普通话中，还有这类现象的许多遗迹。如说 quān（圈）是圆或围，如用于牲畜则说 juān 或 juàn。

元音和辅音屈折，是印欧语里常见的。印欧语里不常见的是声调屈折。用声调区别词义和词性，一直是古代汉语的能产手段之一。如上古汉语的[*sjian³]（名词，扇）:[*sjian¹]（动词，搧）。[*dzuai²]（动词，坐）:[dzuai³]（名词，座）。[*diuan¹]（动词，传）:[*diuan³]（名词，传）。东汉郑玄在《三礼》注中，高诱在《淮南》《吕览》注中，已经明确记载了这类材料。汉末刘熙《释名》大量用四声别义。唐初陆德明对四声别义多有辨析。到宋元时，贾昌朝、刘鉴辨析得更加详细。如说"毁"读上声指"坏他"，读去声指"自坏"。"共"读平声指"上赋下"，读去声指"下奉上"。"雨"读上声是名词，读去声是动词。其中值得注意的是，去声能区别内向动词和外向动词，如买/卖[*me]、受/授[*zjiu]，"卖""授"都是外向动词，读去声。[9]今天陕西商县方言口语中还保留着这类语法性音变的遗迹。如用声调（兼延长元音）表示动词（多是单音的）的完成体："云把太阳遮半子（半边儿）"的"遮"，普通体是 21 调，完成体是 3231 调。这个方言还用声调区别人称代词的单数和复数，如[ŋr][--i][t'a]说成 53 调是"我""你""他"，说成 21 调是"我们""你们""他们"。这大约透露了西周镐京西南方言特征的一点消息。

总之，从上面的例子可以看出，汉语的内部屈折既用于构词，也用于构形。上古汉语还没有发现外部屈折的遗迹。有些词虽然是收尾音发生变化，但是仍然属于词根之内的变化，即仍属于内部屈折。如[*piuə]（不，通用）:[piuət]（弗，用于特定场合）。

古代汉语存在屈折变化，还可以拿汉语的亲属语言现代藏语、彝语、羌语等保留的屈折变化作为旁证。限于篇幅，这里从略。

从前，外国语言学家，除少数以外，多数认为汉语是没有屈折变化的语言，并因此说汉语是落后的语言。这种错误论调，是受了 19 世纪初期历史比较语言学家施莱歇尔的影响。虽然,他们没有发现古代汉语的元音屈折、辅音屈折,无视声调屈折,更没有注意到现代汉语的"儿化"屈折及少量的重音屈折现象。因而他们也不可能看到,汉语经过几千年的演变,屈折现象简化了。就这个历史趋势说,印欧语正朝着汉语的方向走去。如果迄今为止,他们还认为屈折语优于其他语言,那么他们就是持有囿于自我中心说的偏见。如果摈弃这种偏见,他们就该正视一个基本事实:屈折现象正在简化。

2. 格形态逐渐消失。

格(case),作为语法范畴,如果从亚里士多德(公元前384—前322)算起,人们对它的研究已经有2100多年的历史了。漫长的研究史,越来越清楚地证明,几乎所有的语言都没有保持格的古老面貌。

古印欧语名词有8个格,到古典拉丁语剩6个格(包括5种变格类型),到7世纪民间拉丁语只剩下2个格(包括3种变格类型)。到13世纪末叶以后,由民间拉丁语发展而成的各罗曼语的名词变格一般都消失了,像现代法语那样。

虽然斯拉夫语族的现代各语言较多地保存了原始印欧语的格形态,但是也不断地改变着自己的面貌。这只要观察一下俄语的历史便一目了然了。古俄语名词有5种变格类型,每种变格类型都分单数、复数、双数。而双数有3个格。单数、复数各有7个格,比现在多一个呼格(vocative),这个格用于呼语,而现代俄语则取消了这个格,使并入第1格。这种简化,从11世纪便开始了,到现在不仅只剩下3种变格类型,而且每种变格类型只分单数、复数,取消了双数,而单复数中又都只剩下6个格,而6个格的变化又越来越趋向于统一、简化。如阳性名词第2格,在19世纪时,如果表示数量或否定,以用-y为规范;其他场合用-a(-я),而在当代俄语中趋向于都用-a(-я)。哥拉乌吉那(Л. Граудина)统计过1018个用例,其中用-y的有256个,用-a的有762个,比例为1∶3,-y形式已经退居到指小、表爱以及固定短语等狭小的世袭领地。阳姓名词第5格词尾,不久前有-ой(-ей)和-ою(-ею)两种形式,现在趋于使用-ой(-ей)这一种,逐渐淘汰-ою(-ею)。俄罗斯的权威语法学家波铁布尼亚(А. А. Потебня)早就指出,表示行为方法的第5格有脱离变格体系,变成独立副词的趋向。如 аванс(预支)的第5格变为 авансом(提前)。⑩更值得注意的是,以-во,-но,-ое结尾的地理名词,从40年代初开始,特别是60年代以后,趋向于不变格。其他名词也有不变格的趋势。⑪至于不变格的形容词(即分析型形容词),近二十多年来也逐渐多起来,如 электрик(蓝色的),Хинди(印地语的)。

古日耳曼语从古印欧语简化为4个格,现代德语虽然仍有4个格,但是局势并不稳定。第2格(即"纯格",der reine kasus)正在退化。雷尼斯(L. Reiners)会呼吁

"挽救第2格",但是大势所趋的形势下,他也销声匿迹了。第3格也在衰退,名词第3格所加的-e也在消失中,只有在需要照顾到音节节奏时还保留着。同第2、3格退化相伴随的现象是,使支配第2、3格的动词"介词化",这种用法已经被认为是追求表达清楚的趋势。

英语在中世纪以前,也有主格、宾格、所属格、间接宾格等4个格。形容词和某些代词还有造格(instrumental)的遗迹。到现代英语,形容词已经失去了格的变化,而名词习惯上说它有主格、宾格、所属格这3个格,实际上主格和宾格已经失去了形态区别。所属格的形态,也只限于有生命名词以及某些时空名词、团体报刊名词。因此,严格地说,只有一部分名词还保留着所属格的形态。而许多语言的事实证明,代词是格在趋向消失演变中占据的最后一个堡垒。不管这个堡垒多么顽固,它也是逐渐在缩小。当代英语在疑问句或宾语从句中,who可以取代whom,在某些句子中I也可以取代me。埃万斯(Bergen Evans)说得对:"当代词出现在问句之首的时候,讲自然、流利、文学性英语的人总是用代词的主格,不管它在语法上是什么格。"⑫

顺便来考察一下汉语的格形态。如果我们把视野一直扩展到上古汉语的中期,特别是早期(公元前13—前7世纪),那么便会发现,代词这个最后堡垒,仍然固守着格形态。如"余"(予)[*jia],在《诗经》《书经》和宗周铭文里,多用于主格,少用于宾格,更少用于所有格,而在甲骨卜辞里只用于主格。"朕"[*diəng],在《书经》里多用于所有格,少用于主格,更少用于宾格;在《诗经》里根本不用于宾格,在甲骨卜辞、宗周铭文里不仅不用于宾格,也不用于主格,只用于所有格。"乃"[*nə],在《书经》里绝大多数用于所有格,很少用于主格,不用于宾格;而在宗周铭文和甲骨卜辞里只用于所有格。"女"(汝)[*njia]在《书经》《诗经》和宗周铭文里多用于主格和宾格,很少用于所有格,而在甲骨卜辞里则多用于宾格,也很少用于所有格。

根据格逐渐简化这一普遍规律,从上古汉语代词格形态的遗迹往前推测,远古汉语(即史前时期汉语)比上古汉语肯定有过较多的格形态。这个推断,完全符合梅耶(A. Meillet)的杰出命题:"形态是古代残迹的领域。"⑬

形态单位,并不像某些语言学家所说的那么重要。事实上,形态单位的意义,大多是词汇或句法单位意义的重复。如俄语的与格(dative)、在格(locative)、工具格(instrumental)都重复着某些前置词的意义。主格和宾格在一定的词序中重复着主语和宾语的意义。因此,格形态单位并不是语言中不可缺少的。印欧语和汉语一样,发展的趋势是,形态越简单越好,词形越不变越好,最终达到观念和词之间的简单直接对应,甚至词与词之间的关系也由相应的词来表达。这就牵涉到由综合结构向分析结构发展的问题。

3. 向分析结构发展的趋势。

印欧语,近几个世纪,几乎都出现了由综合结构向分析结构发展的趋势,只不过是发展的速度不尽相同。俄语稍慢,德语和希腊语稍快,法语、特别是英语、保加利亚语最快。

打开现代世界的语言橱窗,便会看到某些语言还保持着极古老的形态。如巴斯克语(Basque)竟然用一个动词的 150 个不同的形式来表示英语的 have、has、had 三个形式的内容。立陶宛语(Lithuanian)的农民口语中不仅有两个原始性的声调,而且有花样繁多的词形变化。这样的语言,比构拟出来的公元前 500—1000 年的日耳曼语的祖语还古老,而跟梵语一样,接近综合结构的印欧语原型。相比之下,尽管俄语蹒跚地向分析结构走来,但是毕竟也走过了相当的里程。

俄语的文献有 900 年的历史。这段有文字可考的历史表明,俄语取消了某些综合结构,采用了具有同样功能的一些分析结构。如前所述,它的多种名词变格系统简化了,与之相应的是前置词的数量增加了,运用的范围扩大了。从前只用格形态表达的,现在常用分析结构来表达,如 аилучшии＞самыилуший(最好的),这就是由综合结构向分析结构过渡的形式。⑬ 又如双数词尾消失了,代之以 оба、два 等数词加上名词复数形式。古俄语说 очи(双眼)、домы(两座房子),现代俄语说 обаглаза(очи)(两双眼睛),двадома(两座房子)。从 11 世纪开始发现双数和复数相混,到 13 世纪双数基本消失,现代只是在某些词的词尾(дома)残留着双数的遗迹。此外,俄语时制形态体系早已开始并正在瓦解。如某些以 -нутв 结尾的动词,趋向于去掉 -нул 这样过去时形式,这种用法比保留 -нул 肯定有前途。还有一部分时态用动词组合结构来表达。比上述这些更具有典型意义的分析结构是多项第 1 格定语。它从 19 世纪末开始用来表示棋局和空间关系,如 Лартия   будагов-Смирницкий(布达哥夫对斯米尔尼茨基一盘棋),Участокафины-Париж(雅典到巴黎区间)。到 20 世纪 60 年代,它扩展到表示竞赛,对应关系等。

拉丁语、日耳曼语在中世纪早期就出现了用动词组合结构(如英语 have be,或 become 加过去分词)来表示完成和被动形态的意义。英语还可以用前置词 of 的组合结构表示古代属格的意义,甚至英语代词所有格形态也可以让位给分析结构。如 its(它的)也可以说成 of it。德语动词第 2 格宾语,逐渐被介词宾语所代替,几百年来的这种趋势已经被当代德语语法学家所公认。

拉丁语、日耳曼语向分析结构转化过程中,它们的许多形态在逐渐减弱、消失。如在共同罗马语时代以前,虚拟式(subjunctive mood)是拉丁语动词的主要形式,并且支配着整个拉丁语的造句法。在共同罗马语时代以后,虚拟式的作用不断受到限制,特别是在现代法语口语里它们的用途逐渐缩小。虽然在英语里的虚拟式还有较大的市场,但是削减的趋势也是较明显的。好多虚拟式已经用条件句表示了。又如英语的后置定语常前置,功能词逐渐省略,形容词的比较级和最高级逐渐用 more、most 代替-er、-est(当然在某些句子里用-er,-est 似乎更有力)。这正如巴波(Chares Barber)所说的:"有一种明显的、广泛的趋势:英语已经越来越少地依赖词尾体系,而越来越多地依靠词序和功能词(如前置词、助动词)。"⑮

这个趋势,正是汉语所显示出的状况。汉语从有文字记载以来,三千多年一直依靠词序和功能词。这是中外学者人人皆知的事实。这个事实,正是经过几千年、几万年甚至数十万年发展演变的结果。既然印欧语也是朝着这个方向走来,那么对汉语的现状也就无可非议了。

四、词汇历时类型

1. 词汇日益丰富,这是各种语言共有的趋势,也是众所周知的常识。这里要比较的是另一些趋势:词的语音形势缩短与伸长的趋势,词汇的抽象化和具体化的趋势,词的有理据性和无理据性的趋势。

2. 词的语音形式缩短与伸长的趋势。

有史的最古的印欧语的词根(注意:不是"词")都只含一个音节,⑯而史前印欧语的词根则有过多音节占优势的阶段,如 * deiwo-s(神)＞古拉丁语 deivos＞divus＞dius。由于元音的弱化以至减损,或由于词尾脱落,使原来词根的后面部分变成了词尾。

经过历史演变,印欧语的许多语言的词形(或实际语音形式)都缩短了。索绪尔早已发现,德语词根(注意:不是"词")差不多都是单音节的,面貌相当整齐。如果不算用复合法造出的长词,那么正像门哲莱斯(P. Menzerath)所说的,德语词(注意:是"词")主要是八个或九个音素组成的双音节词。而英语呢,布龙菲尔德说,从共同的母语出发,我们发现现代英语词形大大地缩短了。缩短到什么程度呢?考痕(Marcel Cohen)的回答是,英语中的日耳曼词几乎都变成了双音节或单音节的短词了,常用词大量地变成了单音节。乌尔曼的回答是,英语单音节词正逐渐占主导地位。法语怎样呢?前面提到的几位语言学家都说,跟英语相仿,而比英语的词形更趋向于简短。更值得注意的是,大多数语言的人称代词,多半是单音节的。这一个很重要的信息向我们透露,越常用的词越趋于简短。

3. 说到这里,科尔格勒恩(B. Karlgren)、马伯乐(H. Maspero)、费克(F. N. Finck)、盖比勒恩特兹(G. V. Gabelentz)等欧洲汉学家的错误论调便是显而易见的了:汉语是单音节的,因而是"原始"的。对这种论调,我国学者曾批驳过。这里还要补充两点:(1)汉语词的音节多少的实际情况究竟怎样?演变的情况又是怎样?(2)词的音节多少,跟语言的进步与落后,有没有关系?把这两个问题放在汉语与印欧语类型关系中来考察,较为清楚,因而也较容易解决。

4. 汉语词音节多少及其演变情况,应该从定量分析入手来解决这个问题。笔者统计的结果是:公元前2世纪以前,多音词(主要是双音词)占10％左右;公元前2世纪至公元5世纪多音词占20％左右;公元6—19世纪口头语体里的多音词占40％—70％左右;现代多音词占70％—80％左右。大体上可以这样说,古代汉语中单音词占优势,现代汉语中多音词占优势,演变的总趋势是词语双音化。这是就语言中静态词汇统计比例说的。如果就言语中动态词汇统计,那么单音词和双音词大约各占一半。⑰

这是汉语有史时期的确凿结论。那么史前时期的情况怎样呢?根据目前所见到的资料推测,史前时期的汉语有过多音节占优势或占相当大比例的阶段。这个阶段的痕迹还保留在有史初期的记载或古籍里。如公元前10世纪左右的铭文里常用"厥""惟""畜""有"等作名词、形容词或动词的词头。如说"厥工""厥臣""厥休""厥用""惟王""有司"等等。"有"到了《书经》中多作名词词头,在《诗经》中多作形容词词头。从公元前5世纪以后,即从上古汉语中期以后,这些词头不多见了。由它们构成的多音词转变为单音词,史前多音节的遗迹消失了。有时为追求古奥风格也用到某个词头,那已经属于修辞范围的事情了。

同汉语演变情况相似,古藏语的词头、词尾有许多是自成音节的,后来跟词根结合成一个音节。如[＊rdo-bu](石—子)>[rde'u](石子)。⑱

5. 把上面的比较概括起来就是,从多音节向单音节或双音节转化,是有史时期印欧语的趋势;从单音节向多音节或双音节转化,是有史时期汉语的趋势。纵观语言的长河,以多音节为主的阶段和以单音节为主的阶段,都只不过是历史长河中的一段。但是词的语音形式的缩短与伸长,并不是单向的或反复循环的。词的长短变化,是以表义为尺度的。在不影响表义的条件下,词受语音消减的作用可以缩短;当词缩短到使大量的同音词产生而影响表义时,就伸长。这是各种语言共有的规律。因此词的音节多少跟语言的进步与落后毫无关系。德语和法语比较起来,德语词的音节相对地多些,法语词的音节相对地少些,不能因此断定德语比法语落后,或者法语比德语落后。这正如不能根据身长来断定人的进化程度一样。

6. 词汇的抽象化与具体化的趋势。

所谓词汇的抽象化,是指词汇中逐渐产生抽象词(或叫概括性词、泛用词、类名、通名)。所谓词汇的具体化,是指词汇中逐渐产生具体词(或叫特称词、特名、专名)。

法国的葛兰言说,汉语的词几乎都是特名,每一个词只指明某一特殊的个别的东西,比方说汉语里没有说明一般的"死亡"这个词,而有"崩""薨""死""卒"这些词,因此汉语是较"原始"的语言,甚至是"最坏"的语言。[19]这种说法,不仅不符合汉语词汇史的实际,而且也不符合汉语与印欧词汇发展趋势比较的结果。

7. 从美国到西欧,再到中国,在一部分语言学家中,较为流行的观点是,词汇逐渐抽象化。这大约反映了词汇发展趋势的主导方面。汉语从公元前4—前1世纪(即战国至西汉),抽象词所占的比重逐渐大起来,具体词所占的比重逐渐小下去。比如在战国前的《诗经·鲁颂·駉》这首诗竟用了16个马的具体词:骊(身子黑而胯下白的)、皇(黄白相间的)、骊(纯黑色的)、黄(黄而杂红的)、骓(青白杂的)、駓(黄白杂的)、驿(红黄色的)、骐(青黑成纹像棋道的)、驒(青黑色而有斑像鱼鳞的)、骆(白马黑鬃)、骝(红马黑鬃)、雒(黑马白鬃)、䯄(灰色有杂毛的)、騢(红白杂毛的)、驔(小腿长白毛的)、鱼(两眼边白色毛的)。[20]秦汉以后,这些词逐渐不用了,代之以抽象词"马"。能不能由此断定汉语词汇是由具体到抽象呢?不能!因为由"马的特称"到"马"这一通称,这只是历史长河中的一段。"马"是在其特称之前产生的,远在公元前13—前10世纪的甲骨卜辞、铭文中"马"已经频繁使用了。同样,在甲骨卜辞、铭文中,"牛""死""老"等等抽象词也早就多次用过了,而它们的特称既晚出,又少见。这又是词汇的具体化。纵观所见的历史材料,可以看出词汇发展的三个阶段,两个趋势。示意如下:

$$A \longrightarrow C \longrightarrow A$$
(抽象词) ⟶ (具体词) ⟶ (抽象词)
(马) ⟶ (马的特称) ⟶ (马)
　　　　具体化　　　　　抽象化

这个公式仍然不能把复杂的词汇发展情况概括无遗。有的史料,只显示了抽象化这一趋势(这是主导的);有的史料,只显示了具体化这一趋势。而任何一种趋势都是随着社会历史、社会环境和社会习惯而出现的。

8. 随着社会历史的发展,产生不同的特称词。到渔猎时代,产生了鱼鸟兽的特称词。到畜牧时代,产生了家畜的特称词。到农业时代,产生了谷物的特称词。到了工业时代,产生了机器的特称词。这里面有概念精细化、深化的问题。科学概念也是一样,很早的时候,只有"数学",16 世纪才产生了"算术""代数""几何""三角",17 世纪以后,又产生了"拓扑""微积分""控制论"……。这同特称词既有联系,又有区别。它从一个角度反映了特称词的产生是社会历史发展的必然结果,而跟语言的先进与落后毫无关系。

9. 随着社会环境的不同,产生不同的特称词。在被海水包围,跟海有密切关系的地方,常有许多海的特称词(如日语)。在盛产蔬果的地方,常有几十个甚至上百个蔬果的特称词。在畜牧业发达的地方,常有许多畜牧的特称词。比如现代蒙古语就有几十个马的特称词:①

通称 [moer]	雌雄	种公 [edʒrõg]	阉割的 [axt]	母的 [guu]	
	年岁	一岁的 [unõg]	二岁的 [daag]	三岁公的 [urəə]	三岁母的 [beedõs]
	毛色	白色 [saarl]	深黄 [ɣarəg]	干草黄 [xua]	栗色 [xəər]
		红 [dʒoord]	海骝色 [xɛluun]	青色 [bər]	带斑点 [tʃəxɛʃõr]
		花花色 [alõg]	白鼻梁 [xəltr]	……	……

英国也有过发达的畜牧业,因此在英语里除了 cattle(牛)以外,还有 cow(母牛)、ox(已阉割的公牛、役牛)、bull(种公牛)、calf(小牛)等牛的特称词。在寒带地区的语言里常有许多寒冷、冰雪的特称词。如原居北欧的阿拉伯人(Lapps),有表示不同程度寒冷的 11 个特称词,有表示不同种类的冰的近 20 个特称词,有表示不同种类的雪的 41 个特称词。同样,在热带地区的语言里常有许多植物的特称词。这都是客观社会环境的反映,是人们生活的需要,跟语言的进化程度没有关系。

10. 随着社会习惯的不同,产生不同的特称词。如在亲属名称这个语义场内,各语言所用的词的概括性是不尽相同的。汉语,其次是日语,有较多的亲属特称词

（当然这两种语言的有关亲属的特称词也不尽相同，更不是对等的）。而英语、德语、俄语等则有较多的亲属的概括性词。如汉语的"内兄""内弟""姐夫""妹夫""大伯子""小叔子"等，在英语里一律称之为 Brother-in-law（法律上的兄弟）。又如汉语有"哥哥""弟弟""姐姐""妹妹"，日语和匈牙利语也分四种称呼。蒙语的"哥哥""姐姐"分别称呼，而"弟弟""妹妹"不分，只用一个称呼。俄语、法语、英语和德语一样，"哥哥""弟弟"不分，叫作[俄]рат,[法]frere、[英]brother、[德]bruder，"姐姐""妹妹"不分，叫作[俄]сестра、[法]soeur、[英]sister、[德]schwester。而马来语的四种称呼都不分，一律叫作 sudara。如果我们用亲属称呼的概括性来断定，马来语是最进步的，俄语、法语、英语、德语次之，蒙语又次，汉语、日语和匈牙利语是最落后的，那么虽然这种结论是不能令人信服的。再拿法语和德语来比较，法语有许多概括词（mots omnibus）可以概括德语的几个词，如法语的 mettre（放）概括了德语的 setzen（放入）、stellen（立放）、legen（平放）、hängen（挂起）。如果以此来断定法语比德语进步，这简直是一种神话。1952 年美国语言学家赫尔（A. A. Hill）曾经揭穿过这一类神话：曾有人说切洛基人（Cherokee）没有专门表示"说"的词，而只有 14 个"说"的特称词，因此便说切洛基人是落后的。这种神话是 19 世纪初期一个传教士制造出来的。后来一些不清醒的语言学家也跟着传播这类神话。

11. 总之，词汇的抽象化和具体化问题，从本质上说，是思维和语言的关系问题。人们思维活动或认识活动的成果之一是产生了概念，语言的词便把它记录下来。共性突出的一般概念，便用抽象词记录；个性突出的特称概念，便用具体词记录。它们之间常有这种关系：围绕一个较重要的中心概念（如"死""马""牛""老"等），逐渐出现几个，甚至几十个、上百个有差别的名称，这些名称各从一个角度反映一种概念，帮助人们认识概念间的差别。后来随着思维的发展，在没有特殊需要的情况下，那些名称（特称）大多逐渐消失了，它们所表示的概念个性常常用"属差加上一般概念"来表示。如不说"骊"，而说"黑马"；不说"驮"，而说"八岁马"；不说"耋"，而说"八十岁老人"；不说"沐"，而说"洗头"；不说"浴"，而说"洗澡"，等等。这就是说，在一定的历史阶段逐渐加大原有抽象词的负荷量或者产生新的抽象词，而抽象词正反映了人们思维的抽象化。但是思维的抽象化并不是绝对的，它常常伴随着思维的具体化和精细化。

12. 词的有理据性和无理据性的趋势。

所谓词的理据性（motivated），是指词的声音形式和最初的意义内容联系起来的理由和根据。它反映了词的音义联系的一种性质，也叫词的内部形式（inner form）。

当代英国语言学家乌尔曼说，汉语是理据性最缺乏的语言。在他之前，索绪尔把世界语言分为两种类型:"语法的"类型语言,可论证性(即有理据性)的词占优势;"词汇的"类型语言,任意性(即无理据性)的词占优势。并说"超等词汇的典型是汉语,而印欧语和梵语却是超等语法的标本"。②

乌尔曼和索绪尔的结论,大约是从古代汉语的一部分材料中得出的。如果把汉字的理据性和汉语词的理据性分开的话,那么古代汉语中的单音词相当大一部分是没有理据的,双音节词的一部分联绵词也是没有理据的。但是还有一部分单音词、合成词、派生词、联绵词是有理据的。如拟声词"锽",像鼓、钟、锣声。合成词"舆图",战国时代人们认为天圆地方,天圆像盖,地方像车厢(即"舆"),地载万物正如车厢载万物,所以"舆图"就是"地图"。同下,"肩舆"就是肩上抬的车厢,即"轿子"。

到现代汉语,双音节和多音节的合成词、派生词、拟声词已经在词汇中占绝对优势。因此现代汉语的大多数词是有理据的。世界语言已经证明,在词素这类初级语言形式和它的最初的意义内容之间,一般是无理据的。而在词,特别是合成词这类较高级形式中,多数是有理据的。可见,如果以现代汉语的材料说,那么乌尔曼和索绪尔的结论便不符合实际。

原始印欧语和梵语有理据的词较多,现代印欧语的有理据的词则较少。如英语从古代到中古以至现代,特别是希腊语、拉丁语、法语的词大量输入以后,有理据词出现减少的趋势。随着历史的推移,许多词的理据性变得模糊不清了,逐渐消失了。比如新概念的命名常常经历了从短语、复合词到单词、缩略词的简化过程。例如 binary units of information＞binits＞bits。叶斯柏森把这个最终形式叫作"省略复合词"(cliped compound)。③所谓省略,其中一部分,从逻辑的角度看,有的省去了种概念,有的省去了属差。总之失去了论证性。现代汉语的一些缩略词当然也是这样,但是一般的词还是趋向于有理据的。如汉语的"牛犊""牛肉"是合成词,比相应的英语的 calf、beef 有理据可言。法语在表达新概念时,少用有理据的合成词、派生词,多用新造的词根,即多用无理据的词。而德语则多采用合成词、派生词。"在一种语言内部,整个演化运动的标志可能就是不断地由论证性过渡到任意性和由任意性过渡到论证性;这种往返变化的结果往往会使这两类符号的比例发生很大的变动。例如同拉丁语相比,法语的一个最明显的特征就是任意性大为增加:拉丁语的 inimīcus(敌人)还会使人想到 in(非)和 amīcus(朋友),并可以用它来加以论证,而法语的 ennemi(敌人)却无论证。"④

就理据的内容说,各种语言不尽相同。有的多借助于逻辑关系,有的多借助于心理联想。就理据的数量说,任何语言的任何时期都既存在有理据的词,也存在无理据的词;差异只在于两者的比例不同,而比例在不同时期也有不同的变化。其变化的原因是多方面的,但是跟语言的优劣无关。无论哪种语言,其理据性总是相对的,任意性则是绝对的。

五、结　语

　　从发生学或历史比较语言学的观点看,印欧语和汉语属于不同的语系。从类型学的观点看,印欧语和汉语则有许多共同的特点。从历时类型学的观点看,印欧语和汉语的语言形式发展的总趋势是简化。但是简化并不等于退化(如施莱歇尔所说)。因为,在不影响表义功能条件下,语言形式越简单、越方便、越容易,越好。又因为,简化并不是单一的孤立的趋势,它还伴随着一些繁化现象。如:词法简化、句法繁化,语法的重心转移到句法;语法手段简化,词汇手段繁化;俄语的元音简化,辅音繁化(主要表现在辅音软硬对立体系的发展上)。诸如此类,就是语言中的补偿原则。

　　从历时类型学的观点看,所谓孤立语、屈折语、综合语、分析语,都只不过是历史范畴。语言类型在演变,在交叉,在渗透。演变的路线,并不像某些语言学家所说的是直线进化或往复循环,而是辩证地发展。在发展过程中,各语言形成了自己的主要特点和趋势,也出现了各语言之间的共同的特点和趋势。这些特点和趋势可以作为评价语言发达与否的参考,而不能作为把语言分为优劣的标准。比如既不能用屈折变化明显的程度作为标准,也不能把分析结构作为终级标准,又不能把向分析结构发展的速度作为标准,而只能以语言形式的表义功能的强弱为标准。依据这个标准说,英语、法语、德语、俄语等印欧语,同汉语一样,都是高度发达的语言,都能够完美地传递复杂的、深奥的任何科学和哲理的信息。

　　19世纪德国美术考古学者曷华德(Eduardo Gerhad)说过:"美术遗物,一见等于未见,千见始如一见。"⑥同样,我们对印欧语和汉语史料的观察还觉得不够,所得出的结论也有待于讨论。

附注:

① 又叫辅音组、辅音群、辅音边缀或复辅音。
② М. В. Ланов,*Русская Фонетика*(М).1976,p.336.
③ P. N. Abahecob,*Русское Литературное Лроиэ Ношение*(М).1972,p.66.
④ 梅祖麟:《四声别义中的时间历次》,《中国语文》1980年第6期,432页。
⑤ 这是笔者根据《现代汉语词典》统计的,把声调音位计算在内。赵元任说1279个,康拉德说有

1380 个，又有人说 1200 个或 1382 个。
⑥ 《语言研究与批判》第二辑，高等教育出版社，1960，314 页。
⑦ 王力：《同源字典》，商务印书馆，1982。本文上古拟音皆引自该书，下文不再一一注明。
⑧ 张成材：《商县方言动词完成体的内部屈折》，《中国语文》1958 年第 6 期，280 页。
⑨ 梅祖麟：《四声别义的时间历次》，《中国语文》1980 年第 6 期，438 页。
⑩ 维诺格拉多夫：《词的语法学说导论》，科学出版社，1960，177 页。
⑪ Н. А. Мещерский, *Разэвнтне Русското Яэыка Лоле Великои Отечест Венной Войны*, 1967, p. 26-27.
⑫ Bergen Evans, *Grammar For Today*, Atlantic, March, 1960.
⑬ 梅耶：《历史语言学中的比较方法》，科学出版社，1957，76 页。
⑭ 维诺格拉多夫：《词的语法学说导论》，科学出版社，1960，171 页。
⑮ Charles Barber, *Linguistic Change in Present-day English*, 1964.
⑯ 裴特生：《十九世纪欧洲语言学史》，科学出版社，1964，288-289 页。
⑰ 陈明达：《数理统计在汉语研究中的应用》，《中国语文》1981 年第 6 期，469 页。
⑱ 岑麒祥：《语言学史概要》，科学出版社，1964，164 页。
⑲ 《语言研究与批判》第二辑，高等教育出版社，1960，315-316 页。
⑳ 吕叔湘：《语文常谈》，三联书店，1980，71-72 页。
㉑ 道布：《蒙古语概况》，《中国语文》1964 年第 3 期，242-243 页。
㉒ 德·索绪尔：《普通语言学教程》，商务印书馆，1980，184-185 页。
㉓ A. Modern, *English Grammar* (6), p. 156。
㉔ 德·索绪尔：《普通语言学教程》，商务印书馆，1980，185 页。
㉕ 郭沫若译：《美术考古一世纪》，新文艺出版社，1954，63 页。

参考文献：

[1] 高名凯：《语言论》，科学出版社，1965。
[2] 王力：《汉语史稿》，科学出版社，1958。
[3] 赵元任：《语言问题》，商务印书馆，1980。
[4] 邵荣芬：《汉语音韵史讲话》，天津人民出版社，1979。
[5] 爱德华·萨丕尔：《语言论》，商务印书馆，1964。
[6] 《外国语》《外语教学与研究》《外语学刊》《现代英语研究》《国外语言学》等中文版杂志近年各期。
[7] Е. 马卡耶夫：《日耳曼语形态结构的历史类型研究》，1972。
[8] Г. 斯捷潘诺夫：《罗曼语国家的语言状况和语言环境的类型》，1976。
[9] В. В. Вино Град ов, *Сов Ременний Русский* (М). 1952.
[10] Толанов, *Морфополгия совремённо Го русско Го яэыка*, 1962.
[11] Simeon Potter, *Changing English* (Second revised edition), 1975.
[12] Brian Foster, *The changing English Language*, 1986.

(原载《中国语文研究》1987 年总第 9 期)

印欧语中词的屈折变化的简化趋势

用词缀或词干的语音变化,来表示词的语法意义,这个过程或结果就是屈折变化(Inflexion,或 Inflection)。屈折变化有外部和内部之分。不论外部屈折变化或内部屈折变化,都属于历史范畴。如果纵观印欧语,那么屈折变化在诸多方面便都显出不断简化以至消失的趋势。本文先概述外部屈折的简化,然后再概述内部屈折的简化。

一、外部屈折变化的简化

外部屈折,就是通过词缀来反映性、数、格、时等的变化。而这种变化正越来越趋向于简化。

1. "性"(GENDER)屈折的简化。性,是表示名词、代词、形容词、数词、冠词的语法性别的语法范畴。由于古老的传统,语法性别有时跟自然性别不是一致的。如德语的"妇女""姑娘"(das weib,madchen)是中性。俄语的"哨兵"(часовой)是阳性,而法语的"哨兵"(la sentinelle)却是阴性。俄语的"椅子"(стул)是阳性,而西班牙语的"椅子"(la silla)却是阴性。希腊语的乌鸦(ό κόραs)是阴性,乌龟(η χελεωνη)是阴性,但是两个词都既可以用于雄性的,也可以用于雌性的。

最初,只区分出有生命物的性(或主动物的性)和无生命物的性(或被动物的性)。生物性(animate)与非生物性(inanimate)的对立,至今还见于美洲一些印第安语。这种对立在俄语里也留有残迹,如阳性名词单数第四格及阳性和阴性名词复数第四格,其词尾没有特殊的屈折变化,生物名词与第二格相同,非生物名词与第一格相同。当代俄语的动物和非动物范畴的对立,正在从语法性质向逻辑性质转化:原来语法上的动物名词有一些已经或正在转到逻辑的非动物名词。如 Mapc(火星)、Юпитер(木星)、змей(风筝)、кукла(洋娃娃)。这就是 В. Ицкович(依茨阔维奇)指出的,现代俄语中动物与非动物的对立逐渐趋向于与现代人的思维相一致。①

后来,亚里士多德划分出三个性:阴性、阳性、中性。德语和俄语一直保留着这三个性。但是表示的方法不同。德语是用冠词表示,如 der 表示阳性,die 表示阴性,das 表示中性。俄语是用词尾表示,如辅音、-й 表示阳性,-а、-я 表示阴性,-ь 表示阳性或阴性,-о、-е、-мя 表示中性。当代俄语不变格的非动物名词的性,正在向中性转化。如 кофе,70 年代时还是阳性,现在多用为中性。такси(出租汽车)由阳性变为中性。виски(威士忌)由各词典的阴性、阳性或中性异说的情形转向中性。此外,在20 年代以后还有一些变化趋势:表示女性的词开始减少,带-ш(a)的表女性的词在标准语中开始减少;用阳性名词表示女性的身份或职务在正式言语中已是大势所趋;阳性名词复数正在扩展领地,它可以兼指男的和女的。

古典拉丁语原来也有阴、阳、中三个性,到民间拉丁语只剩阴、阳两个性(用词尾表示)。现代拉丁语族多保留了这两个性,如法语。但其表示方法常用冠词,如 la 表示阴性,le 表示阳性。现代法语性的区别正在消失。其明显趋势之一是,常用阳性形式代替阴性形式。如当阳性和阴性名词被同一个形容词修饰时,该形容词总是用阳性:le couteau et la fourchette sont petits(刀和叉都很小。"小"用阳性复数的 petits,不用阴性复数的 letites)。指示代词 celui(这个,阳性)、人称代词 il(他,阳性)常代替 celle(这个,阴性)和 elle(她,阴性):celui qui a un mari, il peut pas aller se promener(直译:他有个丈夫,他就不可出去散步)。②

波罗语族的立陶宛语和拉脱维亚语也保留了这两个性。

有的印欧语已几近失去性的区别。日耳曼语族的荷兰语、丹麦语有一个通性(common gender)取代了跟中性对立的阴性和阳性。现代英语的性已经不起什么作用,只有单数第三人称代词在形式上还保留着自然性的区别:he、she、it。本来古代英语的名词的性是有明显区别的,如 hand(手)、nint(=night)(夜)是阴性。fot(=food)(足)、dag(=day)(昼)是阳性、heafod(=head)(头)、wif(=wife)(妻)是中性。随着名词性别的区分,古英语的形容词也有三个性的区分:以-a 缀表示阳性,以-e 表示阴性或中性。它们都按照单数、复数的五个格而发生屈折变化。到了中古时期,语法性别逐渐跟自然性别趋于一致。到了现代,语法性别只保留在单数第三人称代词这个狭小的世袭领地之内。

有的印欧语,如伊朗诸语言、芬兰语、亚美尼亚语,③已经失去性的区别。乌拉尔-阿尔泰语系诸语言,也失去了性的区别。因而在这些语言里,表示性的屈折变化也随之消失了。

2. "数"(NUMBER)屈折的简化。在这方面最明显的变化,就是双数(dual)的消失。原始印欧语,有个双数形态,表示两个或成对的事物。双数是以复数为存在前提的。梵语的名词和动词都有双数。希腊的盛诺多图斯（Zencdotus）第一次指出，用古希腊语写成的《荷马史诗》中除了单数和复数形式之外，还有一个双数形式。1827 年德国语言学家洪堡特发表了著名论文《论双数》。可见，双数很早就引起了人们的注意，人们之所以注意它，不是因为它稳定，而恰恰是因为它不稳定。历史演变到今天，印欧语诸语种已经很少有双数形态了。

  古俄语的双数，多是用-а、-я、-и、-ы 等词尾表示的。如 стола（两张桌子）、берега（两岸）、рога（一对角）、коня（两匹马）、эемли（两块地）、кости（一对骨）、гости（两位客人）、камени（两块石头）、сыны（两个儿子）。诸如此类的双数形态，至少在 11 世纪以前就开始简化，到了 11 世纪，已经发生了双数跟复数相混的现象。到 13 世纪，双数形态差不多已经绝迹了，绝大多数归并到复数里去了。④在现代俄语中，偶然可以发现双数的遗迹。如 очи（双眼，单数是 око）、уши（两耳，单数是 ухо）、плени（两肩，单数是 плечо）。还有"二、三、四"三个数词后面的名词专用单数第二格：два　дома（两座房子）、Три　журнала（三本杂志）、четыре　ручки（四支钢笔）。

  英语最古的文献表明，名词的双数形态早已经不见了，代词的第一人称、第二人称的双数形态还保留着。如 ic(＝I)＞wit(we tiwo)，ðū(＝thou)＞git(＝ye two)。单数、双数使用两个不同的词身，这种变化就是"同词异身"现象。布达哥夫把它叫作"增补式构造"。不管叫什么名字，这种变化采取的方式是更换或增补词干。这种方式不是英语所特有的，而是印欧语系许多语言所共有的。⑤到了中古英语时期，第一、二人称用这种方式表示的双数形态消失了。

  英语同俄语一样，双数范畴归并到复数范畴，并用复数形态来概括双数，这是人类思维进一步抽象的必然结果。这一变化本身，就是数屈折的简化。而复数的形态由多样趋于单一，这是更进一步的简化。

  古俄语名词复数词尾较多，现在只剩下-ы、-и、-а、-я。有些复数变化，在古代俄语中属于不规则类型，而现代俄语中都简化为规则类型。如：

    гость（客人）　＞гостие（古代）
         ＞гости（现代）

    слово（单词）　＞словеса（古代）
         ＞слова（现代）

  单数对复数来说，是个无标志范畴，它可以表示一个、一群、一类事物或一个整体，因而它潜藏着活力，是个能产范畴。20 世纪 20 年代以后，俄语有大批名词在表示概括和集合概念时，日益广泛地使用普遍名词单数，而少用或不用集合名词。这说明名词单数正在积极向集合意义的势力范围扩展自己的领地。诸如表人的、表花的、表禽兽的、表人的节日的、表厂企商店的名词,都用单数表概括和集合意义。

古英语的名词复数形式更多,有的用内部屈折(下文有专论),有的用外部屈折。在外部屈折中,有的加-as,有的加-an,有的加-a、-u 或-e。到中古早期还有的加-en,有的加-(e)s。-(e)s 形式,起初多用于北部,到 14 世纪逐渐普遍使用,到现代已经用于绝大多数名词。至此,英语的数屈折,大大地简化了。如:

eage(眼睛)　＞eagan(古代)
eye(眼睛)　＞eyen(中古)
　　　　　　＞eyes(现代)
flea(蚤)　　＞fleen(中古)
　　　　　　＞fleas(现代)
foe(敌人)　＞fon(中古)
　　　　　　＞foes(现代)

此外,早在中古英语时期,形容词就已经失去了复数形态。起初,13 世纪中叶,强式变化的形容词首先失去了复数形态。后来,到 15 世纪,边弱式变化的形容词也跟着失去了复数形态。俄语形容词的复数形态,虽然至今还存在着,但是比单数形态简化多了,估计也不会是永恒的。

英语的一条传统规则是,以形式主语 there 开头的句子,动词的数与句子逻辑主语的数必然一致。而新的趋势是,不管逻辑主语的数,there is 在许多情况下已逐渐取代 there are,而成为一种表达客观存在的固定形式。

3. "格"(CASE)屈折的简化。这是一个比较复杂的问题,笔者已另有专文论述(见本书《词的格形态简化趋势》)。

4. "时"(TENSE)屈折的简化。

德语把动词叫作 das Zeitwort,意思是"时间词"。这个命名的理据,从一个侧面反映了各种语言动词跟时间的至亲至密的关系。动词,表示广义的"运动",而凡是运动无不在一定时间内进行。因此,时间范畴,是动词的首要范畴。传统语法,都说动词有三个基本时态:过去时,现在时,将来时。还有一些非基本时态。这些"时"的形态,在历史长河中,在不同语言中,变化的情况是不尽相同,但都或快或慢地趋于简化。

公元前 10 世纪的文献表明,起初希腊语的每个动词都有一个将来时。到了拜占庭时期(Byzantium,公元 395—1453 年),它们的将来时都消失了。

德语在强式动词屈折简化过程中,现在时的多种变异消失了,未完成过去时、将来时和不过去时都消失了,全过去时重叠式也消失了。

俄语九百多年来的历史表明,时制体系在不断地简化着。最明显的是过去时。古俄语曾经有过四种过去时形态:简单过去完成时(аорист),简单过去未完成时(имперфект),复合过去完成时(перфвкт),久远过去完成时(плюсквамперфект)。后来只剩下复合过去完成时,其余三种形态都消失了。在现代俄语中,过去时形态简化的趋势,仍未停止。某些以-нуть结尾的未完成动词,阳性单数过去时形态应该是-нул,但是现在常去掉-нуть,干脆用秃尾形式。如:

   погибнуть(死亡)　＞погиб
   сохнуть(干燥)　＞сох

在这类词之中,有些词旧、新两种形态并存。如:

   глохнть(聋)　＞глохнул
        ＞глох

根据统计,前一种形式使用次数占新旧形式总数的 46.67％,后一种为 55.33％。这两种形态竞争的结果,可以肯定,胜利是属于新形态的,因为旧形态中的-ну 没有任何价值,是没有任何意义的负荷。还有少数词至今一直沿用旧形态。如:

   тянуть(牵)　＞тянул

可以预料,这个"少数派"也会为大势所趋。新版的奥热果夫《俄语词典》注出-нул 形式的只有寥寥可数的个别动词。

英语在古代时期,弱式动词的过去时形态,多在原形后加-ede,-ode 或-de 等;而过去分词多是在原形后加-cd,-od 或-d 等。其中-ed 形态逐渐占优势,逐渐形成强大力量,迫使非-ed 形态就范。到了现代英语,过去时词尾大都趋于一致,采用-ed。同时,弱式动词一直向强式动词发动"兼并战"。静止地看,《新英汉词典》后面所附的强式动词有 340 个,其中有 54 个跟弱式形式并存。用发展的眼光看,那 54 个强式动词即将被弱式兼并,而且"兼并战"不可阻挡地要向其余的强式动词延伸。以 thrive(繁荣)为例,1964 年版的《简明牛津词典》注明的过去式是"throve 或 thrived(罕用)",过去分词是"thriven 或 thrived(罕用)"。事实上,当时所谓的罕用形式就已经不罕用了。又如 bet(打赌)的过去式和过去分词,1950 年版的《简明牛津词典》只注出一种形式:bet。1955 年的《牛津英语词典(节本)》和 1964 年的《简明牛津英语词典》注出两种形式:bet,betted。前几十年常用的是 bet,现在常被规则化为

betted。这一形式也是地道的莎士比亚语言形式。

5. 动词的人称词尾(PERSONAL ENDING)屈折的简化。

拉丁语,原来有人称词尾变化。如:

  我读 lego 我爱 amo
  你读 legis 你爱 amas
  他读 legit 他爱 amat

法语在它从拉丁语脱胎而出的过程中,由于重音之后的语音单位的消失,词尾-o、-is、-it 逐渐丢掉,人称词尾逐渐模糊以至消失。

古英语弱式动词人称词尾,常跟数、时、语气相联系而变位(conjugation)。如 dirfan(=drive,驱赶)的词尾-an,在陈述语气中,现在时单数第一人称改为-e,第二人称改为-st(est),第三人称改为-ð(-eð);过去时,第一、三人称去掉-an,第二人称改为-e;现在时,复数第一、二、三人称都改为-að,过去时复数都改为-on;在虚拟语气中,现在时和过去时单数都改为-e、复数都改为-en。

到中古英语时期,动词人称变位开始统一、简化。现在时单数第三人称的古代形态是-ð 和-e、-ð,到乔叟时代统一为 eth。复数第三人称古代形态为-að,到乔叟时代已经趋于使用-e(n)。至于强式动词的人称变位更是大大地简化了。

到现代英语的早期,现在时单数第三人称的动词词尾,又进一步简化。15 世纪开始出现以-s 代替-eth 的势头,16 世纪-s 已经可以跟-eth 分庭抗礼了,17 世纪,先是在口语里,继而又在书面语里-s 逐渐取代了-eth。不仅单数第三人称如此,连现在时复数第三人称动词词尾有时也有-s。到了当代,行为动词现在时,只有单数第三人称动词词尾是在原形之后加-s(-es),其余一概与动词原形相同。在某些新式英语中,-s 也可以省去,如 He work here。

俄语的非能产动词人称变位向能产动词人称变位系统转化,变位形式趋于统一。起初,在 17 世纪以前,非能产动词只有其传统的变位形式,即词尾发生传统变化,词干辅音发生历史语音交替(г、д、з>ж,к、т>ч,с、х>ш,ст、ск>щ)。从 17、18、19 世纪开始,非能产动词除了传统的变位形式之外,又产生了能产动词的变位形式,到现在后一种变化形式在某些意义上已经成为正宗新形式。如 двигать 在表示推动、移动意义时,只用 двигаю、двигаеш……不用 движу、движещь。近几十年来,还有成批的非能产动词向能产动词方向转化。这种词形变化趋于一致的倾向,不规则变化趋规则变化的倾向,也叫整化(integration)。多少世纪以来,"在各种语言中,整化现象是一股强大的创造力和维系力"。[⑥]

二、内部屈折变化的简化

上述的性、数、格、体、位等范畴,也可以用内部屈折的变化来表示。

内部屈折,也叫内部变形或内部音变。它包括词干的元音屈折、辅音屈折、重音屈折和声调屈折。印欧语系中内部屈折变化的简化趋势也是很明显的。

1. 德语中内部屈折变化的简化。所有的印欧语,都有内部屈折现象。德语是反映这种现象的比较典型的语言。古高地德语,以至中古高地德语的内部屈折变化是比较多的。如许多名词的复数就是用元音屈折表示的。如:

  esta ＞äste(树枝,复数)
  fuchsa ＞füchse(狐,复数)
  nagala ＞nägel(钉,复数)

到现代德语,名词由单数变复数,元音内部屈折已经有了新趋势,只有a＞ä,o＞ö十分富于能产力。

现代德语中,复杂的元音屈折虽然有所简化,但不明显。有许多词还保留着复杂的屈折系列。试以动词 bruch 为例:

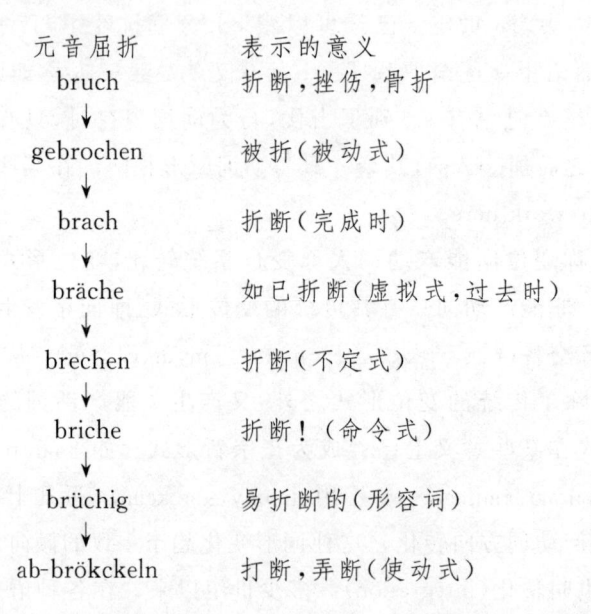

元音屈折	表示的意义
bruch	折断,挫伤,骨折
↓	
gebrochen	被折(被动式)
↓	
brach	折断(完成时)
↓	
bräche	如已折断(虚拟式,过去时)
↓	
brechen	折断(不定式)
↓	
briche	折断!(命令式)
↓	
brüchig	易折断的(形容词)
↓	
ab-brökckeln	打断,弄断(使动式)

在一个词干上,标准德语用了它的近于全部的单元音表示八种屈折及其不同意义。

当然这种复杂的内部屈折也要受到限制。

2. 俄语中内部屈折变化的简化。俄语本来也是比较典型的屈折语，但是现代俄语除了较多的外部屈折之外，内部屈折受到了很大限制。在构形上，内部屈折只限用于构成某些动词的不同的体。如：

称呼： называть（未完成体）
　　　　назвать（完成体）

发送： посылать（未完成体）
　　　　послать（完成体）

在构词上，内部屈折的能产力已经很小。如：

$\begin{cases} 破　的：рван（形容词短尾） \\ 破衣物：рвань（名词） \end{cases}$

$\begin{cases} 赤　裸：гол（形容词短尾） \\ 赤贫者：голь（名词） \end{cases}$

$\begin{cases} 煎　吧：жарь（命令式） \\ 发　烧：жар（名词） \end{cases}$

$\begin{cases} 打　吧：ударь（命令式） \\ 打　击：удар（名词） \end{cases}$

这些屈折都发生在词干靠后的一个辅音上，н-нь、л-ль 是硬软辅音交替；рь-р 是软硬辅音交替。[⑦]像这样的现象已不多见。

3. 英语内部屈折的简化是很明显的。古代英语的内部屈折，曾经是名词复数的重要表达手段之一。现代英语的名词复数只有一少部分还沿用古代内部屈折的形式，绝大部分都简化为外部屈折的形式。如下表所示：

	已简化		未简化	
	单数	复数	单数	复数
古代	boc（书）↓	beek	tooth（牙）	teeth
现代	bock	books	man（人）	men
古代	ac（橡树）↓	eak	goose（鹅）	geese
现代	oak	oaks	foot（足）	feet

	已简化		未简化	
	单数	复数	单数	复数
古代	scrud(寿衣) ↓	shride	mouse(鼠)	mice
现代	shroud	shrouds	woman(妇)	women

古代英语的内部屈折,曾经是构成过去式,过去分词的重要手段之一,而在现代英语中则成为补充手段。如 sing＞sang＞sung 已被列入少数的不规则变化。诸如此类的不规则变化,逐渐被规则的外部屈折所代替。如下表所示:

过去式	早期	help(说明) ↓ holp	climb(爬) ↓ clomb	snow(下雪) ↓ snew
	现代	heiped	climbed	snowed

古代英语的内部屈折,曾经是构成新词的重要手段之一。至今还有许多遗迹。其中有用元音屈折构词的。如:

唱： sing(动词)
　　　↓
歌： song(名词)

卖： sell(动词)
　　　↓
　　　sale(名词)

装满： fill(动词)
　　　　↓
满的： full(形容词)

食物： food(名词)
　　　　↓
喂食： feed(动词)

还有用辅音屈折构词的。如:

意见： advice(名词)
　　　　↓
忠告： advise(动词)

地租： rent(名词)
　　　　↓
割裂： rend(动词)

以上两类屈折法,在现代英语里已不易找到,它们已经变成非能产的了。现在只有重音屈折还保持着较大的能产力。当然,它还远比不上词缀附加法、词根复合法和词性转换法的能产力高。⑧

英语内部屈折和外部屈折的简化,导致很多语法同音词的产生。这些词在许多场合里发音和写法是一样的,但是具有不同的语法意义。例如 speak 这个词形,可以作为动词原形,也可以作为命令式,还可以作为叙述式的现在形式。区分语法同音词,是理解英语句子结构的较大困难之一。但这一困难,并不是非用屈折形式解决不可,用语言环境、语序等条件也完全可以解决。⑨

内部屈折的简化,相对地增加了外部屈折的负荷量。而外部屈折又将自己的负荷量转让给词汇手段。正如德国语言学家格里木(一译雅各布·格林,Jakob Ludwing Karl Grimm,1785—1863)在 1851 年所预料的那样:"人类语言的发展分三个阶段:第一阶段——即所谓词根和词的创造、成长与形成阶段;第二阶段——达到完善地步的词尾繁盛的阶段;第三阶段——致力于明达思想的阶段,此时词尾由于不能满足人们的需要;又日益被摈弃。"⑩

附注:

① В. Идкович,*Очерки синтак сически и кормы*,1982. p. 76.
② 尼尔·史密斯等:《现代语言学》,外语教学与研究出版社,1983,242—243 页。
③ 亚美尼亚语,约 4 百万人使用,分布苏联、黎巴嫩、叙利亚、伊朗、土耳其、美国等地。
④ 见 Л·П·Якубинский,*История древнерусского языка*,1953, pp. 171—172.
⑤ 布达哥夫:《语言学概论》,时代出版社,1956,216 页。
⑥ L. R. 帕默尔:《语言学概论》,商务印书馆,1983,46 页。
⑦ 梁达:《俄汉语语法对比研究》,新知识出版社,1957,28—29 页。
⑧ *Грамматика английского языка*(§ 2),Москва,1961.
⑨ 同 8,引论部分。
⑩ 格里木:《论语言的起源》,转引自宋振华等《语言理论》,辽宁人民出版社,1984,293 页。

参考文献:

[1] 秦秀白:《英语简史》,湖南教育出版社,1983。
[2] 布达哥夫:《语言学概论》,时代出版社,1956。
[3] Л. П. Якубинский,*История Деревнерусского яэыка*,1953.
[4] 高名凯:《语言论》,科学出版社,1965。
[5] 布赖恩·福斯:《变化中的英语》,辽宁人民出版社,1982。
[6] 张会森:《现代俄语的变化和发展》,人民教育出版社,1984。
[7] 杨鑫南:《当代英语变迁》,外语教学与研究出版社,1986。
[8] 《外国语》《外语教学与研究》《外语学刊》《现代外语》《国外语言学》等杂志,近年各期。
[9] В. В. Иванов,*Историческая грамматика русского языка*,Москва,1983.

(原载《山东外语教学》1985 年第 4 期)

词的格形态的简化趋势

一

格，拉丁语写作 casus。它是从动词 cadere(落下)派生出来的。在古代语法学家看来，变格的形式是从基本形式"脱落"出来的。同理，俄语的格 падеж 也是来自动词 падать(落下)。英语的格 case，导源于拉丁语的 casus。这些语言所说的"格"，当然都是传统语言学所说的格。也就是某些现代语言学家(如 C. J. Fillmore)所说的表层格，而不是深层格。

有格变化的词类是名词、代词、形容词及数词。这些词，统称为静词，也叫变格词。格表示这些词在句子或短语中跟其他词的关系。这种关系，就是一种语法意义，在屈折语中，格一般是借助于词尾的屈折变化显示出来的。格，就是这种语法意义及其形式的统一体，是一种语法范畴。就这个意义上的"格"来说，有的语言没有格，如现代汉语，各罗曼语族的语言、波斯语、希伯来语、阿拉米语。有的语言有几个格，如俄语、土耳其语、蒙古语有六个格，梵、藏语分别有八、九个格。有的语言有十几个甚至二十几个格，如芬兰语有十六个格(一说十五和二十几个格，不确)，格鲁吉亚语有二十三个格。

这里所说的某种语言有没有格，有多少格，仅仅是就一种语言的现状说的。如果翻开历史，便会展现另一番情景：几乎每一种语言格的演变，都是一幕一幕的长剧。不同的是，有的语言刚到最初的一两幕，有的语言已到最后一幕，有的语言则早已闭幕了。如果把一幕幕衔接起来看，那么长剧的趋势便一目了然：格形态趋于简化，甚至消亡。

二

如果从亚里士多德(英语拼作 Aristotle；希腊语拼作 Aristotelēs，公元前384—前322年)算起，那么人们对格的研究已经有2100多年的历史了。漫长的研究史，留下了丰富而可靠的记录与成果。

古印欧语有八个格。能反映古印欧语的古风古貌的是印度古代的语言"梵语"。它的格,在著名的巴尼尼(Pānini,公元前4世纪—前3世纪的后半叶)《语法》里有记载。而当这部语法在东汉时传入我国以后,唐人把它的八个格叫作"八转声"或"八啭",《大慈恩寺三藏法师传》卷三说:"言八啭者:一诠诸法体,二诠所作业,三诠作具及能作者,四诠所为事,五诠所因事,六诠所属事,七诠所依事,八诠呼召事。"对八格简称为"体、业、具、为、因(或"从")、属、依、呼"。这是按印度的习惯排列出的唯一正确的格次序。现在我们依次把八个格的新旧译名和英语名称列表示意,见表1:

表 1

格序	英语	梵语汉译	一般汉译	
1 格	nominative	体格	主格、自然格、共同格、原格、原型格、直接格	独立实体格
2 格	accusative	业格	宾格、受格、对格、直接宾格、役格	非原格 非原型格 间接格 从属实体格
3 格	instrumental	具格	工具格、造格	
4 格	dative	为格	与格、给与格、间接宾格	
5 格	ablative	因格	夺格、离格、从格、来源格	
6 格	genitive	属格	领格、所有格、生格	
7 格	locative	依格	方位格、地位格、位格、在格、处格、于格	
8 格	vicative	呼格	称格	

这些格,并不是平等并列的。依照它们的性质,用二分法的观点,人们常把第一格和其余各格分开来看。把第一格叫原格、原型格、直接格、独立的实体格、自然格或共同格,把其余的格叫非原格、非原型格、间接格或从属的实体格。原格的性质是:一则它具有称名功能,用来称呼某一事物或指明论述主体;二则它常表明名词在句中的独立形式,不受其他词支配,该名词常做主语;三则它可以单独存在,所以也叫独立的实体格。与它相对的是非原格,离开别的词便不能单独存在,是从属形式,所以也叫从属的实体格,是在句中受其他词支配才有的变化形式。而主格、宾格和领格,合起来又是三个纯粹的语法格。因为各格的性质不尽相同,所以各格的演变便不能均衡。

从古印欧语发展到古典拉丁语,在西塞罗(M. T. Cicero,公元前106—前43年)时代,夺格篡夺了方位格的功能。在此前后工具格也弱化了,结果剩了主格、宾格、与格、夺格、属格、呼格六个格,共包括五种变格类型。到7世纪民间拉丁语只剩下主格、宾格这两个格,而且变格类型由五种减为三种。其中一些格的意义,用虚词表示了。如古典拉丁语前的 Dico patri(我对父亲说),其中的 patri(父亲)是与格;而在民间拉丁语则用前置词 ad(向,对)表示与格,说成 Dico ad patri。由民间拉丁语发展而成的各罗曼语,在 13 世纪高卢罗曼语的土语的阳性名词还有主格、宾格,而到 13 世纪末叶以后,无论哪种罗曼语,无论单复数名词的变格都消失了,就像现代意大利语、法语那样。例如古拉丁语标志宾格的鼻元音,到现代法语已经找不到痕迹了:[拉]terram(地)>[法]terre,[拉]regem(王)>[法]roi。又如"女儿爱母亲"这样的句子,在古拉丁语里"女儿"用主格 puella,"母亲"用宾格 matrem,靠着格的帮助,这个句子可以有六种词序;而在法语里,因为失去了格的帮助,只能有一种词序:La fille aime la mère。"变格在古法语中的消失就可以用语序体系的形成来解释:由于二者是冗余的,所以词尾的变格就不再是必需的了,当然应该消失。"(格雷马斯,1966/1999:240)

三

虽然斯拉夫语族的现代各语言较多地保存了原始印欧语的格形态,但是也不断地改变着自己的面貌。这只要观察一下俄语的历史便一清二楚了。

古俄语名词,按词干的接尾划分出 a 型、o 型、短 y 型、短 и 型、辅音型五种变格类型。每种变格类型中都分单数、复数、双数三类变法。其中双数又有三个格,单数和复数又各有七个格。七个格中,比现在多了一个呼格,用来表示直接称呼的人(交谈对象)或人格化的事物,如"чего тебе надо снарче(=старик)?"(你要什么呀,老人?)而到 13 世纪则取消了这个格,呼语改用第一格。个别表示呼格的名词现在转化为叹词,如 боже(天哪!)、господь(上帝呀!)。

俄语变格体系的简化大约是从 11 世纪开始的,到目前的状况是:按"性"只划分出三种变格类型(或说有第一、第二两种变格法),而且每种类型中只分单数、复数,取消了双数,而单数复数中又都只剩下六个格,六个格的变化又越来越趋向于统一、简化。拿任何一个名词来说,都没有六个不同的格形态,最多的只有五个。而且第一格有取代间接格的趋势。这种趋势,在名词范围内,现在还只限于口语;而数词范围内,则已在书面语里占了统治地位。

非动物阳性名词的第二格(相当于属格),在 19 世纪时,如果表示数量或否定,以-y 为规范,其他场合用-a(-я);而在当代俄语中趋向于都用-a(-я)。反映 19 世纪末至 20 世纪初俄语情况的乌沙阔夫的《俄语详解词典》给 300 多个名词单数第二格注出了-y(ю)和-a(я)两种词尾。而反映 20 世纪 40 年代初俄语情况的奥热果夫的《俄语词典》只给 300 多个词中的很少一些词注出了两种词尾。格拉乌吉纳(Л. К. Граудина)统计过 1018 个用例,其中有-y 的有 256 个,用-a(я)的有 762 个,两者的比例为 1∶3。他又以сахор(糖)为例,调查了它从 20 世纪初至 70 年代两种词尾增减的百分比数。如表 2:

表 2

20 年代前		20 年代末		30 年代末		50—60 年代		70 年代	
-a	-y	-a	-y	-a	-y	-a	-y	-a	-y
10.9	89.1	50.7	49.3	71.4	28.6	73.5	26.5	74.85	25.15

"在当代标准语中,词尾-a(я)已经渗入了所有表示数量意义的场合"。① 相反地,词尾-y 形式已经退居到指小、表爱以及固定短语等狭小的世袭领地。如 Немного чаику(几只鸥鸟),Взять сахару(取了点糖),Ни духу,ни слуху(无声无息)等。

阴性名词第五格(相当于工具格),不久前有-ой(ей)和-ою(-ею)两种形式,现在趋向于都使用-ой(-ей)逐渐淘汰-ою(-ею)。据苏联科学院俄语研究所调查,60—70 年代初报刊语言中词尾-ой 和 ою(ею)使用频率为 99.19%∶0.81%。俄罗斯的权威语法学家波铁布尼亚早就指出,表示行为方式方法的第五格有脱离变格体系,变成独立副词的趋向。如 аванс(预支)的第五格变为 авансом(提前)。② 第五格的一种意义,在普希金和莱蒙托夫时代,即 19 世纪上半叶,是用第五格的形态-ом、-ем 等来表达的,而现在却用前置词 на 及前置格来表达。如莱蒙托夫的小说《塔曼城》中说 "Слепой говорил со мной молороссийским наречием, агеперъ изъяснялся чисто по-русски"(瞎子曾跟我说小俄罗斯方言,可是,现在却说起纯粹的俄语来了)。那时在 говорить 之后的 наречием,是惯用第五格形态,而现在却可以不用第五格形态,如 "Говорить на украинском языке"(说乌克兰语),"говорит наполъском языке"(他说波兰语)。

阴性代词、形容词、形动词第五格词尾-ой(-ей)也正在取代-ою(ею)。据统计,-ою(-ею)在两种词尾中使用的比率,在 20 年代约为 44%,到 60 年代就降到了 14%。

某些阳性名词复数第二格,其秃尾形式正在取代着-ов 形式。这一趋势从口语开始,进入到书面语中的一些表度量衡单位名词以及表水果、蔬菜名词范围。如 яблоко(苹果)在 19 和 20 世纪之交还有-ов 形式,而今天只有唯一正确的秃尾形式 яблок。此外,表示成双成对事物名词复数第二格更是一致地加速地向秃尾形式发展。

更值得注意的是,以-во,-но,-ое 结尾的地理名词,从卫国战争时期开始,特别是到了 60 年代以后,趋向于不变格。如 вПушкино(在普希金诺市),如变格把 о 变成 е,就产生歧义:也可能是"在普希金市"。在军事情报中这样用是为了避免误解,在日常语言中这样用也倒简洁方便,诸如 жить в Бородио,сражаться под Чадаево,доехать до Благое。还有以-о,-е 结尾的外国地名名词至今已一律不变格了。以-о 结尾的乌克兰姓氏词至今已有 95% 不变格了。其他名词也有不变格的趋势。③ 至于不变格的形容词(即分析型形容词),近二十多年来也逐渐多起来,如 злектрик(蓝色的),хинди(印地语的)。它们多是"唯定形容词",而且是用依附方式做名词定语,多半放在名词的后面,如 прогрмма-максимум(最高纲领);少数放在名词前面,如 хинди язык(印地语)。此外,形容词变格出现统一趋势,连以-ин 结尾的物主形容词的第二、三格也用起长尾形式。

在 12~13 世纪之前,过去主动形动词是有格变化的,后来随着定语用途的取消,格的变化也消失了。

数量数词的格形态也正在迅速地统一、简化以至消失。

四

古日耳曼语从古印欧语简化为四个格:主格、属格、与格、宾格。这四个格的基本面貌还保存在古高地日耳曼语、盎格鲁-撒克逊语、弗里西亚语(Frisian)和古撒克逊语等西日耳曼方言群中,不过已经出现了简化和合并的趋势,变格体系趋于解体。

现代德语仍然有主格、属格、与格、宾格 4 个格。如 Tag(天)的单数主格、宾格是 Tag,与格是 Tag(e),属格是 Tages,复数的主格、宾格、属格是 Tage,与格是 Tagen,但是这种局面并不稳定。其中第二个格(属格)正在退化。L. Reiners 曾呼吁"挽救第二格",但是在格简化的大势所趋的形势下,他的呼声也消逝了。不仅如此,连第三格也在衰退,它所加的-e 继续在消失。如 im Wald(e),auf dem Tisch(e),an diesem Ort(e),只有在需要照顾节奏时 e 才保留着。同第二、三格退化相伴随的现象是,使支配第二、三格的动词"介词化"。如 Sich einer Sache,改用 an einer Sache(享受),支配第二格的动词,改用介词搭配。Jm Schreiben,改用 an jn Schreiben(写信),支配第三格的动词,也改用介词搭配。这类用法已经被认为是追求表达清楚的趋势。

英语在中世纪以前,也有主格、宾格、属格、与格四个格。如 day(天;古英语写作 dæg)在古英语中单数主格是 dæg,宾格也是 dæg,属格是 deges;复数主格和宾格是 dagas,与格是 dagum。这里所说的"宾格",实际上是由从前的受格和与格合并的。如 please give me my book(请把我的书给我),其中的 me 就兼有受格和与格的功能。形容词和某些代词还有造格的遗迹。从中古初期,英语名词格尾变化迅速简化。

英语发展到现代,形容词已经失去了格的变化。而名词呢,从前习惯说法是,它有主格、宾格、属格(亦称"所有格")这三个格,实际上主格和宾格已经失去了形态区别。属格的形态,也只限于有生命名词(特别是指人的)以及某些时空名词、团体报刊名词,特别是包含它们的习用短语。其余的属格,多用后置的 of 结构来表示。据统计,这种 of 组合结构在公元 10 世纪时只占属格结构的 1%,而到 14 世纪竟然占至 85%,到现代占 90%。而当代又出现了复古的势头:在语义相同的情况下,'s 属格形态正在逐渐取代 of 结构,特别在表示起源关系、描述关系时,只用's 属格形态。因此,严格地说,只有一部分名词还保留着属格的形态。现代英语名词只有两个格:通格和属格。

在阿尔巴尼亚语和现代希腊语中,属格和与格已经合而为一了。在保加利亚语和罗马尼亚语中,属格和与格虽然没有合而为一,但是也不会长久地分庭抗礼了。

许多语言的史实证明了,代词是基本词汇的核心部分。因此,格在趋向消失演变中占据的最后一个堡垒就是代词。不管格用多大力量怎样固守着这个堡垒,格也是逐渐地在缩小自己的势力范围。如在当代英语的口语中,特别是在疑问句中,主格 who 可以取代宾格 whom,在有两个宾语的句子中,第二个宾语也可以用主格 I 取代宾格 me。例如:

(1) Whom did you meet there?
    ↓
    Who did you meet there?
(2) You forget whom you are talking to.
    ↓
    You forget who you are talking to.
(3) It's between you and me.
    ↓
    It's between you and I.

例(3)的用法,从 17 世纪中叶已经开始。到现在,在英语口语里已经相当普遍,有 48% 的受过良好教育的英国人是可以接受的。此外,英语语法书一再强调的一条清规戒律是:在介词后面不能用代词的主格。而在三十几年前,竟然在权威报纸的社论里冒犯了这条法规,写了"like he"(像他一样)。有人在 60 年前就曾预言过:"现存的主格、宾格形式,有一天有可能会消失,因为它们不论在概念或直觉上都不存在本质性的差异。"①

主格的势头比较强大,它已经并正在继续吞并着弱不禁风的宾格等形式。这种吞并战,就人称代词范围说,首先是在第二人称代词中打完的。本来中古晚期以前,第二人称代词还有主格 thou、宾格 thee、属格 thy、复数主格 ye,后来这些形式除了在古语、方言、诗歌、宗教用语中有所保留以外,粗俗语还用 youse 表示复数,一般场合只用一个不变格的 you。到目前为止,只有第一人称代词、第三人称代词的一部分,还保留着主格、宾格及属格的形态区别,而第三人称 she 的宾格和属格在形态上已无区别,都是 her。因此,严格地说,格只固守着人称代词和疑问代词(who,whom)中的一小块领地。而疑问代词的主格代替宾格的趋势有增无减。正如 Bergen Evans 指出的:"当代词出现在问句之首的时候,讲自然、流利、文学性英语的人总是用代词的主格,不管它在语法上是什么格。"⑤"在任何语言里代词都应是最早的词,要是把代词看作语言中最晚出现的词类,那就完全错了。"(洪堡特,1997:120)

五

顺便来考察一下汉语代词的格形态。如果我们的视野一直扩展到上古汉语的中期,特别是早期(公元前 13 世纪~前 7 世纪),那么便会发现,格也仍然在固守着代词这个最后堡垒,特别是第一人称和第二人称这块狭小的地盘。这在最早的甲骨卜辞和宗周铭文里是泾渭分明的:"余"[﹡jia]在卜辞里只用于主格。"朕"[﹡diəng]在卜辞和铭文里只用于属格和主格,第二人称"乃"[﹡nə],也只用于属格,"女"[﹡njia]在卜辞里多用于宾格,在铭文里多用于主格和宾格,都很少用于属格。到了《诗经》和《书经》中,虽然开始混同,但是仍然可以看出常格和变格的区别:"余"(予)多用于主格,很少用于宾格及属格;"朕"《书经》多用于属格,少用于主格及宾格,《诗经》根本不用于宾格;"乃"《书经》大多用于属格,很少用于主格;"女"(汝)《书经》《诗经》多用于主格和宾格,很少用于属格。⑥这些变格形态的遗迹残存于现代方言客家话中。客家话的三个人称代词的单数和复数都有属格。其属格形态有两种:一种是只用单数人称的词形变化。如[ŋai](我)→[n·a](我的),[ni](你)→[n·ia][nie](你的),[ki](他)→[kia][kie](他的)。第二种是在主格后面加上词尾

[・ke]。复数加[teu](们),再加上属格词尾[・e]或[・ke]。⑦铅山赣方言单数人称代词都分主、宾格:(我)阿、(你)口、(他)渠,后面加"仂"变成宾格。⑧此外,还可以从跟汉语有亲属关系的羌语中找到旁证。现代羌语的单数人称代词、指人的泛指代词和疑问代词还有格形态。

根据格逐渐简化以至消亡这一普遍规律,从上古汉语代词格形态的遗迹往前推测,远古汉语(即史前时期汉语)肯定有过较多的格形态。这个推断,完全符合梅耶的杰出命题,"形态是古代残迹的领域"。⑨这个残迹,在现代印欧诸语言中,正以不同的速度消失着,最终词不再有复杂的格尾变化,而成为"永远自己像自己"的词。

六

现在可以清楚地看出,格简化及消亡的规律,主要有两条:第一,从词类的角度看,形容词的格消失得最早,名词其次,代词较晚,人称代词最晚。第二,从格的类别这个角度看,主格、宾格、属格寿命最长,工具格、与格、夺格、方位格等其次,其余的格寿命最短。

格,为什么一定得简化以至消亡呢?这里只谈两个原因:

一个是语音的影响。词尾音,大多不是重读,因此久而久之便减弱以至消失,结果词尾、词缀或词干缩短,最终使格形态失去标志。特别是当一种语言被另一个民族掌握时更容易简化格尾。如斯堪的那维亚人占领英国后,英国的北部和东部开始出现格尾简化和消失现象。

另一个是,有比格简便的语法范畴或语法形式可以取而代之。格形态,是人们认识周围世界事物关系的形式标志之一,但不是唯一的;同样的关系,人们也可以用虚词或词序来表示。也就是说,可以用组合规则取代聚合规则。因此,格形态并不像某些语言学家所说的那么重要。事实上,格形态表示的意义大多是词汇单位或句法单位意义的重复。如俄语的与格、在格、工具格都重复着相应前置词的意义。同样,古拉丁语说:eo in urbem(我在城里),habito in urbe(我住在城里),uenio ex urbe(我从城里来),也是格形态重复着前置词 in、ex 的意义。此外,主格和宾格在一定的词序中重复着主语和宾语的意义。因此格形态不但不是语言中不可缺少的,而且时常成为叠床架屋的累赘,这样它就有可能、有必要被虚词、词序等语法范畴所代替。这一过程正像帕默尔所描述的:"没有功能的语言成分会趋于萎缩并最后消亡,印欧语格尾演变的历史给了这一情况以很好的说明。印欧语曾经有过一个至少由八个格组成的系统,单靠简单的格尾就足以表达语法关系和具体关系……但是,语言符号总是面临不断弱化,而说话人则不断地追求明晰和有力的表达……慢慢地,意义开始集中到一度显得多余的介词上面。而格呢,由于被剥夺了原有的功能,最后消亡了。语言综合状态发展到了分析状态,也就是说,它从原来的句法关系是通过词的屈折变化来表示的语言状态演变到了由独立的小词来表达的状态。"⑩

印欧语同汉语一样,发展的趋势是,形态越简单越好,词形越不变越好,最终达到观念和词之间的简单直接对应,语法意义、语法形式和思维逻辑趋向一致。古老的形态学正在努力地适应着现代新的思维方式。

附注:

① Л. К. Граудина, *Вопросы Нормализации , Русского, Языки* ,1980, p. 37.
② 维诺格拉多夫:《词的语法学说导论》,科学出版社,1960,177 页。
③ Н. А. Мешерский, *рзввитие русского. языка после Великой Тгечественной войны* ,1967, pp. 26—27.
④ H. W. Fowler, *A Dictionary of Modern English Usage*, 1926.
⑤ Bergen Evans, *Grammar For Today Atlantic*, March, 1960.
⑥ 《中国语文》1980 年第 2 期,129 页。
⑦ 袁家骅:《汉语方言概要》,文字改革出版社,1960,173—174 页。
⑧ 陈昌仪:《江西铅山方言人称代词单数的"格"》,见于《中国语文》1995 年第 1 期,45 页。
⑨ 梅耶:《历史语言学中的比较方法》,科学出版社,1957,76 页。
⑩ L. R. 帕默尔:《语言学概论》,商务印书馆,1983,58—59 页。

参考文献:

[1] 布龙菲尔德:《语言论》,商务印书馆,1980。
[2] Л. П. Якубинский, *История древнерусского языка* ,1953.
[3] 裴特生:《十九世纪欧洲语言学史》,科学出版社,1964。
[4] 萨丕尔:《语言论》,商务印书馆,1964。
[5] 索绪尔:《普通语言学教程》,商务印书馆,1980。
[6] 高名凯:《语言论》,科学出版社,1965。
[7] 叶蜚声、徐通锵:《语言学纲要》,北京大学出版社,1981。
[8] 兹维金采夫:《普通语言学纲要》,商务印书馆,1981。
[9] Н. А. Мешерскй, *Развитие русского языка после Великой Огечественной вейы* ,1967.
[10] Г. Н. Воронцова Очерки по грамматике английского языка, Москва, 1960.
[11] 张会森:《现代俄语的变化和发展》,人民教育出版社,1984。
[12] 《外国语》《外语教学与研究》《外语学刊》《现代外语》等杂志,近年各期。
[13] 格雷马斯:《结构语义学》,生活・读书・新知三联书店,1999。

(原载《外语学刊》1984 年第 3 期)

印欧语中词的语音简化述略

一

语音,是历史地解释语言发展的第一把钥匙。而研究这把钥匙的历史,又成为先行课题。对这一课题的研究,当然可以从多方面进行,本文只对印欧语中词的语音简化的历时演变,做一简略的论述。

近一个世纪,许多国家语言学者的研究结果表明,印欧语的词的语音发展,就某些方面说,出现了简化的趋势。

一个词是由音节组成的。通常,一个音节又是由辅音和元音组成的。斯坦尼斯拉夫斯基形象地说:"元音是河,辅音是岸。"① 在普通音节里,辅音和元音就像岸与河一样不可分离。为了研究的方便,本文只从辅音丛和元音两个方面,考察印欧语的词的语音简化趋势。

二

辅音丛(consonant cluster),又叫辅音组、辅音群、辅音连缀或复辅音,指在同一音节中两个或两个以上(有的多达六个)相邻辅音结合在一起的现象。它可以位于词首、词中、词尾。不管在什么位置上,因为辅音丛中间没有元音,不能重读,所以常常弱化以至失掉其中的一、两个辅音。从共时的言语的音变,发展为历时的语言的语音演变,形成了辅音丛简化的趋势。

先看词首辅音丛的简化趋势。这个趋势,早在原始印欧语向梵语、拉丁语、日耳曼语等语言转变的时候就开始了。更明显地表现在古英语向现代英语转化的过程中。如古英语有[hr-][hl-][hn-][kn-][gn-][wr-][ps-]。后来都发生了简化:

到中世纪晚期,丢掉了[h]。如:

hring＞ring(环,鸣)

hleapan＞leap(跳跃)

hnecca＞neck(颈)

到现代早期,丢掉了[k][g][w]。

带 kn- 的词,现在有 50 多个,虽然在词形上都保留了 k,但实际读音上却丢掉了 k,无一例外。如:

knoll(丘顶、圆丘),今读[nəul]

knee(膝),今读[ni:]

knock(击,敲),今读[nɒk]

know(知道),今读[nəu]

knife(小刀),今读[naif]

带 gn- 的词,现在有 10 多个,发音时都丢掉了[g],极少有例外。如:

gnaw(咬),今读[nɔ:]

gnarl(吼),今读[na:l]

gnat(蚊),今读[næt]

带 wr- 的词,现在有 50 多个,发音时都丢掉了[w],概莫能外。如:

wring(扭),今读[riŋ]

wrangle(辩论),今读[′ræŋgl]

wreath(花冠),今读[ri:θ]

带 ps- 的词,现在有 20 多个,发音都丢掉了[p],极少有例外。如:

psalm(圣诗)今读[sa:m]

pseudonym(假名),今读[′sju:dənm]

psychic(精神的),今读[′saikik]

[dw]、[gw]、[kw]、[θw]、[sw]、[tw],在言语语流中,[w]都有被吞掉(失落)的可能。这种言语音变的苗头,是否能变成语言的历时语音演变,一部分语言学家已经做出肯定性预测,一部分语言学家还在依违不决。

词首辅音丛简化的结果,使现代英语词首辅音丛丧失殆尽,只有在一些借词词首还可以找到辅音丛。而词尾则给辅音丛留有广阔的天地。

再看词尾辅音丛的简化。这种趋势也是开始于原始印欧语向各个印欧语言转化的时候。如原始印欧语的[＊bheronts](负担,携带),到梵语时丢掉了[ts],变为

[bharan]；到拉丁语时先丢掉了[t]，后又丢掉了[nt]，变成 ferens['ferens]>['fere:s]。原始印欧语的[*pe:ts]（脚），到梵语里丢掉了[s]，变为[pa:t]；到拉丁语里丢掉了[t]，变为[pe:s]，古英语词尾的[-ng][-mb]都丢掉了后一个辅音。如：

  long(长)，今读[lɔŋ]

  climb(攀登)，今读[klaim]

  英语词尾辅音丛简化得并不厉害，因此现代英语词尾还有较多的辅音丛。俄语词尾辅音丛也正在简化的过程中。如在 г、к、э、п、б 之后的 л 几乎都丢掉了。

  最后看看词中辅音丛的简化。如古拉丁语的['fulgmen]（闪电）。到民间拉丁语丢掉了中间的[g]，变成[fulmen]。

  英语到现在也有词中双辅音变成单辅音的。如：

  firstly(最初)，传统读音是[fə:stli]，最新读音是[fə:sli]

  friendship(友谊)，传统读音是[frendʃ:p]，最新读音是[frenʃ:p]

  在现代英语中，在快速语流中，词的辅音丛的塞音[b][d][g][k][p][t]常常被省略。如：

  topmast(中桅)→['tɒpmɑ:st]

  eggcup(坏蛋)→[ekʌp]

  cabstand(出租车停车处)→[kæstænd]

  outpost(前哨)→[aupəust]

  handbag(提包)→[hænbæg]

  doctor(博士)→[dɒtə]

这类语流音变很有可能发展为历时语音演变。

古俄语的-гн-、-ьн-、-пн-、-дн-，到现在常丢掉第一个辅音：

  двигнути>двинуть(移动)

  нагибаться>нагинаться(低，弯)

  утопнути>утонуть(淹死)

  киднути>кинуть(抛)

古俄语的唇音 б、в、п 在 ти 之前都丢掉了：

  живти>жити(жить)(生活)

  印欧语的辅音丛只是简化，并未消失。至今俄语、德语的词首和词尾，英语的词尾,还有许多辅音丛。关于英语辅音丛简化的新潮与数字,美国著名语言学家 W. 拉波夫在所著《在社会环境里研究语言》里已有跟踪与统计。

至于汉语的辅音丛则完全消失了。多数学者认为,上古汉语存在过辅音丛。其内证是,汉字的谐声字、异读、异文、读若都有很多遗迹,古代口语词、方言词、译音词也有许多遗迹。其外证是汉藏语系的其他亲属语言都有辅音丛。古代的辅音丛,到了东汉,有的单化了,有的整个失落了。现在仅仅能摸索到上古辅音丛的线索和看到方言中的辅音丛的遗迹。如:

黑,王力说古音可能是[mxək]②
孔,陆宗达说古音念[klong]
笔,陆宗达说古音念[pli]③
母,山西兴县文水县念[mbu]
女,两县分别读[ɳyi][ɸy]
奴,两县分别读[ndo][ndu]④

而在现代普通话里,辅音丛则无影无踪了。

三

现在来观察一下印欧语元音简化的趋势。博杜恩·德·库尔特内(И. А. Бодуэн де Куртенз,1845—1929)经过研究确认,几乎所有的斯拉夫语语音系统最重要的发展趋势之一,就是它们的元音系统在最近一千年期间内都在简化。⑤其简化的主要内容是:元音音位的减少,某些音位的辨义功能逐渐减弱。如俄语在 10 世纪有 11 个元音,到 16—17 世纪剩下 7 个元音,到 18 世纪剩 6 个重读元音,19 世纪中叶以后剩 5 个(列宁格勒学派认为有 6 个,将 ц 和 ы 分开)。

在 8 世纪以前,在共同斯拉夫语中,有 *en、*on,但在开音节规律起作用后,到古斯拉夫语时期,分别变为两个鼻元音(Ѧ)、(Ѫ),再往后分别变成 я('a)、y,鼻元音终于消失了。⑥12 世纪以前,在古俄语中,有两个由 ъ、ь 表示的弱元音,发音像短促的 o 或 e,到现代已经消失了。

处于词尾的元音更容易弱化以至消失。俄语在 11—13 世纪,词尾 ти 不带重音时 и 便弱化,17 世纪还有 ти 的形式,以后消失了,词尾变成了 ть;现代俄语词尾 ти 是旧形式的保留,保留的条件是 ти 读重音。如:нест′и、Вест′и。

英语从中古时期开始,也发生了词尾元音弱化或消失的现象。如:

                  中古   现代

wife(妻子):   [wi:f] ＞ [waif]

name(姓名):   [nə:mə] ＞ [neim]

更值得注意的是,非重读元音对立的消失。如俄语的非重读元音 о、а 在 18 世纪中叶还是对立的,到 19 世纪中叶这种对立消失了。⑦消失的条件和结果是,它们处于重音前第一个音节中的硬辅音之后,都读作[ʌ]。如 волы＞в[ʌ]лы,бочбк＞б[ʌ]чбк,非重读元音 и、е 在 20 世纪 30 年代还是对立的,到 50—70 年代,在一般口语里,其对立完全消失了。消失的条件和结果是,它们处于重音前第一个音节的软辅音之前,甚至在快速口语中处于硬辅音之前,都读作 и。如:

    рекà＞рика(河)

    веселъје＞ьисèлъје(乐趣)

    лисà(狐狸)

                        ＞лиса

    лесà(森林)

不仅如此,连重读音前的 я 也读成 и。如:рябòй＞рибòй(有斑点的)。这种趋势是,在这类场合"и 音化发音的地位增强了"。⑧

从 20 世纪初开始,重读音节后,软辅音后的元音全部同一化,即变为 ь。如:

    мòре＞морь(海)

    в′ишня＞вишнь(樱桃)

此外,在口语里,非重读元音硬辅音之后的 ы 和 ъ,软辅音之后的 и 和 ь 之间的差别也在消失。

长短元音的对立,在一些语言中也有消失的趋势。汉语长短音的对立在汉末还存在,后来消失了。在由古印欧语发展到印欧语的各近代语言的过程中,特别是帝国时代的希腊语和拉丁语中,一部分长音节已经缩短了,许多元音已经没有长短音的对立了。古典拉丁语的十个元音(双元音不计)分成五对长元音和短元音。这是拉丁语元音体系的最明显的特征。从俗拉丁语开始,这个特征消失了,以至整整齐齐地变成了撒丁语的五元音体系。如下表:

古典拉丁语	ī	iē	e	āa	o	ōu	ū
俗拉丁语	i	e		a	ɔ	o	u
意大利语	i	e	iɛ	a	ɔu	o	u
西班牙语	i	e	ié	a	ué	o	u
罗马尼亚语	i	e	ɛ ie	a		o	u
西西里语	i	e		a	o		u
撒丁岛语	i	e		a	o		u

拉丁语的长元音、短元音开始分别与罗马语族语言的合音相适应。当然也有两个长短元音变成一个元音的，如北方拉丁语的长 ō 和短 ǔ 都变成了合音 o，这是大多数罗马族土语的古代形式。在拉丁语向法语转变中，古代的长 ē 和短 ǐ 变成了合音 e。如：

　　　［拉］mē＞［法］moi（我）

　　　［拉］bibit＞［法］bit（饮）

英语的长元音也在消失。古英语的长 o 到中古英语后期（15 世纪）变成了 [u]，书面上写成 oo。如：

　　　cól＞cool（凉）

　　　gós＞goose（鹅）

　　　móna＞moon（月）

　　　bróm＞broom（扫帚）

　　　glóm＞gloom（阴暗）

长元音还有一部分从中古至当代逐渐变为复元音。如：

　　　　　　　中古　　现代　　当代
house（房屋）：[huːs]＞[hows]＞[haws]

　　　　　　中古　　现代　　当代
wine（酒）：　[wiːn]＞[wejn]＞[wajn]

早期从法语借入的词也受这个规则支配。如：

　　　法语 ligne（线）[liːn]

　　　英语 line[lain]

后期从法语借入的词，不再受这个规则支配，因为那时这个规则已不再起作用。从这里可以看出，音量与音质之间的变化，也就是元音从量的特征转变为质的特征。当然，相反的例子，即元音变长的例子也是存在的。如当代伦敦口语中，在以 -ad 收尾的形容词中，[æ]大多发长音：sad＞[sæːd]。对于这种相反的变化，有人在三十年前曾经预言过：以往是以音长和音质作为区别不同音位的两大条件，而将来可能只需一个条件，即音质；音长的区别可能会消失。⑨

古代汉语也有长短音的对立。汉末何休便记录了"伐"的长短音区别主动和被动义。王力先生的长入和短入之中就包含着元音的长短。现代的广州音系以 a 构成的韵母处处有长短的对立。

在印欧语言中，也有过复合元音向单元音转化的趋势。

从共同斯拉夫语向各斯拉夫语发展过程中，在辅音之前和词尾的复合元音转化为单元音，以 и 结尾的一些复合元音转化为单元音，复合元音[oi]转化为单元音，以流音响音结尾的复合元音转化为单元音。在 18 世纪中叶俄语还有一个元音ѣ，发作二合元音或准二合元音 иэ，到 19 世纪中叶，ѣ便并于元音 э 中。

法语从 12—16 世纪也有一些复合元音转化为单元音了。如：tout（一切）念成[tu]，fait（事实）念成[fɛ]，haut（高）念成[o]或[oːt]，aube（黎明）念成[oːb]。

英语在现代仍然有复元音单化的趋势。如：[ei]＞[e]或[ɛ]，[eiə]＞[eːə]，[aiə]＞[aːə]＞[a]，[əuə]＞[ɔː]，[ɔiə]＞[ɔːə]，[auə]＞[aːə]＞[aː]。例：

  play＞[pieː] player＞[pleːə]
  hire＞[haːə] mower＞[mɔː]
  employer＞[implɔːə] power＞[paːə]

有人对这种趋势评价说："[aiə]和[auə]的单音化，以及它们与[aː]的同化，很可能是南方英国英语在 20 世纪语言中所发生的最为突出的变化之一。"⑩

这些复合元音为什么单元音化了呢？"有人援引省力律来加以解释，那就是用一次发音来代替两次发音，或者用比较方便的发音来代替困难的发音。这一观念，不管怎么说，很值得考察。它在某种程度上可以说明现象的原因，或者至少指出应该往哪个方向去探讨这种原因。"⑪其实，省力、方便、经济，是所有语流音变、即言语音变的重要因素。言语音变，随着时间的推移，铸成了语言的历时演变。

四

语音的简化，并不是唯一的或单一的趋势。它也时常伴随着繁化现象。如从原始印欧语向法语转变的结果，法语的塞音简化了，而擦音繁化了。英语有减音，也有增音(音节中增[r][p][t][k])。俄语从古代到现代,元音简化了,而辅音系统却繁化了(由 26 个增至 37 个)。汉语的声母和韵母,自中古以来都简化了,与之伴随的是,词的语音结构复杂了:从单音节制过渡到双音节制。

繁化和简化,哪一个是主流呢? 当然简化是主流。但是,简化并不是无止境的。最佳的境地是:音位最经济,结构最简单,拼法最方便,音字吻合或接近,语音负荷量最大,语音的整体最富于表现力。

附注:

① 《斯坦尼斯拉夫斯基》第 3 卷,76 页。
② 王力:《同源字典》,商务印书馆,1982,253 页。
③ 陆宗达:《说文通论》,北京出版社,1981,87 页。
④ 罗常培、王均:《普通语音学纲要》,科学出版社,1957,113 页。
⑤ М. В. Панов, *Русская фонетика*, М. 1976, p. 336.
⑥ Л. П. Якубинский, *история древнерусского языка*, 1953, p. 133. Н. А. Кондрашов, *Сяавянские язы ки*, 1956, p. 33.
⑦ Р. И. Аванесов, *Русское литературное произношение*, М. 1972, p. 66.
⑧ Р. И. Аванесов, *Русское литературное произношение*, М. 1972, p. 187.
⑨ 参看 D. Jones, *The Pronunciation of English*, 1956.
⑩ 参看 A. C. Gimson, *An Introduction to the Pronunciation of English*, 1973.
⑪ 德·索绪尔:《普通语言学教程》,商务印书馆,1980,207 页。

参考文献:

[1] 布龙菲尔德:《语言论》,商务印书馆,1980。
[2] 爱德华·萨丕尔:《语言论》,商务印书馆,1964。
[3] 梅耶:《历史语言学中的比较方法》,科学出版社,1957。
[4] Н. А. Мещерский, *Развитие русского языка после Великой Отечественной войны*, 1967.
[5] Simeon Potter, *Changing English* (second revised edition), 1975.
[6] W. 拉波夫:《在社会环境里研究语言》,见《语言学译丛》,中国社会科学出版社,1979,47 页。
[7] 张会森:《现代俄语的变化和发展》,人民教育出版社,1984。
[8] 杨鑫南:《当代英语变迁》,外语教学与研究出版社,1986。
[9] A. C. Gimson, *An Introduction to the pronunciation of English* (third edition), 1980.
[10] 《外语教学与研究》《外国语》《外语学刊》《现代外语》等杂志近年各期。

(原载《外语学刊》1983 年第 4 期)

汉语中词的屈折变化的简化与消失

一

印欧语有屈折变化,但已显示出简化趋势。[①]那么,汉语是否有屈折变化呢?

这一问题,很早就引起了人们的注意。1920年,高本汉在《亚细亚学报》(*Journal Asiatigue*)上发表的《原始汉语是屈折语》(*Le proto-chinois langue flexionelle*)一文中,企图用历史比较法证明原始汉语是一种屈折语。虽然他的证明不那么令人信服,但是事实与他的结论并不相违背。

二

古藏语是有屈折变化的。按历史比较法发现的规律推断,古汉语同古藏语一样,也应有屈折变化。这一推论,有古汉语的事实可证。上古汉语有大量的内部屈折的事实,其中包括元音屈折、辅音屈折、声调屈折。

1. 先看上古汉语内部屈折中的元音屈折现象:

[*hiuəi](围,动词)→[*hiuei](帷,名词)[②]

[*heang](衡,名词)→[*hoang](横的,形容词)

[*piuən](分,动词)→[*puən](半,名词)

[*piong](封,动词)→[*peong](邦,名词)

[*həm](含,动词)→[*heəm](衔,名词)

[*nuət](内,名词)→[*njiəp](入,动词)

上古元音屈折,除了像以上各例是用音质变换作为手段以外,还用音量变换作为手段——用元音长短来区别语法意义。如汉末何休便记录了用"伐"的长短音区别动词的主动义和被动义。《公羊传·庄公二十八年》:"春秋伐者为客,伐者为主。"何休注:"伐人者为客,读伐长言之,齐人语也;见伐者为主,读伐短言之,齐人语也。"按王力先生的拟音,前一伐字当读为[*biua:t],后一伐字当读为[*biuat]。上古元音长短的对立是较常见的。③

2. 其次看内部屈折的辅音屈折现象:

[*diang](长,形容词)→[*tiang](长,动词)

[*djiat](折,不及物动词)→[*tjiat](弄折,及物动词)

[*kyan](见,主动词)→[*hyan](被看见,被动词)

[*keŏk](教,动词)→[*heôk](校,名词)

[*tiô](朝,名词)→[*diô](朝,动词)

[*dzang](藏,动词)→[*tsang](仓,名词)

[*biu](浮,动词)→[*phiu](桴,名词)

[*xək](黑,形容词)→[*mək](墨,名词)

[*djia](抒,动词)→[*sjia](纾,形容词)

比起元音屈折,辅音屈折是较常见的。六七世纪,颜之推已经自觉地把这类辅音屈折现象记录在《颜氏家训·音辞篇》中。如说"自败曰败,打破人军曰败"。据后人考证,自汉魏经师口传,"自败"之"败","败他"之"败",分属帮[b]、并[p]二母,即有浊清之分。以此推断,《左传·僖公二十八年》"非神败令尹,令尹其不勤民,实自败也。"一句的前一"败"字是及物动词,当读[*beat],后一"败"是不及物动词,当读[*peat]。④

3. 元音屈折和辅音屈折,是印欧语里常见的。声调屈折,是汉语能产的手段。

在上古汉语里,较早出现的声调屈折是把动词变成名词。其中包括"顺构"现象,即先有非去声的动词,再由之产生去声的名词。顺构现象是较多的。如:

[*tjiong⁴](种,动词)→[*tjiong³](种,名词)

[*dzuai²](坐,动词)→[*dzuai³](座,名词)

[*piuən¹](分,动词)→[*piuən⁴](份,名词)

[*diuan¹](传,动词)→[*diuan³](传,名词)

[*liang¹](量,动词)→[*liang⁴](量,名词)

其次出现的声调屈折是把名词变成动词。其中包括"逆构"现象,即先有去声的名词,再由之产生非去声的动词。逆构现象也是较常见的。如:

[*thjia⁴](处,名词)→[*thjia³](处,动词)

[＊kea¹]（家，名词）→[＊kea³]（嫁，动词）

[＊du³]（道，名词）→[＊du⁴]（导，动词）

[＊sjiang³]（扇，名词）→[＊sjian¹]（扇，动词）

此外，声调屈折还能把内向动词变成外向动词。如：买/卖、受/授。"卖""授"都是外向动词，都读去声。准确地说，是去声把内向动词变成了外向动词。[⑤]

关于用四声区别词性及词义的材料，早在东汉郑玄"三礼"注、高诱《淮南》《吕览》注中都已经有了明确的记载。汉末刘熙《释名》中更有大量记载。唐初陆德明对四声别义又作了较多的辨析。到宋、元时代，贾昌朝、刘鉴对四声别义辨析得更加详细。其中用四声区别语法意义的例子有：

毁，读上声指"坏他"，读去声指"自坏"。

雨，读上声是名词，读去声是动词。

4. 上古汉语还没有发现外部屈折的遗迹。有些词虽然是收尾音发生了变化，但是那收尾音是属于词干的，因此其变化仍然是内部屈折。如：

[＊piuə]（不。通用于一般场合）→[＊piuət]（弗。用于特定场合）

经过数几千年的漫长岁月，词尾音常常发生脱落，而汉字又不能记录音节音位及其变化情况。或许上古汉语的外部屈折现象就保存在它的活化石——方言里。我们在现代一些方言里高兴地发现了这方面的珍贵的遗迹。如闽南方言人称代词单数变为复数，不是加"们"，而是常在词尾加一个特殊的形态标志——鼻辅音。[⑥]如表1所示：

表1

	我→我们	你→你们	伊→伊们
厦门	gua→gu(a)n	li→lin	i→in
浙南	gua→gu(a)n	lɯ(li)→lien	i→ien
潮州	ua→u(a)ŋ	lɯ→niŋ	i→iŋ

在客家话里，用给动词增添词尾的方式，表示动作的时体：加[e]表示完成体，加[ten]表示进行体，加[a li]表示暂时体。[⑦]如：

ki loi e（他来了）

ni na ten（你拿着）

k on a li（看一看）

三

到中古汉语,由于汉语的声韵调全都趋于简化,特别是浊声母的清化,阳声韵尾的削减,入声韵尾的消失,全浊上声变成去声等,因此汉语内部屈折明显地削减了。到现代汉语,内部屈折已经趋于消亡。

1. 元音屈折,在现代普通话里几乎绝迹了。在个别方言里,还有些遗迹。如陕西商县方言还残留着用元音屈折表示动词完成体的现象。⑧如表2所示:

表 2

动词	喷	淋	病	动	取
普通体	pʻɛ	liɛ	piɤ̌	tuɔ̌ɤ	tɕʻy
完成体用例	pʻā 喷漆啦	liā 淋雨啦	piaɤ̌ 病啦	tuaɤ̌ 动工啦	tɕʻyɛ 取钱啦

山西陵川方言还残留着用元音屈折表示"这""那"的不同语法功能。⑨如表3所示:

表 3

这	那	用　法
[tieʔ³⁴]	[nieʔ³⁴]	用于数量词前
[tiʌʔ³²]	[niʌʔ³²]	用于名词前,或代替名词
[tə²¹³]	[nə²¹³]	表方位,义同"这儿(里)""那里(里)"
[təŋ³³]	[nəŋ³³]	表性状,义同"这么(样)""那么(样)"

在广西横县话里,用元音屈折表示形容词的级。一种情况是,形容词重叠式 AXA 中的 X 的级用元音屈折表示。⑩如表4所示:

表 4

		表爱	表憎
热[nit]	较强级	热 hum 热 ↓	热 lak 热 ↓
	较弱级	热 həm 热	热 lek 热
粘[nim]	较强级	粘 nuk 粘 ↓	粘 nat 粘 ↓
	较弱级	粘 nət 粘	粘 net 粘

在中缀元音屈折中，u 是表爱强级的标志，ə 是表爱轻级的标志；a 是表憎强级的标志，e 是表憎轻级的标志。另一种情况是，以 ək 收尾的双音词的第一音节用元音屈折表示强弱级别。[11] 如：

较强级　"ŋa ŋək" kətɕʻeŋ 不住地"大声地呀呀"地唱
　　　　　　　↓
较弱级　"ŋe ŋək" kətɕʻeŋ 不住地"小声地呀呀"地唱

表示较强级，一般用 a，也可用 ɔ、ʌ、ɸ、y。表示较弱级，一般用 e，也可用 i。

北京话里"这"音有 zhe、zhèi 之分，"那"音有 na、ne、nei 之分，分别用于不同的场合。尽管这种分布不甚严格，但是也透露出元音屈折的消息。

2. 辅音屈折，在普通话里，在方言里，都有些遗迹。在普通话里可以发现用辅音屈折改变词性的例子。如：

cáng（藏，动词）→ zàng（藏，名词）
dùn（囤，名词）→ tún（囤，动词）
chù（畜，名词）→ xù（畜，动词）

在方言里可以发现用辅音屈折表示近指和远指的例子。[12] 如表 5 所示：

表 5

	山西陵川	闽南	浙南	闽北
这那	[tieʔ] ↓ [nieʔ]	[tsi]　[tse] ↓　　↓ [hi]　[he]	[tɕi]　[tɕie] ↓　　↓ [xi]　[xie]	[tsi] ↓ [xi]

3. 声调屈折，从古至今，在总数之中已经有一少半消失了。但它在现代汉语的遗迹比元音屈折和辅音屈折都多。

客家方言用声调区别指示代词的近指和远指。如 ᶜke（这）keᶜ（那）。[13]

粤方言用声调表示动词的完成体。如"我食啦"的"食"由阳平变为高升变调，表示动作完成。[14]

陕西商县方言用声调屈折（同时兼延长元音）表示动词的完成体。如"云把太阳遮半子（半边儿）"的"遮"，普通体是 21 调，完成体是 3231 调。此外，该方言还用声调屈折表示人称代词的单数和复数。如：[ŋɤ][ni][tʻa]，53 调是"我""你""他"，21 调是"我们""你们""他们"。[15]

普通话中用声调屈折区别词性的例子还不难找到。如：

háo(号,动词)→hào(号,名词)
shǔ(数,动词)→shù(数,名词)
juǎn(卷,动词)→juàn(卷,名词)
mó(磨,动词)→mò(磨,名词)
bèi(背,名词)→bēi(背,动词)
bà(把,名词)→bǎ(把,动词)
tī(踢,动词)→tí(蹄,名词)

对这类遗迹,赵元任先生说:"因为它只是遗迹现象,所以实际上对于中国语言里头的文法性的音变的例,不必认它为文法的现象,最好认它为词汇的现象。"⑯

四

欧洲某些历史比较语言学家,曾经散布过一种论调:屈折语优于其他语言。汉语是没有屈折变化的语言,因而是落后的。如果摒弃这种偏见,就会看清一个基本历史事实:印欧语大多数语言和汉语都有屈折变化,而且其屈折变化都朝着简化这个大方向走来。只不过出发的时间有早有晚,速度有快有慢,保留下来的屈折有多有少。汉语经过几千年、几万年、上百万年的演变,屈折变化已经大大地简化了,并且趋于绝迹了。而印欧语的状况,也正如梅耶所说:"各种罗马族语言、大部分的日耳曼族语言和伊兰族语言,认真说来今天都已经不足以担当'屈折语'这个称号了。"⑰语法意义并不是非用屈折这一载体不可。当屈折变化消减以至消亡以后,屈折变化的负荷量便转给词汇和语序这些载体。事实证明,这些新的载体可以更好地承担原载体的负荷量。

附注:

① 张志毅:《印欧语中屈折变化的简化趋势》,《山东外语教学》1985年第4期。
② 王力:《同源字典》,商务印书馆,1982,48页。本文的上古音构拟(以 * 表示)、所注国际音标及其转写,皆准该书,正文不再一一注明。
③ 参见王力:《汉语语音史》,中国社会科学出版社,1985,73—77页。
④ 参见吕叔湘:《说"胜"和"败"》,《中国语文》1987年第1期。
⑤ 梅祖麟:《四声别义的时间层次》,《中国语文》1980年第6期。
⑥ 袁家骅等:《汉语方言概要》,文字改革出版社,1960,273页。
⑦ 同⑥,174—175页。

⑧ 张成材:《商县方言动词完成体的内部屈折》,《中国语文》1958 年第 6 期。
⑨ 金梦茵:《陵川方言志》,17—18 页,《语文研究》增刊(5)1983 年 12 月。
⑩ 闭克朝:《横县方言单音形容词的 AXA 重迭式》,《中国语文》1979 年第 5 期,348 页。
⑪ 闭克朝:《横县方言中-ək 的尾词》,《中国语文》1981 年第 2 期,121 页。
⑫ 同⑥,273 页。
⑬ 同⑥,174 页。
⑭ 同⑥,222 页。
⑮ 同⑧。
⑯ 赵元任:《语言问题》,商务印书馆,1980,55 页。
⑰ 梅耶:《历史语言学中的比较方法》,科学出版社,1957,20 页。

(原载《语文研究》1987 年第 3 期)

论泛称词和特称词

一、语义场中的泛称词和特称词

1. 语言的词汇系统，由千万个语义场（semantic field）或词汇场（lexical field）组成。在许多语义场里，都有一个词群。每一个词群中的个体，又以其独特的价值，分布在语义场里。比如"马"这个语义场，有马、驹、骊、骄、骥等等。其中"马"是一类，称之为泛称词（general term），又称总义词、泛用词、概括词、抽象词、类名或通名。"驹"等是另一类，称之为特称词（specific term），又称分义词、具体词、特名或专名。

泛称词的特点是概括性强，词义范围大，使用频率大，储存的信息少。

特称词的特点，刚好相反：概括性弱，词义范围小，使用频率小，储存的信息多。如"驹、骊、骄、骥"等，第一个信息都是马，第二个信息则各自不同："驹"指二岁的或少壮有力的；"骊"指纯黑色的或深黑色的；"骄"指六尺高的或高大的；"骥"指日行千里的或好的。

2. 泛称词和特称词，没有同义关系，只有主从关系，即大概念和小概念的关系，或上位概念和下位概念的关系。

特称词之间，也没有同义关系，只有小概念或下位概念的平行关系。如卢谢语（Lushei）在"蚁"这个大概念下有 10 个表示不同种类蚁的特称词，在"篓篮"这个大概念下，有 20 个表示不同种类篓篮的特称词。

动词的特称词，也是小概念间的平行关系。如古代汉语在"濯"这个语义场里，"濯"是泛称词，而特称词按朱骏声的《说雅》次序说："沐"用于头发，"沬"（huì）用于脸面，"浴"用于身，"澜"用于上身及下身，"澡"用于手，"盥"也用于手，但指水自上流入器，以手承之而洗，"洗"用于足，"洒"用于人身各部分，"湔"用于衣物，"溉"（异体字"概"）用于物，"涤"比"溉"常用。与汉语十分类似，据盖捷特（A. S. Gatschet, 1832—1907）说，印第安人也有 14 个表示"洗涤"的词，12 个表示"分开"的词，8 个表示"捕捉"的词。

诸如此类的特称词,操该语言的人不觉得它们是同义词。而今人去学古汉语,或者外族人去学印第安语,则觉得那些特称词是有细微差别的同义词。

3. 泛称词跟抽象名词(abstract noun)不同。抽象名词,是指表示非物质概念的名词,泛称词则不限。

特称词跟具体名词(concrete noun)不同。具体名词是指表示物质对象的名词,即物质名词,而特称词则不限。

泛称词和特称词包括的,主要是名词,其次是动词和形容词等。

特称词,跟专有名词不同。专有名词表示的是独一无二的单独概念;特称词表示的并不是独一无二的单独概念,而是某一个小类的普遍概念。例如"驹"并不是表示独一无二的单独的"二岁马",而是表示所有的"二岁马"。也就是说,特称词并不是单个事物的名称,而是某一小类事物的名称。因而它们同一般词一样,也具有概括性。

4. 特称词,不包括含泛称词在内的由两个或两个以上词根结合而成的复合词,也不包括由两个以上词所结合的短语。例如不包括汉语的马驹、儿马、川马、骏马、好马、黑马等等。又如不包括俄语的старший брат(哥哥),而法语的aîné(哥哥)则是特称词。

5. 泛称词和特称词,都在发展变化。欧美一部分语言学家把这种发展变化概括为一个较流行的观点:词汇逐渐抽象化。这个观点,只反映了这类词汇发展的趋势之一,而没有反映出这类词发展规律的全貌。事实上,这类词在不同民族语言里,在不同的历史阶段上,在不同的地区,在不同的认识里,表现出的状况及其变化规律是不尽相同的。

二、特称词和"原始思维说"

1. 特称词是语言中客观存在的现象。解释这些现象,最早出笼的重要的哲学观点,就是"原始思维说"。

在上一世纪和 20 世纪之交的年代,法国著名汉学家艾道尔德·沙文(E. chavnnes)翻译并出版了《司马迁的史记》(法文),并将该书赠送给法国哲学家列维-布留尔(Lucien Lévy-Brühl,1857—1939)。有趣的是,这位法国哲学家对中国哲学家的独特的、跟欧洲迥异的思维方式大为惊讶,特别是受到了《史记》中的原始材料的启发,萌发了研究原始人思维的念头。1910 年他果真出版了《低级社会的智力机能》一书,认为原始人的语言"特别注意表现那些为我们的语言所省略或者不予表现的具体细节"。①带有比现代"文明语言"更多的具体成分,其思维是属于"原逻辑",语言和意识都是从具体发展到抽象。

到 20 世纪 20 年代末,苏联语言学家马尔为了给自己的"新语言学说"加上个"优势的砝码",引进了列维-布留尔学说。1930 年经原作者同意,把《低级社会的智力机能》和《原始智力》摘编并翻译成俄文,给该书起了一个新名叫《原始思维》,马尔写了序言,肯定了"原始思维"这一论点,并从此开始使用"原始思维"这个术语。

在此以前,列维-布留尔一直使用 mystigue(神秘的)、prélogigue(前逻辑的)这两个术语表示原始思维的特征。而对后一个术语,他特别加以解释说,绝不意味着"不合逻辑的""非逻辑的"。1914 年,后一个术语被译成俄语的 Дологичщеский(前逻辑的),为避免误解,1930 年又被译成俄语的 прáлогичщеский(原逻辑的),即"原始逻辑的",可以理解为"现代逻辑"的始祖。而列维-布留尔解释说:"逻辑的东西与原逻辑的东西并不是各行其是,泾渭分明的。"②"在人类中间,不存在为铜墙铁壁所隔开的两种思维形式——一种是原始逻辑的思维,另一种是逻辑思维。"③但是,原逻辑思维毕竟有其特点,"原逻辑思维很少使用抽象,它的抽象也与逻辑思维的不同;它不像逻辑思维那样自由地使用概念。"④

2. 从 1920 年至 1934 年,法国语言学家葛兰言(Marce Granet,1884—1940)多次散布过列维-布留尔学说。他武断地说:"中国人所使用的语言是特别为描绘而造的,而不是为分类而有的;一个特为唤醒特殊感觉而不是为着下定义或下判断而有的语言。"⑤"对概念的抽象的表达来说是不大方便的",⑥汉语的词并不是指明概念的符号,并不和概念相适应,例如汉语里没有单指"老年人"的词,然而却有许多描写各种不同的老年人的词:某些已经需要更丰富的养料的人——"耆",某些呼吸已经发生困难的人——"考",七十岁以上的老态龙钟的人——"老",等等。一个词不但不指明一个概念,甚至于也不是一个简单的符号,不是一个抽象的符号,而是口头的徽号(emblêmes vocaux)。⑦他又说,汉语的词几乎都是特名,因为每一个词只指明一特殊的个别的东西。比方说,汉语里没有说明一般的"死亡"的词,而有"崩""薨""死""卒"这些词,指明某一特殊的人的死亡。⑧以上这些话,如果用列维-布留尔的话概括,汉语是"原始思维"或"原逻辑"所用的语言。

3. 列维-布留尔的"原始思维说"出笼以后,有拥护的,也有反对的。从法国到美国、英国、德国、苏联、波兰,再到中国都有人提出过反对意见。⑨

纵观半个世纪的论战材料,双方都没有逃脱"思维定式"的规律。关于"思维定式"规律,爱因斯坦说过:"你能不能观察到眼前的现象,取决于你运用什么样的理论。理论决定了你到底能观察到什么。"双方的观点都掺杂一些意识、感情因素,都不免有些偏见,因而对泛称词和特称词的观察不够全面,甚至有错误。诸如只注意到某些氏族、部落或部族语言中的某些特称词,忽视了现代民族语言的特称词;只注意到泛称词和特称词发展变化的某一阶段,忽视了全过程;只注意了特称词跟思维的关系,忽视了特称词跟社会历史、环境等客观存在的关系。科学需要冷静。我们试图用辩证唯物论冷静地观察和分析泛称词和特称词现象。

三、泛称词、特称词的时间次序

史前时期的情况,不易推测。有史以来的史料证明泛称词和特称词显现出三种时间次序:(1)特称词先于泛称词,(2)泛称词先于特称词,(3)泛称词、特称词、泛称词相继出现。

1. 特称词先于泛称词的情况。某些语言对某些事物先有特称词。如澳大利亚吉斯兰德区的泰伊尔湖人没有树、鱼、鸟等等泛称词,而有其特称词,如鱼中的鲷、鲈、鲻等等。塔斯马尼亚人(Tasmanians)也没有"树"这一泛称词,却有每一种灌木、橡胶树的特称词。[⑩]

古代法语用特称词来表示"坐""站""放":seoir＜sedere,ester＜stāre,gésir＜iacēreo。到现在已经完全地或部分地用泛称词表示。

著名语言学家叶斯柏森在他的名著《语言:它的性质、发展和起源》(1922)中谈到古英语时说,在形容①羊毛或鹅②马或牛③人的头发或某些动物的毛时,要用不同的表示灰色的特称词。现代英语一般只用一个泛称词 grey。

2. 泛称词先于特称词的情况。某些语言对某些事物先有泛称词。甲骨文中有些词没有特称词,只有泛称词,如犬、竹、舟、雨、门、虎、象、禾、鸟、死等。到后代典籍中,其中的一些词才出现了特称词。

在甲骨文中有些词大量地使用泛称,也偶尔使用几个特称,而从字形的孳乳、派生线索上看,泛称肯定早于特称。如"牛"→牡、牝、物,羊→羝、羖。豕→豭、豝,老→耋。在甲骨文时代,因有些词没有用或很少用特称,便使用复合词或短语来表达,如小雨、大雨、幺雨(即细雨)、白牛、黄牛、白羊、黄羊、大豕、白豕、黄豕等。

在英语里,15 世纪以前只有泛称词 mathematics(数字),16 世纪产生了特称词 arithmetic(算术)、algebra(代数)、geometry(几何)、trigono-metry(三角)。17 世纪以

后又产生了特称词 topolg(拓扑)、calcus(微积分)、Cybernetics(控制论)……。

3. 泛称词——特称词——泛称词相继出现。

在甲骨文中,先有泛称词"马",后有特称词"驳"等,到了后来的典籍中"马"的特称竟达到 100 多个,其中跟雌、雄有关的马的特称词 8 个,跟年龄有关的马的特称词 6 个,跟高度有关的马的特称词 7 个,跟优劣有关的马的特称词 27 个,跟长相有关的马的特称词 5 个,跟毛色有关的马的特称词 51 个,此外,还有跟马种、产地、用途等等有关的马的特称词几十个。这些形形色色的马的特称词,后来绝大多数都消失了,最常用的只剩下泛称词"马"。这一变化的原因,主要是畜牧时代结束了,马的一些重要价值消失了。在畜牧时代,因性别、年龄、高度、优劣、毛色、种类、用途、产地等等的不同,马有不同的交换价值、使用价值(包括用于祭祀)、审美或艺术价值等等。后来,虽然马作为生产工具、交通工具的价值一直延续到农业时代末期(在中国大约是中华人民共和国成立以后),但是已经没有必要使用马的特称词。

这一变化的开端,早在春秋时期就出现了。在这个时期前后的作品里,很少发现马的特称词,如下表所示:

作 品	马	马的特称词
殷契粹编	7 次	0
尚书	13 次	骏 1 次 驿 2 次
论语	10 次	骥 1 次
荀子	43 次	骥 5 次 骐 1 次 骊 1 次 骅骝 1 次 纤离 1 次 绿耳 1 次
孙子	14 次	0
孟子	14 次	0
韩非子	128 次	0

4. 上文三.1 显现出的是词汇抽象化,三.2 显现的是词汇具体化,三.3 显现出的是词汇先具体化后抽象化。主导趋势是词汇抽象化。为什么会出现这些变化,决定性的因素不是原始思维的现代化,而是客观需要的变化。

客观需要的变化,最重要的是社会历史时代的需要发生了变化。

一切社会现象的发展变化,都受社会发展这一最高规律支配,语言是特殊的社会现象,它的主要变化,特别是词汇的变化,是受社会历史时代制约的。

5. 人类在穴居时代,自然不会有门窗的特称词。到室居,特别是村居时代,上古汉语就出现了 3 个窗的特称词,15 个门的特称词。因为不同的窗、门有不同的作用,跟人们的生活有很密切的关系。

6. 渔猎时代的生产、生活需要详细区分渔猎对象,人们不能满足于说捕到了"鱼",猎取了"鹿",而必须说明捕到了什么样的鱼,猎取了什么样的鹿。因为不同的鱼、鹿等,有不同的价值(起初是使用价值,后来是交换价值)。这样,在上古汉语里就有90多个鱼的特称词,20多个鹿的特称词。

出于同样的需要,必须细分渔猎对象的运动的姿态。因此,在上古汉语里有20多个表示鸟飞的特称词。

出于同样的需要,必须详细区分渔猎工具,因此,在上古汉语里有20多个网的特称词。

7. 畜牧时代的生产、生活需要详细区分畜牧对象。中国历史上,就中原区域说,商周是以牧为主的时代。《诗·鲁颂·駉》描写了鲁僖公(即鳌公,公元前659—前627年)牧马的盛况。其中竟然出现了16个马的特称词。此外,在上古汉语里至少有26个羊的特称词,30来个牛的特称词,30来个猪的特称词。

8. 农业时代的生产、生活需要详细区分农作物。中国历史上,就中原可耕区域说,周朝末年是牧消农长的转变时期,自秦汉开始以农为主。至汉代除了有谷、粢、粟等谷物泛称以外,至少有20多个谷的特称词。此外,稻还有9个特称词,麦还有4个特称词。同样,古希腊在公元前9—前8世纪荷马史诗《伊利亚特》中也有4个麦的特称词。[①]

9. 工业时代的生产、生活需要详细区分钢铁、机器、工业产品。如英语 machine(机器)有许多特称词:machinery(总称,或指机器的运转部分),apparatus(常指理化仪器),engine(发动机),works(特指钟表中的机器),dynamo(直流发电机),commutator(电流转换器),等等。

10. 奴隶制时代,因为奴隶种类多,用处不同,在上古汉语里便出现了15个奴隶的特称词。

封建时代,因为等级森严,就连死亡也得分等级使用特称词,这是众所周知的。而葛兰言所说的古汉语没有"死亡"的泛称词,则是不符合汉语实际的。因为在《说文》对各种死的特称词的解释中,常用"死"作为泛称词,特别是在语言实践中常用"死"或"亡"作为泛称词。

跟等级制度有关的还有亲属称谓的特称词。在原始社会早期的群婚制时期,自然没有什么亲属称谓。到了原始社会中期,即母权制时期,出现了对偶婚制,亲属称谓开始出现,但是还很少。那时子女还只"知其母",而"不知其父"。到了原始社会后期,即父权制时期,出现单偶婚制(亦称独偶婚制,或一夫一妻制),亲属称谓逐渐增多,到奴隶社会,特别是封建社会,亲属称谓多到繁复的程度。据摩尔根在《古代社会》里的统计,罗马式和阿拉伯式亲属称谓有157个,夏威夷式和洛特—加龙省马式亲属称谓有176个,易路魁印第安人和南印度人的亲属称谓有218个。⑫据我们统计,中国的亲属称谓有300多个。如对母亲之外的母辈妇女的称呼,日语只用一个泛称词,而汉语则用伯母、婶母、姑母、姨母、舅母等。

　　随着宗法制及其族权的动摇、瓦解,亲属称谓开始简化。如汉语的《尔雅·释亲》说:"子之子为孙,孙之子为曾孙,曾孙之子为玄孙,玄孙之子为来孙,来孙之子为晜孙,晜孙之子为仍孙,仍孙之子为云孙。"后来一律称为"子孙",如说第八、九代子孙,而不说"仍云"。《尔雅·释亲》又说:"男子谓女子先生为姊","夫之姊为女公","女子同出谓先生为姒",后来一律称为"姐"或"姐姐"。在现代,"叔叔""姨"已经并正在推广,大有变成两个包括甚广的泛称词之势。

　　11. 历史塑造了语言,即使在现代发达的语言中,即在所谓"文明语言"中,只要现代生活需要,也使用相当数量的特称词。如现代英语公鸡是 cock,母鸡是 hen,小鸡是 chick,一般不用或很少使用可以作为泛称词鸡的 fowl(其复数表示家禽)。英语的猪也有好多特称词:pig 常是小猪,hog 常特指去势的公猪,boar 常特指未去势的公猪,sow 指大母猪,porker(或 gruntling)指食用的小肥猪,swine 常指猪群。英语的羊也有好多特称词:sheep 常指绵羊,goat 指山羊,antelope(或 gazelle, chamois)指羚羊,oryx 指大羚羊,lamb 指羔羊,ewe 指母羊,wether 指去势的公羊,ram 指未去势的公羊。英语除了 cattle(牛,总称)以外,还有 cow 指母牛,ox 指去势公牛或役牛,bull 指种公牛,calf 指小牛或牛犊。所有这些特称词,不仅是英国历史上发达畜牧业的遗迹,而且也是现代区分肉食种类的需要。

　　总之,只有从社会历史需要的角度来分析,对特称词在时间上表现出的次序,才能得到科学的解释。

四、泛称词、特称词的地域分布

　　有些泛称词和特称词,显示出的状况不是时间次序的不同,而是地域分布的不同。后者是由自然环境所产生的需要决定的。

　　1. 寒带生活和热带生活的不同,产生不同的特称词。

　　生活在北极圈一带的爱斯基摩人(Eskimo),经常跟雪打交道,到了冬天甚至大都住在雪屋里,因此他们有许许多多雪的特称词。同样,居住在北欧的拉伯人(Lapps。又称萨安姆人 Caam)因为生活在寒带,经常跟冰雪打交道,所以他们有11

个冷的特称词(表示不同程度的冷),近 20 个冰的特称词(表示不同形状、种类的冰),26 个上冻和解冻的特称词(表示冻的不同情形),41 个雪的特称词(表示不同形状、种类的雪)。[13]在俄罗斯大地的高寒带的民族语里有 10—12 个白色的特称词,而南方的民族语里只有 1 个白色的泛称词。

而居住在热带的阿兹特克人(Azteca,又称墨西加人 Mexica)即墨西哥印第安人,就连冰、雪、冷也不严格区分,他们竟然用雪的名称表示冰和冷。[14]同样,阿拉伯语中的"冰"和"雪"常相混。我国的广州人对冰、雪和霜也分不清,因此他们才把冰棍叫雪条。

居住在热带的人,因为总跟植物打交道,所以产生了许多植物的特称词。如生活在新西兰的毛利人(Maoris),他们不仅能区分开树的生长阶段,而且竟能区分出树的性别,因此他们对树以及树的叶子、花都有许许多多特称词。[15]

我国南方,特别是柑橘一类水果产地,不仅有"柑""橘""橙""柚"等特称词,而且能将柑区分出"焦柑""蜜柑""椪柑""广柑""鹅蛋柑""锦橙""新会橙"等品种,而北方一般只有一个泛称词"橘子"。我国北方的苹果产地,能区分出几十种乃至上百种品种,有"大国光""小国光""红香蕉""黄香蕉""红星""红玉""新苹""金帅""金冠"等特称词,而南方一般只有一个泛称词"苹果"。

2. 山区生活、牧区生活、水域生活的不同,决定了产生不同的特称词。

居住在山区的人,对山有许多特称词。在上古汉语,我们发现至少有 20 多个山的特称词:大而高的叫岳,小而高的叫岑,短而高的叫崛,小而锐的叫峦,夹在大山之间的小土山叫丘,多大石的叫嵒,多小石的叫嶅,小而无石的叫𠂤(俗作堆,堆行𠂤废),大而无石的叫阜,大阜叫陵、㟼、陪,大陵或曲阜叫阿,石山叫巘,石山带土的叫阬,无草木的叫屺,有草木的叫岵,形状像堂屋的叫密,此外大石多的、小石多的还各有叫法。[16]

生活在山区的人,常以狩猎为业,因而常有许多兽类的特称词。如我国生活在兴安岭一带的鄂伦春族,除了"野猪"这一泛称词之外,还因为区分公的、母的、一岁公的、二岁公的而有 4 个野猪的特称词。除了"犴"这个泛称词之外,还因为区分夏天的、秋天的、冬天的而有 3 个犴的特称词。[17]

生活在牧区的人,对牲畜有许多特称词。内蒙古、新疆、青海的汉语都有一些牲畜的特称词。至于蒙语里的牲畜特称词更多。常用的牛的特称词就有 7 个,常用的马的特称词竟有 20 来个。[18]据记载,阿拉伯语关于骆驼的词有 4000 多个。

生活在水域的人,对水产、船及水等等常有许多特称词。居住在温哥华岛(Vancouver Island)的一群印第安部落所说的努特卡语(Nootka Language)具有大量的表示海里动物的特称词。

在上古汉语里,除了舟、船等泛称词以外,还有很多特称词,如海中大船、江中大船、木竹编的小船、有窗的小船、长而深的船、小船、轻而小的船、战船等等都各有特殊的名称。

在上古汉语里,对水流有好几个特称词,如小水流叫涓,诸水合流叫混,长流叫渲,狭小水流叫泌,回转水流叫沄,疾流叫洞,直流叫淙,等等。对水的波浪,除泛称词"波"以外,还有一些特称词,如大波叫澜,江水大波叫沄,大波涌去回还者叫涛,小波叫沦,等等。[19]

同样,日本和英国被海水包围着,因而有许多海或岸的特称词。如波浪平静的海湾,波浪汹涌的海面,靠岸的海面,离岸远的海面,一般的海湾,被沙州隔开的海湾等,在日语里都有特称词。在英语里较小的海湾,多用 bay 表示,较大的而湾口较狭的用 gulf 表示,更大的用 sea 表示。关于"海岸""海滨"的特称词有:beach(满潮时或降潮时无水的部分)、seashore(满潮时冲洗的部分)、seaside(休养地或游憩地)、coast(海岸,海滨)、strand(乘船或上陆的地方)等。

3. 综上所述,是人们的不同生活环境产生了种种不同的需要,由此便决定了许许多多不同特称词的产生。生活在热带的人,即使他们的原始思维再发达,也不会创造出冰雪的特称词。显然,不是由原始思维决定特称词的产生。

五、泛称词、特称词的认识差异

有些泛称词和特称词的产生,最终不能归结为时间与地域的因素,而只能归结为认识的差异。因为有一些事物,对于全人类来说,其时间与地域的因素是相同的,只是由于认识的差异才对它们用了不同的特称词。

1. 对客观对象的反映,是构成词义的首要因素,而对人们的主观认识的反映是构成词义的另一个不可忽视的因素。特称词恰恰从特殊性的角度记录了人们认识的成果,特别是记录各行各业的行家的认识成果。众所周知,身体对全人类来说,是一个相同的客观对象,而不同民族及不同行业对它的认识则是各异的。中国古代,由于医学的需要,人们很早就认识了身体上的许许多多的细小部位,并用特称词做了记录。仅以头部为例,上古汉语除了首(百)、页、头等泛称词以外,还有指头顶、头顶中央、头骨以及头的其他部位的 20 多个特称词,还有指头的大小、形状、动作的几十个特称词。[20]

再以牙齿为例。上古汉语门牙叫齿,大齿叫牙,此外,对最后的臼齿、老人齿、老人换牙、小孩换牙、齿相对、虎牙、外露齿、齿相并、齿重叠、齿不正不齐、齿蠹、齿折、齿缺、齿无、齿肿、齿相摩、齿伤酸等就有 30 多个特称词。[21]

对颜色的分辨程度,反映了人们(特别是染匠、画家等)认识客观世界的精细程度。上古汉语除了用黑、黔等表示黑色之外,还有对深黑、青黑、浅青黑、微青黑、白而有黑、赤黑、黑而有赤、黑而有黄、黄黑、浅黄黑、赤黄黑、黄黑而白、黑而有纹、帛黑色、女黑色、人面虽白而黑、小黑、黑斑、衣物的黑斑,身上的黑斑等等 30 多个黑的特称词。[22]

上古汉语,按红的程度,常分别使用绛、朱、赤、丹、红等特称词,此外还有 20 多个红的特称词。[23]

加冬金纳-费多鲁克(1958)列举了俄国猎人对禽兽的尾巴(хвост),有不同的特称词:сноп 孔雀尾,вилка 小燕尾,косица 公鸭子尾,полено 狼尾,труба 狐狸尾,правило 猎犬尾,пушняк 灰鼠尾等等。而俄国水手对风有更多的特称词。

十分明显,工匠们和专家们需要许多特称词来表明对他们来说是极必要的细微差别。因此,铁匠那里有许多铁的特称词,木匠那里有许多木材的特称词,音乐家那里有许多音的特称词,天文学家那里有许多星的特称词,等等。而普通人不需要,也不了解那些细微差别,通常只用一个泛称词带修饰语便足够交际之用了。

2. 用特称词反映人们对行动、动作的认识差异。人们对跟自己有密切关系的行动、动作总是区分得很精细。

上古汉语"视""见"的特称词有 60 多个,"行""走"的特称词有 50 多个。

在南非语言里,也可以发现"走"的特称词。这些特称词分别表示:向前或向后曲着身子走,左右摇摆着走,闲荡地走,机敏地走,大摇大摆地走,摇着臂膀走或摇着一只臂膀走,低头走,抬头走,等等。这些动词表示的是动作或行动本身的不同状况。还有一些动词的特称词表示的是主体、客体、工具以及地点的不同。如北美阿比朋人"受伤"的特称词分别表示:人咬伤、动物咬伤、小刀割伤、剑刺伤、箭射伤。休伦人"看见"的特称词分别表示:看见一个人,看见一块石头。"旅行"的特称词分别表示:陆上旅行,海上旅行。[24]

印第安人一个部落切洛基人(cherokee)没有专门表示"说"的词,而只有 14 个"说"的特称词,据此有人断言说切洛基人是落后的。据美国语言学家希尔(A. A. Hill)在 1952 年揭露,这是 19 世纪初期一个传教士编造出来的一个神话。这个神话已经被许多语言事实戳穿了。即使是现代发达民族的语言也有若干动词特称词。我们也拿英语的 die(死)的特称词为例。drown 指淹死,poison 指毒死,slay 指用武器或暴力杀死,stifle 指窒息,execute 指处死,等等。跟 slay 有关的,常用泛称词 kill 泛指杀,它的特称词 murder 指谋杀,slaughter 指屠杀,massacre 指惨杀,assassinate 指暗杀,dispatch 指迅速处决或就地正法,等等。我们再拿英语的旅行特称词为例:journey 指陆上的一种旅行,voyage 指水路旅行,excursion 指远足、游览,tour 指周游,trip 指短的或来往有定的旅行,travel 指远的或长期的旅行。

法语的 mettre(放),在德语中就有几个特称词:setzen 指放入,stellen 指立放,legen 指平放,hängen 指挂着放,挂起。

德语的一个泛称词 stossen(给身体一击),而英语则没有这一意义的泛称词,只有几个特称词:punch(拳打),kick(脚踢),jolt(摇晃)等。

六、泛称词、特称词产生与消亡的原因再分析

1. 综上所述,泛称词和特称词的产生与消亡,主要植根于社会历史时代的发展,植根于生活环境的变化,植根于人们认识的差异。语言是通过一种反映关系而跟现实相联系的,就这个意义上说,现实塑造了语言。因此马克思说:"语言是一种实践的、既为别人存在并仅仅因此也为自己存在的、现实的意识。语言也和意识一样,只是由于需要,由于和他人交往的迫切需要才产生的。"⑧也正是这种需要才真正是泛称词和特称词产生的原因。离开这一原理,便离开了唯物论。"原始思维说"的弊病就在这里。

2. "原始思维说"认为,特称词是较落后的氏族、部落、部族语言所特有的。这是片面的观点。从前文引用的材料可以看出,特称词在现代民族语言(所谓的"文明语言")中也存在。区别仅仅在于部落、部族语言的特称词大都聚集在基本词汇周围,而现代民族语言的特称词有一少部分聚集在基本词汇周围,大部分聚集在一般词汇,特别是现代工业、科学、技术常用词的周围。

"原始思维说"认为,从原始语言发展到现代语言,特称词逐渐消亡,泛称词逐渐产生,最后泛称词完全取代特称词。这是不符合辩证法的。语言事实告诉我们,有些语言的某些语义场,先产生特称词。有些语言的某些语义场正相反。汉语的一些语义场,如犬、竹、舟、雨、门、虎、象、禾、鸟、死等,显示出的发展有 3 个阶段:由泛称词到特称词,再到泛称词。

"原始思维说"还认为,特称词的减少以至消亡,泛称词的增多,表明语言由"野蛮"到"文明"的进化。这是一种偏见。产生这种偏见的一个原因是,上一个世纪中

叶进化论侵占了社会科学,使某些语言学家用生物学的观点去观察和评价语言这一特殊社会现象,因而得出错误的结论。产生这种偏见的另一个原因是,他们从感情和习惯出发,带着固执的评价观点。那些语言学家从小就熟悉印欧语的一种语言,因此他们确信,"这些熟习的语言代表着迄今为止语言发展的'最高'类型,而其他一切类型不过是走向这可爱的'屈折'类型的阶段,凡是符合梵语、希腊语、拉丁语和德语的格局的,就当作最高的;凡是不符合的就叫人蹙眉头,认为是缺少了什么的,或者至多不过是一种有趣的畸形而已"。㉖这实在是用感情与习惯代替了科学研究。"原始思维说"已被现代的人类学和语言学的成果远远地抛在后面了。

特称词的数量多,无论如何不能归结为"词汇贫乏",恰恰相反,应该认为是词汇丰富的表现之一。"不管多么'原始'的民族,它的语言都不'原始',都很复杂。"㉗一些所谓的"原始"语言词汇极其丰富,引起了许多研究者的惊异。例如,南非贝专纳人(Bechuana)语言词汇的丰富程度,使英国探险家大卫·利文斯通(David Livingstone 1813—1873)惊叹不已。美国著名语言学家爱德华·萨丕尔早在1921年就说过:"许多原始的语言,形式丰富,有充沛的表达潜力,足以使现代文明人的语言黯然失色。"㉘"即使是所谓野蛮的、不发达的,在构造上也具有突出的优点……在某些方面这类语言反而有可能比拥有较高文化的民族的语言更为优越。"(洪堡特,1997:33)

特称词的数量多,更不能归结为操该语言的民族智力落后。英语语言学家 L. R. 帕默尔早在 1936 年就驳斥过这种论调:"然而我们完全可以做出相反的结论。例如作者不知道松树、枞树、云杉和落叶松的区别,就把这些树笼统地归为一类'圣诞树'。这能否证明作者比熟悉此中细微差别的大自然爱好者在智力上更胜一等呢?说实在的,各种辨析和区分与其说是智力落后,不如说是出于实际需要。一个骆驼买卖人用他的四千个术语去做生意,比起我们用一个术语,会有效得多。"㉙

3. 泛称词、特称词的产生和消亡,是由词和语言交际功能的矛盾决定的。

在旧语义场里,如果特称词数量过多,以致使后来人难于掌握,加以后来又没有十分的需要,就由旧的丰富转化成烦琐,妨碍了语言交际功能的发挥,于是特称词将逐渐减少,以至被泛称词取代,在那个语义场中的词汇的烦琐转化为简洁。北美耶更人关于来去的特称动词需要指明从哪儿去,如到北方、南方、东方、西方、上面、下面、外面、里面等等,而这些差别几乎是无穷无尽的,因而动词的数量势必极多。㉚这么繁多的特称动词,一旦不合需要,就得被泛称词代替。类似的情况,在汉语里已经发生。例如"山""头""黑"的20几个特称词,"牙""死"的几十个特称词,"行"的50多个特称词,"视"的 60 多个特称词,"马"的 100 多个特称词,绝大多数消亡了。

所谓泛称词取代特称词,不是简单的代替,而是降低词化程度(degree of lexicalization),由综合型表达法(synthetic expression)变为分析型表达法(analytic expression),⑤即把储存在一个特称词中的一些信息单位变为"常用词＋泛称词"横组合短语:

驹→"二岁＋马"或"少壮＋马"

骥→"千里＋马"或"好＋马"

骊→"黑＋马"

骄→"六尺高＋马"

对于一个事物"一种语言是把许多内容塞入一个词,还是利用若干个词进行描述,这个差别具有十分重要的意义。一个优秀的作家在类似场合也同样会根据语言提供的自由选择的可能性,细心区分这两种表达方式。""希腊语最大的优点之一,就在于使这两种不同的表达方式保持了平衡。在一个词里面联系起来的内容,对心灵来说构成了一个更紧密的整体……用一个词表达的内容,能够比用分散的形式表达的内容更生动地激发起想象力。"(洪堡特,1997:309)

在新的语义场里,如果泛称词的信息过少,或特称词的数量不够,不能充分实现语言的交际功能,那么泛称词必然分化为若干特称词,即提高词化程度,词汇由相对的贫乏转化为相对的丰富。例如由于化学的发展,只用"气"显然不够用,必然出现氢、氦、氮、氟、氖、氯、氩、氙、氡等特称词。由于物理学的发展,在"分子"之外,必然出现原子、电子、中子、质子、光子等等。由于纺织工业的发展,在纤维中必然分化出天然的和化纤,在化纤中必然分出人造和合成的,在合成的化纤中必然出现涤纶、锦纶(旧称尼龙、尼纶或耐纶)、维纶(通称维尼纶或维尼龙)。

旧语义场里特称词的消亡,新语义场里特称词的产生,这是旧的丰富性让给新的丰富性,促使这种转化的杠杆就是语言的交际功能的需要。

附注:

① 列维-布留尔:《原始思维》,商务印书馆,1981,132 页。
② 同①,100 页。
③ 列维-布留尔:《原始思维·给俄文写的序》,3 页。
④ 同①,139 页。
⑤ M. Granet, *guelques particnlartés de lalangue et de La pensés chinoise*(《中国语言与中国思想之

特点》),Rev. philos No. 3-4,1920.(转自《语言学研究与批判》第二辑,高等教育出版社,1960,316 页。)

⑥ M. Granet,*La pensés Chinoise*(《中国思想》),p. 34.(转引同⑤,314 页。)

⑦ 《语言学研究与批判》,同⑤,314—315 页。

⑧ 同⑥,40—42 页,转引同⑤,315—316 页。

⑨ 布氏说刚一问世就遭到了美国著名语言学家萨丕尔的反对。1936 年英国语言学家 L. R. 帕默尔也提出过针锋相对的意见。而在苏联,除了马尔之外,还有米勒(А. ц. Миллер)完全拥护;布哈林、维德拉(Р. Быдра)、莱斯涅尔(М. А. Рейснер)部分拥护,梅辛(Ф. Месин)则反对,说布氏说是"摇摇欲坠的概括",不能进入马克思主义世界观体系中。波兰的马克思主义哲学家亚当·沙夫说布氏说是个"假说","大部分是杜撰的",而且"在思想意识上帮助了种种殖民主义势力"。

⑩ 同①,163—164 页。

⑪ 摩尔根:《古代社会》,商务印书馆,1981,38 页。

⑫ 同上,493、414、444 页。

⑬ 同①,167 页。

⑭ 亚当·沙夫:《语义学引论》,商务印书馆,1979,344 页。

⑮ 同①,165 页。

⑯ 朱骏声:《说雅》,42 页,见世界书局《说文通训定声》附录。

⑰ 《民族语文论集》,中国社会科学出版社,1981,408 页。

⑱ 道布:《蒙古语概况》,见《中国语文》1964 年第 3 期,242—243 页。

⑲-㉓ 同⑯,44 页,19 页,22 页,35 页。

㉔ 同①,149-150 页。

㉕ 《德意志意识形态》,见《马克思恩格斯全集》三卷,人民出版社,34 页。

㉖ 爱德华·萨丕尔:《语言论》,商务印书馆,1964,76 页。

㉗ 吕叔湘:《把我国语言科学推向前进》,见《吕叔湘语文论集》,商务印书馆,1983,10 页。

㉘ 同㉖,14 页。

㉙ L. R. 帕默尔《语言学概论》附注⑥,商务印书馆,1983,91 页。

㉚ 同①,149—150 页。

㉛ Banczerowski. J. ,*Some contrastive considerations about semantics in the communication process*,in Fisiak ed,1980.

词的理据

一、什么叫词的理据？

1. 词的理据(motivation)，是指用某个词称呼某事物的理由和根据，即某事物为什么获得这个名称的原因。它主要是研究词和事物命名特征之间的关系。如"星期一"，日语叫月曜日，英语叫 Monday，德语叫 montay，意大利语叫 lunedi，法语叫 lundi，西班牙语叫 lunes，都是"月亮的一天"。这是因为古代巴比伦把日、月、火星、水星、木星、金星、土星依次跟星期日，星期一、二、三、四、五、六相配。所谓"星期"，就是"日月星七曜的日期"。这种星期命名的理据，至今在许多语言里还全部或部分地保留着。

2. 词有外部形式(outer form，指词的语音及其书写形式)和内部形式(inner form，指词的语法结构和语义结构)。词的理据，通常是寻求这两种形式跟事物的联系，有时是寻求词的内部的语义结构关系，即词素之间的语义联系，有时也是寻求转义的根据。外部形式，是属于表达这一平面(或层次)的。内部形式，是属于内容这一平面(或层次)的。这是欧美语言学传统观点。个别苏联语言学家(如布达哥夫)说："词的声音形式与其最初内容间的联系性质，有时也叫词的内部形式。"① 如果借用这个说法，那么词的理据便跟词的内部形式相当。而现在苏联许多学者把词的内部形式常理解为词的内部语义结构。如《语言学问题》杂志副主编 Ю. С. 斯捷潘诺夫，语义学权威之一 Л. А. 诺维阔夫，汉学权威之一 В. И. 郭列洛夫，在他们的新著中多次表达了这个观点。

3. 词的理据，是当代语义学对应论的内容之一，是传统词源学内容(至少有五个方面)之一，也是造词法和名称学的内容之一。词的理据，在中国古代，常以声训(至少有三种作用)的形式来探寻。

二、词的理据研究的历史

1. 对词的理据,自古以来就有两种观点。一种观点认为名称和事物之间具有内在或自然联系,名称取决于事物的本质(physei),这种观点叫"本质论"。另一种观点认为,名称和事物之间没有内在或自然联系,名称取决于人们的协商、约定习惯或规定(thesei),这种观点叫"规定论"。

2. 自公元前4世纪以来,古希腊的赫拉克利特(Heraklitos,公元前540—前480)、苏格拉底(Sokrates,公元前469—前399)、克拉底洛(Kratylos,约与苏格拉底同时)、柏拉图(Platon,公元前427—前347)、伊壁鸠鲁(Epikouros,公元前341—前270)、斯多葛派(Stoikoi)学者克里西普斯(Chrysippos,公元前280—约前207)都主张本质论。例如伊壁鸠鲁派学者鲁克里提乌斯(Carus Lucretius)在《论事物的本质》中说:"语言是在需要表示对象的称谓时由于本质的驱使而发出不同的声音。"②

古希腊的德谟克里特(Demokritos,公元前460—前370)、赫尔摩根(Hermogen,约与苏格拉底同时)、亚里士多德(Aristoteles,公元前384—前322)都主张规定论。例如赫尔摩根说:"我不能相信名称的正确性在于别的什么东西而不在于约定俗成。"③

3. 本质论和规定论的争论,一直延续到近代,甚至在二十年前美国的《语音学学报》还开展过争论。

在近代,19世纪初叶,洪堡特提出了"内容形式问题",旨在探讨某种语言所特有的语法结构和语义结构这两种内部形式跟语音系统这一外部形式的关系,其中包括词的理据问题。

20世纪初,索绪尔提出"语法型语言"和"词汇型语言"。前者,有理据的词占优势,如德语;后者,无理据的词占优势,如法语。他认为,语言符号具有任意性。

到50年代,布达哥夫则认为,"语言符号在它的初级形式(语音、部分词素)里,一般是无理据的,但在其高级表现形式(词)中,则是趋向于有理据的"。④ 斯米尔尼茨基(А. И. Смирницкий)和加尔金纳(Е. М. Галкина)也有大致相同的看法。

到60年代,乌尔曼认为,语言符号的任意性是绝对的,有理据性是相对的,并着重论述了相对性。⑤

4. 在研究词的理据的历史上,令世界瞩目的是,20世纪20年代由英国两位学者奥格登(C. K. Ogden)和理查兹(I. A. Richards)提出的语义三角(或词义三角，semantic triangle 或 triangle of significance)：

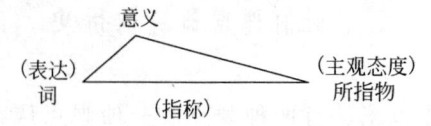

```
              意义
              /\
             /  \
       (表达)/    \(主观态度)
         词/_____\所指物
           (指称)
```

这个图式是属于传统语义学范畴的。现代语义学从哲学、心理学等方面对其提出批评，说形式跟对象之间没有必然的直接联系，于是有人和作者对图式加以改造：一是改变了三角的名目，二是把底线由实线改为虚线。如下图所示：

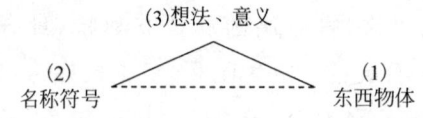

```
           (3)想法、意义
              /\
             /  \
       (2)  /    \  (1)
    名称符号--------东西物体
```

这是由古代的和传统的语义学直接"对应论"转变为现代语义学的"三元论"。这种三元论包含着高层次的哲学思想，是古今许多人文科学的基石。

5. 酷似这种三元论的思想，在中国早已产生并有相沿的历史。墨子(公元前468—前376，约与苏格拉底同时)提出的"实""举""言"，相当于语义三角的(1)、(3)、(2)角：

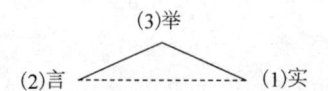

```
           (3)举
            /\
           /  \
      (2)言------(1)实
```

后来，庄子(公元前369—前286，晚于柏拉图)在《秋水》里提出"物""意""言"，《易经·系辞上》也提出了"物""意""言"。到了魏晋南北朝，陆机(261—303)在《文赋》里又提出"物""意""文"，刘勰(？～约520)在《文心雕龙·镕裁》里再次提出"事""情""辞"，即刘勰所说的"三准"⑥。

6. 在中国古代，除了探讨"实、意、名"的三元论之外，还有古希腊式的只探讨"实、名"的二元论。老子(约春秋末人，早于苏格拉底)、墨子、杨朱、公孙龙(约公元前320—前250，晚于伊壁鸠鲁)、荀子(公元前313—前238，晚于伊壁鸠鲁)都主张规定论。例如墨子说：名是"通约"的，"无固是(实)"⑦。荀子说："名无固宜，约之以命，约定俗成谓之宜，异于约则谓之不宜。名无固实，约之以命实，约定俗成谓之实名。"⑧

中国声训派学者倾向于本质论。如孔子说："政者，正也。"⑨在孔子看来，政治之政所以取音为"正"，因为政治的重要属性是端正，统治者端正了，民众自然被感化为端正。孟子说："校者，教也。"⑩在孟子看来，学校的校所以取音为"校"，因为校的本质是教导学生。班固说："葬之为言下藏之也。"⑪在班固看来，埋葬的葬所以取音为"葬",因为葬就是把尸下藏于地。以声训探词源,在《说文》中用得较为谨慎,而在《释名》中有肆意滥用。

"本质论",就其实质来说,是唯心的。因为原始名称跟事物的本质没有任何联系。如汉语的"马",英语的"horse",拉丁语的"calculus"(石头)完全是任意的、约定的。但是,非原始名称常以原始名称为中介命名。如汉语的"马力",英语的"horse-power",法语的"calcue"(计算,名称)、"culcur"(计算着,动词),通过中介词"马""力""horse""power""calculus"的声音探求上例非原始名称的由来,这便步入了科学词源学的天地。声训之中也不乏此例。《诗经·小雅·巧言》传:"盗,逃也。"奴隶制时代,逃亡的奴隶称盗。《释名·释天》:"日月亏曰食。稍稍侵亏如虫食草木叶也。"日月食,后写作日月"蚀",现在又写作日月"食"。

7. 中国在 18 世纪末叶,翟灏著《通俗编》,收集、整理并发现了很多词语的理据。19 世纪初叶,即在洪堡特提出"内部形式"前后,段玉裁在他的《说文解字注》中,王念孙在他的《广雅疏证》中,王引之在他的《经义述闻》中,都有许多关于词的理据的精彩论断。20 世纪初叶以后,刘师培的《物名溯原》《物名溯原续补》《〈尔雅〉虫名今释》,章太炎的《文始叙例》,梁启超的《国文语源解》,周了因的《八卦为原始语根符号考》,杨树达的《字义同缘于语源同例证》等等,王云五的《新名词溯源》,张维思的《语源蠡测》,俞敏《古汉语里的俚俗语源》《释"蚯蚓"名义兼辨"朐""忍"二字形声》,都在词的理据研究的材料或方法上做出了新的贡献。

20 世纪近三十几年,只有孙常叙老师的《汉语词汇》的"造词法"一篇中谈论了词的理据问题。最近张永言先生写了一篇《关于词的"内部形式"》。外国的词汇学、语义学、词源学以及一些语言理论、语言学史著作大都设专门章节讨论词的理据。

三、词的理据研究的意义

为什么词的理据在国外一直得到重视,因为它既有实践意义,又有理论意义。

1. 它的实践意义。

(1) 它的实践意义之一,从命名的理由和根据角度,帮助人们理解词义,理解词形和词义的联系。A. A. Потебня(1889)认为,理据是构成词的三要素之一(另外两个要素是语言组合、意义)。[见德顾《俄语语义学》,23 页]

[白干儿]白酒。因无色、含水分少而得名。

[步武]指不远的距离(古时以六尺为步,半步为武)。

　　[景泰蓝]我国特种工艺品之一……明代景泰年间在北京开始大量制造,珐琅彩釉多用蓝色,所以叫景泰蓝。⑫

　　上列例子中加着重号的,就是词的理据。显然,它们也是词的内容之一,也是一种信息。它们越是在透明度低的词中,在信息结构中所处的地位越重要。对理据掌握的程度越高,对词的理解的透明度就越高。因此,对于扩大第一语言的词汇量,对第二语言的习得,对于词汇教学,都有促进作用。

　　反过来说,找到词的真正理据,可以纠正关于词的理据的错误说法。如有人说,汉语的"闲暇"源于拉丁语的"利凯雷",原义为"许可",泛指从劳动中获得许可在劳动之余的活动。其实该词早已在《后汉书》《南史》中出现。又如明代张自烈《正字通》说:"人之胚胎,鼻先受形,故谓始祖为鼻祖。"从现代胚胎学成果看来,这是可笑的主观臆断。其实,鼻的位置常在人体的最前方,故得"最前""开始"义。

　　(2)它的实践意义之二,可以帮助我们创造新词。

　　研究词的理据,可以了解造词的社会基础、认识基础和语言基础,以及在这些基础上显示出来的着眼于事物特征的造词视角。让我们来看看"火轮船""轮船"和"火车"命名的情形吧。一开始,同古老的船相比,现代船的突出特征,一是以火为动力,二是有轮子。如果把"火车"作为比较的参照物,那么现代船比古船最突出的特征是有轮子。而火车同古车相比,最突出的特征不是有轮子,而是以火为动力。于是不叫"火轮船",而叫"轮船";不叫"火轮车",而叫"火车"。当然,社会基础、认识基础和语言基础不同,造词的视角也不同。日语把火车叫"汽车",着眼于动力用蒸汽。英语把火车叫 train,着眼于火车是一系列车厢。由此可见,一般事物的命名是在社会、认识和语言基础上,抓住事物最明显的特征,使名称成为其代表,成为区别其他事物的十分明显的标志。

　　(3)它的实践意义之三,可以帮助我们编词源词典和一般语文词典。

　　据现在资料统计,自 17 世纪以来,意、英、法、俄、德语种编出了几十部词源词典。中国至今没有一部真正的词源词典。《说文》只是在几个方面触及词源问题,它毕竟是一本字源词典。《释名》还不是科学意义上的词源词典。要想编出一部真正的科学的词源词典,在相当大的程度上取决于词的理据的研究。

　　在一般语文词典中,对于不透明的古词、术语、疑难词语以及具有流俗词源的词,都要注明其理据。这些注释都得依据词的理据的研究。

　　2. 它的理论意义。

　　(1)它的理论意义之一,可以帮助我们研究词义和词汇发展规律。如"鼓",《说文》说它是"春分之音,万物郭皮甲而出,故谓之鼓"。引申为夜间的时段——更鼓,五更即五鼓。因为古时于黄昏后由更夫每个时辰击鼓一次报时,置鼓报时之楼为鼓楼,置钟报时之楼叫钟楼。佛寺里又规定:暮打鼓,晨敲钟。所以又产生了"暮鼓晨钟""晨钟暮鼓"或"朝钟暮鼓",比喻寺院里的孤寂生活和时光推移,后又比喻可使人觉醒的话语。这一个个理据,使我们找到了词义和词汇演变的轨迹。

(2) 它的理论意义之二,可以帮助我们研究语言和思维的历史线索。如古罗马人最早的计算工具之一是石头,因此拉丁语表示石头的词 calculus 演化为法语的"计算"(名词)calcue 和"计算者"(动词)culcur。中国古老的计算工具之一是竹或木制的小棍(小片)——筹,它作名词用,便产生了"筹码""竹筹""一筹莫展""运筹帷幄"等;作动词用,便产生了"筹谋""筹算""筹划""统筹兼顾"等。

(3) 它的理论意义之三,可以帮助我们研究亲属语言之间的历史比较语言学,非亲属语言之间的历时类型学与共时类型学。

四、词的理据的类型

用不同的理论或从不同的角度,对词的理据可以分出不同的类型。从古代的本质论、规定论到现代语义三角,反映出了对应论的二元论和能动反映论的三元论。从这一理论线索,对词的理据可以分出三种类型。

1. 第一种,是自然型,本质型。许多语言对某些动物或有声物品用了相似的语音形式命名或摹声。如汉语叫"布谷鸟",英语叫 cuckoo,法语叫 coucou,俄语叫 кукушка。猫叫,汉语为"喵"(miao),英语为 miaow,法语为 miaou,俄语为 мяу。牛叫,汉语"哞"(mou),英语为 moo。狗叫,汉语为"汪汪"(wangwang),法语为 ouaoua。钟表声,汉语为"滴答"(dida),英语为 ticktack、ticktock,俄语为 тик-тик、тик-так。汉语的"乒乓"(pingpang)、英语为 ping-pong,俄语为 пинг-понг。这些词描述声音的原则,被苏格拉底、柏拉图称为"象声原则"。它们只是语音和物音的直接对应。其数量以及在总词汇量中所占的比例极小。其性质类似语音图画,不追求物理感觉上的逼真,只求得心理感觉上的近似。这一类词不能代表人类语言词汇的本质特点。因为这种音与音的对应并不都是必然的,并不完全由物的本质决定的。如汉语的猫、鸭等是拟声命名,而英语和俄语则不是拟声命名。反之,俄语的织布机是拟声命名,汉语和英语则不是拟声命名。这一类型的理据,在苏格拉底、柏拉图和中国声训派学者那里常常被夸大了。

2. 第二种,习惯型,规定型。各种语言依据各自的社会、认识与语言习惯,对同一事物从不同视角,用不同理据命名,而且语言符号跟事物并不是直接对应的,而总要通过一个中介——意义、想法或其代表符号"词"。这些名称跟事物的本质没有固定的联系。

有一类词,虽然是国际通用的,都用一个相似的语音形式,但是其理据则导源于某一种语言。如大家所熟知的化学元素的名称,或导源于希腊语,或导源于科学家的名字。又如洲的名称亚细亚(英 Asia,俄 Аэия)、欧罗巴(Europe,Европа)是源于闪米特语,义为日出和日落的地方。亚美利加(America,Америка)是证实哥伦布发现美洲的意大利航海家的名字。阿非利加(Africa,Африка)是源自希腊语,指"阳光灼热的"。这一类词,以其词源而论,不属于自然型,而是属于习惯型。

另一类词,不是国际通用的。汉语的"桌子",原来叫"桌",且本来写作"卓",取"卓"的"高"义,命名的意图是"卓"比几、凳、椅高。英语的桌子叫 table,来自拉丁语的 tabula——木板,命名的意图为:桌子是用木板做成的。俄语叫 стол,来自动词сталатъ——铺放,命名的意图为:桌子上可以铺放东西。德语叫 dertisch,来自希腊语的 discos——圆盘,命名的意图为:桌子是摆放食品的圆盘。这一类,不同语言用不同语音形式表述同一事物的词,其数量和在总词汇量中所占的比例是极大的。其性质是超越感性知觉的理性抽象,具有无限的表达能力。它们代表了人类语言词汇的本质特点。这一类词的内部形式充分体现了词的社会职能。

在同一语言中,不同意义的词,可能具有相同或相似的内部形式。"矛盾、心腹、手足、风云"等内部形式都是喻指式。

在同一语言中,对同一事物,因为采用不同的内部形式,选取不同的特征,所以造出不同的词。蛙,取其善跳、股长,叫"长股";取其肉美如鸡,又叫"田鸡""水鸡"。

3. 第三种,自然兼习惯型。几种语言对同一事物命名的理据,既有自然因素的共同点,又有认识和语言因素的特殊点。

葵花,汉语叫向日葵或朝阳花,英语叫 sunflower,法语叫 tournesol,俄语叫подсолнечник,德语叫 sonnenblume,西班牙语叫 girasol。这些词的特殊点是外部形式(语音)不尽相同;共同点是都含有一个共同的义素——太阳,它们的内部形式之一语义结构,英语为"太阳花",法语为"转向太阳的",俄语为"在阳光下面的",德语为"晒太阳的花",西班牙语为"跟着太阳转的"。

在这一类型中,自然因素是指物的形状或其他外部特征,是通过视觉等感官的感知因素。即使以这些自然因素为命名线索,在名称中自然因素也不是主要的,习惯因素才是主要的。因此,这一类型不倾向于自然型,而倾向于习惯型。

五、词的理据的发展变化

词有两重关系。第一重关系,是词和事物之间的关系。在这一关系中,除了象声词之外,一般的词是没有理据。第二重关系,是词与语言系统的关系。在这一关系中,派生词和复合词大多数是有理据的。因为这两类词是利用语言中已有的音位、音节、语素、词位、语法模型构成的。以上,是从静态平面说的。如果从历史长河中观察,那么词的理据也是在发展变化的。其变化可以概括为两个方向。

1. 词向有理据发展。

(1) 原始阶段的语言,只有数量极少的原始词,其中除了象声词之外,一般词都跟事物没有直接的、必然的联系,都是没有理据的。随着非原始词的增多,派生词和复合词占了大多数,因而有理据的词占了优势。一般来说,现代语言比古代语言,有理据的词显著地增多了。如古代汉语是以单音词为主的,其中大多数是没有理据的。现代汉语是以复音词为主的,其中大多数又是派生词和复合词,因此大多数词是有理据的。现代德语有理据的词所占的比例更大。

(2) 词向有理据方向发展,路线并不都是笔直的。如果有强大的外来语的干扰,便会出现曲折。如有文字记载的英语,始于公元5世纪中叶,已经离原始"英语"有一段遥远的距离,已经产生了大量的派生词和复合词。因此古英语(450—1150年)有理据的词已经很多。后来,由于希腊语、拉丁语、法语的借词大量涌进英语,甚至影响了本族语词的内部形式——语义结构和语法结构,致使无理据的词增多,因而整个词汇倾向于无理据。后来经过自身的语义和语法结构的调整,现代英语(1500年—今日)词汇又倾向于有理据。

2. 词向无理据发展。

很多词本来是有理据的,因为种种原因,它的理据由显性变为隐性,由透明变为模糊。

(1) 由于语音的历时演变,古老的象声词变为不象声了。如《淮南子·道应训》说:"今夫举大木者,前呼邪许。后亦应之。此举重劝力之歌也。"⑬"邪许"今已不像举大木声了。上古时代原来读如"耶虎",其音近似现代的"呀哈"。又如"猫"在上古读[meau]很像猫叫声,到中古读[mau],已经不太像猫叫声了。

(2) 由于音节之间的元音或辅音减少,使得一个词语的音节数目减少,发生语素融合现象,于是有理据的透明的短语或复合词变成了理据模糊的单纯词。如汉语的"之焉"变为"旃","之乎"变为"诸","何不"变为"盍","不可"变为"叵","不用"变为"甭","早晚"变为"咱(偺)"。古英语的 hlaf＋dige(做面包的人)变成现代英语的 lady(女士、夫人、主妇)。

（3）由于词语的省略，词的理据丧失了。有些新概念命名，常常经历了从短语、复合词到缩略词的简化过程。如 binary units of information(二进制数字)缩略为 binits,再缩略为 bits。叶斯柏森把这种最终形式叫作省略复合词(clipped compound)。所谓省略，从逻辑角度看，有的省略了种概念，有的省略了属差，有的省略了整体的一部分，因而丧失了理据。汉语里也有这类缩略词，如"群众体育"→群体，"非洲统一组织"→非统。

（4）由于语素或词的古义、本义长期不被使用，形成词源中断，理据模糊。如"康庄"，一般词典只释为"宽阔平坦的大道"或"宽畅的大道"。为什么这样解释呢？原来"康"和"庄"的古义之一是宽阔的大路。《尔雅·释宫》说："一达谓之道路，二达谓之歧旁，三达谓之剧旁，四达谓之衢，五达谓之康，六达谓之庄，七达谓之剧骖，八达谓之崇期，九达谓之逵。"⑩又如英语的 spoon 为何指汤匙？因为其本义是木片，起初人们是用木片作匙子用的。而这一意义早已被人忘记。

（5）具有文化历史背景的词(culturally-loaded words)，当其文化历史背景远离我们这个时代的时候，词的理据便隐没了。如"印泥"指印图章的红染料，但何以称"泥"？如今已鲜为人知。原来，在秦汉时代，秘密的信息书于木竹板条上，书毕把木竹板条合严，再用绳子捆扎，在绳子结扣处用黏泥封住，加盖印章，作为信验，以防私拆，这个黏泥块称为封泥。因而后世红印色便称为印泥。又如英语的 ishmael 指被社会摈弃的人。原来是基督教《圣经》中的人物，被其父 Abraham 摈弃了。

此外，还有一些原因致使词的理据模糊或消失，不再赘述了。

在两个发展方向中，以向有理据发展为主要趋势。

六、词的理据分析法、探求法

对词的理据分析与探求，从时间上说，有共时性(synchronically)的，历时性(diachronically)的，泛时性(panchronically)的。从范围上说，有单语言内的，有双语言间的，有多语言间的。从特殊方法说，主要有以下几种。

1. 语素与语义结构分析法。

把复合词和派生词分解为语素，即把语法型的词分解为形位，并确定最小单位的意义,再找出语素之间语义的结构关系:并列关系,偏正关系,支配关系,补充关系,陈述关系等。这样便可以提示义位,有助于获得词的理据。如汉语的"飞机",日语的"飞行机"和德语的 flugzeug,都是偏正结构:飞行的＋机具。英语的 aeroplane 也是另一类偏正结构:空气(中)＋遨游。俄语的 самолёт 是陈述结构:自己＋飞行。⑮ 又如汉语的"中肯"是支配结构:正中＋肯綮(筋骨结合处),理据是正中要害。

2. 同根词比较法。

把复合词和派生词分解为语素,找出词根,把词根相同的词排比在一起,便会得出词根与命名的关系。例如:

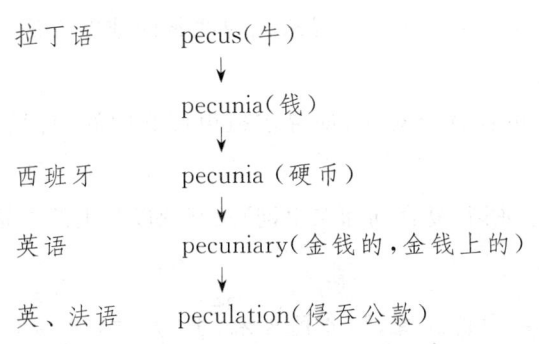

    拉丁语   pecus(牛)
                  ↓
                 pecunia(钱)
                  ↓
    西班牙   pecunia(硬币)
                  ↓
    英语   pecuniary(金钱的,金钱上的)
                  ↓
    英、法语 peculation(侵吞公款)

在拉丁语系的词语中,还可以找到许多以"牛"或"牲畜"为词根的关于货币的词,原来它们的货币导源于牛或牲畜,起初是以牛或其他牲畜为商品交换的等价物。

这种比较也可以在一种语言内进行,并且可以从比较中找出单纯词的词根及理据。

比较汉语的:

    飘[p'io],浮于风中;
    漂[p'io],浮于水上;
    飙(猋)[pio],回风从下上;
    翲[p'io],鸟飞;
    翻[p'io],高飞;
    浮[biu],漂于水上;
    桴[p'iu],浮于水的小筏;
    附[bio],依着物上;
    凫[bio]水鸭。⑯

从中可以发现,以[p'io][biu]等为词根的同族词,都含有飘浮于流体或附于物体表面的意思。

词汇对比,不能过分地依据外部形式。否则就会重蹈词源学对比说(词源缩影说)的旧辙⑰。古希腊和中国古代的一部分声训都过分注重外部形式。18 世纪的罗蒙诺索夫(М. В. Ломоносов,1711—1765)常常根据词的外部同音特征确定对应关系,19 世纪 70 年代以后的青年语法学派常常从语音揭示词源,做了过于大胆的词源解释,因而多不能提供正确的主导线索。正确的主导线索应该是以语音为线索,在语法条件限制下的语义比较。这种比较,或者是亲属语言之间的同根词的意义比较,或者是单一语言内同根词的意义比较,而后者还应参照与该语言有亲属关系的语言的同根词的语义结构。

3. 依据上述看法,只能把语音探源法作为寻求词源线索的辅助方法。这种方法只在两个有限的范围内使用:

一是寻求词的声音与物的声音直接对应,即寻求拟声词之中的"自然型、本质型"的理据。见四·1 节。

二是寻找非原始词(包括单纯词、复合词和派生词)及其赖以产生的原始词之间的语音联系。如:

韭:《说文》"韭,菜名,一种而久者。"《齐民要术》引《声类》"韭,久长也,一种永生。"

仲:《白虎通》"仲者,中也。"仲裁,即位于中间者裁决。

4. 探求词的典故历史源头。

有些词是由典故凝缩而成,只有探求到典故的历史源头,才能找到词的理据。如"染指"的典故源于《左传·宣公四年》记载的一个故事:有一次楚国人献给郑灵公一只大甲鱼。那时公子宋和子家两人正要进见郑灵公。等到进去以后,见厨子已把甲鱼做好,国君正赐给大夫吃,而偏不给公子宋他俩吃。于是公子宋发了急,便把手指头蘸到鼎里,尝了尝味道立即退出去。郑灵公发怒要杀他。后来"染指"比喻分取非分的利益。

5. 从造词法探求词的理据。

有些造词法表明了词的理据。这些造词法主要有:

(1) 比喻造词法

抓住甲事物的特征,用乙事物(可能是想象中的)来暗喻甲事物,并用乙事物的名称来作甲事物的名称。

汉语中根据月亮的形状、颜色及人们的感觉,造出许多借喻名称:金盆、玉盆、玉环、玉轮、金轮、冰轮、冰鉴、冰镜、冰盘、寒玉、素璧、玉钩、玉弓等等。

汉语中的"蚕室"在先秦就有了,指养蚕的温密之室。到汉代,刚受过宫刑的人,怕风寒,也须住温密狱室,故喻其狱为"蚕室"。《后汉书·光武帝纪》:"诏死罪系囚,皆一切募下蚕室。"唐·李贤注:"蚕室,宫刑狱名,有刑者畏风,须暖,作窨室蓄火,如蚕室,因此名焉。"

英语中把虹比喻为雨后的弓,所以叫作 rainbow。把 V 形电视天线比喻为兔子耳朵,所以叫作 rabbit ears。把立体交叉公路比喻成苜蓿叶的形状,所以叫作 clover leaf。

(2) 借代造词法

抓住事物的部分特征,并用这个特征的名称来代表该事物。

汉语对月亮用借代造词法造出很多形象的别称。月中想象有嫦娥,于是便称月亮为嫦娥、素娥、婵娟。月中想象有桂树,于是便称月亮为玉桂、桂魄、月桂。月中想象有兔子,于是便称月亮为玉兔、金兔、白兔、顾兔。月中想象有蟾蜍,于是便称月亮为蟾蜍、玉蟾、玉蟾蜍。月中想象有宫殿,于是便称月亮为月宫、蟾宫。

也有以功用特征代本体的。如绑腿、裲裆(背心)、蔽膝(长围裙)等。也有以原料代本体的。如英语的以 copper(铜)代铜币(coin),以 willow(柳木)代某种球棒(bat)。此外以局部代本体的词也很多。以发生地点代事件的词在现代英语中更多。

(3) 夸张造词法

抓住事物的特征,从数量或形象等方面加以夸张造出一个词。如一尘不染、三缄其口、七拼八凑、九天、十分、什锦、万能、百衲衣、千里马、万能胶等是数字夸张造词,飞舟、绝顶、极端、滔天、虎背熊腰等是形象夸张造词。

(4) 委婉造词法

对人们禁忌、避讳的事物,不能直言,只能用委婉曲折的词表示。各语言中都有许多委婉词语。特别是对"死",各语言都有大量的代用品,英语中有 100 多个,汉语中竟然有 200 多个。在汉语"死"的 200 多个委婉词语中,最科学的大约是"物化",最动听的当数得着"永眠、长辞、安息、牺牲、驾鹤西游、千秋万岁、兰摧玉折、玉碎珠沉",最刺耳的可能算得上"完蛋、玩完、挺腿、喂狗、填沟壑、死于非命"。此外,汉语中把"失火"叫"走水","上厕所"叫"更衣","受伤"叫"挂花","肥胖"叫"富态",也都委婉动听。

以上这些方法,都必须遵守系统的原则,即要在语言的语音、词汇、语义、语法诸系统内运用这些方法。

七、词的理据在辞书中的反映

大多数词是有理据的,而理据又是词的意义因素。因此在辞书中必然反映出词的理据,只是不同性质不同类型的辞书反映的多寡不同。

1. 在词源词典中,除了注明词的最早的书写和读音形式、最初的意义、词的来源及演变历史之外,还要尽可能地注明词的理据。例如 M. Vasmer《俄语词源词典》(1958 年德文版,1973 年俄文版)。E. P. Origins《现代英语简明词源词典》(1961 年英文版),Н. М. Шанский《俄语词源词典》(1988 年俄文版)等都是这样做的。中国的《辞源》《辞海》是较大的综合辞书,并不是词源词典,但它们比较注重词的最早意义和用例。《说文》更注重字词的最早的意义和字词书写形式的关系。《辞源》《辞海》和《说文》都注明了许多词的理据。《释名》则滥用声训,过于大胆地解释词的理据。

2. 大型语文词典,如《汉语大词典》(罗竹风主编,1986—1993 年版)、《牛津英语大词典》(默雷等主编,1884—1928 年版,1933 年新版)、《法语词典》(李特列主编,1958 年版)、《德语词典》(魏甘夫人主编,1909—1910 年第 5 版)、《俄语详解词典》(乌沙阔夫主编,1963 年版)都较多地注明了词的理据。

3. 中小型语文词典,如《现代汉语词典》《简明牛津词典》(福勒兄弟,1976 年版)《俄语词典》(奥热果夫,1963 年版)都选注少部分词的理据。这些理据,在这些词典中,对词的释义有补充作用,是词的解释因子之一。

附注:

① 布达哥夫:《语言学概论》,时代出版社,1959,53 页。俄文原书名叫 Очерки по язы кознаи ю 出版于 1953 年。当该书作者 1958 年出版 Введение в науку о языке 一书时,虽然仍坚持用这个提法,但由于许多语言学家提出批评意见,作者便在这个提法页末(63 页)加了一个 15 行的注释:许多学者认为他的"词的内部形式"(Внутренняя форма слова)的定义太窄,他予以答辩。下列论著中的"内部形式"指词的语义结构:Ю. С. Степанов, Счет, имена чисел, алфавитные знаки чисел в индовропейских языках(вопросы языкоэнания1989,NO4—5)。Л. А. Новиков Семнтика русского языка Москва,1982。В. И. Горелов Теоретнческая грамматика китаиского языка Москва,1989。

②③ 见威廉·汤姆逊:《十九世纪末以前的语言学史》,科学出版社,1960,7—17 页。俄译本,1938。

④ Р. А. Будагов, истории Языкоэнания Соссюр и Соссюрианство стр. 17 注 2. Москва,1954。

⑤ 参看 S. Ullmann, *Semantics* 第四章。
⑥ 钱钟书:《管锥编》第三册,中华书局,1979,1177 页。
⑦ 《墨子闲诂·经上》,又《经下》,上海书店《诸子集成》,1986,193 页、195 页。
⑧ 《荀子集解·正名》,同上版,279 页。
⑨ 《论语正义·颜渊》,同上版,274 页。
⑩ 《孟子正义·滕文公上》,同上版,202 页。
⑪ 《白虎通·崩薨》,丛书集成初编版,301 页。
⑫ 以上三例均引自《现代汉语词典》。
⑬ 《淮南子·道应训》,上海书店《诸子集成》,1986,190 页。
⑭ 《十三经注疏》下册,中华书局,1980,2598 页。
⑮ 法语的飞机 avion 不是语法型的词,而是词汇型的词,它用的是比喻造词,即把飞机比作鸟。
⑯ 这些词的上古拟音,见王力:《同源字典》,商务印书馆,1982,223 页。
⑰ 同②,28 页。

(原载《语言教学与研究》1990 年第 3 期)

词汇语义学

词汇语义学的元理论
——词汇语义学的理论是从哪里来的？

元理论(metatheory)，也叫元科学(metascience)或二阶科学，有时称之为研究科学(science studies)，是关于理论的理论，科学的科学，是对科学、理论及其发展的反思，它是19世纪末产生的。目的是揭示、论证、完善并发展科学理论以及认识理论。近半个多世纪，语言研究已经从经验主义转到理性主义，理论要素更加突出。一个学科理论，应该从"应用论证""注解论证"转变为"前导思维"，从对"传统思想"的反思中提出前导的核心范畴、理念、思想，以引导研究实践。美国哲学家Wartosky, M. W.认为"从科学是思维的一种理性体系的程度上说，科学从根本上说就是理论"。理论是反映研究对象的本质和规律的知识体系，包括概念、范畴、次范畴、判断、推理、原理、学说、假说、定理、公式、解说等。

理论，是科学动力的第一要素。我国某些学科的现状是，学科成果貌似丰收，而理论思想却几近荒芜。只有理论，才最能增加某一学科的知识总量。理论既然如此重要，这里要集中讨论一个问题：词汇语义学的理论是从哪里来的？主要来源于五个认知域。

一、来源于实践认知域

这是传统观点的改良。实践或语料促使人们产生的是感性经验知识。它具有感性、外在、非本质等特点。只有超越这些，才能升华为科学理论。它起码应该具有下列6个特性：(一)理性；(二)本质的整体性；(三)内在的逻辑性；(四)多维的系统性；(五)结构的和谐性(这是爱因斯坦强调的)；(六)多元论(奥地利籍伯克利加利福尼亚大学教授P. K. Feyerabend/费耶阿本德的主张)，而不是一元论(Th. 库恩的观点)。可见，理论不会直接地、单纯地来源于实践。这中间的第一位思维抽象活动，就是范畴化(categorization)。例如古代的一些特称词，中古以后演化成短语：

驹→小马　骊→黑马　骥→好马　骐→青黑色的马

洗→洗脚　浴→洗澡　澡→洗手　沐→洗头

把这类现象上升为一个概念,升华为一个范畴,就是"语化",也就是"非词化""反词化"或"词化程度"(degree of lexicalization)走低。在一些古旧词场中,由于多种原因,许多特称词必然由综合型表达法(synthetic expression)变成分析型表达法(analytic expression)。

严格说来,理论不是简单地来源于实践,而是来源于实践的范畴化及次范畴化。

雷科夫(G. Lakoff,1987:5)认为"对我们的思维、感知、行动和言语来说,再没有什么东西比范畴划分更基本的了"。范畴是知网的网结,是认知的枢纽,是理论的支撑点阵。范畴体系,就是理论。

如何范畴化?主要有六种程序:

第一,经典范畴化,认识、分析、比较、归纳、划分事物的个性和共性特征(features)。这是亚里士多德以来惯用的方法。

第二,原型范畴化,发现同类成员的相似属性(attributes),寻找核心典型成员或典型群,更清楚认识它的具有代表性、具体性的属性。这是 20 世纪 30 年代维特根斯坦、70 年代罗什(Rosch)以来兴起的方法。

第三,去个性,存共性,提取主要的具有区别性的特征或属性。如从很多水果和品种中,范畴化为"苹果",又从苹果的十几个特征中,只提取三个义位特征"果实圆形,味甜或略酸,是常见水果"。(《现汉》)

第四,用最简明的词语、公式、模型或定律表达上述特征或属性。如义位的各种组合现象,只要用两个术语就可以概括:选择(同现)规则,序列规则。爱因斯坦相对论理论的表示,只用不到两英寸的长度。

第五,借助多种思维方式完成范畴化。例如借助逆推或类推思维方式,由同化而异化,由语法化而词汇化,由词化而语化,等等。

借助个体和整体相联系的思维方式。一般哲学理论、格式塔理论、弗雷格理论,都主张在整体中认识个体。维特根斯坦说:"颜色是在他的环境中'闪耀着'(正如眼睛是在脸上笑着)。"他用文学语言表达了个体(元素/成分/原子/部分)和整体(系统/子系统)的关系。同理,词是在世界里显示着。近代词语、新词语研究,都必须放在世界整体里。再来看看甲骨文研究给后人的启示:

众所周知,甲骨文共有 4500 个左右,可识的甲骨文,一共 1425 个(孙海波《甲骨文编》,李孝定《甲骨文集释》可识 1377 个)。其中大多是一个个单音词。在可识的 1400 多字(取得共识的不足 1000 个)中,罗振玉考释出 560 字,唐兰考释出近 100 字,于省吾考释出近 300 字,共计 960 字,余下的 340 字零头分别由 10 多家考释。可见,郭沫若所考释出的甲骨文数量并非名列前茅;可是他在甲骨学界的名声却异常显赫,史称"甲骨四堂"(罗振玉/雪堂、董作宾/彦堂、王国维/观堂、郭沫若/鼎堂)。这除了跟他的文史成就和社会地位有关外,主要是因为他甲骨文研究独辟蹊径,并做出了突出贡献:他把许多甲骨文单字(词)跟殷代社会联系起来,并得出许多较为可信的历史结论。如他认为《殷契粹编》1162 片的"多方"就是多国,且多国之人"同受殷人教戒,非留学制之滥觞而何欤?"在众多研究者中,郭沫若为什么能卓有成效地把一个个甲骨文单字(词)跟殷商社会联系起来呢?根据他自己总结回顾,得益于一本书——《美术考古一世纪》。这本书的作者是德国人阿道尔夫·米海里斯(Adolf. Michaelis,1906 版,郭沫若据日译本译为中文,有 1948/1952/1998 版),主要介绍 19 世纪希腊等西方国家的考古成就,其中对治学最有启发的思想是:要把每一个美术考古文物跟整个美术大厦联系起来,用众多文物构建大厦,从大厦定位各个文物的价值和作用。这一思想,可以用希腊考古先驱威尔加的一句名言表述:"他不是从一个窗眼仅仅去窥察了一座大厦之一室,而是对于大厦的每个角落都很熟悉,那各个角落在他看来是全体的映象。"

第六,范畴化切忌直觉、内省的简单枚举。简单枚举,是古今中外惯用的方法,就是在一个命题之后,举几个、十几个、几十个乃至上百个例子。定量分析,是近几十年才广泛使用的方法。它要求从复杂的事物中分解出几个典型群,并以之为封闭域做定量统计,根据统计结果做定性分析,推进或更正原来的定性。事实证明,定量分析对简单枚举,常有补益和订正作用。请看下列例子:

现在,报刊书籍还有一些人使用着简单枚举法否认索绪尔的语言任意性原则(即音义没有必然联系)。他们所列举的几十、几百个例子无非是两类:一类是拟声词、感叹词、拟声造词,二类是"右文"、"音近义通"字、同源字。两类例子分别属于语言初始阶段的根词和非初始阶段的衍生词。第一类例子在一种语言词汇中占约 1‰ 到 1%,第二类例子在一种语言词汇中最多占 27% 左右。而语言任意性原则是就语言初始阶段绝大多数根词说的。

一提到词义演变,就沿用德国新语法学派保罗(H. Paul)19 世纪 80 年代的"扩大、缩小、转移"说,再举几十个例子。其实,扩大、缩小合起来只占演变总量的 18.45%,它们不是词义演变的主要规律。

"举例性资料不足以用作论据"。(萨丕尔,1921,88)"如果只有凭直觉得来的数据,科学也不会像今天这样进步。""必须把不可靠的复杂知觉转化成可靠的简单直觉。"(D. A. 克鲁斯,1986)

可是,科学技术发展到当今的信息时代,许多学科的理论不完全来源于实践。词汇语义学的理论,除了实践认知域,还主要至少来源于四个方面:继承,借鉴,移植,升华。

二、继承,来源于古代认知域

对中国古代语言文字学的认识,要摆脱只言片语,抓住观念、理念、思想。

关于意义的指称论,中国古代有墨子、公孙龙、荀子等多家高论。仅以《墨子·经说上》为例:"所以谓,名也;所谓,实也。名实耦,合也。"(《墨子闲诂》卷十,《诸子集成》第4册211页)其意为:用来作为称呼的,是名;所称呼的,是实(事物)。名、实成双,相互符合。这也许是世界上最早的"能指和所指"关系论。墨子的所指是物,索绪尔的所指是概念。由此产生了"名——意——物"三者的关系。中国古代学者在这方面多有论述:《易·系辞上》称为"物、意、言",另有《墨子》《庄子》《文赋》(陆机)《文心雕龙》等称为"实、举、言","物、意、文","事、情、辞"。后来欧洲弗雷格、皮尔士、奥格登和理查兹相继绘制出语义三角。这是相隔万里、相距千年的人类共同的高层次的哲学思想——三元论,是许多人文科学的基石。

对《说文解字》首先得抓住它的系统观。用六书特别是四书和540个部首(义类)认识并统率9000多汉字。许慎自叙说:"方以类聚,物以群分,同条牵属,共理相贯,杂而不越,据形系联。"这一系统理念演绎出《说文解字》。它是中国古代语言文字学著述中系统思想最突出的一本。有的学者满地散钱,可惜无绳串联;满纸零珠碎玉,可惜不成珠规玉矩。我们要发扬《说文解字》的系统精神,使词汇语义各级单位构成宏观和微观系统,如"普、方、外、口、书、术、古、旧、新"九大系统及其子系统。聚合和组合系统,如"基义、陪义、同义、反义、类义、多义、上下义、总分义、交叉义、组合义"十大系统及其子系统。

对《中原音韵》首先得抓住它的创新精神。它突破《广韵》正统,依据戏曲开创新音系:平分阴阳,入派三声,韵分十九,调分阴阳上去。一反文献音韵、正统音韵,开创戏曲音韵,使韵书第一次接近口语。跟其他科学一样,语言学特别是词汇语义学的创新,就得有反传统的精神。如词汇语义的来源、演变原因,只有客观(社会)一个来源、一种原因吗?只有客体和主体两个来源、两种原因吗?应该有多个来源、多种原因。

三、借鉴，来源于外国认知域

有两种类型的借鉴：一是基础，二是专题。

一、基础，是指精读语言学和词汇语义学基础经典著作，如索绪尔（Saussure）、布龙菲尔德（Bloomfield）、乔姆斯基（Chomsky）、霍凯特（Hockett）、兹维金采夫（Звегинцев）、维诺格拉多夫（Виноградов）、斯米尔尼茨基（Смирницкий）、阿普列祥（Апресян）、利奇（Leech）、莱昂斯（Lyons）、克鲁斯（Cruse）等人的论著。

二、专题，是指围绕自己的专题，研究相关的学术思想史和前沿成果。如研究色彩或附属意义，必须读张会森的《关于 Connotation（Коннотция）及其研究》和汪榕培的《关于语言的 Connotation》，分别发表在大连外国语学院《外语与外语教学》1994 年第 3 期、1997 年第 4 期上，从中可以借鉴布龙菲尔德、叶尔姆斯列夫（Hjelmslev）等许多学者的理论，如附属意义观念的沿革、性质、形态、类型等。只有这样，我们的研究才能从山峰上升起，而不是在平原上蹦跶。这就是古人常说的，方寸之草，高于山峰。借鉴外国成果的捷径就是首先关注中国外语院校办的刊物以及翻译著作，其次才是外语原文论著。

即使名家，也需要借鉴。例如现代语言学鼻祖索绪尔从俄国喀山学派（Kazan School）博杜恩·德·库尔德内的博士生 Н. В. 可鲁舍夫斯基的博士学位论文《语言科学概要》(1883)借鉴了两种理论：一为语言是符号系统，二为两种联系——词的类比性联系和邻接性联系，索绪尔把它们叫作联想关系和句段关系，也就是至今常叫的聚合和组合。中国现代语言学领路人之一王力先生的《汉语史稿》的"词是怎样变了意义的"及"概念是怎样变了名称的"两节就是借鉴房德里耶斯（J. Vendryes）的《语言论》第三编第二、三章的标题和论述，也借鉴了保罗（H. Paul）《语言史原理》词义演变的逻辑模式。

四、移植，来源于相关学科认知域

移植，首先是合精法。哥白尼说："要善于集合相近学科的理论精华。"相关学科是有内在联系的，互相渗透的。因此应该注意从语言学外部和内部移植有活力的范畴、理论，以便推进本学科的带一定创造性的研究。

(1) 移植自语言学外部：

经济学概念"价值"，在 1916 年以前，索绪尔把它移植到语言学，开创了语言单位价值意义即系统意义（后来莱昂斯把它叫作内指意义）研究的新领域。

数学概念"模糊"，在 1965 年被美国的札德（L. Zadch）教授提出，1972 年雷科夫（G. Lakoff）成功地引进词汇研究。

数学概念"生成/generate"，在 1957 年被美国的乔姆斯基引进语言学，创建了生成语法，指用有限的规则可以界定、描写、生成无限的句子。

数学概念"离散的和非离散的"（discrete，non-discrete）移植到语音学，指相对明确边界的语音单位，最小的离散单位是音子，常见的离散单位是音位、语素、词。移植到词汇学，产生了词的离散性这一范畴。移植到语法（美国语言学家约翰·罗伯特·罗斯（J. R. Ross）于 20 世纪 70 年代初），产生了非离散语法，指合乎语法性（合格性和不合格性）、规则适用性（可接受性和不可接受性）、类属关系等等不存在截然不同的分界线，都是程度问题。

物理学概念电磁场，1832 年英国法拉第（M. Faraday）提出，1924、1931 年先后由伊普生（G. Ipsen）、特里尔（J. Trier）引入语言学，创造了概念场、词汇场、语义场。

化学概念化合价（原子价）/配价，20 世纪 50 年代初被法国语言学家特斯尼耶尔（L. Tesniere 1954 年去世，见于 1959 年遗作）引进语言学、语法学，后来也用于语义学。一说，他提出"依存语法"，后人从中类推、细化出"配价语法"。

系统科学概念"自组织/self-organization"（"系统在没有任何外部指令或外力干预的情况下自发地形成一定结构和功能的过程和现象。"《哲学大辞典》）被徐通锵（1997:83）引入语言学。

音乐学概念"基音（乐音中的最主要成分）、陪音（乐音的次要成分）、音域（发音体发出乐音的高低音范围）"被词汇语义学仿造成为"基义（义位中的主要成分）、陪义（义位中的次要成分）、义域（义位的范围）"。

(2) 移植自语言学内部：

从语音学移植到词汇语义学的范畴，移植中有模仿、改造：

"语音对立特征的中和"这一范畴移植到词汇语义学，创造出"语义对立特征的中和"。

"语音组合的强位、弱位"这一对范畴移植到词汇语义学，创造出"语义组合的强位、弱位"。

"语流音变"这一范畴移植到词汇语义学，创造出"语流义变"。

"共时音变、历时音变"这一对范畴移植到词汇语义学，创造出"共时义变、历时义变"。

音位这一范畴移植到词汇语义学,创造出"词位、义位"。

音素这一范畴移植到词汇语义学,创造出"词素、义素"。

音位变体这一范畴移植到词汇语义学,创造出"词位变体、义位变体"。

超音位这一范畴移植到词汇语义学,创造出"超词位"(指语义场中的总称词)。

位、素理论,又被移植到文学,创造出"文位""文素""文位变体"。用语义学的一些范畴、理论分析文学,出现了"语义文学",一个研究文学的新路子叫"花园路径"。

动词的自主和非自主范畴移植自藏语。其实,1956年俄罗斯语言学家莫斯科大学教授斯米尔尼茨基就提出 Иодушевленные 和 неодушев-ленные,李友鸿(1958)分别译为"有灵"和"无有灵",可以作为"自主"和"非自主"的学术源头。

五、升华,来源于理性认知域

继承、借鉴、移植都是已有的理论及其应用,而新理论的产生,除了一些是实践或语料的归纳、总结之外,还有一些不是来源于实践或语料,而是来源于理性认知域,来源于逻各斯(Logos),来源于思维的自由创造,我们称之为升华。这就是爱因斯坦对自己巅峰科研活动的独到的总结:"概念是思维的自由创造,而不是从经验中直接概括的。""只有自由的个人才能够做出发现,科学史表明,伟大的科学成就并不是通过组织和计划取得的,**新思想发源于某一个人的心中**。因此,学者个人的研究自由是科学进步的首要条件。"至于对科学有重大突破作用的假说,更是想象、推测、推理的结果。

把组合纳入词汇语义学研究范围,这是20世纪一大新举措。这不仅仅属于实践范畴,它也预示着词汇语义学研究理论的升华——第一次在线性组合中,即在横坐标中研究词汇语义各单位性质、特点和组合规则。于是便出现了以"同素规则"为代表的16个选择规则,以"时间序列"为代表的9个序列规则。当然,这还只是个开端。

词汇语义演变研究理论的升华,是从个体论升为整体论,于是便出现了"同场同模式"理论:同一语义场的词汇,其演变模式大体相同。

总之,一个国家强盛,先强在新理论上。如亚当·斯密的《国富论》使英国成为"日不落国";"民主政治"思想使法兰西成为欧陆强国;"门罗主义"使美利坚成为世界强国。同样,一个学科、一个学派、一个学者、一个论著的超乎寻常,首先也在理论的创新。

参考文献:

[1] 李友鸿:词义研究的一些问题,载《西方语文》1958年第1期。
[2] D. A. 克鲁斯:《词汇语义学》(部分章节译文见汪榕培等《八十年代国外语言学的新天地》),剑桥大学出版社,1986。
[3] 萨丕尔:《语言论》,商务印书馆,1921/1964。
[4] 徐通锵:《语言论》,东北师范大学出版社,1997。
[5] 郑文婧、张志毅:《谈中国术语学的理论建设》,载《科技术语研究》2005年第1期。
[6] 张志毅:《"第四王国"呼唤新世纪的索绪尔》,载《中国外语》2004年第2期。
[7] 张志毅、张庆云:《词汇语义学》,商务印书馆,2005。

(原载于《词汇学理论与应用(五)》,商务印书馆,2010年)

词汇语义学的新进展

在20世纪余晖的映射下,在21世纪曙光的照耀下,本来门庭冷落的语汇学,渐渐有点门庭若市。这都是因为它周围的一群邻居发达了而又有求于它。这些显贵起来的邻居有:语义学、语用学、机器翻译学、计算语言学、信息处理学以及较为传统的词典学等。众擎易举,众望所归,近十几年来的词汇学已经有了相当可观的进展。今举十一个要点,概述如下。

一、词汇主义

世界语言学,在后结构主义阶段,首要倾向是词汇主义(lexicalism)。

哈德森(R. Hudson)1991年出版了一本 *English Word Grammar*。其第一部分"理论"之第一章"总论"之第一节"语言学中的若干新趋势",总结了目前语言学的最新的八种倾向:1.词汇主义;2.整体主义;3.跨结构体主义;4.多样结构主义;5.关系主义;6.单一层次主义;7.认知主义;8.实现主义。

显然,词汇主义居八大倾向之首。为什么?因为词汇主义就是这样一种趋势——从语法结构事实的解释转移到词汇事实的解释。这一趋势的精神贯穿在其他多个趋势之中:整体主义就是要求词库和语法统一为整体;跨结构体主义要求寻找结构体的共性,用尽可能少的原则管辖多种结构体,有些内容可以放到词汇库里去解决;多样结构主义是要求寻找结构体的个性,使各种语言的特殊结构尽量显现出来,以便用词汇手段来解决特殊结构问题,因而减少了语法规则项目;关系主义要求更关注词与词之间的依存组合关系;单一层次主义,词汇功能语法和广义短语结构语法等反对乔姆斯基的表层深层论,主张单一层次,词汇功能语法更强调词库的作用,让词汇承担更多的语法任务。总之,词汇是重点,语义是重点,词义是重中之重。因此词汇语义学成了当前语言学的首要任务。20世纪80年代中期以来俄欧美出现了几十部词汇学、语义学专著。

二、词的离散性研究

  Discreteness(来自拉丁语 discrete,意为被分离)多译为离散性,指人类语言符号可以分析为有确定的边界,符号之间没有连续的过渡。这一基本特性在词汇方面表现为:人们通过操作程序可以切分出词,它大于词素,小于自由短语。

  从19世纪开始,学者们用科学观渐渐尝试从语流中提取词,推进词的界定。H. Sweet 1875年提出游离法测验有无独立意义和能否再分解。19世纪70年代皮尔士(C. S. Peirce)提出标记词和类型词(莱昂斯认为相当于"言语词"和"语言词")。叶斯柏森1924年提出隔开法这一形式标准。布龙菲尔德1926年提出单说论,即自由说。陆志韦1937年提出"同形替代"法(1956年放弃)。王力(1943—1946)运用插入法和转换法。斯米尔尼茨基1952年正式提出剩余法。陆志韦1957年提出扩展法。到1959年吕叔湘先生总结并阐发了中外的有关研究成果,提出划分词的六个原则。其中除了游离法、同形替代法、扩展法三原则外,又比较注重语音标准,分列了三条原则:一是重音,二是轻声音节,三是语音停顿。对六个原则,吕先生都强调了其弹性和例外。1979年吕先生又再次强调了单用、剩余、拆开、扩展、意义、词长这六个因素,并强调应该区分"词汇词"和"语法词"。

  过了10年,即1989年,随着中国进入了信息时代,研究实现计算机自动分词。又经过中文信息处理界的几年研究,1993年国家技术监督局公布了《信息处理用现代汉语分词规范》(GB/T13715—92)作为国家标准。除了单用和不能扩展两个传统的重要标准之外,又新提出了三个带有操作性的原则:(一)有一定的语法结构关系,(二)有一定的音节结构,(三)组合成整体意义(词义有整体性,不是成分的加和)。其基本原则是"结合紧密,使用稳定",也就是"同现率"高。这样切分的单位叫作"分词单位",它是具有确定语义或语法功能的基本单位。它比词有较大的容量,包括了较固定的短语。1994年王洪君除了再次强调"不能扩展"和"整体功能"标准之外,又特别注重"搭配规则":如果语言结构体的结构不同于短语的结构,那么那个语言结构体便是词,如"蛋白、船只"等。1999年孙茂松先生提出,语料库的分词应该倾向于切成"心理词",尽量靠近"语法词"。所谓"心理词",是指语言共同体大多数成员感觉上认同的一个词。所谓"语法词"主要是指用不能扩展法判别出的词。如"蓝天、湖边"是心理词,不是语法词。此外,还有所谓"词汇词",主要指有"专指义"的字符串,如"无缝钢管"。

人机分词,各有侧重,可以取长补短,珠联璧合,求得更多的统一,以便分词更客观、更科学、更精细,共同求得一个个"定音、定型、定构、定义、定用的自由的最小的语言单位"。这七个条件并不要求所有的词同时具备,如单纯词不具备定构(固定结构)条件,量词、文言词、虚词等不具备自由条件。

三、词的同一性研究

词,以其离散性而相互区别,又以其同一性(identity)而把一个词的不同变体统一为一个词。词的同一性,简言之就是词及其变体具有共同属性,是同质异体。该词的各种变体虽然都表现出词的次要的具体特点,但是却具有该词的主要的统一性质。变体是围绕该词的中心词义,同属于该词在言语中的不同扮演者(多有形式结构差异)。

Word/Слова/词,是有歧义的,为了避免歧义,人们开始思考一个新术语。20世纪初,索绪尔已经认识到了"同一个名词的两个形式""同一个动词有两个不同的面貌",即词的同一性问题。受音位这一概念的启发,20世纪20年代有人提出了"лексема/leseme/词位"。这样就便于讨论词汇的抽象单位——词位。(克里斯特尔,1997/2000:202)但是对词位的认识至今仍未统一,主要有以下几个视角。

语义视角。维诺格拉多夫在《修辞学和任务》(1923)和《论词的形式》(1944)中把多义词整体叫作词位,把言语中用于某个意义的词汇单位即语段词叫作词。词位和词就是常体和变体的关系。斯米尔尼茨基(1954)、高名凯(1963)接受了这一观点和提法。另一观点和提法是:词位"是最小的语义单位"(W. Fleischer,1969),"指语言意义系统中能区别于其他类似单位的最小单位"(Richards等,2000:262),"指一种语言语义系统的最小区别性单位"(克里斯特尔,1997,2000:202)。

语法视角。"一个词的整个词形变化体系,词形变化的全部形式有时候叫作lexeme。"(兹古斯塔,1968,1983:159)"词位是一种抽象单位,在实际口头或书面的句子中,它能以各种不同形式出现,即使经过屈折变化,也仍被视为属于同一词位。"(Richards等,2000:262)

语音形式视角。倪波等(1995:79)认为,词位是符号(能指),语音(文字)是外壳,通常体现为一系列语法形式,是表达平面,"是词的某一个意义(即 ЛСВ)所固有的全部形式的总和"。我国近些年来研究的异形词就是词位在词形上的两个或多个无值变体。

词典视角。"词典中,每一个词位都得作为一个单独的词条或次词条来处理"。(J. Richards,2000)"词位是指词典里的一个词。"(Lyons,1995)"词位按惯例是在词典里作为词条单独列出的单位。"(D. Crystal,1997)

综合视角。词位是"一些语言学家给语言词汇(Vocabulary)的基本单位起的名称"(哈德曼(R. R. K. Hartmann),1993)。学者们从语义、语法、语音、词典等视角,揭示了词位的不同侧面,有利于理解和把握词位整体。这里特别值得关注的是莫斯科大学权威教授斯米尔尼茨基于1954年发表的《论词的问题》姊妹后篇《词的同一性问题》一文,以维诺格拉多夫的"变体"思想为起点,提出七种词位变体:语音变体、词形变体、语义变体、语法变体、构词变体、修辞变体、方言变体。到1956年在他的遗著《英语词汇学》(35—45页)中着重阐述了词的同一性和词的语法变体、词汇变体、修辞变体、方言变体。1963年高名凯在《语言论》里着重阐述了语音变体和词汇语义变体(特指多义词的一个义位)。1978年 Горьачевич 的《词的变体和语言规范》作为苏联科学院系列专著,特别强调了变体是在词的同一性条件下的,它着重分析了重音变体、音位变体、语音变体和形态变体。

2002年郭锐提出了个体词/例(token)和概括词/型(type)的关系,大体相当于词位变体和词位的关系。所谓"例"(token),就是言语用例,即语言单位类别实例,有人叫"语段词";所谓"型"(type),就是语言系统中的抽象单位,即语言单位类别标记类型。在确定词的同一性时必须把个体词/例归并为概括词/型。如何归并,郭锐提出五个原则:

(一)区分成分义和结构义,概括词必须具有成分义,用于结构义是个体词。如:A. 他死了;B. 他死了父亲。A中的死,用于成分义;B中的死,用于结构义,A、B中的"死"是同一性概括词,即是同一词位。B中的死是结构带来的意义,语言系统中没有这个意义,其特点是在结构中"成系统"(汉语中有很多这样的一价变化动词和状态动词),"能类推"。

(二)区分词汇化的转指和句法化的转指,前者在转指前后是两个概括词,后者在转指前后是一个概括词。转指,是指由动词、形容词意义转化指称有关的对象。其中有两种:一种是形成固定用法或固定意义,即词汇化转指,如"领导"由行动转指施事或"领导者",应视为两个概括词;另一种是临时用法或临时意义,即句法转指,如"有肥有瘦"的"肥、瘦"是临时指肥肉、瘦肉,它们与形容词"肥、瘦"应分别视为一个概括词。

(三)区分词汇化的转指和词汇化的自指,前者视为两个概括词,后者视为同一概括词。所谓词汇化的自指,是指动词、形容词处于宾语(主语)位置时,纯粹指动作、行为或性质自身,如:A"研究问题"——B"进行研究",A"收入不平衡"——B"保持平衡"。A、B中的"研究",A、B中的"平衡"是一个概括词。

(四)区分构词、构形和句法现象,原词(work)及其构词(worker)是两个概括词,原词(work)及其构形(worked)是一个概括词,原词(走、商量)及其句法组合式(走了)或句法重叠式(商量商量)是同一概括词。

(五)区分 X 和 X 的/地。"逻辑""急躁"是名词、形容词,"逻辑地/的""急躁地/的"是句法组合(具有副词性/名词性)。二者是两个"不同一的成分"。"吃"是动词,"吃的"是句法组合(具有名词性)。二者也是两个"不同一的成分"。

"胖胖"是单音节形容词重叠形式,不成词,"胖胖的"是状态词,是一个概括词。

"大大"是单音节形容词重叠成副词,"大大的/地"是状态词,是两个不同的概括词。

四、词义研究

什么是词义?自柏拉图(Platon)的指称说以来,至少有几十种。奥格登(C. K. Ogden)等(1923)引述了 23 种,利奇(G. Leech)(1983)转引了 11 种。比较著名的有观念说、用法说、关系说、反应说、因果(三角)说、概念说、四角(梯形)说、五因素说,其中比较通行的是反映说,从斯米尔尼茨基、布达哥夫,到高名凯、吕叔湘,其主要观点是:词义是人们对客观对象的概括反映。这个观点偏离了维诺格拉多夫的原意。现在的研究已经恢复了原意并向前推进了六步:第一,反映者是语言共同体,即使用语言的人们。第二,反映的时限是在一定的时代。第三,反映的内容不是一个客观对象,而是客体世界、主体世界、语言世界等三个世界。第四,反映的不是世界本身,而是对世界的理解,这就是所谓的最显著语义特征。20 世纪末,贾肯道夫(R. Jackendoff)总结了哲学和语义学的大多数学者的共识:"语言所涉及的实体并不是'世界上'平常而简单的实体,而是人们所理解的世界中的实体。"(R. Lappin, 2001:557)因而词义中包括客体、主体、语言三种因素。第五,反映的信道(channel)有三个:一、思维信道,二、直观信道,三、情感信道。因而词义有三种存在形态,即思维形态(多是学科义位),直观形态(多是普通义位),情感形态(多是普通义位)。第六,莱昂斯(Lyons,1995:78—80)把词义分出外指意义(denotation)、内指意义(sense)和特指意义(reference),它们分别是:一、反映语言以外的一类(个)事物,二、反映语言内部单位关系意义,三、反映语境中的特定一个事物。一部好的语文词典应该给出一个义位的最显著语义特征、最简化的外指义、必要的内指义。

义位语义成分的微观分类和定名,也有一定的进展。义位是由义值和义域组成。义值由基义和陪义组成。基义包含范畴特征、表意特征或指物特征,其中都可析出核心义素和边缘义素。就相关义位而言,可以析出它们的共性义素(即超义素)和个性义素(含主要个性义素和次要个性义素)。就语言之间比较而言,可以析出普世义素(全人类共性义素)、跨语言的区域性义素、民族(含文化等)性义素,与此相关的还有个人义素。一部好的语文词典应该精选上述义素,特别是核心义素。

陪义,就是附属义素,传统词汇学和传统语义学叫色彩(意义)。英语通常称为 connotation,多译为内涵(义),这是个常引起混乱的译名。其实拉丁语的 con-本义为"带",notātiō 本义为"标记",直译应为"带标记",即除基义外还带附属义标记。附属义即陪义的研究,已趋于细化,现今已分出九类:①次要属性陪义,②情态陪义,③形象陪义,④风格陪义,⑤语体陪义,⑥时代陪义,⑦方言陪义,⑧语域陪义,⑨外来陪义。一部好的语文词典应该简明扼要地注明上述陪义。

义域,是指义位的意义范围,包括:①指称一个对象的大小域,②指称多个对象的多少域,③伙伴域(弗斯(Firth)说"观其伴,知其义",即搭配伙伴),④适用域(指语体、语域等)。一部好的语文词典应该在释义正文、夹注或例语里界定义域。

关于词义演变的研究,从保罗(H. Paul)到王力的三分说(扩大、缩小、转移。前二项之和占总数的 18%,故不是主要规律)已经发展为多分说,从一因说(社会原因)发展为三因说(客体、主体和语言三世界原因),从原子观发展为整体观,提出"同场同模式"等新观点。一部好的语文词典应该不断吸收词义演变研究的新成果。

五、语料库方法

1959 年英国伦敦大学夸克(R. Quik)等人开始建立了语言学史上第一个 100 万词次的计算机语料库。40 多年来,相继出现了布朗(Brown)语料库、LOB(三个大学名的第一个字母,G. Leech 领导的)语料库、LLC 口语(伦敦—隆德口语)语料库、COBUILD(柯林斯和伯明翰大学)语料库、朗文(Longman)语料库、英国国家语料库 BNC、国际英语语料库、法语语料库(1.5 亿词)、历史英语语料库(850—1720 年,1600 万词)、北京语言文化大学的汉语词频统计语料库、北京航空航天大学等单位的语料库、台湾"中研院"平衡语料库、香港城市大学的中文五地区共时语料库、北语的现代汉语研究语料库和汉语的精加工语料库以及语言所词典室的语料库、国家语委的语料库等等。今天的语料库有了飞速发展,出现了新的趋势:①规模巨型化。由百万词次发展到千万、几千万、上亿、几亿、十几亿、几十亿、几百亿、几千亿、几万亿(词次或字次)。美国 Lexis-Nexis 公司 1998 年机储文档已达 15 亿件,15 000 亿字符。②类别多样。有综合性的、百科性的、专科性的、专项性的、语文性的、报纸类的、杂志类的、文学作品类的、口语的、书面的、共时的、历时的、共同语的、方言的等等。③内容求全。综合的语文类语料库的内容构成尽量求全。语义求全,口语、书面语及其内部的各种语体尽量均衡求全。语域求全,语言或词语使用的领域有:商业语言、法律语言、政治语言、外交语言、宗教语言、新闻语言、文学语言等等。④加工求精。编排科学,检索简便,功能齐全,校对精细。⑤标注求足。给语料的词、语、句的标注尽可能达到足量,如语义标注、语法标注、语用标注等。⑥速度神化。查百万词次语料库中的一个词,由最初几小时,提高到几分钟,今天只用几秒钟。

今天的语料库已经成为能量巨大的语言样本集。它正在改写着词汇学研究的历史。它是词汇学的强有力的新工具、新手段,更是能量巨大的方法。它对一个词位的义值(含基义和陪义)和义域,同义词辨析、词位及其变体、词汇的同质和异质、词的各种定量分析、义位的组合、词的动态参数等研究,能提供足量的组别语料。借助语料库可以印证、充实、修订,甚至于颠覆以往的结论,如"a. 勘查/b. 勘察",甲词典说它们是没有差别的异形词,乙词典说 a 多用于事情,b 多用于地矿。我们用十几亿的巨型语料库去检验,甲纯属描写,乙渗透着规范意向,但是乙有点偏离语言事实,规范应以语言事实的主导倾向为基础。可以这样说,当今的词汇学研究,离开巨型语料库,几乎寸步难行。

语料库方法,对于语言、词汇、语义、语用等学科是具有共性的方法,而对于词汇、语义学科是重要的方法。

六、词汇函数

20 世纪 60 年代由俄国权威语言学家 И. А. Мельчук 等创意,由院士阿普列祥(Апресян)(1974:36—55)发展的莫斯科语义学派独创了"意义⇔文本"转换模式这一思想,并论述了其核心概念之一"词汇函数"及其类型。诺维科夫(Новиков,1982:30—31,257)和倪波等(1995:11—13)都有一定的介绍,张家骅等(2003:46—77)做了较详细的阐述。

函数,是从数理逻辑借来的概念。其公式为:$y=f(x)$。其中 x 是自变量,f 是所取的值(语义类型),y 是因 x 及所取值而变化的因变量。利用这一公式分析词间的语义关系,概括出 70 多种类型。其中主要的类型,用拉丁缩略语表示,有:(1)Syn(同义),(2)Anti(反义),(3)Taxon(类义),(4)Gener(属概念),(5)Polys(多义),(6)Conv(转换),(7)So(同义派生名词),(8)Ao(同义派生形容词),(9)Advo(同义派生副词),(10)Vo(同义派生动词),(11)S_1(主体题元),(12)S_2(客体题元),(13)S_3(第三题元),(14)Sloc(场所),(15)Sinstr(工具),(16)Smod(方式),(17)Son(声响),(18)Dimun(指小),(19)Augm(指大),(20)Magn(极端特征),(21)Bon(良好),(22)Ver(符合规范的特征),(23)AntiVer、AntiBon(不正常,不好),(24)Oper(辅助动词,后面接动词,如"进行帮助"),(25)Funco(进程),(26)Incep(开始),(27)Fin(停止),(28)Caus(使出现,使、让、叫),(29)Able(可),(30)Liqu(使不存在),(31)Fact(实现),(32)Real(使实现),(33)Prepar(使就绪),(34)Degrad(变坏),(35)Destr(侵害),(36)Sympt(外表表现,状态反应),(37)Labor(处置,如"加以、把……当、以……为"),(38)Func(动作来源或指向,如"来自、出自、涉及、指向、针对"),(39)Perf(完成,达到内在界限),(40)Sing(数量单位,次数单位)。(1)—(10)是共性词汇函数,(11)—(19)是名词性词汇函数,(20)—(23)是限定性词汇函数,(24)以后是动词词汇函数。

上述语义类型模式,可以分析俄英法德匈波(波兰、波斯)阿(阿拉伯)索(索马里)汉日等许多语言的词的聚合关系和组合关系(主要是固定搭配关系)。以汉语为例:

Y	=f		(x)
鸡架(窝)	=Sloc	[住所]	鸡
牛棚	=Sloc	[住所]	牛
猪圈	=Sloc	[住所]	猪
狗窝	=Sloc	[住所]	狗
鸟巢	=Sloc	[住所]	鸟
y	=f		(x)
化解	=Liqu	[使不存在]	(矛盾)

词汇函数的研究,操作的主要内容是,由某个(组)词 x(也叫关键词,实际上是关键词汇语义单位)在一定的值域(抽象或类型语义关系)f 中,得出一个(组)相关词 y(也叫对应词,实际上是对应词汇语义单位),这样就能反映出一种语言的词汇

性联系,因而有助于揭示词汇系统性,有助于认识一种语言的特点,有助于编纂搭配词典,有助于认识同义词和熟语等现象。

七、计算词汇学和计量词汇学

计算词汇学和计量词汇学,是两个相关而不相同的小学科。

计算词汇学,是20世纪80年代兴起的。它是从计算机应用的角度,研究词义的表示、输入、输出。现在主攻方向有两个:一个是电子词典的理论与实践,另一个是语料库的理论与实践。

计量词汇学的出现,在西方较早。从19世纪90年代开始,德英美俄等国编了一些频率词典。美国1920年开始有常用词定量研究。后来斯瓦迪士(M. Swadesh, 1952)、S. C. Gutschinsky(1956)、海姆斯(D. Hymes, 1960)相继写了词汇统计学(Lexicostatistics)。在中国,1921年后也有陈鹤琴、王文新的常用词(另有常用字)计量研究的尝试。而真正的计量词汇研究和计量词汇学则是20世纪80年代出现的。先后有程湘清(1982)的《先秦双音词研究》。程曾厚(1983,1987)的《"计量词汇学"的三项选词标准》和《计量词汇学及其他》,张双棣(1989)的《〈吕氏春秋〉的词汇研究》,陈原(1989)的《现代汉语定量分析》,周荐(1991)的《复合词词素间的意义结构关系》,毛明远(1999)的《〈左传〉词汇研究》,苏新春的(2001)的《汉语词汇计量研究》。此外还有多本频率词典。它们都借助计算机用定量或统计方法描写一种语言的全部或部分词汇的频率、结构、关系、分布、风格、规律等。词汇的定量研究推进了定性研究。"定量""定性"的反复研究的指导思想是从整体系统论到控制科研范围(专书、专题等封闭域)的控制论,再到信息传递、信息反馈的信息论。借以帮助我们完成后结构主义语言描写的两个趋势之一:穷尽性(另一个是外显性)。

八、比较词汇学

近些年,比较词汇学出现了多向比较研究的趋势:一是古今比较,二是普方比较,三是方方比较,四是汉外比较,五是外外比较。四、五项的"外"指外国语或外族语,含英、俄、法、德、日、朝(韩)、蒙、藏、壮、维等等。词汇比较已有许多理论指导,这里再介绍近几年的几种理论倾向:

第一,在词场中比较词汇的更替演变。如孙逊(1991)的《论从表示人体部位的词派生的词或词义:比较词义学探索》,解海江等(1994)的《汉语面部语义场历史演变》。

第二,在词义演变规律下比较古今词汇和词义。如李宗江(1999)的《汉语常用词演变研究》。

第三,在语言外部因素观照下比较词汇和词义研究。如徐正考(1994)的《论汉语词汇的发展与汉民族历史文化的变迁》。

第四,在历史比较语言学和类型学指导下比较词汇研究。如孙宏开(1991)的《从词汇比较看西夏语与藏缅语族羌语支的关系》,陈庆英(1992)的《西夏语同藏语词汇比较》,陈保亚(1995)的《从核心词分布看汉语和侗台语的语源关系》,哈斯巴特尔(1993)的《蒙古语词和朝鲜语词比较》。

第五,在词化、编码度理论指导下的词汇比较研究。米勒(G. A. Miller)和约翰逊(P. N. Johnson-Laird)1976 年在 *Language and Perception* 中提出编码度,它研究两种语言或方言或古今对应或同一义场内编码粗细(多少)以及一个对应码的长度(是词,还是语)。如许高渝(1997)的《俄汉词汇比较研究》,解海江(2004)的《汉语编码度研究》(厦门大学博士论文)。

第六,在特征词理论指导下的词汇比较研究。特征词理论是李如龙教授在 1998 年提出的。1999 年在方言会上做过《论方言的特征词》的报告,2001 年在《中国语言学报》发表了《论汉语方言的特征》。同年主编出版了一本专著《汉语方言特征词研究》。特征词起初指在一个方言区普遍使用,而在周边方言区不用或极少用的词。其实推而广之,我们认为古今和汉外语里也有特征词。如果就词反映的内容说,我们认为特征词可以分为四类:一类是反映自然客体世界的,一类是反映社会客体世界的,一类是反映主体世界的,一类是反映语言世界的。词汇比较中,应以后三类为主,这是特征的特征,是比较研究中的亮点。

第七,在语义学指导下的词汇比较研究。从传统的词义差异比较转向义位、义素、语义特征、基义和各种陪义(色彩)的比较。这样就把词汇比较引入语义的深层次。在这个层次上,两种语言的词,哪怕是表示自然客体的词(太阳≈sun),也极少有等值的,至少其组合义是有差别的。

第八,在隐性词义范畴下的词汇比较研究。"隐性范畴"(covertcategories)是沃尔夫(B. L. Whorf)1956 年提出的。它跟有词缀、词尾和屈折变化的显性范畴相对。隐性词义范畴专指隐性范畴中的词义对立现象。如用于人和动物的有以下对立现象:

名词对立。"尸体"指人的,英语多用 corpse,汉语多用"尸首";指动物的,英语多用 carcass(e),汉语多用"尸体"(也常用于人)。初生者,汉语中,人曰"孩子、婴儿",兽禽曰"崽"(犊、驹)。

动词对立。德语人吃为 essen,兽吃为 fressen。汉语人生育为"养",动物生育为"下",而"生"则通用。

形容词对立。汉语的"胖"多用于人,"肥"多用于动物。"男、女"用于人,"公、母"用于动物。

量词对立。汉语"位"用于人,"头、匹"等用于动物。

在动物范畴内也有词义对立现象,如汉语和英语的马、牛、狮、熊、狼、狗、猫、鸡、鸭等都用不同的词表示叫声。在人范畴内也有词义对立现象,如汉语和英语的"美丽"/beautiful 多用于女性,"英俊"/handsome 多用于男性。

受隐性词义范畴制约,移用于人的动物词,大多贬化。这类比较也大有文章可做。

第九,在词汇语义两极化和正极理论下的词汇比较研究。概念场的多值思维和现象,到了语义场里常简化为二值思维和现象,如"大/小,高/低,强/弱"等。这是人类语言的普世现象。对此,柯日布斯基(A. Korzybski)(1993),萨丕尔(E. Sapir)(1994),哈亚卡瓦(S. I. Hayakawa)(1978),利奇(1983)先后以"二值倾向""两端概念"的术语做了归纳。后来,Н. Арутюнова(1980,1987,1998),阿普列祥(1995),张家骅(2003)不仅阐述了"两极化"现象,而且阐发了"正极化"现象。

两极化现象,是指在性状义聚合轴上,表两极的词(如"大""小")远远多于表中轴词。

正极化现象,是指如下七种现象:(1)正极词(如"大")多于负极词(如"小"),两者的比例为:1.8∶1。多数情况是正极词多于负极词,少数情况负极词多用于正极词,两种情况之比为:2.6∶1。(2)正极词比负极词使用频率高,两者比例为 10∶4。(3)正极词派生负极词,如:对>不对。中间义引申出正极义,如"运气"的"命运"义引申出"幸运"义。(4)正极词比负极词构词能力强,两者比例为:6∶1。(5)在词或短语的组合中,常见序列为,正极词在前,负极词在后,如"大小、好坏、多少"等。(6)某些短语中,表中间义的名词偏向正极义,隐含高评价义素,如"显出气质,够质量,培养意志"等。偏向负极的,相对少些。(7)问句中多用正极词,如"大不大?""有多大?"偶尔用负极词,这时常倾向负极义。这一点,在讨论标记理论时大多涉及过。

上述极化现象产生的原因是:人们心理要求减少或排除不愉快的话题或报道。

这就是 Pollyanna 假说。(张家骅,2003:118)

总之,词汇比较正在从旧理论过渡到新理论,从表层描写过渡到深层描写,再进入深层解释。

九、词的组合研究

传统词汇学不研究组合问题,现代词汇学开始研究组合问题。

词汇学研究组合,不同于语法学研究组合,除了语法、逻辑和现实条件外,它更注重组合的语义条件。语义的组合研究,已经从搭配理论原则转入组合规则的研究。

1934年,德国学者波尔齐格(W. Porzig)在研究语义场时提出并触及了词的线性组合关系。20世纪50—60年代,结构语义学除了语义场关系和词汇语义结构关系两大课题之外,渐渐地把组合问题作为第三大课题。70年代,蒙塔古再次强调了意义组合原则。80年代贾肯道夫(R. Jackendoff)认为语义学有四性要求:(1)语义区分的充分性,(2)各种言语义的普遍性,(3)词义到句义的结合性,(4)对语言特性的能释性。

1979年,阿普列祥从词的典型的语义组合模式的视角,列了25项语义价(通说为"格")。

1989年,库兹涅佐娃的 *Лексцкологця русского яэы ка*(第二版)第六章专门讨论了词汇中的组合关系的5个问题:(1)词汇组合的基本规律,(2)词汇组合的成分分析,(3)合乎标准的组合和上下文类型,(4)潜在的组合及其在不同上下文中的体现,(5)上下文逻辑分析是标准组合的显化手段。

1992年谢米纳斯(А. Л. Семенас)的 *Лексцкологця современного кцтайского яэы ка* 第三章专门讨论了复合词的两种组合结构:一种是形式结构模式20种,其中名词7种,动词8种,形容词5种;另一种是语义结构模式52种。这些都反映了莫斯科大学语义学派的学术思想。

2001年张志毅、张庆云的《词汇语义学》第四章第一节"义位组合论"专门讨论了语素之间的组合和义位之间的组合,共得出选择(同现)规则16种,序列规则9种。王宗炎先生(1998)评论道:"我们很高兴,关于义位组合问题,书中讲得很细。"

词汇组合规则研究的未来趋势是细化和形式化。

十、动态词汇学

在动态语言学(dynamic linguistics)下,有动态语音学(dynamic phonetics),动态音系(dynamic phonology),动态语义学(dynamic semantics),继而正在产生动态词汇学(dynamic lexicology),后者引入语境、时间、语用等因素,主要研究词汇语义在历时,特别是共时大背景下的变异、变化规律。在这方面用力较多、成果突出的是葛本仪教授及其高足杨振兰博士。葛教授(2001)的《现代汉语词汇学》有专章"词汇的动态形式探索"。杨振兰(2003)的博士论文是《动态词彩研究》(山东人民出版社)。外语方面的有:汪榕培(1997)的《英语词汇的最新发展》,刘可友(1997)的《论词义的动态变化和语符消失现象》,S. Patter(1995)的 *Changing English* 第三、四章"新词""科学词汇",张海燕(1990)的《近年来俄语词汇发展的某些特点》。

关于词义的动态研究,其理论已经突破了保罗(H. Paul)的逻辑学模式、布龙菲尔德的修辞学模式、E. Wellander 的历史学模式、И. В. Арнольд 的发生学模式、W. Wundht 的心理学模式,进入了语言学的综合模式,从原子观进入整体观,从个案研究进入系统研究,其轴心规律是:同一义场演变模式大体相同。详见汪榕培等(1997)的《九十年代国外语言学的新天地》以及张志毅等(2001)的《词汇语义学》第五章"义位演变论"。

十一、词源学研究

词是反映三个世界的,即客体世界、主体世界、语言世界,词对人类所认识的古今中外的万事万物无所不包。因此词源研究的复杂性远远超出了所有语言学家的视野和思考所及。于是词源研究更需要"有容乃大"的胸怀。

新旧世纪之交的词源学,正在兼容七个学派,占据八种理论制高点。

第一,哲学词源学派。古希腊和古中国的名实论争都撞击出火花,这火花照亮了后人的思考空间:名实联系是必然的吗?词源学是寻找词的"真实"意义吗?这些开启智慧的问题,在中外学者的头脑里一直悬浮了2000多年。

第二,语文词源学派。继承了它在通经、解字、释词中留下的无比丰富的语料和开阔的思路。

第三,历史比较词源学派。学习它的科学性、谱系性、系统性、原则性,即在语族间比较同源词必须掌握三个严控原则:语音共性原则,形态结构共性原则,语义共性原则。

第四,民族语言词源学派。这是举世瞩目的一个中国词源学流派。因为中国有55个少数民族,约用120种语言,其语言主要分布在汉藏语系和阿尔泰语系。对它们的词源研究,主要有三个成果:一是类型学的关系词比较;二是深层对应法;三是词族理论。

第五,方言词源学派。这也是举世瞩目的一个中国词源学流派。其主要成绩是方言底层词(消亡或弱势语所残留的)研究和方言同源词研究。

第六,区域类型学派。这是超越亲属语言语系历史比较的一派,它比较的是地域相邻的非亲属语言或谱系不明的相邻语言的关系词或借词。如汉语同日、越、韩(朝)、蒙、侗、台、苗、瑶语等之间的词源比较。它令人扩大了视野,给人提出了新问题。

第七,通俗词源学派。一些人正在深入研究其中词语内部形式变异问题,吸纳其中的丰富语料和研究成果。

争取占据的八个理论制高点是:(一)历时系统论。(二)宏观词源学,也叫外部词源学,顺应20世纪60年代以来的语言学大趋势之一——互渗论,语言与世界互渗,词与物互渗,用语言世界和语言外世界研究词源问题。(三)语言联盟论,是对谱系论、同源论的补充(陈保亚,1996)。(四)综合运用中西有效的八个方法:①拉斯克(R. Rask)的语言对应法;②博普(F. Popp)的语法对应法;③布达哥夫(P. A. Будагов)的语义对应法;④斯瓦迪士(M. Swadesh)的核心词检测法;⑤中国的词族对应法;⑥深层对应法;⑦系联法;⑧定量分析法(严控内省式的简单枚举法)。(五)根词和衍生词异质论。(六)同源词和关系词异质论。(七)字源和词源异质论。(八)词源义和词义异质论。

当然,词汇学还有一些新进展。限于篇幅此处不能一一介绍。介绍上述11个方面,旨在提供科研和教学的前沿和起点,提供值得借鉴的理论和方法,可以占据的理论制高点以及由此穷目的视野。

参考文献:

[1] Апресян,Ю. Д. *Лексическая семантика синонимические средства языка*. М.,1974.
[2] Hudson,R. *English word Grammar*. USA,1991.
[3] Кузнецова,Э. В. *Лексикология русского языка(иэ второе)*,М.,1989.

[4] Lappin,R. *The Handbook of Contemporary Semantic Theory*. Blackwell Publishers Ltd/外语教学与研究出版社,1996/2001。
[5] Lyons,J. *Linguistic Semantics An Introduction*. Cam. Un. Press,1995.
[6] Новиков,Л. А. *Семантика русского языка* ,M. ,1982.
[7] Richards,J. C 等:朗文语言教学及应用语言学词典,外语教学与研究出版社,2000。
[8] Семинас,А. Л. *Лексикология современного китайского языка* ,M. ,1992.
[9] Смирницкий,А. И. *Лексикология английского языка* ,M. ,1956.
[10] 陈保亚:《语言接触与语言联盟》,语文出版社,1996。
[11] 陈保亚:《20世纪中国语言学方法论》,山东教育出版社,1999。
[12] 戴维·克里斯特尔:《现代语言学词典》,商务印书馆,1997/2000。
[13] 高名凯,《语言论》,科学出版社,1963。
[14] 葛本仪:《现代汉语词汇学》,山东人民出版社,2001。
[15] 郭锐:《现代汉语词类研究》,商务印书馆,2002。
[16] 哈杜默德·布斯曼:《语言学词典》,商务印书馆,2003。
[17] 黄昌宁、李涓子:《语料库语言学》,商务印书馆,2002。
[18] 李如龙:《汉语方言特征词研究》,厦门大学出版社,2001。
[19] 林杏光:《词汇语义和计算语言学》,语文出版社,1999。
[20] 吕叔湘:《汉语语法论文集(增订本)》,商务印书馆,1984。
[21] 倪波、顾柏林:《俄语语义学》,上海外语教育出版社,1995。
[22] 苏新春等:《汉语词汇计量研究》,厦门大学出版社,2001。
[23] 孙茂松:《高频最大交集型歧义切分字段在汉语自动分词中的作用》,见《中文信息学报》1999年第1期。
[24] 汪榕培等:《九十年代外语言学的新天地》,辽宁教育出版社,1999。
[25] 汪榕培等:《英语词汇学研究》,上海外语教育出版社,2000。
[26] 王洪君:《从字和字组看词和短语:也谈汉语中的词的划分标准》,见《中国语文》1994年第2期。
[27] 王宗炎:《汉语词汇学的新探索》,见《语文建设通讯》(香港)1998年第10期(总57期)。
[28] 杨振兰:《动态词彩研究》,山东人民出版社,2003。
[29] 张家骅等:《俄罗斯当代语义学》,商务印书馆,2003。
[30] 张志毅、张庆云:《词汇语义学》,商务印书馆,2001。

(原载于《词汇学理论与应用(三)》,商务印书馆,2006年)

词汇学的现代化转向

一、词汇学转向的必然性

传统哲学的现代化转向,发生在 19 世纪和 20 世纪之交,信号是德国哲学家弗雷格 1892 年发表了《论涵义和所指》(Über Sinn und Bedeutung),内容是从近代的认识论转至分析哲学,即语言哲学。后继者有罗素、维特根斯坦等人,其思潮已经形成了西方现代哲学的主流。

与此几乎同时,出现了现代逻辑学、现代语言学。稍后,到 20 世纪 20 和 30 年代,产生了现代语义学。其第一个流派就是结构语义学,其标志就是德国语言学家伊普生(G. Ipsen)1924 年提出语义场(Bedeutugs-feld)。特里尔(L. Trier)及其学派从 1934 年进一步确立并发展了语义场理论模式。又过三十年,即 1963 年美国麻省理工学院的卡茨(J. Katz)和福多(J. A. Fodor)把语义学从哲学带进语言学领域,他们对现代语义学的主要贡献是设计一套元语言(metalanguage)来界定自然语言的词语,并对句子进行语义分析。70 年代产生了蒙塔古语义学,脚踏实地地研究自然语言语义学,并能用数学模式处理、描写自然语言。这个时期还产生了认知语义学等一些学派。现代语义学已经出现了五种趋势,即不同学科范畴的语义学合流的趋势,研究的范围扩大、重点突出的趋势,生气勃勃发展的趋势,理论方法的新趋势,将要成熟的趋势。现代语言学中转换生成语法标准理论阶段的三分说(语音、语法、语义)把词汇学视为语义学的一个分支。到了转换生成语法的管约阶段的二分说(词汇、语法)把词汇学视为语言学的两大分支之一。

现代哲学、现代语言学,特别是现代语义学,强有力地推动着词汇学发生转向,已经形成词汇学转向的不可阻挡的趋势。因此,传统词汇学的衰落已是大势所趋,现代词汇学的新兴已成必然。

二、传统词汇学的六个桎梏和现代词汇学的六个突破

跟与其同时的语音学、语法学相比,传统词汇学有六个桎梏。受语音学、语法学等相关学科的推动,现代词汇学正在解脱传统词汇学的桎梏,正在出现六个突破。

(一)研究的单位。传统词汇学是一元的,它只研究词及其意义。而当时的语音学和语法学都是多元的,其单位分别是:音素、音位、音节、词语音、句音,词素、词、短语、句子。现代词汇学已经多元化,它不仅研究词及义位,而且研究语素及语素义,特别是义素、短语及义丛。

(二)研究的对象。传统词汇学是单层面的,它只研究一种语言的词汇、词义结构,而当时的语音学和语法学都是多层面的,其对象分别是:元音、辅音、声调、重音、语调、节奏、音变及其相关的结构、功能、应用等,词类、语类、成分类、句类、类结构、功能、应用等。现代词汇学已经多层面化,它不仅研究一种语言的词汇词义结构,而且研究几种语言的词汇词义的共性成分(例如义素)、共性模式(例如语义场)、共性系统、共性修辞功能、共性变化规则等。

(三)研究的方向。传统词汇学是单向的、单角度的,只是研究静态聚合现象,而当时语音学和语法学同时研究静态聚合和动态组合两种现象,分别是:辅音和元音的音位组合、音节组合、连续变调、连读组合等,语素类别组合、词语类别组合等。现代词汇学已经双向化,既研究静态的词语或词义的聚合,也研究动态的语素义组合规则、义位组合规则等。

(四)研究的思想。传统词汇学是微观自治论和原子论,只局限于词和词义内部,没把词和词义抽象出一个系统。而当时的语音学和语法学虽然也是微观自治的,但是已经把语音、语法抽象出一个系统。现代词汇学则进展到宏观非自治论、整体论和系统论,把词和词义研究扩展到它们的外部,即扩展到心理、逻辑、社会、历史、文化等等,把词和词义抽象出一个系统。

(五)研究的方法。传统词汇学的主要方法是归纳法、综合法、定性法、单语描写法,而当时的语音学和语法学已经不限于这些方法。现代词汇学则同时更加注重演绎法、分析法、定量法和多语比较法。

关于演绎法,爱因斯坦总结他自己的科学成就时说了一段特别引人深思的话:"适用于科学幼年时代归纳法为主的方法,正让位给探索性的演绎法。"[①] 而且他特别警告人们,谁再继续以归纳法为主进行研究,谁就要被现代科学远远地抛在后

面。就语言学而言,伦敦学派的宿将莱昂斯 1977 年在他的两卷本巨著 *Semantics*(语义学)中指出,从 20 世纪 60 年代中期至今,演绎法已经逐渐取代了归纳法的主导地位。方法的转变导源于观点的转变:研究的哲学思想从经验主义(empiricism)转到理性主义(rationalism)。

关于分析方法,恩格斯评述道:"所有这些都是最近四百年来对自然界的认识大踏步前进的基本条件。"② 维萨里(A. Vesalius)用分析法提示了人体的构造,牛顿用分析法揭示了光的组成,化学家用分析法揭示了分子的组成。受了近代科学的推动,语音学从音节分析出辅音、元音,从音位分析出音素和语音区别特征,语法学从词分析出词素。这些成果启发了新一代语义学家从义位分析出义素、语素义。

(六)研究的目的。传统词汇学专注词和词义的描写,同时偏重理论探讨,而当时语音学和语法学在描写和理论探讨之中已经有若干解释成分和应用成分。现代词汇学则在描写和理论基础上更注重解释现象、解释规则,注重应用价值研究——首先是为了计算机识别自然语言,转换人工语言,其次是为了词和词义教学以及语文词典编纂。

以上六个方面,不是传统词汇学的一般缺点,而是带有根本性的致命的痼疾,是足以使它窒息的戴了多年的桎梏。现代词汇学必须从这六个桎梏下解放出来,突破围城,开辟自己的新天地。

三、传统词汇学和现代词汇学的内容比较

(一)传统词汇学的研究内容是多中心的,共有以下十个方面:

1. 词汇类别:基本词汇和一般词汇、共同语词汇、方言词汇、术语和行业词汇、外来词汇、古语词汇、旧词汇、新词汇等。
2. 构词法和造词法。
3. 词义类聚:多义词、同义词、近义词、反义词、类义词等。
4. 词的中心义和色彩义。
5. 词义跟概念、语音、事物的关系。
6. 词源和词的理据。
7. 词和词义的变化和演变。
8. 词和词义的解释和教学。
9. 词和词义的翻译。

10. 词典学。

（二）现代词汇学的研究内容以词义为中心，兼顾以上十项，侧重如下十项内容：

1. 词汇和词义系统（结构）。

2. 词义结构、界说和性质。

3. 语义（词汇）场。

4. 位素理论：词位、语素和义位、义素，语素义和义素分析。

5. 词位、义位的民族个性和共性。

6. 语素的语义组合，义位组合，义丛，义位组合的规则以及语义关系。

7. 义位的语境语用义。

8. 词汇和词义的外部因子，如社会、民族、历史、文化、思维、心理等。

9. 可吸收的相关学科的成果：语义学、语音（音系）学、语法学、语用学、心理学、逻辑学、数理逻辑学、认知科学、哲学、数学、文化学等。

10. 词位、义位的共时变化和历时演变。

（三）对组合、演变两项，特别需要提出来讨论。

传统语音学研究辅音、元音等音位的组合，音节和音节的组合。传统语法学研究语素和语素的组合、词和词的组合、短语和短语的组合、句子和句子的组合。唯有传统词汇学不研究组合关系。这不是词汇学不应该、不必要研究组合关系，而是它在当时的条件下还找不到适合其研究组合关系的意义单位范畴及其关系、规则。

在 20 世纪初，德国数理逻辑学家弗雷格已经迸发了关于意义组合原则的思想火花。1934 年，又有一位德国学者波尔齐格开始注意并提出线性组合义场，即语义组合的横向结构问题。后来，组合问题就上升为结构语义学的三大课题之一（另两个是：语义场关系、词汇语义结构关系）。50 年代以后，莫斯科学派的研究更细，提出语义协调律。到 60 年代，生成语法学家讨论的一个重要问题就是：词语搭配是句法问题，还是语义问题。就这个问题的本质而言，多数人认为首先是语义问题，其次是语用问题。到 70 年代，美国语义学派的领袖人物蒙塔古再一次强调了意义组合原则。到 80 年代，著名语义学家贾肯道夫特别注意到组合性是语义学的四性要求之一（另三性是：充分性、普遍性、能释性）。

词汇、语义靠着聚合和组合两条纵横轴的联系而成为一个有机整体。聚合是栅性结构，组合是线性结构。对组合系统的研究，是聚合系统研究的回归式的深化。因此，现代词汇学必须把组合研究作为自己的新课题。库兹涅佐娃（З. В. Кузнецова）的《俄语词汇学》第一、二版（1989）都把"词汇组合关系"列为专章。诺维科夫(Л. А. Новиков)的《俄语语义学》提出了"组合结构意义"这一重要概念。苏俄20世纪70—80年代的词汇组合研究取得了许多成果。(Иванова,1982,36—43页)

如果说现代音系学研究的是音位及其配列(phonotactics),那么现代词汇学的重要研究内容便是语素、义位及其配列,就是语义组合以及语义关系。在组合中的语素义和义位就是语段语素义、语段义位,它同时承载着语法、语义和语用功能。义位组合从动态上反映着义位内部和义位之间的关系系统,反映着义值及其变体,反映着义域,反映着附属义和语用义。在组合规则管约下,义位显示出两个系统:自由意义(维诺格拉多夫,1953)系统,即第一性义位(多是本义或基本义)系统;非自由意义系统,即第二性义位(多是派生义)系统。组合研究主要是从语义、语用角度研究两项内容:组合的选择规则、组合的序列规则。

1957年,苏联权威语言学家斯米尔尼茨基在他的莫斯科大学讲稿基础上形成的权威著作《英语词汇学》第一章"词汇学内容和任务"中特别指出:一定时代的语言是在一定时期内存在和发展着的语言,其中包含着历时因素;语言的任何单位只有当它在一定时期内逐渐有规律地发展时它才能存在;词素、词、成语有开始和终了,这是在一定时期内语言成分的一种更替;应当把语言一些现象分析为发展的、能产的、衰亡的、陈旧的,比较稳定的;归于一定时期内的语言发展,即归于历时观点。关于共时和历时的关系,在作者另一篇名文《关于英语的演变》[③]中有更精彩的论述。

词位和义位无疑是在历时和共时两个坐标中形成的。词位和义位的演变是词位和义位结构体系的历时变化。历时现象中也存在着体系,这就是当代语言学对索绪尔的共时历时观的重要突破。语言学的历史告诉我们,词和词义的历时研究逐渐进入并占据了词汇学和语义学中的一块地盘。

19世纪最后二十年保罗(H. Paul)的《语言史原理》、达尔梅司脱(A. Darmesteter)的《词的生命》、布雷阿尔(M. Breal)的《语义学探索》等多着眼于个别的词义演变事例。而到20世纪前三十年,学者推进了词义演变的研究,其代表作就是斯特恩(G. Stern)的1931年出版的专著《词义及词义的演变》。而20世纪50年代至今,乌尔曼的《语义学原理》(1951)、乌尔曼的《语义学》(1962)、加尔金纳的《现代俄语词汇学》、Е. Ф. Ворно等的《英语词汇学》(1955)、列夫科夫斯卡娅(К. А. Левковская)的《德语词汇学》(1956)、拉耶芙斯卡娅(N. Rayevskaya)的《英语词汇学》(1957)、И. В. Арнольд的《现代英语词汇学》(1959)、福米纳(М. И. Фомина)的《现代俄语词汇学》(1990)、谢米纳斯(А. Л. Семенас)的《现代汉语词汇学》(1992)以及国内的几本词汇学专著都把词汇词义演变列为专门的章节。更可喜的是斯威策(E. E.

Sweetser)的《从词源学到语用学》(1990)十分清楚地显示出词汇词义演变的研究已经进入以语义场为模式的整体论、系统论阶段。因此,演变研究,理所当然地成为语义学的有机组成部分。

四、现代词汇学的特色

词汇学发生现代化转向,除了哲学和语言学思潮的动因之外,还有一个更重要的动因就是语义学的近半个多世纪的突飞猛进的发展。传统词汇学不得不吸收现代哲学、现代语言学和现代语义学许多颇有价值的成果,主要是它的新概念、新理论、新方法。

(一) 现代词汇学的现代哲学和现代语言学特色

如果离开现代语言哲学和现代语言学这个宏观大背景来研究词汇词义问题,那么就是宏观失控,难免闹出瞎子摸象的笑话。

现代哲学的主流就是语言哲学或分析哲学,它关于语言要素、结构、类型、功能、实在、意识、真理、理解、解释、社会、世界,特别是意义等这十二个问题都有新的哲学阐释。现代词汇学必须吸收其中较为公认的新成果,抛弃那些公认的陈旧的观点(如词义的指称说)。

现代语言学发展至今,有些成就是被公认的,如:语言的系统论和价值观,语言和言语的二分观,共时和历时的划分与结合观,聚合与组合双坐标观,位素理论,从单语的个性到多语的共性,从描写到理论、解释、应用,语言学宏观论(语言学突破自治观,走向多极、宏观发展,跟多种理论、学科结合:信息论、控制论、数学、计算机科学、数理逻辑学、心理学、社会学、神经学、文化学、民族学、民俗学等)。现代词汇学必须吸收这些新的理论观点。

(二) 现代词汇学的语义学特色

1908年以来,瑞典语言学家诺伦(A. Noreen)、美国语言学家布龙菲尔德和奈达等人的义位理论给词义综合和分析提供了一个新的科学单位。

1924年以来,伊普生和特里尔的语义场理论为庞杂的词汇义分析提供了带有系统性的封闭性的切实可行的理论模式。

1943年,哥本哈根学派的创始人叶尔姆斯列夫提出词义可分的设想,1933年布龙菲尔德提出"语义特征",法国语义学家波蒂埃(B. Pottier)提出"义素",1956 年美国人类学家古迪纳夫提出并运用了语义成分分析法,1963 年卡茨、福多进一步研究语义成分分析法,并设计出简单元语言,这些都使得词义分析走上微观、精细、科学的层级。

义位之间关系研究的十个新成果如上下义关系、类义关系、总分关系、交叉关系、序列关系、多义关系、比例关系、依存关系、构词关系、组合关系等,为词义结构关系研究提供了更广阔的新天地。

界定义位或词义的十几种学说,促使研究者深入地认识了词义的本质,正确地界定了一些概念范畴。

义位的组合理论和语境理论,促使词义研究从静态走上动态,有利于认识义位变体和语义特征的隐显变异。

(三) 现代词汇学的数理特色

语言学与数学、计算机科学、信息论、控制论的结合,产生了数理语言学。其中的四个分支——统计(计量)语言学、代数(形式)语言学、计算(算法)语言学、模糊语言学——无一不在影响词汇学。因此,词汇学必须相应地具备四个数理特色。

1. 计量特色。研究结果包含着多种大量的统计数字。如词的数量,义位的数量,义素的数量,语义场的数量,多义词、同义词、反义词的数量等等。

2. 形式特色。研究结果常表现为数学模型、形式符号、公式、结构式、图表等。

3. 计算机特色。20 世纪 70 年代以后,计算机促使语言学及其各个分支迅速带上浓重的计算机特色。首先是计算机语料库的影响。英国建的较大语料库(柯林斯公司与伯明翰大学联合开发)已经达到 2 亿字符、5 千多万个词,1 万个核心词有 14 万个搭配、260 万个实例。而且语料库已经进入因特网。汉语的几个语料库之和也超过十几亿字。这些庞大的数量集合促使词汇学研究产生前所未有的飞跃:对于词的基本意义和各种附属义的确定,对于聚合和组合关系及规则的定量、定性研究,都以理想的语料数量为雄厚的基础。在"例不十,法不立"年代的难题,如今都能易如反掌地得到解决。

4. 模糊特色。用模糊数学理论研究语言,主要是研究词语的模糊集。研究大量词的模糊义,是前所未有的新课题,它将促进计算机模糊程度的设计,促进模糊计算机的研制。

五、现代词汇学的新足迹

(一) 传统词汇学的旧脚印

传统词汇学,在世界范围内,首推苏俄。其优势有四方面。

一是历史久远。从 19 世纪末十年开始便迸发出词汇学的火花。1895 年 M. M. Покровский 出版了专著《古代语言领域中的语义研究》。1897 年他发表了论文《语义学中的几个问题》。1899 年,波铁布尼亚(A. A. Потвбня)在《俄语语法札记》中提出"近义"和"远义"概念(相当于后来的普通义和百科义)。

进入 20 世纪前四十年,乌沙科夫(Д. Н. ушаков)1919 年出版《语言科学导论》,提出了构词问题。1925 年,А. М. Пешквский 发表了论文《单独词的概念》,提出词义可分为组成成分的新论。1928 年,Л. А. Булаховский 发表了论文《现实中的同音词》。1938 年,维诺格拉多夫出版了《词的语法学说导论》。1939 年,Г. О. Винокур 发表了论文《俄语科技语构词法的一些现象》。

二是涉及的语种多。不仅有英、法、俄、德、汉等大语种的词汇学,而且有希腊语、波斯语、高棉语等小语种的词汇学。如 Л. С. Пейсиков 的《现代波斯语词汇学》(1979),Лонг Сеам 的《高棉语词汇学概论》(1975)。

三是著述宏富。20 世纪 40—60 年代,词汇学、词典学、语义学重要论文和专著共有 80 多项成果,平均每年近 3 项。其中 40 年代 10 多项,代表作有布达哥夫 1940 年的《18 世纪法语政治术语的发展》、1947 年的《词和它的意义》,1944 年维诺格拉多夫的《论词的形式》,1948 年斯米尔尼茨基的《对英语同音词的几点看法》。

50 年代 30 多项,其中代表作有斯米尔尼茨基在 1952 年和 1954 年相继发表的《论词的问题》的姊妹篇《词的分离性问题》和《词的同一性问题》,1956 年发表的《英语词汇学》,1954 年加尔金娜费多鲁克的《现代俄语·词汇》,1954 年兹维金采夫的《论语义学研究原则》,1957 年的《语义学》,1956 年列夫科夫斯卡娅的《德语词汇学》,1957 年阿赫曼诺娃的《普遍俄语词汇学概论》。

60 年代 40 多项,其中代表作有 1962 年列夫科夫斯卡娅的《词的理论》,1965 年 С. Д. Кацнельсон 的《词的内容、意义和标示》。

四是开创了传统词汇学体系。以斯米尔尼茨基的《英语词汇学》为例,依次论述了以下问题:词汇学的内容和任务,词的基本问题(语言的基本单位、从词汇和语法观点看词汇单位、离散性、同一性),词和短语的结构,词的语音和语义特点,词汇类别,成语,词源。

(二)现代词汇学的新足迹

自70年代开始,词汇学著作渐渐出现并增加了一些现代化内容。其中苏俄词汇学有较多的收获。

70年代有250多项,其中代表作有1973年什麦廖夫的《词汇的语义分析问题》,1974年阿普列祥的《词汇语义学》,1977年的 Д. И. Еловков《东南亚语言词汇学概论》,还有1979年 З. Н. Левим 的《法语词汇学概论》、Ж. П. Соколовская 的《词汇语义学体系》。

80年代有160来项,其中代表作有1980年 П. Н. Денисов 的《俄语词汇及其描写原则》,1982年诺维科夫(Л. А. Новиков)的《俄语语义学》,1989年库兹涅佐娃的《俄语词汇学》。

90年代有10多项,其中代表作有1990年福米纳(М. И. фомина)的《现代俄语词汇学》、Л. М. Васильев 的《现代语言学语义学》,1992年谢米纳斯的《现代汉语词汇学》等。

现代词汇学虽然还没有一本理想的典范的著作,但是它的研究者已经从许多方面做出了应有的贡献。

1974年阿普列祥的《词汇语义学》论述了词的语义价的基本类型(25类)和语义结构。

1979至1989年库兹涅佐娃的《俄语词汇学》论述了词汇中的组合关系。

自1985年以来西方出版了6本词汇学专著(汪榕培,2000:18、29)都有些新意,其中较突出的是1986年克鲁斯的《词汇语义学》论述了词义的语境参数和词汇语义结构。

1985年符淮青的《现代汉语词汇》分析了词义和语素义的关系类型,语素义变异,并用一些符号、公式形式化。1996年他的《词义的分析和描写》探讨了词义分析模式。

1990年刘叔新的《汉语描写词汇学》创造性地揭示了汉语词汇结构系统。

1992年苏新春的《汉语词义学》展开了词义宏观研究。

1992年谢米纳斯的《现代汉语词汇学》提出词汇系统结构观,研究了词的组合、构词的语法模式和语义模式(该模式有52种)。

1983年以来周荐卓有成效地研究了汉语复合词结构问题。

1983—1997年,国内出版了10部英语词汇学专著。其中1997年汪榕培等的《英语词汇学教程》从宏观视角分析了词义演变的八个社会原因。他的许多译著介绍了词汇学的新转向。

2001年张志毅、张庆云的《词汇语义学》从新视角论述了义位的结构、性质、组合、演变等。

我们正引领企足,期待着一部典型的现代词汇学著作的诞生。

附注:

① 爱因斯坦:《爱因斯坦文集(一)》,商务印书馆,1976:262页。
② 恩格斯:《反杜林论》,人民出版社,1956:19页。
③ *Иносмранные яэыкц в школе*,1954,No 3.

参考文献:

[1] Васильев, Л. М. *Современная лингвистическая семантика* . Москва Высшая Школа, 1990.
[2] Иванова, В. В. *Лексическая семантика фразеология материалы для обсуждения*, Москва Наука, 1982.
[3] Новиков, Д. А. *Семантика русского яэыка*. Москва Высшая Школа, 1982.
[4] Lyons, J. *Semantics*. Ⅰ、Ⅱ. Cambridge Un, 1977.
[5] Семенас, А. Л. *Лексикология современного китайского яэыка*, 1992.
[6] Смирницкий, А. И. *Лесикология английского яэыка*, Москва, 1956.
[7] 汪榕培:《英语词汇学研究》,上海外语教育出版社,2000。

(原载《词汇学理论与实践》,商务印书馆,2001年)

词源学的流派和理论

一、导言

1. 词源学首先推动词的历史研究;其次推动历时词汇学、共时词汇学(特别是构词法)、语义学特别是历史比较语言学的研究;第三,有助于辞书编纂,包括单语词典的释义及义项排列,双语词典的词义对比;第四,有助于理解、掌握词义,促进词汇教学;第五,有助于思维史、文化史、民族史、社会史、经济史等的研究。

2. 词源、语源问题的复杂性,远远超出了历史比较语言学家的研究内容和思考所及。因此,仅用历史比较法已经不能解决词源、语源的全部问题,必须超越一个学派,运用新理论新方法。

3. 词汇是意识中的世界。词源,是意识世界的源头。词源学处于意识世界研究的时空坐标点上。向前看,要追溯到100年、1000年、3000多年前,乃至史前时期的意识世界;向外看,要扩展到多种意识世界。因此词源学尤其需要视野、胸襟和兼容,尤其需要抢占理论制高点。

二、词源学流派

1. 哲学词源学

哲学是人类最早的智囊,连数学、物理学、化学都被它囊括,小小的词源学当然也不例外。

哲人最早思考的问题之一是"名""实"关系以及命名原则。

在人类文明发祥地之一的古希腊,早在公元前5—前3世纪就闪出了名实论碰撞的智慧火花。

赫拉克利特(前540—前480)主张"按本质"(physei)命名。德谟克里特(前460—前370)主张"按习惯"(Thesei,即"按法则""按协商"或"按规定")命名。其后,克拉底洛(约与苏格拉底同时)、伊壁鸠鲁(前341—前270)、斯多葛派学者克里西普斯(前280—前207)都主张本质论:"语言是在需要表示对象的称谓时由于本质的驱使而发出不同的声音。"(伊壁鸠鲁派学者鲁克里提乌斯的《论事物的本质》)

德谟克里特是用事物和名称的四种矛盾关系来反对本质论的:第一,一词表示不同事物;第二,一个事物有不同名称;第三,事物未变,而名称变了;第四,许多概念没有词来表示(康德拉绍夫,1985:7)。赫尔摩根 Hermogen(约与苏格拉底同时)、亚里士多德(前384—前322)都主张习惯论:名称在于约定俗成。

在两派争论中,也有中间论者。柏拉图(前427—前347)在《对话集》或《对话录》(*The Dialogues*)里,不仅记录了这次论战,而且以苏格拉底(前469—前399)的名义,透露出他个人的折中观点。一方面,他引用了词源与事物特征有关系的例子,但他不同意词总反映事物的本质;另一方面,他也不同意词和事物的联系是偶然的。他认为,最初名实有某种内在联系,后来可能失去联系,其联系是由社会传统确定的。(康德拉绍夫,1985:8)

两派之中,本质论跟早期的词源观念的联系更为直接。他们认为"每个字母都是模仿一定的性质","名称乃是它所表示的事物的声音的模仿","一切词都含有与其本质相符的'真实'",词源学"就是要找出各个词中的'真实性'"(etymon),因此词源学就被规定为是"关于词的真实意义的科学"(etymology)。(汤姆逊,Etymologie,1960:7-17)继承斯多葛派学者观点的有古罗马和中世纪的语法学家、哲学家(如 M. T. Bappou[前116—前27]、A. Abrycthk[354—430]),也在追求"真实"意义。这跟后世的科学词源学有较大的区别。

与古希腊同时,在人类文明的另一个发祥地中国也闪耀着名实论撞击的火花。

孔子(前551—前479)以名正实,"名不正则言不顺,言不顺则事不成"。邓析(前545—前501)主张"按名定实","循名责实"。墨子主张"取实予名"。后期墨家认为"所以谓,名也;所谓,实也"。尹文考察了"同名异实"。荀子(前313—前238)认为"名无固宜,约之以命,约定俗成谓之宜,异于约则谓之不宜。名无固实,约之以命实,约定俗成谓之实名"。

希腊和中国的哲学智慧,不在于结论,而在于给人类留了思考的空间:名实的联系是必然的吗?哪一类名(如模仿声音类)跟实的联系是必然的?名实孰为第一性?词源学就是寻找词的"真实"意义吗?这些富有启发意义的问题,一直在人类头脑里悬浮了2000多年。

2. 语文词源学

哲学词源学是从思想出发的,语文词源学是从古典文献文本出发的,是为读经、解字、释词而寻找文献中的字、词的源头及历史,因此也可以称之为文献词源学。

语文词源学源远流长,连绵不断。

从公元前 1500 年起逐渐形成印度最古老的宗教、历史文献《吠陀》(Veda,原意为"知识",中国古代意译为《明论》)。其第四集就讲述词汇,涉及词源。公元前 1000 年左右印度的第一批词典就注释了《吠陀》中的难词及一部分词源。公元前 500 年亚斯卡对《吠陀》作了语言及一些词源注释。至迟到公元前 3 世纪巴尼尼(Pānini)总结了其前的词根表,找出了口传下来的词根(dhātu),并分析出每个词的屈折词尾、附加成分。而且,他们还研究了"语音的转换和各种亲属语音之间的关系"。(汤姆逊,1960:4—5)这为近代的历史比较语言学升起了启明的信号。

在希腊化时代(希腊东方的时代,前 334—前 31),埃及新柏拉图学派,亚历山大学派(Alexanderian school)极力维护文学语言的规范,查明了荷马史诗的全文,诠释了公元前 6—前 5 世纪的几部著作,内中包含许多词源注释。

中国上古有《易经》的"干,健也",孔子的"政者,正也",孟子的"校,教也",管子的"礼者,理也"。汉代有《白虎通义》《释名》《说文解字》。中古有"右文"说。近古有"音近义通"说。近代有章太炎的《文始》《新方言》等,有黄季刚的《说文》《尔雅》的批校。现当代有刘师培、沈兼士、王国维、杨树达、王力、陆宗达、俞敏、王宁、王凤阳、刘又辛、殷寄明、任继昉诸位学者的研究成果。

语文词源学在中国积累了丰富的语料。经史子集中镶嵌着奇珍异宝,传笺注疏中镂金错彩,《释名》《文始》《同源字典》等专著琳琅满目。

语文词源学开阔了思路,探索了方法,拓展了视野。

古希腊的哲学词源学旨在探求词所代表的事物本质的"真实意义"。语文词源学则从多方面超越了这个狭隘的主旨或窄小的视域。它探求的意义,包括:①名字的"所以之意";②字词的原始义、字源义、词源义;③两个或多个关系词的最大公约数或最小公倍数意义、特征义;④系统义。它的视角和方法包括:①以今释古;②以通释方;③以俗释雅;④以易释难;⑤以源释流;⑥以声释义;⑦以形释义;⑧以义释义;⑨以形音义系联;⑩以素释位(以字素、词素、义素释字位、词位、义位)。它尽可能扩大容量:①容进了字族;②容进了词族;③容进了浩如烟海的文献资料;④容进了文字学、音韵学、训诂学的丰硕成果,以义为主体,以字、音为两翼;⑤吸收了历史比较语言学、现代语言学、语义学的新成果。中国的字源学和词源学互补,文字学、音韵学和训诂学互注;形音义兼顾,是中国词源学的特色。

当然,语文词源学,特别是中世纪及以前的欧洲、中国词源学,有着共同的弊病:掺杂了许多臆测、随意、胡猜、牵强附会、望风捕影。

3. 历史比较词源学

前科学词源学的最大功绩是引导出历史比较语言学，而历史比较语言学的功绩之一是推动科学词源学的诞生。这是在欧洲从18世纪80年代W. Jones，至19世纪80年代新语法学派之间发生的事。

科学词源学，是拿同源的共同成分（或一族词），在亲属语言（语族或语支）之间对应比较其语音、形态、语义的历时演变，构拟出它们在母语中的原始形式及意义。其比较的实例和成果，人所共知，不必赘述。值得注意的是，用科学词源学的观点、方法研究出的第一个汉语词源学成果便是1934年问世的高本汉的《汉语词族》(Word Families in Chinese，张世禄1937年译为《汉语词类》)。岑麒祥1957年翻译了梅耶的《历史语言学中的比较方法》，1981年出版了《历史比较语言学讲话》。伍铁平1981—1992年连续发表了比较词源学四探，徐通锵1996年出版了《历史语言学》。这些成果比语文词源学更突出了下列前提原则：任意性、继承性、谱系性、系统性、异质性（如本族词和外来词异质）、原则性（语音原则、形态［结构］原则、语义原则［本义和引申义大致相同］）。这些都给语文词源学以新的启示。

4. 民族语言词源学

中国的少数民族语言词源研究，在世界词源研究中是特别值得注意的派别。

中国55个少数民族，约操有120种语言。这些语言，主要分布在汉藏语系和阿尔泰语系。拿同源词、关系词把汉语同这两个语系进行谱系学、类型学比较，取得了许多词源学成果。

第一，同源词及关系词成果。

这方面的成果主要有：汉藏语的"其"和"gji"，虚字比较，同源字(俞敏，1949，1984，1989)；汉藏语"针"同源，"铁"同源(张琨，1969，1971)；同源词及借词(丁卞，1979。严学宭，1979)；汉侗语源联系(董为光，1984)；"马"在原始藏语的构拟，同源词特征(孙宏开，1989，1991)；汉藏语系的"路"(黄泉熙，1989)；苗汉同源词谱(陈其光，1990)；汉傣同源词辨(罗美珍，1992)；汉语与亲属语同源词根及附缀成分(郑张尚芳，1995)；关系词相对有阶分析，台佤关系词(陈保亚，1996，1997)；藏缅同源词(黄布凡，1997)；同源词研究，汉藏语历史比较词的选择(区别分化前后的关系词。吴安其，1996，1997)；汉语和藏语同源体系的比较研究(施向东，2000)。

第二，词族成果。

词族的理论及其语料的整理，是中国词源研究的显著功绩之一，这方面的成果主要有：汉壮侗语族的单位词(张公瑾，1978)；汉语同族词内部屈折的变换模式(严学宭，1979)；汉语上古音表解(同族词比较。郑张尚芳，1981，油印稿)；壮侗语族量词(梁敏,1983);藏缅语人称代词(李永燧,1984);汉苗瑶语第三人称代词(曹翠云,1988);白语基数词与汉藏缅语关系(白绍尼,1992);汉藏缅语住所词(宋金兰,1994);汉语词族丛考、续考(张希峰,1999,2000)。

第三,深层对应成果。

深层对应,就是拿一种语言的一组同音词跟亲属语言的一组同音词比较,其结果是减少偶然性,增加必然性。

总之,民族语言词源学有三个重要的收获:一是在非亲属语言间做类型的比较中提出"关系词"理论;二是词族理论;三是深层对应理论。而这三个理论是我国学者对世界的历史比较语言学的三个重要贡献。

5. 方言词源学

中国的方言词源学研究。在世界词源研究中是另一支值得特别注意的派别。

从词源学角度看,汉语方言研究取得两方面成果。

第一,方言底层研究。

在方言底层研究方面,取得了许多成果,主要有:粤语中的壮侗语族语言底层(李锦芳,1990);闽方言中壮侗语底层(赵加,1990);粤语是汉语族群中独立语言(其中存在百越底层。李敬忠,1990);北京香山满语底层(赵杰,1993)。

第二,方言同源词研究。

方言同源词包括方言和通语之间的、方言和方言之间的。方言同源词研究是从汉代的《方言》《释名》《说文》等书开始的。

《方言卷二》:"a. 错、b. 鐯、c. 坚也。自关而西,秦晋之间曰错,吴扬江淮之间曰鐯。"ab 是方言,c 是通语。ab 双声叠韵。ab 和 c 是见溪旁纽,真脂对转。

利用现代方言丰富的资料和中古音、上古音的资料,可以进行十分有价值的历史比较研究,找出同源词。例如:

	北京话	上海话	福州话	广州话	中古	上古
宽	k'uan	k'ue	k'uaŋ	fun	k'uan	k'uan
阔	k'uo	k'ueʔ	k'uak	fut	k'uat	k'uat

汉语方言词典的编纂出版,获得了空前丰收,为我们提供了研究同源词的无比丰富的资料。"方言事实常可以给我们用来做正确地解决词源研究问题的钥匙"(岑麒祥,1981:100)。

汉语方言的差异是同源词产生的一个重要原因。这正如欧洲亲属语言的差异促使了同源词的产生。汉语某些方言是以汉字为纽带,以地方变体形式存在的亲属语言,某些方言之间的差异比欧洲某些亲属语言的差异还大。因此,在词源研究上,汉语方言和欧洲亲属语言具有同等重要意义,而汉语方言的材料更丰富,给词源研究提供了更为广阔的天地。

6. 区域类型学派

这是跟历史比较法相对而言的一个词源学流派。属于历史比较法范畴的,有亲属语言比较、语族(支)比较、方言比较。随着词源研究的扩展、深入,还必须进行非亲属语言比较,非同一语系的语族(支)比较。超越谱系的比较,一般是在区域相邻的语言间展开的。因此这种探求词源的流派就叫区域类型学派。它探求的主要词源是关系词、借词。在谱系分类不明或有争论的情况下,做类型学比较是稳妥的。如对中国境内的汉语和侗台语、汉语和苗瑶语。在谱系分类中已经明确分属两个语系的语言间做类型学比较也是顺理成章的。如汉语和蒙古语、汉语和朝鲜语(韩语)、汉语和越南语、汉语和日语。蒙、朝(韩)、越、日的汉语借词至少 50% 左右。"越南语有两套词汇:一套是白话,即越南固有的词汇;一套是文言,即汉越语,也就是汉语借词。"越南语从一至十的数词也有两套。(王力,1990:799)据日本国立国语研究所对 90 种现代杂志的调查,汉语借词达 47.5%。从这个视角研究词源的主要成果,除了几本日语词汇研究专著以外,还有些论文。如《试论日语借词与古汉语词之间的传承关系》(史式,1982);《谈日汉同形词的古汉语来源》(崔淑萍等,1990);《谈日语的和语、汉语、外来语词汇》(陈端端,1993);《关于日本语的汉语词问题》(刘玉昆,1995);《关于日语词汇中的汉语词》(李莉,1998)。当然也有研究汉语中的日语借词的论著,如《谈现代汉语中的"日语词汇"》(郑奠,1958);《现代汉语中从日语借来的词汇》(王立达,1958)等。关于汉语和侗台语、苗瑶语、孟高棉语等的关系词比较探源,在第二节第 4 个问题中已有所交代。

7. 通俗词源学

通俗词源,作为一种现象,早就在古代语言中出现了。作为一个术语,是德国语言学家佛尔斯特曼(Forstemann)将近 19 世纪末,在《库恩杂志》第一卷提出的。他用的德文单词是 Volksetymologie。英法俄语分别翻译成 folk etymology、etymologie populaire、народная этимология。汉语译为流俗词源、俗词源、假词源、通俗词(语)源、民间词(语)源、俚俗词(语)源等。"流俗"一词在汉语里常用贬义。不如翻译成通俗词源。而假的、错的、歪曲的、民间的词源,在通俗词源总数中是较少的。

在佛尔斯特曼之后,我们选出研究通俗词源的六位学者,五种观点。

(1) 索绪尔认为,流俗词源是"歪曲形式和意义不大熟悉的词,而这种歪曲有时又得到惯用法的承认"。"那是把难以索解的词同某种熟悉的东西加以联系,借以作出近似的解释的尝试。"(索绪尔,1982:244)他认为它跟类比不同。

(2)布龙菲尔德认为,"这样的规则化的新构形方式,跟早先的词形结构不相符合(历史学家所发现的),有时候叫作通俗词源"(popular etymologies)。"所谓通俗词源多半是适应性的和感染性的。一个不规则的或语义上隐晦的形式,被一个结构更正常和含义较明确的新形式替换了——虽然后者往往有点牵强附会。"(布龙菲尔德,1980:515,522)他把它归为类推(analogy=索绪尔用的法语 analogie"类比")变化的一种。

(3)布达哥夫则从词的内部形式切入。"用词表达概念的方式、词的声音外壳及其最初意义之间联系的性质,就叫作词的内部形式。依据这点来说,этимология(语源,语源学)是某词的最初意义,同时也是研究有关词的最初意义及其后来发展阶段的一个语言学分科。""它的最初内部形式就渐渐被人忘记了。""在民间语言中,时常可以看到词的内部形式各种改变意义的情形。这种现象就叫作民间语源。""在许多场合中,民间语言中改变意义的词,时常以改变了的形态重回到标准语中来。""总之,民间语源乃是在民间语言中根据祖国语言容易理解的词改变不易理解的词的意思的个别情况,换句话说,这是将不易理解的词或语改为容易理解的词或语。"(布达哥夫,1956:61—67)

索氏和布氏都只注意词的形式或意义,而布达哥夫则兼顾了形式和意义的联系——词的内部形式,并把通俗词源归结为内部形式这个上位课题之中。五年之后,在布达哥夫出版的《语言科学引论》第一章第七节把词的内部形式和词源同义发展并列,进一步探讨了词义发展和词源的关系,和内部形式的关系。(布达哥夫,1958:62—78)

(4)1973 年的美国语言学会会长 D. L. Bolinger 和 D. A. Sears 合写了一本书 *Aspect of language*(HBJ,1981)。书中认为,通俗词源指"当听话者听到一个陌生的词时,他把它错当成已经早就熟悉的某个词,并且进而把它与某些自己了解的事物联系到一起。这种讹误可能在心理上导致语词语法结构的改变。""使词的形式发生变化","造成微小的词形变化"。总之,"是语词使用中的讹误问题","是在特定语言环境中临时出现的东西","它属于言语,而不属于语言"。(张绍麒,2000:9—10)

(5)通俗词源研究的后起之秀、英语出身的张绍麒先生,从 1985 至 2000 年十五年间,从攻读汉语词汇学硕士到晋升教授之后,曾在《光明日报》《辞书研究》等报刊上发表了多篇通俗词源研究成果,出版过《语词符号结构探索》《汉语流俗词源研究》两部专著。他认为"流俗词源的本质特点是语词内部形式变异"。"表面上看可能改变语词的语音形式,而在根本上它首先改变的是语义,不过这个语义不是语词的词义(所指),而是一种被作为形式使用的语义,它是语词内部形式的要素之一。"(张绍麒,10—11)

8. 未来的汉语词源学

未来汉语词源学任重道远。第一,继承哲学词源学的智慧,开拓先哲留下的空间。第二,弘扬语文词源学的优良传统,开拓它的多元思路,精化它的多元方法,扩展它的广角视域。第三,强化历史比较词源学的谱系性、系统性、异质性、原则性。第四,升华民族语言词源学的词族理论和深层对应理论。第五,继续发掘方言底层语料,开发方言底层研究和方言同源词研究。第六,扩展、深化区域类型学词源研究,为词源研究开拓更广阔的视野。第七,深入研究通俗词源学中的语词内部形式变异问题,吸收通俗词源学的丰富语料和研究成果。

未来的汉语词源学,在吸收以上七个流派的词源学成果中,将逐渐发展成熟。

人、物、学一理,有容乃大。

三、词源学理论

要想兼容,就必须站在制高点上。只有站在制高点上,才能分清各学派的高中低、偏正误,才能发现各学派的合理因素和片面因素,才能超越一个学派的狭窄视域。

所谓制高点,就是学术思想史的制高点,就是理论制高点。学术史自古就有两条线:一条是文献史;另一条是思想史。思想史是从文献史中总结、抽象、升华出来的,而且是学术史的主线。学术的制高点就位于这条主线上。

总结词源学学术史,在众多的思想点上,下列几个理论组成了制高点。

1. 历时系统论

尽管以词源为重要内容的历史比较语言学,在青年语法学派手中达到了较为成熟的地步,但是青年语法学派还是缺乏系统观,被讥为原子主义。虽然索绪尔力主系统论,但是他以为历时语言学中要素"彼此间不构成系统"(索绪尔,1982:143),"变化永远不会涉及整个系统,而只涉及它的这个或那个要素,只能在系统之外进行研究。"(索绪尔,1982:127)简而言之,他认为历时不存在系统。后来,雅柯布逊突破了索氏的局限性,强调"每一种变化都必须看成为它所属的那个系统的一种功能"(徐通锵,1896:155),历时存在着系统。

词源学研究,必须受历时系统论指导。同源词的对比,必须是历时系统的对应,而不能是偶然的音义相似。仅凭音义的微别就确定为同源词,这是规定主义。而规定主义是从亚里士多德至索绪尔之前的语言学的主要思潮。在这一思想影响下确定的同源词,常常带有主观性,常常混入许多非同源词,致使同源词的研究偏离正常轨道。

词源学研究的指导思想,由早期的原子观发展为现代的整体观。下列语言学词典对词源学的定义或多或少地受了原子观的影响:"指对词的来源与历史以及对词的形式与意义的变化(包括向其他语言借词[Borrowing])所作的研究。"(哈特曼等,1972)"研究词的来源、历史及其词义变化的学科。"(理查兹等,1992)"传统上指导研究词的形式和意义的起源和历史。"(戴维·克里斯特尔,1997)从整体论来看,词源学还包括"揭示词的词源关系,建立词的族属类别"(何九盈,1995:502)。词的来源的研究,很少研究单个词,而大多数是研究有同一来源的一组词或有同族关系的一组词,也就是历时多元研究或类聚研究。总之,是历时的系统研究。进入这个系统的主要系列单位是词位、音位、义位、法位,其次系列单位是词素、音素、义素、法素。

2. 宏观词源学

局限于语言内部的词源学,称为微观词源学。超越语言内部的词源学,称为宏观词源学。

相当多的同源词和同族词,在语言内部就可以找到词源,这类研究需要三条先决条件(埃里克·P.汉普,1992):①"掌握语音变化、词法变化、句法变化";②"掌握类比、借词、重构和内部重构";③掌握地域语言学(areal linguistics)。刘又辛(2001)认为"研究汉语词源学,文字学是基础,音韵学是工具,训诂学是核心"。这是就微观词源而言的。

还有相当多的同源词和同族词,必须借助语言以外的知识:自然史、社会史、文化史、思想史、宗教史等等。

20世纪60年代以来,互渗(互相渗透)是语言学的大趋势之一。各级学科之间的互渗姑且不论,语言与世界,词与物的互渗,是直接跟词源有关的。

语言哲学告诉我们,语言是存在的家园。离开世界,自然没有语言;离开语言,也不能认识世界。迄今为止,人们所认识的世界都反映在语言里。"意义是主体所能把握的真正的知识客体"。(胡塞尔、徐友渔等,1996:140)对词的史前意义的判断,只能靠历史知识。例如有人说"狗"和"驹"是同源词,是原始语言的同一个词的分化。历史知识告诉我们,狗的驯化最早,大约在渔猎时代晚期和畜牧时代早期。

而马的驯化,大约是在畜牧时代中晚期和农业时代初期。相隔上千年的狗和驹,用一个名称称呼,这个推断有点玄。

《说文·禾部》说:"黍,禾属而黏者也。以大暑而种,故谓之黍。从禾,雨省声。"历史知识告诉我们,黍是殷商之前已有的农作物,已见于甲骨文。而"大暑"作为二十四个节气之一,始见于战国的《逸周书》和《管子》等书,比"黍"晚了约 1000 年。如果按把二十四个节气写入历法(那是西汉成帝末年改《太阳历》为《三统历》的时候)算,"大暑"比"黍"至少晚 1300 年。因此,"黍"的命名定音跟"大暑"没有关系。

由此可见,寻求词源、同源词、同族词,不能只靠语言知识,而常常得求助于历史知识。因此宏观词源常常是历史学的一部分。

3. 语言联盟论

语言联盟论是跟语言谱系论相对的。布拉格学派的中心人物 Трубецкой,Н. С. 看出谱系论在探求同源上的局限性,提出语言接触和联盟观点。之后,梅耶、赫尔姆斯列夫、雅柯布逊(R. Jakobson)、U. Weinreich、汤普森(S. Thomason)、Paul K. Benekict 等语言学家都对语言接触和联盟研究做出了不同程度的贡献。到中国陈保亚(1996,1999)这里,这一理论臻于完善。它是区域类型学的基础理论,在这一理论指导下,语言比较不限于同源关系、谱系模式,可以是接触关系、联盟模式。它比较的主要内容是关系词,包括新老借词。

为了鉴别语言的同源关系和接触关系,陈保亚(1996)特别引进了斯瓦迪士(M. Swadesh)的 200 核心词的理论和方法。1952 年斯瓦迪士从印欧语中筛选出最稳定的 200 个词,1955 年又从 200 个词中选出更稳定的 100 个词。两种语言的关系词在这两阶词中的分布是有差异的:有同源关系的语言,关系词在核心词中出现的多;有接触关系的语言,关系词在核心词中出现的少。只有证实了同源关系,才有可能去证实同源词。而"证实同源词比证实同源关系困难得多"。(陈保亚,1996)因为同源词的证实,还得具备另一些具体条件。

4. 词源学的方法论

中西词源学共享的方法是比较法。中西词源学也有个性方法。

西方词源学多用语族间的历史比较,即拿一个词在语族间寻找同源词,寻找同源词在语族内的语言对应关系的证据。它是拿三个框架避免随意性的:一语音共性,二语义共性,三形态共性。

国学词源学,传统方法多是拿两个或几个同源词,在汉语文献内,寻求语音共性和语义共性。因为缺少语族和形态的控制,所以难免随意性。

为了避免随意性,汉语词源研究的方法,必须充分运用相当于语族的方言材料,必须以语族为比较的单位,寻求词族的语音特征,必须以一组同音词(字)在方言间做深层对应比较,必须以汉字为线索寻求同源词、同族词。

　　总之,要综合运用中西具有杰出贡献的七个方法:丹麦学者拉斯克(R. Rask)的语音对应法,德国学者博普(F. Popp)的语法对应法,俄国学者布达哥夫(P. A. Будагов,1963)的语义对应法,斯瓦迪士(M. Swadesh,1952)的200核心词检测法,中国学者的词族对应法、深层对应法、系联法。

　　除此以外,在词源的几个宏观课题上,还应该注意定量分析法。

　　从古希腊至今,一直在争论名实的任意性问题。非任意性论者,古今都举象声词、叹词为例,任意性论者都举非象声词、非叹词为例。双方都可以举出几百个例子。从前有所谓"例不十,法不立"之说,如此说来,例过十、过百乃至近千,法还不立吗?现代科学的回答是否定的。因为质的规定性不决定于孤立的绝对的量,而决定于相关的相对的量,汉语中的象声词有400个左右,感叹词有近100个,再加上一些拟声造的词,总数在600个左右。这个数占汉语总词数的千分之一或几百分之一。能用这个比例数论定名实的非任意性吗?显然不能。因此我们得特别注意模糊学的原创者美国教授扎德(L. A. Zadeh)的高见:"一种现象,在能用定量的方法表征它之前,不能认为它被彻底地理解,这是现代科学的基本信条之一。"

　　上述论争的论证中,古今惯用的是内省式的简单枚举法,即由主观的认识、省察为出发点,寻找有限的实用的若干例子,证明主观有局限性的认识是正确的。其结论,常常是不科学的。科学的方法应当是,从初步的定性研究出发,经过封闭域的全量定量分析,检验、校正、精化、提高原来的定性,把非科学的直觉(非任意性)转化为可靠的科学的结论(任意性),如此"定性—定量—定性"循环下去,各种科学才会获得当今的现代化的进步。如果暂时不能做全量分析,做些抽样定量分析也好。例如我们从《说文通训定声》中选取"同、从、宗、音、圥、句、叚"7个右文,得到含这些右文的总字数为136个,其中有广义的右文义的字数为92个,占总字数的67.65%。无右文义的字数为44个,占32.35%。如果去掉广义右文义中的反义和较远的间接义,那么含狭义的右文义的字数所占的比例为20%到30%左右。这中间有些右文义是模糊的。如"叚"声字在《说文通训定声》中有22个,其中只有5个有"赤"义,占22.72%。如果去掉4个误解的字(即不是"叚"声字),那么有"赤"义的字可占27.77%。而段注却说"凡叚声皆有赤色"。可见连段玉裁这样精审的学者在定量分析面前都得受到重新检验。

5. 根词和衍生词异质论

根词,也叫原词或初词(王力)、初始词、原始词(intia 或 redices)。根词是产生得最早(多在史前)、意义最基本、结构最单纯、构词能力最强、全民性最突出的基本词汇中的核心词。它们以这五个特点区别于其他基本词汇,更区别于衍生词。根词在一种语言中大约有 500 个左右。复合词和派生词都是它们的衍生词或滋生词。

根词多是任意的、无理据的。衍生词不是任意的,是有理据的。拿衍生词去说明根词的理据,是倒行逆施,是违背历史原则的。如:

> 春,蠢也。物蠢生乃动运。(《汉书·律历志》)
> 土,地之吐生物者也。(《说文·土部》)
> 韭,菜名。一种而久者,故谓之韭。(《说文·韭部》)

怎样判别根词和衍生词?第一,以文字为线索。一般说来,用"春、土"等独体字为词形的是根词,用"蠢、吐"合体字为词形的是衍生词。第二,以文献为参照。"韭"见于《诗经》,"久"见于《论语》,皆不见于卜辞、铭文,无法判别先后。"土"见于《书经》《易经》《诗经》、卜辞。"吐"见于《诗经》,不见于卜辞。"土"应为根词。第三,以词类产生的先后为参考。名词(亚里士多德称为"静词")比动词、形容词先产生,具体名词先于抽象名词,跟人生活密切的具体名词、动词、形容词先于离人生活较远的具体名词、动词、形容词。专有名词先于一般名词(布龙达尔,1928)。代词先于一般名词、动词、形容词。基数词先于其他数词。实词先于虚词。据此,名词"春"早于动词形容词"蠢"。具体名词"韭"早于形容词"久"。具体名词"土"早于动词"吐"。第四,用根词的五个特点区别于衍生词(前文已论列)。

6. 同源词和关系词异质论

同源词是语言发生学和谱系学的范畴。关系词是类型学的范畴。

关系词,首先是指不同语系之间的音义相关的词。如罗杰瑞(Jery Norman)和梅祖麟把汉语的"江"跟南亚语系孟高棉语族巴纳语(Bahnar)跟塞当语(Sedang)的[Kroŋ]、卡涂语(katu)的[Karuŋ]、布罗语(Bru)的[Kloŋ]、呵莱语(Hre)的[Khroŋ]、古孟语(MON)的[Kruŋ](皆为"河流")视为关系词,把汉语的"河"跟阿尔泰语系蒙古语的[lool](河流)视为关系词。(桥本万太郎,1985)近来有些学者认为,我国的几种孟高棉语族跟壮侗语族有密切关系。

关系词,其次指同一语系不同语族之间的、缺乏同源词证据的对应词。在缺乏证据的条件下,关系词比同源词的提法稳妥些。

7. 字源和词源异质论

一般来说,字源是有史以来的现象,其研究是有文献史料和文字史料可以证明的。词源不完全是有史以来的现象,其中一部分推导是属于史前时期的。字源研究比较可靠。它利用字形及声符的联系,借助音义条件,可以得出较可靠的同源字、同族字。词源研究只能以字形、字音、字义为线索,以词的音、义、结构(形态)为根据,以一种语言的文献为证据,以同一语系语族间或方言间的历史比较对应为制约规律,这样才可以得出同源词、同族词。

同源字有时是以不自由的语素的形式存在的。如:"张家庄、张格庄、张哥庄、张戈庄"中的"家、格、哥、戈"是地名中存留的同源字。其义都是"家",其音都是见母[k],鱼铎对转,鱼歌旁转。

同源词都是以词位(偶尔是词位变体)的形式存在的。如"家/嫁",都是自由词位,女子成家或女子结婚到异姓家就是"嫁"。"萝卜/莱菔"是词位及其语音变体,"斑白/班白、颁白""踌躇/踌躅"是词位及其词形变体。

汉语的字源研究和词源研究是互补互利的。

8. 词源义和词义异质论

广义的词源义应该包括四个内容:A. 某词的原始义;B. 词的理据义;C. 词的内部形式;D. 同源词之间或同族词之间的共性义。

原始义是词的最早的意义。其中大部分是可以用文献证明的(这类一般称"本义"),一部分是由字或词形构造分析确定的,一部分是由同源词或同族词历史比较推导的。后面两种意义,都不是词义。

词的理据是命名的理由和根据,是词义的附属内容,它不是词义的主体。一般说来,了解词的理据会有助于掌握词义。因此,中型语文词典常是有选择地说明词的理据,以之作为释义的补充手段。

词的内部形式广义的是指词的理据、词的语义结构和语法结构。狭义的只指后两个内容。总之,它不是指词义本身。词的语义结构和语法结构所以称之为"内部形式",就是相对于词义这一个内容而言的。它们是反映词义的两种内在的形式(有别于外在形式语音)。分析这两种内在形式,有助于理解词义。

狭义的词源义专指同源词或同族词的共性意义。它是"最大公约数式的意义"(沈兼士)、"意象、特征义"(王凤阳),"带有具象性,居于义素这个层次上"(王宁),"具有多元性、抽象性、模糊性、同规性、依托性"(殷寄明)。相比较而言,词义的客观性较突出,它客观地存在于语言系统和言语作品中,存在于辞书中。词源义的主观理念性较强。它是研究者从同源词或同族词的隐性义素归纳出的共性的语义特征。词义是以义位为单位的交际性的语义单位,词源义是以较高范畴为单位的思维性的语义系统。词义包括以百万计的义位组成的庞大的语义系统,词源义只包括数以百计的大小、高低、长短、曲直、明暗、深浅等等义素组成的很小的语义特征系统。

只有抢占上述理论制高点,才能建立起以理论为先导的汉语词源学。没有理论,无所谓"词源学",只能在黑暗中摸索,重复记录,反复描写,循环整理。必须牢记中国人记录了两千多年的彗星资料而结果却叫"哈雷彗星"的教训。

我们强调理论,并不是忽视语料。没有或缺乏语料的词源学,只能是空谈词源学。准确地说,汉语的词源学必须以理论为先导,以语料为基础。

总而言之,我们的倾向是:即将成熟的汉语词源学还必须做些催熟的工作,一要兼容词源学七个流派的营养,二要抢占词源学理论制高点。

参考文献:

[1] 埃里克·P.汉普:《关于词源学》,1992,见:汪榕培等:《九十年代国外语言学的新天地》,辽宁教育出版社,1997。
[2] 布达哥夫:《语言学概论》,时代出版社,1956。
[3] 布龙菲尔德:《语言论》,商务印书馆,1980。
[4] 陈保亚:《论语言接触与语言联盟》,语文出版社,1996。
[5] 陈保亚:《20世纪中国语言学方法论》,山东教育出版社,1999。
[6] 岑麒祥:《从广东方言中体察语言的交流和发展》,见:《中国语文》1953年第4期。
[7] 岑麒祥:《历史比较语言学讲话》,湖北人民出版社,1981。
[8] 何九盈:《中国现代语言学史》,广东教育出版社,1995。
[9] 黄易青:《汉语同源词研究概述》,见:《汉语词源研究》(第一辑),吉林教育出版社,2001。
[10] 康德拉绍夫:《语言学说史》,武汉大学出版社,1985。
[11] 刘又辛:《谈谈汉语词源研究》,见:《汉语词源研究》(第一辑),吉林教育出版社,2001。
[12] 梅耶:《历史语言学中的比较方法》,科学出版社,1957。
[13] 桥本万太郎:《语言地理类型学》,北京大学出版社,1985。
[14] 德·索绪尔:《普通语言学教程》,商务印书馆,1982。
[15] 汤姆逊·威廉:《十九世纪末以前的语言学史》,科学出版社,1960。
[16] 王凤阳:《汉语词源研究的回顾与思考》,见:《汉语词源研究》(第一辑),吉林教育出版社,2001。
[17] 王力:《同源字典》,见:《王力文集》(第十一卷),山东教育出版社,1990。
[18] 王宁:《关于汉语词源研究的几个问题》,见:《汉语词源研究》(第一辑),吉林教育出版社,2001。
[19] 徐通锵:《历史语言学》,商务印书馆,1996。
[20] 殷寄明:《我对语源学若干问题的探讨》,见:《汉语词源研究》(第一辑),吉林教育出版社,2001。

[21] 张绍麒:《语词符号结构探索》,山东教育出版社,1992。

[22] 张绍麒:《汉语流俗词源研究》,语文出版社,2000。

[23] Абаев,В. И. *Вопросы методики сравнительно-исторического изучения индоевропейских языка*. М., 1956.

[24] Будагов,Р. А. *Ведение в науку о языке* М.,1958.

[25] Будагов,Р. А. *Сравтельно-семасилогические исследавания*(романские языки),М. 1963.

[26] Томсен,В. *История языковедения до конца XIX века* М. учпедтиэ,1938.

(原载《民俗典籍文字研究》,商务印书馆,2005年)

词位的语义结构

一

（一）词位。自从20世纪20年代彼什可夫斯基（А. М. Пешковский）提出词位（лексема）以来，对词位的认识就有了多个视角。

在语义视角下，词位"指语言意义系统中能区别于其他类似单位的最小单位"[①]"指一种语言语义系统的最小区别性单位"[②]。

在语法视角下，"一个词的整个词形变化体系、词形变化的全部形式有时候叫作lexeme。"[③]"同一词位有不同的形式，这些形式有相同的词汇意义和不同的语法意义。"[④]"它是一系列语法变体的基底形式"[⑤]。

在语音视角下，词位是一个义位全部语音形式的总和或常体[⑥]。

在词典视角下，"词位是指词典里的一个词。"[⑦]"词位按惯例是在词典里作为词条单独列出的单位。"[⑧]

（二）在综合视角下，维诺格拉多夫（В. В. Виноградов）（1944）、高名凯（1963）把多义词整体叫作 лексема（词位），把语段词（即言语中用于多义词某个意义的词汇单位）叫作词，后来斯米尔尼茨基（А. И. Смирницкий）等许多学者又称之为 ЛСВ（лексико-семантический вариант）。词位是"一些语言学家给语言词汇（vocabulary）的基本单位起的名称"。[⑨]提出词位的用意，就是想建立一个更适合讨论语言词汇的抽象单位，以便消除"词"这个术语的歧义。[⑩]本文的讨论，就是在综合视角下展开的。

二

（一）多义词是"具有文明的标志"。（布雷阿尔，M. Breal）在一个词位中，两个以上的义位形成历时和共时序列的，有梯度结构的，有语义桥连接的聚合体，称为

polysemy(一词多义/多义性/多义现象/多义词)。这个词源于希腊语:poli(多),sema(意义)。

多义词在语言中所占的比例,受制于两个参数:语种,时间。汉语、俄语、英语现代小型词典中,占 20%—50%,历史大型词典中占 30%—50%。多义词平均义位数,受制于一个参数:使用频率。1985 年普林斯顿大学的米勒(G. A. Miller)编制的 Wordnet(词网)收了 29 509 个词,共有 173 961 个义位,平均一个词 5.9 个义位。奥格登(Ogden)提出的 850 个基础词共有 12 425 个义位,平均一个词 14.6 义位。极端的例子,如英语词位 take 在默雷(J. Murray)《牛津英语大词典》中给出 300 多个义位,其中包含及物义位 130 个,不及物义位 21 个,get 和 cut 也有 150 个左右的义位。

(二)多义词也是一种语义场。场内组成成员,不是词,而是义位。这类场,比较突出的特点是联想性。因此,索绪尔的高足 C. Bally 称之为联想场。不同的心理学家从不同的角度分析出不同种类的联想。对于词位的语义结构来说,主要是两种联想:相似联想,相近联想(冯特[W. Wundt],1900)。相似中又分位置相似、形状相似、颜色相似、味道相似、功能相似、性能相似等等。通过隐喻认知模式,由旧义构建新义,如:早期德语的 Kopf,原为"罐儿",靠形状相似,演变出中古德语的"头颅"义。法语的 ouaille,原为"听话的羊",靠性能相似,演变出"听牧师话的教徒"。

相近联想,实际上包括许多关联关系,有许多细类。诸如本体同特征、产地、职务、数量、材料、工具、载体等关系,主体和活动关系,活动及结果关系,因果关系,特殊一般关系,部分整体关系,具体抽象关系等等。给人以"临近"感,容易产生"邻接联想",通过换喻认知模式,由旧义构建新义,如:英语的 dish,原为"盘子",演变出"盘中菜、盘中食品"义,这是载体和所载物的相近联想。法语的 travail,原为"劳动",演变出"劳动者",这是活动和主体的相近联想;又演变出"产品",这是活动及结果的相近联想。

相似联想和相近联想的结果,在认知语言学视角下,都是以原型意义为中心,以家族相似性为特征的,在一个词位内的聚合语义网络结构,或语义关系框架。

三

(一)多义词的结构性,其整体是格式塔(整体不是个体加合,整体影响每一个体),其基础是义位(此即词汇-语义变体)内部的义值(义素)和义域(义素),义值中分析出基义(义素)和陪义(义素)。基义中又分析出共性义素和个性义素,个性义素中又分析出主要个性义素和次要个性义素。其间的质、量,主、次关系,构成义位内部的层级结构。⑪多义词义位之间结构关系及其演变,其解释因子大多都是义位内部的义素结构及其再整合。

(二)多义词的结构性,表现之一是场内语义结构的三种模式。

1887年法国语言学家达尔梅司脱在他的名著 *La vie des Mots étudiée dans leurs significations* 总结出词义演变关系凝结在多义词场内语义结构的两种模式:a) rayonnement(放射型);b) enchaînement(连锁型)。⑫1957年列夫科夫斯卡娅在 *English Lexicology* 一书的"词和词义"一节继续研究了这两种模式:a) radiation(放射型);b) concatenation(连锁型)。此外,该书又提出一种结合型:"放射与连锁这两个过程是密切结合着的,因为它们是同一词义演变过程的不同阶段……放射过程总是先于连锁过程。"后来,乌尔曼(1962)的 *Semantics, An Introduction to the Science of Meaning* 等一些专著和教科书不断引用这三种模型。1987年 Беляевская, Е. Г. *Семантика слова*(стр. 76)再次较为系统地阐述了三种模型:1)конкатенация(连锁型),2)иррадиация(放射型),3)радиальноцепочечная конфигурация(混合型)。因为众所周知,为节省篇幅,不再举例。

(三)在连锁模型中,其结构性主要表现在层级及其梯度上。在一个事物中,如果存在连续量或程度,那么其间必然存在级差和差值,对这类现象描绘的术语就是"梯度",它是场论的三个基本量(另两个量是旋度、散度)的首要基本量。

1. 多义词的梯度,表现之一是场内义位存在着主、次、再次等层次梯度。其本义或基本义,处于主要的中心层次。布龙菲尔德称之为"正常的或中心的意义"。⑬有人称之为"直义""第一性意义"。其转义,处于不同程度的次要的非中心层次。布龙菲尔德称之为"边缘的或转移的意义"。⑭有人称之为"第二性意义"。在语文性词典中,首先排列中心意义,再依次排列不同层次的转移意义。在第一、第二语言习得中,首先学习中心意义,然后学习不同层次的转移意义。

2. 多义词的梯度,表现之二是人们对词义与词的符号之间联系反应时间渐次加长,由直觉到非直觉。例如,如果从"眼睛"联系到"глаз"的反应时间是十分之一秒,那么从"目光,眼力"到"глаз"的反应时间可能是十分之三秒,从"照管,监视"到"глаз"的反应时间可能是十分之五秒。

3. 多义词的梯度,表现之三是场内义位义值的丰度渐次加大。这是指中心义位所含义素较少,而边缘义位所含义素渐次增多。例如,"眼睛"有三个义素:[人或动物]+[视觉]+[器官]。"目光"还要加上三个义素:[看物时]+[眼物之间]+

[视线]。"监视"还要加上三个义素:[从旁边]+[严密]+[注视]。

4. 多义词的梯度,表现之四是场内义位组合自由度渐次变小。中心意义和边缘意义,维诺格拉多夫等人称之为"自由义""非自由义"(即"习用范围受限制的意义")。⑮所谓"自由""非自由"是相对的:本义自由,指习用范围较大或搭配能力较强;转义不自由,指习用范围较小或搭配能力较弱。例如俄语的 глаз,其本义"眼睛"常见的搭配有 6 大类,112 个短语;其转义"目光,眼力"常见的搭配只有 3 大类,43 个短语;其另一个转义"照管,监视"常见的搭配只有 1 大类,7 个短语。⑯也就是说,本义或基本义"在聚合关系方面最受制约,而在组合关系方面最不受制约"。(什麦廖夫,Д. Н. Шмелёв,1973)"转义的聚合制约较少,而组合上的束缚较多。"(Русский язык. Энциклопедия,1979)。⑰转义在使用上具有"狭窄性"。(Н. И. Фльдман,1957)

5. 多义词的梯度,表现之五是场内义位对语境的依赖程度渐次加大。例如,听到英语的 hand,在不需要任何语境的条件下,就能想到"手"。而只有在 the hour hand, the minute hand, the second hand 这些小语境中,才能知道它们是时针、分针、秒针。当 hand 表示"照管,支配"等意义的时候,就得依赖稍大的语境:in the hands of /Let's leave it in the hands of him(让我们把这事留给他去处理吧)。

6. 多义词的梯度,表现之六是场内由中心义位到边缘义位之间的相似度渐次减弱。相似度渐次减弱,指中心义位和边缘义位之间的共同义素由多到少。例如,俄语的 окнокно,奥热果夫(С. И. Ожегов,1963)在 *Словарь Русского Языка* 中给出 3 个义位:(1)在建筑物墙上的用来透光、透气和看东西的孔;(2)孔隙、孔洞;(3)两节课之间的空堂。1、2 的共同义素是:①物体中间空缺出的一个空间;②功用都是透光或透气等。而 1、3 的共同义素仅仅是不相连接的或空缺的部分(一是指墙上的,一是指课堂活动)。

四

(一)词位的语义结构的整体性。一个多义词的各义位常显出整体性,因而莫斯科学派常把多义词的一个义项叫作 лексико-семантических вриантов(ЛСВ,词汇语义变体)。(А. И. С. мирницкий,1954,Л. А. Новиков,1982,Э. В. Кузнецова,1989,Л. М. В. Асилев,1990)多义词就是一个语义变体束。其中心义是常见的典型变体,外围或边缘义是不常见的、非典型变体。典型变体常成为背景义。各变体都依靠语义桥连接成一个整体。

(二) 背景义。多义词的中心义和边缘义联系紧密程度不同。联系比较紧密的一类,理解边缘义的时候必须联系中心义,这样的中心义便是背景义或衬托义。例如,理解俄语的 глаз 引申义"视力",必须以本义"眼睛"为基础。理解俄语的 кит 引申义"台柱子",必须以本义"鲸鱼"为基础。

(三) 关于多义词各义位之间的"共同意义"是否存在以及存在的种类问题,众说纷纭。其事倍功半者,过多用力寻找三义以上的多义共生点。要想事半功倍,应该多用力寻找两义之间的桥梁,这就是语义桥(semantic bridge)。语义桥,是指本义和转义之间或转义和转义之间隐含的过渡语义,即其间的共同义素,亦即有直接联系的义位之间的语义链条。它可能是两个基义之间的连接义,也可能是本义、附属义和转义、基义之间的连接义。它是旧义位生长出新义位的生长点。事实是,三通桥极少,二通桥极多。阿普列祥(Апресян,1995)虽然总结出三大词类的 88 种语义转移模式,[⑱]但是未总结出转移中的共性义素类别。这些义素类别就是语义桥。下文以符号 ⌒ 表示语义桥,遇见 ⌒ 一律读作"语义桥"。

1. 语义桥,粗略地分析,可以得出两类:一是同场桥,即属于同一底层语义场或同一中层语义场义位之间的语义桥;二是异场桥,即属于不同底层语义场或不同中层语义场义位之间的语义桥。比较详细地分析,可以得出下列不同类别的语义桥:

同场桥:

(1) 上下桥:

A:上义 ⌒ 下义(⌒ 代表语义桥,多可读作"语义桥")。例如:

meat 食品→肉,⌒ 的义素是[常见的、主要的食品];

mill 机器磨房→机房,⌒ 的义素是[常见的、主要的机器房]。

(2) 总分桥:

B:整体义 ⌒ 部分义。例如:

room 空间→房间,⌒ 的义素是[常见的、主要的空间];

place 广场→一切地方,⌒ 的义素是[常见的大空间]。

C:A 人义 ⌒ B 人义。例如:

госпожа 太太→主妇,⌒ 的义素是[家中主要女人]。

异场桥:

(3) 物人桥:

D:表物义 ⌒ 表人义。例如:

звезда 星星→明星(名人),⌒ 的义素是[位置高,明亮,令人瞩目]。

E:空间义 ⌒ 空间人义。例如:

город 城市→市民，︵的义素是[空间存在的人]。

F：动物义︵人义。例如：

медведь 熊→笨货，︵的义素是[行动迟缓,反应慢]。

G：植物义︵人义。例如：

трава 小草→奴才，︵的义素是[任凭强势力摆布]。

H：职衔义︵人义。例如：

доктор 博士学位→获得博士学位者，︵的义素是[具有职衔者]。

I：性能义︵人义。例如：

ничтожество 渺小→渺小的人物，︵的义素是[性能具有者]。

（4）物物桥：

J：A 物义︵B 物义。例如：

пояс 腰带→地带，︵的义素是[形状相似]。

K：动物义︵物义。例如：

claw 爪子→爪形工具，︵的义素是[形状相似]。

L：材料义︵成品义。例如：

book 树→书，︵的义素是[书写材料]。

M：产地义︵产品义。例如：

la champagne 香槟省→香槟酒，︵的义素是[出产物]。

N：载体义→所载物义。例如：

dish 盘子→盘中食物，︵的义素是[所载物]。

O：具体义︵抽象义。例如：

way 道路→方法、方式，︵的义素是[达到目的所凭借的东西]。

обязательство 义务、责任→契约，︵的义素是[起约束作用的东西]。

P：A 事义︵B 事义。例如；

оправдание 辩护，宣告无罪→辩护的理由，︵的义素是[事情的内容]。

（5）动动桥：

Q：A 行为义︵B 行为义。例如：

открывать 开、打开→开门（营业、办公），开创，开办等，︵的义素是[初始行为]。

R：行为义︵关涉义。关涉义，包括施事、受事、结果、处所、时间、工具、材料、方式、原因、状态、数量等等。例如：

защита 守卫→后卫，︵的义素是[行为施事]。

сочинение 写作→作品，︵的义素是[行为结果]。

S:感觉义⌒心理义。例如:

listen 听→听从,⌒的义素是[听觉到心理听从]。

cool 冷→冷淡,⌒的义素是[肤觉到心理感受]。

(6) 性状桥:

T:A 性状义⌒B 性状义。例如:

тучный(人)胖→(土地)肥沃,⌒的义素是[充满养分的]。

U:具体性状义⌒抽象性状义。例如:

green 绿色的→没有经验的,⌒的义素是[未成熟的]。

(7) 转类桥:

转类桥,就是转移词类的桥梁。英语、汉语较多(名动互转尤多),俄语较少。转类的种类很多,这里只举三大类:

V:名物义⌒行为义。例如:

hammer 锤→锤击,⌒的义素是[用工具行为]。

深交:深厚的交情→密切交往,⌒的义素是[交情是交往的结果]。

hash 切细(肉等)→回锅肉丁,⌒的义素是[切细的肉]。

评价:评定价值高低→评定的价值,⌒的义素是[评定的结论]。

W:名物义⌒性状义。例如:

kindred 血缘关系→同宗的,⌒的义素是[有血缘关系]。

深层:较深的层次→深入的,⌒的义素是[深层状态]。

hollow 空的→洞,⌒的义素是[空洞的状态]。

错误:不正确→不正确的事物、行为,⌒的义素是[不正确的性状]。

кривая 弯曲的→曲线,⌒的义素是[弯曲的状态]。

X:行为义⌒性状义。例如:

quit 离开→摆脱了……的,了结的,⌒的义素是[离开的状态]。

深入:由外到内里、中心→深刻,⌒的义素是[深入的状态]。

narrow 狭窄的→变狭窄,⌒的义素是[狭窄状态的变化]。

麻烦:烦琐、费事→烦扰,⌒的义素是[使费事]。

再详细分析,还可以得出更细微类别的语义桥。研究还有待深入、系统化,由此才能把词义演变研究推进到一个新阶段。

与上述情况相反,英国语言学家拉科娃(M. Rakova)注意到,少数词位内部的多个义位,找不出语义桥。如英语的 hot 表示(1)"热",(2)"辣",是联觉感知(synaesthetic),双功能形容词(double function terms),显示"概念结构非多义性"(nopolysemy view),并不像认知语义学描述的概念隐喻的"标准设想"理论(standard assumption)。⑲

以上,对词位内部的语义结构的论述,比起传统词汇学对多义词的描述,有比较大的进展,这得归功于现代语义学。

附注:

① Richards,J. C. 等:《朗文语言教学及应用语言学辞典》,外语教学与研究出版社,2000。
② Crystal,D. :《现代语言学词典》,商务印书馆,2000。
③ 拉·兹古斯塔:《词典学概论》,商务印书馆,1983。
④ Lyons,J. *Linguistic Semantics:An Introduction*,Cambridge:Cambridge Un. Press,1995。
⑤ 同②。
⑥ 倪波、顾柏林:《俄语语义学》,上海外语教育出版社,1995。
⑦ 同④。
⑧ 同②。
⑨ Hartmann,R. R. K. 等:《语言与语言学词典》,上海辞书出版社,1981。
⑩ 同②。
⑪ 张志毅、张庆云:《词汇语义学》,商务印书馆,2005。
⑫ 梁守锵:《法语词汇学》,商务印书馆,1964。又见 Вандриес, Ж. *Язык*(182,187,393),Москва,1937。
⑬⑭ 布龙菲尔德:《语言论》,商务印书馆,1997。
⑮ Винградов, В. В, *Основные типы лексических значений слова*, Вопросы языкознания,1953,No. 5. (《俄语教学与研究》1958,2-3 期有译文。)
⑯ 孙致祥:《俄汉搭配词典》,商务印书馆,2003。
⑰ 华劭:《语言经纬》,商务印书馆,2003。
⑱ 张家骅等:《俄罗斯当代语义学》,商务印书馆,2003。
⑲ Rakova, M. *The Extent of The Literal Metaphor*, *Polysemy and Theories of Concepts*(45-76),Peking University Press,2004。

参考文献:

[1] 长召其、张志毅:《异形词是词位的无值变体》,见《语言文字应用》,2003 年第 2 期。
[2] Rayevskaya N. *English Lexicology*, Kiev State University Publishing House,1957.(1960 年商务印书馆出版一个编译本,改名为《英语词汇学引论》)
[3] 中国科学院少数民族语言研究所:《辞典编纂法论文选译》(第一集),科学出版社,1959。
[4] 王秉钦:《语言与翻译新论》,南开大学出版社,1997。
[5] 郑述谱:《词典·词汇·术语》,黑龙江人民出版社,2005。

(原载《鲁东大学学报》2006 年第 3 期)

《现代汉语词典》的原型语义观

语义学现代化的结果之一,产生了原型语义(又译作语义原型)观。

20世纪30年代、50年代维特根斯坦(L. Wittgenstein)提出"家族相似性",70年代美国心理学家罗斯(E. Rosch)等提出原型论,80年代以后贾肯道夫、雷科夫等提出"理想认知模型"。这三个阶段的中心内容都是对"多元结构"的认知研究。

"元"在词典语义单位里具体指:义项、义项群的共核义、子义项、子义项群的共核义、附属义项、义素、义素群、语素义。它们都具有典型性、本源性。对它们的认知方法是:在一类语义成员中选出中心成员(即原型),然后以原型语义为中心,扩展到次中心语义成员、一般语义成员以及边缘语义成员,这样就可以认识几类、几层语义范畴:中心义、次中心义、一般义和边缘义。各类或各层成员意义的地位是不平等的,一类或各类成员意义之间有不同范围或程度的家族相似性。这是认知语言学对语义和语义场研究的新贡献。由原型语义,导引出"原型释义"(prototypical definition):第一步,对原型(中心)义位准确释义;第二步,对次中心义位(常是原型语义的变体)的释义,等于原型义位的准确释义加/减最显著的语义特征。对原型义位及其各种变体的认识、重视程度、投入工夫的多少,直接影响着词典的编纂水平。

原型语义,近20年来值得关注的研究者有阿普列祥(1994、1995)、郭聿楷(2001)、吴世雄等(2004)、章宜华(2007)等。本文所说的原型语义,是从词典语义出发,指词典的相关语义单位的中心点或源点,其主要类型我们研究出十几种,这里只讨论6种:1)同义词群的共核意义,是同义词群的原型语义;2)多义词的本义(或基本义)是原型语义,转义是变体;3)一个义项/义位的意义是原型语义,言语中常有义位变体;4)一个义位的中心义素是其余义素的原型语义;5)字头义是原型语义,它在合成词中的语素意义是变体;6)一个义项内的主义项是原型语义,附属子义项是变体。

1. 同义词群的共核意义,是同义词群的原型语义。

同义词的共核意义,指由各个同义词提取的共同的核心义,或核心词的意义。

《现代汉语词典》(第6版)的同义词场有6000多个,因此有近6000多个核心词。围绕近 6000 个核心词的同义词单词 15000 多条。对这些词,多是用同义词解释的(可能用一到四个同义词)。必要时,给出同义词辨析。要把同义词辨析清楚,需要特别重视三种语义:a)同义词的共核意义、b)同义词的个性意义、c)同义词的语境意义。抓住共性和个性意义,照顾语境意义,才能提高所有同义词的释义。

《现代汉语词典》从古今汉语"短时间"语义场 100 多个词中选收了 70 多个词,其核心词是"一会儿",其核心义是"短时间"。其释义采用"个性义征＋共核意义"这一公式。摘要如下:

  A.【旦夕】比喻*短时间*。 B.【一时】*短时间*。

  C.【一会儿】指**很短**的*时间*。 D.【俄顷】**很短**的*时间*。

  E.【片刻】**极短**的*时间*。 F.【霎时间】**极短**的*时间*。

  G.【瞬息】**一眨眼一呼吸**的*短时间*。

  H.【旋踵】**把脚后跟转过来**,形容*时间极短*。

  I.【刹那】**极短**的*时间*。 J.【弹指】**弹动指头**,形容*时间极短暂*。

上列例子,斜体表示共核意义,它是辐射中心,连接语义场的各成员。黑体表示个性义征,它显示着同场词的差别。其"短时间"有 5 种梯度或类型:(1)A、B 为"短时间",(2)C、D 为"很短",(3)E、F 为"极短",以上 3 类有等级差别。(4)G、H 是用形象描写短时间,G 是像"一眨眼一呼吸"那样短时间,H 是像"把脚后跟转过来"那样短时间。(5)I、J 是佛经借词,I 是借音,J 是借义[按晋·法显《僧祇律》等书的说法,佛经术语时间词(汉译词)有多个,代表多个时间值:须臾＝一昼夜的 1/30,腊缚(又译罗预、罗婆)＝须臾的 1/20,弹指＝腊缚的 1/20,瞬＝弹指的 1/20,刹那＝瞬的 1/20。其中"弹指"的绝对值是 7.2 秒,"刹那"的绝对值是 0.018 秒。语文词典跟专科词典显著区别之一,不取术语的"多值",而取通用词的"二值"(利奇),即所谓的模糊义]。《现代汉语词典》把"弹指""刹那"分别释为"时间极短暂""极短的时间",其波动的中轴是原型语义(短时间),而不是术语的科学义(几秒)。离开原型语义"短时间",同场词语便失去中心;舍弃每个词的个性义征,同场词便失去差别。

  2. 多义词的本义(基本义)是原型语义,转义是变体。

  莫斯科学派权威学者认为,多义词是一个词位,多义词的一个义位是词位变体。高名凯(1995:273)赞同这个观点。《现代汉语词典》(第 6 版)有近 12 000 个多义词,跟第 5 版相比,其中有些已经修改了。最典型的是,把第1—5 版的"被[1]、被[2]、被[3]"三个同音词合为一个多义词,并给出 6 个义项,摘要如下:

    【被】❶被子:棉～…❷遮盖:～覆…❸遭遇…❹用于被动句…❺用在动词前

表示被动的动作…❻用在动词或名词前,表示情况与事实不符或者是被强加的…

这说明修订者认识到了"被¹、被²、被³"的意义是有联系的:"❶被子"是"被"的本义、初始义或基本义,即原型语义。"❷遮盖、❸遭遇"是距离原型义较近的次中心义。确定其间的联系,是根据已有的训诂成果。

"❶被子"就是《说文》的"寝衣也","❷遮盖"就是《楚辞·招魂》"皋兰被径兮斯路渐",王逸注:"被,覆也。"就是"盖、遮盖"。

连接"❶被子"和"❷遮盖"的语义关系是本体和功用的关系,段玉裁把它叫作"体用引申"。对这一联系,古人有点睛之语:《释名·释衣服》"被,所以被覆人也。"《左传·襄公三年》"被练三千"孔颖达疏"被是被覆衣着之名。"本体和功用的连接点,是语义桥(semantic bridge)的一种。

连接"❷遮盖"和"❸遭遇"的语义关系是主动实施和被动受事,这是语义桥的另一种。主动覆上,是"遮盖";被动施加,是"遭遇"。这种关系,何休在《公羊传·庄公二十八年》注中已经发现:"伐"有"伐人""见伐"二义。杨树达总结为"施受同辞",后人又概括出"施受引申"。"被"❹❺❻义都是由被动义("❸遭遇")引申的。❹义的"被"是介词,它前面的主语是受事,它后面的成分是施事,动作是强加给主语的;❺义的"被"是助词,用在动词前,表示被动的动作;❻义的"被"是动词,由被动的新用法上升为义项。

总之,"被"各义联系,以本义为原型,以第3义为枢纽:由1而2是体用关系,由2而3是施受关系;由3引申出4、5、6被动义。由此可见,每个多义词本义的(**语义**)因素丰富,而各个梯次转义的语义因素渐次减少,**语用**因素渐次增多。它们显示的语言规则是,原型单位常蕴含着较多的**语义**功能,变异单位蕴含着较多的**语用**功能。

因为对词义联系有了新认识,《现代汉语词典》(第6版)把旧版两个同音词修改成多义词的,还有许多例子。例如:"上¹、上²"改为一个多义词,给出19个义项;"背¹、背²"改为一个多义词,给出11个义项;"贼¹、贼²"改为一个多义词,给出6个义项;"杜鹃¹、杜鹃²"改为一个多义词(《本草》《后汉书集解》《蜀王本纪》《荆楚岁时记》《移苑》、鲍照诗、李白诗、杜甫诗等等都部分地反映了周末蜀王魂化杜鹃鸟、杜鹃啼血浇灌杜鹃花的传说),给出3个义项。

3. 言语中的语义点所围绕的一个义位,是原型语义。

在言语活动中,人们用的基本语义单位就是义位。义位的"所指"可以区分为:主要成员、一般成员、边缘成员。因此,义位在言语中有常体、变体。词典的义项不可能包括所有的成员、所有的变体。例如:

【宅】待在家里不出门（多指沉迷于上网或电子游戏等室内活动）。

我们从新华网、人民网和搜搜网总共 6000 多万用例中，各抽取前 200 个，共 600 个用例，考察"宅"的释义以及对释义的不同意见：

a)语料库显示，"宅"还有形容词意义，如"上班的时间比较～｜都市儿童越来越～"。其形容词用例只占 4%，不是原型语义，只是边缘变体。

b)"宅"的空间参数，不限于"在家里"，如"宅在实验室｜宅在宿舍｜宅餐馆｜宅酒吧｜宅茶吧｜宅在使馆｜宅在米兰｜岛上宅了 20 年"。语料库显示，这些"非家"空间用例只占 15%，是变量，不是常量，不是原型语义，只是介于一般和边缘的言语变体。"家"占空间参数的 85%，当然应该把"在家里"作为义位的主要义素。

c)"宅"的活动参数，不限于"上网或电子游戏等室内活动"，如"宅火锅｜宅烧烤｜宅米饭｜宅咖啡｜宅在家里可以陪家人、办公、写博客｜宅在家里可以从事七种职业"。这些活动，本来已经包括在释文的"等"里，如果拿出来另做统计，也只占总用例的 18%，不属于原型语义之列，只是介于一般和边缘的言语变体。"上网或电子游戏等室内活动"占活动参数的 82%，当然应该把这个常量作为义位的主要义素。把 b、c 的空间参数、活动参数，绘成示意图如下：

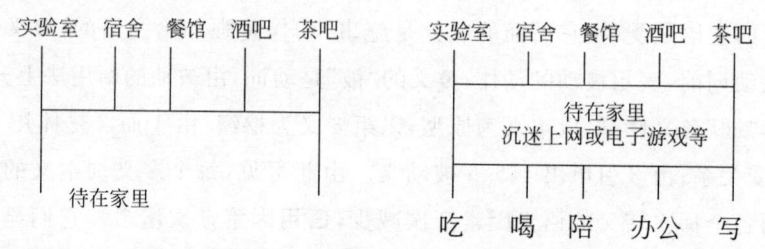

```
实验室  宿舍  餐馆  酒吧  茶吧        实验室  宿舍  餐馆  酒吧  茶吧
 |       |     |     |     |           |       |     |     |     |
 |_____|_____|_____|_____|           |_____|_____|_____|_____|
                                              待在家里
                                        沉迷上网或电子游戏等
        待在家里
                                         吃  喝  陪  办公  写
```

d)用法不限于"宅在"，还可以说"宅＋了/着/一起/的/来/去/名词"等，如"在岛上～了 20 年｜一个人～着｜爱，就～一起｜喜欢～的朋友｜～的就是寂寞｜～来～去｜～餐馆｜身～，心不～"等。这些用法占用例的 34%，虽然不是原型用法，但是也是值得注意的介于次中心和边缘之间的一般的言语变体，可以予以提示。

总之，语义原型必须概括其绝大部分用例，即言语的中心和次中心语义点，适当照顾边缘语义点，舍弃少数边缘语义点。这就是一个义位的常体，它具有稳定性、概括性、抽象性和完整性；与之相连带的各个变体，尤其是边缘变体，则具有变易性、个别性、具体性和细节性。"词汇范畴在边缘是模糊的，但是在核心是清晰的。"（Dirk Geeraerts,2013:206）

当然，"宅"的意义和用法，还在发展变化，对"宅"的释义也可能改变为：待在家等小空间，专心做有兴趣的事情。也可能发展出形容词意义：在家等小空间，对有兴趣的事情很专心。

4.中心义素是其余义素的原型语义。

先看《现代汉语词典》各版对动词"出席"的释义：

试印本：有发言权和表决权的成员参加会议,有时也泛指任何人参加集会。

试用本第4版：有发言权和表决权的成员(有时也泛指一般人)参加会议。

第5版：(有发言权和表决权的成员,有时也泛指一般人)参加会议。

第6版：参加会议或典礼等活动,特指有发言权和表决权的成员参加会议。

试印本至第5版,释文的共性义素包括：a)主体义素"有发言权和表决权的成员和一般人",b)动词中心义素"参加",c)范围义素"会议"。第6版突破了3点：1)把**主体**义素的"一般人"隐去了,这在《现代汉语词典》动词释义中是经常使用的艺术——隐去缺省值；2)把"有发言权和表决权的成员参加会议"降为特指义；3)增加了**范围**义素"典礼",并且加了个"等"。这三点修改,是否反映了语言事实？为了验证,我们从大型语料库取样含"出席"的200个句子,调查结果如下：

第一,跟在"出席"后面的会,其种类至少有40来种,其中需要发言和表决的会,占1/3多,如峰会、代表会、国会、议会、董事会、年会、碰头会、辩论会等；不需要都发言和表决的会,占近2/3,如庆祝会、运动会、联欢会、博览会、酒(宴)会、招待会、晚会、展览会、发布会、纪念会、典礼(婚礼、葬礼、开学典礼、毕业典礼、首映式)、活动、仪式等等。由此可见,把"有发言权和表决权的成员"降级,符合语言事实。

第二,跟在"出席"后面的成分,"会议"类占48%,"典礼"类占14%,其他活动占30%多。可见,《现代汉语词典》(第6版)抓住了"出席"的原型语义即中心义素"参加"这个常量,突显了中心义素的辖域——"范围"中的两个主要变量——会议和典礼。

再看《现代汉语词典》各版对动词"储备"的释义：

试印本：储存起来备必要时应用。

试用本：储存起来准备必要时应用。

1-5版：(物资)储存起来准备必要时应用。

第6版：(金钱、物资等)储存起来准备必要时使用。

总结三次修订,原型语义"储存、准备、用"是中心义素,保持不变,时间义素"必要时"也没变。变动的有3个义素："备"改为"准备",用词规范化了；"应用"改为"使用",用词准确了；客体义素,前两个版本隐去了,第1—5版把"物资"显化了,是进步,但偏窄,第6版加上了"金钱"并且排列在首位,更接近语言事实；尤其加了个"等",概括无遗。请看下列统计：从大型语料库取样含"储备"的100个句子,其中用于金钱的占

48%,用于物资的占 25%,用于其他的(如能量、力量、知识、词汇等)占 16%。

  从语义理论说,辅助义征有个基本数量。而词典释文现状显示的其辅助义征数量则有较大差异。在所有的词典里,在动词的 20 多个语义参数里,客体义素出现的频数都是最高的。当然,不同性质的词典,其出现的百分比是不同的:《简明牛津词典》47.01%,《柯林斯词典》89.94%,《牛津高阶学习词典》95.65%,《朗文词典》100%。这些数字说明,给出的动词的客体义素越多,越重视词的用法。因为客体义素这类语义参数(角色)有两个显著作用:加细精确度,显化区别度。《现代汉语词典》也很重视客体这个参数及其作用,其第 1—5 版都占 35%以上,而第 6 版的客体义素有的修改了,有的增加了,有的删减了。例如:

    【眷恋】(对自己喜爱的人或事物)深切地留恋。
    【淘汰】在选择中去除(不好的、弱的或不适合的)。
    【征收】政府依法向个人或单位收取(税款等)。

在客体义素中,第 6 版与第 5 版比较,"眷恋"把第 5 版括注中的"地方"改成"事物",增加了"弱的","征收"删减了"公粮"。这一改、一增和一减,标准是围绕原型语义的精确度、区别度。

  5. 字头义是原型语义,它在合成词中的语素义是变体。
  《现代汉语词典》编纂伊始,主编吕叔湘先生就特别强调,字头(现在又叫"字条")释义一定要"管住"所带的词条意义。只有抓住这个原型语义,才能纲举目张。例如《现代汉语词典》(第 6 版)给"网"增加了新义项:

    【网】❹特指计算机网络:上～|互联～。

  这个义项是原型,其作用是:管住了《现代汉语词典》收录的由"网"组成的 60 多个词语。我们先观察一下,核心语素"网"是怎样生成它的核心意义的。请看实例:

    A.【网聊】网上聊天儿……
    B.【网迷】喜欢上网而入迷的人。
    C.【网民】指互联网的用户。
    D.【网友】通过互联网交往的朋友。
    E.【上网】操作计算机等进入互联网。
    F.【网速】网络服务系统传输数据的速度。
    G.【网评】在网络上发表评论。

语素"网"是跟多个语素结伴而出现的,它必然跟各个伙伴形成语义和谐的状态,因而就产生了相伴随的语义个性,即组合义。如:A是"网上",B是"上网",C是"互联网",D是工具性的"互联网",E是受事"互联网",F是施事"网络",G是空间性"网络"。它们都围绕一个共同的语义中心,编者舍弃个性,提取共性,这就是"网"的原型语义——计算机互联网。然后再用这个义源辐射并验证各个含"网"的词语的释义。编者的功力在于:准确抓住认知焦点"网"的原型语义,清源正本,提纲挈领,统领了全部含"网"的词语的系统释义。

6. 母义项是语义原型,子义项是变体。

在一个大义项内,有主义项和附属义项,这是中外词典常见的事实。请看《现代汉语词典》(第6版)的例子:

【领衔】在共同署名的文件上署名在最前面,泛指排名在第一位。

【工作】从事体力劳动或脑力劳动,也泛指机器、工具受人操纵而发挥生产作用。

上面例子的斜体字,标示《现代汉语词典》(第6版)新增加的子义项,其子义项是主义项(即原型义)派生的泛指义:"领衔"的所指,由一类(仅指"署名")到多类(泛指多种"排名"),其语义桥是"排名在前";"工作"的所指,主体由一个大类(人)到另两个大类(机器、工具),所指活动由"劳动"变为"发挥生产作用",其语义桥是创造财富。这两个子义项,没被作为独立义项,是因为使用频次和分布还没达到应有的限度。但是多种网页显示:"领衔"的子义项正呈上升趋势,即将成为一个独立的义项;"工作"的子义项上升趋势较慢,近期很难成为一个独立的义项。

总之,原型语义,即中心语义,指同义词群的核心词的意义、多义词的本义或基本义、言语义点所围绕的义位、义位的中心义素、字头义、一个义项内的主义项。

从对释义作用角度观察,抓住原型语义这个释义的焦点,能够以点带面,以个体驱动群体,以原子拨动整体。这是《现代汉语词典》一贯遵循的重要原理,第6版格外重视。

(原载《词汇学理论与应用(七)》,商务印书馆,2014年)

《汉语词汇》的贡献与词汇学的新进展

孙常叙先生的《汉语词汇》①自出版至商务印书馆2006年再版,中间相隔整整五十年。《汉语词汇》为汉语词汇学做出了奠基性的、开创性的多方面贡献。其后汉语词汇学出现了由传统到现代的进展。本文将按专题把贡献和进展连贯起来讨论。

一、理论体系

科学研究,从根本上说,是理论体系的构建;没有理论,就无所谓科研。

只有构建一个理论体系,才能使一个学科站立起来。

《汉语词汇》在汉语界是最早构建出一个理论体系的专著。这个体系是由三纲、九目、十四个基本点和两个特殊点构成的。

三纲:词,词汇和基本词汇,词汇音变。

九目:词的性质和结构,词义,造词法,词汇,词在词汇里的几种相对关系,几种特殊性的词汇,基本词汇,基本词汇的积累、传承和发展,词汇音变。

十四个基本点:词的性质,词的结构,词义的性质,词义的发展转变,造词法,现代汉语词汇的性质、形成、判别,同音词,多义词,同义词,近义词,反义词,方言词汇,专业词汇和同行语词汇,外来语词汇,基本词汇。

两个特殊点:造词法,词汇音变。

这些纲、目、点的内容都吸收了当时能见到的最新理论,尤其当时最为推崇的马克思列宁主义,特别是斯大林的《马克思主义与语言学问题》。此外,作者还提出了一些关于具体问题的观点,如造词法的创立,基本词汇的深入思考,词义演变的双向思考,对词义性质的认识等。

在《汉语词汇》之后,我们读到了汉俄英法德日等许多语种的词汇学概论性的专著100多种,其纲目各不相同,但是14个基本点大同小异。大同,是恒量;小异,是变量。词汇学专著章节的变量是:有前后之别,主次之分,分合之异,增减之殊(如增加"古旧词语、新词语、熟语"等)。

这就是传统词汇学的基本内容,而现代词汇学不仅给这十几个基本点提升到新的理论高度,而且增加了十几个基本点:词的离散性,同一性(词位及其变体),词义的类型,附属义,义位,义素(语义特征),素义(语素义),语义场,上下义,总分义,组合,语境,理据(内部形式)等。

二、造词法研究的贡献和新进展

在语言学史上,孙先生从科学意义上,第一次把造词法跟构词法并列,予以区分界定,并且构建了造词法体系。当年的《中国语文》编委郑林曦先生(1959)认为,造词法的研究,在认识词的方法上更加容易求得客观的效果。[②]这一开创性成果,引领出几本《造词法》专著,多本词汇学"造词法"专章。1987年新二版《辞海》把"造词法"立为条目,1993年戚雨村等编纂的《语言学百科全书》也把"造词法"立为条目。

造词法和构词法不同。构词法,属于解码范畴,是对生成后的词做语法分析(如复合法、附加法、重叠法等,复合法又分出联合、偏正、补充、动宾、主谓)。造词法,属于编码范畴,是研究生成,即创造新词的方法:语音造词法、语义造词法、结构造词法。

语音造词法,具有原始性和局限性,其能产性和表达力都是相当有限的。

语义造词法,分析出变义造词和比拟造词两种,所造出的词是透明度最高的显性词(trasparent word),为人们所喜闻乐见,易于掌握。其能产性和表达力都较高。

结构造词法,包括"词汇-结构造词方法"和"形态-结构造词方法",其下分出:非词根结构造词,词根结构造词,音变造词,附缀造词。其中令人瞩目的是"并列关系词组结构造词"中的四个小类(两端对举、两类概括、两事相成、同义互注)和分化条件的二十六个语义作用,前者是把并列语法关系引入深层的语义研究,后者是把修饰或限制语法关系引入深层的语义研究,总之是对传统观念的重大突破。

后来的造词法专著和专章,在理论、类别和材料上都有一定的改进和丰化。1981年任学良出版了专著《汉语造词法》[③],在孙先生的基础上,改进出一个造词体系。不过他提出"以造词法统率构词法"这一过激观点,受到张寿康的批评[④]。葛本仪(1985)在《汉语词汇研究》"造词与构词"一部分进一步阐述了造词法与构词法的区别,提出了造词的逻辑基础,也改进出一个造词体系[⑤]。刘叔新(1990)在《汉语描写词汇学》"造词法"一节,另辟蹊径地构拟了一个造词体系[6]。

现代词汇学和语义学则从理据或内部形式的视角,把造词法作为词级的编码(构词法是解码内容之一)模式来研究。从义位组合的视角,提出语素的共现规则和序列规则。

构词法曾经从语音、语法、语义、修辞等多角度研究过,但主要是从语法角度研究的。从语法角度研究说,莫斯科学派的谢米纳斯(А. Л. Семенас,1992:144—149) Лексикология современнго китай-ского языка 有新的研究成果:名、动、形分别有七、八、五个模式。

造词法也曾经从语音、语法、语义、修辞等多角度研究过,但主要是从语义角度研究的。从语义角度研究说,莫斯科学派的谢米纳斯(А. Л. Семенас,1992:155—185)也有新的研究成果:复合词有52种模式。

这些研究,现代都利用了计算机和语料库,使之为信息处理服务。

三、基本词汇研究的贡献和新进展

全书分8篇、32章、93节,基本词汇研究占了2篇、9章、23节,即占了1/4的分量,是全书浓墨重彩的问题。同时,关于这个问题的当时的参考文献分量最重、数量最多:上有"经典"的数段论断,下有国内外名家(如阿热戈夫、李荣、林焘、伯韩等)的多篇论文。而关于这个问题的研究,孙先生创获最突出:提出了基本词汇的特点的本质——非相关性;批评了词义主义倾向(不能拿事物或词义作为确定基本词汇的主要依据);基本词汇不等于常用词汇;稳定性绝不是固定性;基本词汇的性能(主要是固定性和能产性)不同于本质,不能用性能作为判定标准;从现代汉语推寻基本词汇的四条线索(历史、结构、造词、词源);基本词汇的累积、传承和发展。

此后,基本词汇研究,多数人后退了两步,少数人前进了两步。

后退的第一步,用性能代替了本质。近五十年,通行的是基本词汇的三性说:稳定性、全民性(含常用性)、能产性。以此来给基本词汇下定义,作为判别标准,忽略了"非相关性"这一本质特点,因而不能自圆其说。

后退的第二步,仍然没有摆脱词义主义倾向,仍然用事物或词义作为确定、划分基本词汇的主要依据,词汇史和词汇学专著绝大多数都没有跳出这个怪圈。

前进的第一步,站在学术思想史的制高点推进基本词汇研究。第一派是19世纪初拉斯克(R. Rask)提出历史比较语言学的多语共存的基本词汇,一脉相承的有斯瓦迪士(M. Swadesh)1950年提出的语言年代学的200个基本词。第二派是语言教学观点下的基本词汇:1930年奥格登(C. K. Ogden)和理查兹(I. A. Richards)提出850个英语基本词,1986年M. Stubbs提出的核心词(nuclear vocabulary)。第三派是1952年苏联提出的语言结构论的基本词汇,认为语言是由语音、词汇、语法三要素构成的,基本词汇和语法构造又是语言的基础。新的推进是在第三派基础上,引进第二派的核心词研究成果,主要是12条检测标准及其附带的3条次要标准[7]。这一研究方向,将是有前途的。

前进的第二步,定量的扎实研究。近七八十年,围绕基本词汇提出的基本词数量不等:少则有100、200、500、850,多则2000、3000、4000、8000等。现在,有人在100—200词内做扎实研究,这是属于根词研究;有人在7000—8000词内研究,这是属于常用词研究。把1500—2000作为基本词汇的基本量,可能较为合理。这些定量分析,都有利于推进基本词汇研究。

四、词义研究的贡献和新进展

"词义"这一章,比起"造词法""基本词汇",是用墨不多的,但是贡献不小,有些论断至今仍不落后:词义"是语音物化的思想","反映客观存在""当时社会作出区别的某些特点","反映了对象的最一般的和特殊的特征",不能"超出词义之外",不能"进入科学的定义的范围","词义和概念……是有精粗之别的","词义并不是把我们关于对象的全部认识都一览无余地综括起来,只是使我们可以把一些对象和另一些对象区别开"。

此后,词义研究,一些人后退了两步,一些人前进了五步。

后退的第一步,有些人认为,词义是指称事物。这是自柏拉图以来的原始的、陈旧的、落后的学说。

后退的第二步,有些人认为,词义是指称概念。这是自洪堡特、索绪尔以来的概念主义,它混淆了词义和概念的许多区别。

前进的第一步,词义反映的不仅仅是客观存在,而是三个世界:客体世界、主体世界、语言世界。

前进的第二步,词义不仅包括基义(约相当于理性义或概念义),而且包括陪义(约相当于色彩义)。

前进的第三步,基义分解出义值和义域。义值分解出主要义素和次要义素。义域分解出大小域、多少域、伙伴域、适用域。

前进的第四步,词义不仅包括外指义而且包括内指义(J. Lyons,1995),莱氏的内指义即索绪尔和奥格登等人说的系统义。

前进的第五步,词义分解出义位。单义词只有一个义位,多义词有多个义位。义位,是借助语音形式能独立运用的最小的语义单位,是由若干具体意义概括出的抽象常体,常体在语境中又会产生变体⑧。

五、词义演变研究的贡献和新进展

词义演变研究,突破保罗(H. Paul)1880年《语言史原理》和王力1939年《中国语文概论》的"三分说":扩大、缩小、转移。孙先生把这三种演变称之为"词义的转变",单列一章。与此并列的一章是"词义的发展",专讲词义发展的道路:深化、引申、分化(一分为二/三)。同时探讨了词义发展的方向:由粗到精,由浅到深。还探讨了词义发展的原因,突破了"一因说":不仅探讨了客观事物这一原因,而且探讨了人的认识这一原因。

此后,词义演变研究,多数人后退了两步,少数人前进了七步。

后退的第一步,退回到"三分说":扩大、缩小、转移。

后退的第二步,退回到"一因说":客观事物是词义演变的唯一原因。

前进的第一步,突破"三分说",进展到"多分说",即"七对说":扩大和缩小,转义(移)和转类,虚化和实化,深化和浅化,同化和反化,褒化和贬化,强化和弱化⑨。

前进的第二步,由定性分析进展到定量分析,并由此证明扩大和缩小并不是词义演变的两大主要规律。

前进的第三步,引进词义演变的三个模式:放射型、连锁型、交叉型(放射中有连锁,连锁中有放射)。(Darmesteter,1887;Rayevskaya,1957;Ullmann,1962)

前进的第四步,词义演变的新趋势:同场同模式,即同一语义场的词多数演变模式相同,如一些知觉动词(如"听")常向心理动词(如"听从")演变。

前进的第五步,进展到词义演变的"三因说"⑩:客体原因、主体原因、语言原因。

前进的第六步,发现参与词义演变的语言三个参数⑪:语义(含基义、陪义、义域等)、语法(含词类、功能等)、语用(含比喻、借代、委婉等)。

前进的第七步,发现词义演变研究的"六视角"⑫:逻辑视角、心理视角、历史视角、训诂视角、修辞视角、语言学视角,后者应该是较科学的。

六、结 语

　　语言学界泰斗王宗炎(1998)先生认为"孙书是一本有系统的专著。孙是汉语词汇学的开路先锋之一,他的文字学、音韵学、训诂学根底都很深"。[13]符淮青(1996)先生认为"对发展我国汉语词汇学的研究,起了一定的促进作用"。"丰富了汉语词汇学的内容,不完善之处也启发后人作进一步的探讨。"[14]周荐(1995)先生认为"作者在一无参照的情况下所写的这部材料相当丰富所论问题也比较全面的书,在汉语词汇学史不失为开创性的、奠基性的著作。它在日后三四十年的时间里为现代汉语词汇学的进一步发展、完善,起到了重要的推动和促进作用"。[15]它的筚路蓝缕之功已经载入史册,至今还被博士、硕士论文等许多论著引用着。当然,书中还有许多值得商榷的地方本文不予评论,因为本文不是书评。

　　就体系说,《汉语词汇》是属于传统词汇学范畴的。传统词汇学正向着现代词汇学进展,正渐渐地具有八个特色:现代哲学特色、现代语言学特色、现代语义学特色、数理及计算机特色、语料库特色、文化(宏观)特色、比较特色、新理论特色。

附注:

① 孙常叙:《汉语词汇》,吉林人民出版社,1956年;商务印书馆,2006年再版。
② 郑林曦:《试论成词的客观法则》,《中国语文》,1959年第9期,第422页。
③ 任学良:《汉语造词法》,中国社会科学出版社,1981年。
④ 张寿康:《构词法说略》,见《汉语学习丛论》,山东教育出版社,1983年。
⑤ 葛本仪:《汉语词汇研究》,山东教育出版社,1985年。
⑥ 刘叔新:《汉语描写词汇学》,商务印书馆,1990年。
⑦ 刘民钢:《核心词理论述评》,见《语言问题再认识》,上海教育出版社。
⑧⑨⑩⑪⑫　张志毅、张庆云:《词汇语义学》,商务印书馆,2001年。
⑬ 王宗炎:《汉语词汇学的新探索》,《语文建设通讯》,1998年第57期,第64页。
⑭ 符淮青:《汉语词汇学史》,安徽教育出版社,1996年,第100—106页。
⑮ 周荐:《汉语词汇史纲》,语文出版社,1995年,第83—85页。

(原载《词汇学理论与应用(四)》,商务印书馆,2008年)

新词个体和世界整体*

现代许多哲学家认为,世界总体至少包括三个世界:客体世界、主体世界(含精神世界)和语言世界。

研究新词,必须放在世界整体里。认知一个新词语,应该在客体、主体世界确定其外指义,在语言世界确定其内指义(系统坐标值),在多维价值观下确定人们对它的使用值(即词价)。正如维特根斯坦在《逻辑哲学论》开头部分特别强调的,世界是由事实组成的整体,而不是由事物组成的整体。客体世界、主体世界和语言世界的组成,都不是纯客观事物,而是人们所认识的事实、所作所为及其结果、所说的语言。

一、甲骨文研究对新词语研究的启示

众所周知,甲骨文共有 4500 字左右,可识的甲骨文一共 1425 字(孙海波《甲骨文编》,李孝定《甲骨文集释》可识 1377 字),其中大多是一个个单音词。在可识的 1400 多字(取得共识的不足 1000 字)中,罗振玉考释出 560 字,唐兰考释出近 100 字,于省吾考释出近 300 字,共计 960 字,余下的字分别由 10 多家考释。可见,郭沫若考释出的甲骨文数量并非名列前茅;可是他在甲骨学界的名声却异常显赫,史称"甲骨四堂"(罗振玉/雪堂、董作宾/彦堂、王国维/观堂、郭沫若/鼎堂)。这除了跟他的文史成就和社会地位有关之外,主要是因为他甲骨文研究独辟蹊径,并做出了突出贡献:他把许多甲骨文单字(词)跟殷代社会联系起来,并得出许多较为可信的历史结论。如他认为《殷契粹编》1162 片的"多方"就是多国,且多国之人"同受殷人教戒,非留学制之滥觞而何欤?"

在众多研究者中,郭沫若为什么能卓有成效地把一个个甲骨文单字(词)跟殷商社会联系起来呢?根据他自己总结回顾,得益于《美术考古一世纪》(1906 版,郭沫

---

* 本研究为国家社科基金项目"汉语辞书理论史研究"(项目编号:08BYY046)成果之一。

若据日译本译为中文,有 1948/1952/1998 版)。这本书的作者是德国人阿道尔夫·米海里斯(Adolf Michaelis),主要介绍 19 世纪希腊等西方国家考古成就,其中对治学最有启发的思想是:要把每一个美术考古文物跟整个美术大厦联系起来,用众多古文物构建美术大厦,从大厦定位各个文物的价值和作用。这一思想,可以用希腊考古先驱威尔加的一句名言表述:"他不是从一个窗眼仅仅去窥察了一座大厦之一室,而是对于大厦的每个角落都很熟悉,那各个角落在他看来是全体的映象。"

二、在客体、主体世界里认识新词

因为客体、主体世界跟语言世界具有同构性,所以必须在客体、主体世界里认识新词。其同构性主要显示在三个方面:

(一)客体、主体世界的事物,跟新词具有对应关系。

自然客体中的天体、地貌、气象、时间、空间及其关系、性质、变化等,对应着一类类词语。社会客体中的建筑、器具、衣物、群体、组织、单位及其关系、性质、变化等,对应着一类类词语。主体中的人类、民族、团体、人群、个体及其思想、感情、感觉、活动、性状等对应着一类类词语。客体和主体,是认识新词并赋值的主要前提。认识新词,首先要找到它的客体、主体的对应物。

近几十年,对新词语(约万余条)的解释,其主要成绩在于确定了"词—物"对应关系。如:

a. 电子雾:电子设备在使用过程中所产生的充斥空间、弥漫于大气之中的各种不同波长(或频率)的电磁波。(《新华新词语词典》)

b. 海水入侵:……海水直接侵入淡水层,海水溯河倒灌、风暴潮淹没陆地……(同上)

c. 电子眼:用于监控、摄像的电视装置。(同上)

d. 磁卡:表面涂敷有磁性物质的卡片,能够用来记录数据资料。(同上)

e. 蓝领:……指从事体力劳动的工人……。(《现代汉语词典》)

f. 恶补:在短时间内拼命地补充(知识、营养等)。(同上)

g. 酷:形容人外表英俊潇洒,表情冷峻坚毅,有个性。(同上)

a、b 对应自然客体;c、d 对应社会客体(即人造物);e、f、g 对应主体世界事物。

(二) 客体、主体世界的事物,跟新词语间具有结构体系对应关系。

社会客体,尤其是市场经济结构体系,近几十年有较多的变化,都一一反映在新词语系统上。例如市场结构体系和对应的新词语:

  商品市场
    综合:超级市场/自选商场/超市 便利店/便民店(较小的)
      量贩店、平价店(薄利多销的) 连锁店及其旗舰店
    专门:楼市/房市 币市 车市 邮市 花市 鸟市
  金融市场
    股市:A股 B股 牛市 熊市 虎市 鹿市 猴市
    彩市:彩票 开采 中彩 体育彩票 福利彩票
  劳动力市场
    职业介绍所 人才市场 人才交流中心
  技术市场
    技术转让 技术服务 技术咨询 技术培训 技术承包
    技术入股 技术出口

(三) 客体、主体世界的事物,跟新词语间具有性状、运动系列对应关系。

经济的性状、变动,都明显反映在新词语上。例如:

  疲软 平疲 低迷 虚高 高端 低端 高尚 绿色
  并购 引资 投保 打卡 参股 退市 走穴 帮困

从以上三个方面认识新词语,仅仅是解释了新词语的"外指义"(denotation,又译"指示义",Lyons,1995:76—83)。此外,新词语还有"内指义",即词在语言世界的意义。

三、在语言世界里认识新词

20世纪初期,索绪尔提出"价值":词不仅有"外指义",而且在语言系统中有"系统义",即由关系位置决定的"系统值"。莱昂斯(J. Lyons,1995:80)径直把它叫作

sense,即"内指义"(又译"关系义"),跟"外指义"相对。

一个新词语在语言这个内部世界里的联系,主要是跟其他有关词语的联系。这种联系主要是在聚合和组合两个大系统里显示着。

在聚合系统里,主要是两个分支系统:词汇系统、词义系统。

研究汉语新词语,第一个通常路径是,把一个新词语置于汉语词汇 11 个子系统中的某个系统:(1)核心词汇,(2)基本词汇,(3)一般词汇,(4)口语词汇,(5)书面语词汇,(6)方言词汇,(7)术语,(8)新词语,(9)旧词语,(10)古词语,(11)外来词语。

如果以现代汉语词汇而论,其整体是以 4000 条核心词和基本词为中心,以 30000 多条一般词为主体,以 8 个分支(4—11)30000 多条词语为边缘构建的。把任何一个词都看作这个整体中的一个细胞,这样才能从定位到定性。新词语"电脑、电子计算机、谐星、克隆、招标、上浮、舍宾"等应该分别置于口、书、方、术、旧、古、外等词汇系统中去考察。

研究汉语新词语,第二个通常路径是,把一个新词语及其义位于汉语词义 11 个子系统中的某个系统:(1)同义系统,(2)反义系统,(3)上下义系统,(4)层级系统,(5)类义系统,(6)总分系统,(7)多义系统,(8)交叉义系统,(9)义族系统,(10)序列系统,(11)组合系统。

下面以新词"靓丽"词群为例,观察它们在词汇和词义坐标里的价值:

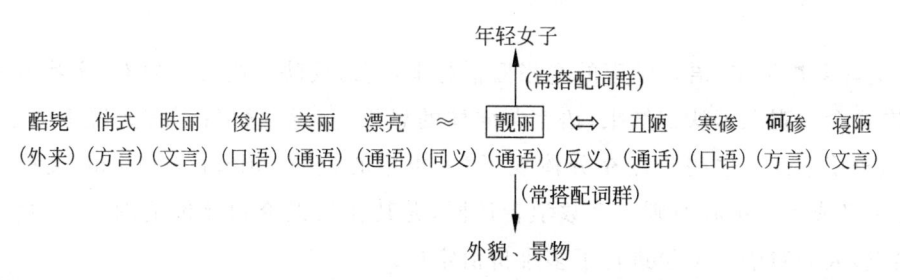

```
                                年轻女子
                                  ↑
                              (常搭配词群)
酷毙  俏式  昳丽  俊俏  美丽  漂亮  ≈  靓丽  ⇔  丑陋  寒碜  砢碜  寝陋
(外来)(方言)(文言)(口语)(通语)(通语)(同义)(通语)(反义)(通话)(口语)(方言)(文言)
                              (常搭配词群)
                                  ↓
                                外貌、景物
```

"靓丽"是古词保存在方言中,前不久进入普通话,这个获得活力的新词,能用于景物、外貌(多用于年轻女子)。它跟左侧各词是广义的同义词,其区别是:"靓丽"义域比"漂亮、美丽"狭窄,比"俊俏、昳丽、俏式、酷毙"广泛;语体比"俊俏、昳丽、俏式、酷毙"限制较少。它跟右侧各词是广义的反义词,其区别是:"靓丽"义域比"丑陋、寒碜、砢碜、寝陋"广泛,语体比"丑陋、寒碜、砢碜、寝陋"限制较少。

"靓丽"的"靓"较生僻,意义不透明,于是产生一个"亮丽",因为有"亮"这一语素,整个词的意义是"明亮而美丽",多用于景物,有时用于人、年华、歌声、诗歌等(这时多含美好、优美义)。正如索绪尔(1980:162,168)所说的,"任何要素的价值都是由围绕着它的要素决定的","差别造成特征,正如造成价值和单位一样"。

上述词汇和词义的聚合、组合系统坐标,决定了"靓丽"的价值,即内指意义。

上面仅仅涉及"靓丽"组合的部分内容,如果要全面考察某词在组合(共现)系统里的全面情况,至少应该放在两个分支系统里:选择系统,序列系统。两个或多个词能组合成一个短语、句子,是依靠条件、规则进行选择、排列的。目前关于这些条件、规则的研究,国内外都处于起步阶段,初步成果可以概括如下(张志毅等,2005)。

选择规则(selection rule)约有10多个,举要如下:(1)同素规则,(2)施事规则,(3)受事规则,(4)同系规则,(5)形容规则,(6)同向规则,(7)语体同一规则,(8)倾向、态度同一规则,(9)修辞规则,(10)传统规则,(11)习惯规则,(12)音节协调规则。

序列规则(sequencing rule)约有近10个,举要如下:(1)时间序列,(2)空间序列,(3)数量序列,(4)地位序列,(5)标记序列,(6)正负序列,(7)体点序列(基体在前,注意焦点在后),(8)语法序列(主谓、偏正、动宾、递续),(9)习惯序列。

以上是人们通常关注的一些系统。此外,还应把新词置于多义场、词位及其变体系统中予以考察。

四、从多维价值认识新词的词价

把许多哲学家、语言学家的主张概括起来,词语反映的内容主要有:事物及其概念、准概念或观念等认识结果;语言共同体的思想、感觉、感情;语言系统中的语义、语法、语用个性。这些观点充分体现了"人类中心论"(anthropocentrism,又称人类中心主义或人类中心原则。多数学者认同,尤其在认识论和评价范围)。从这一原则出发,人们对语言单位进行了多维价值定位。

1902年,法国哲学家(拉皮埃 P. Lapie)提出了价值论(axiology)。1916年以前,索绪尔提出语言单位的价值说。仔细分析,索氏价值是由三维构成的:一是单位的所指差别价值,二是单位的能指差别价值,三是语言系统内单位之间的差别价值。后人经常称道的是后者,即语言系统内的差别价值。

20世纪50年代末,法国语言学家特思尼耶尔(L. Tesniere)提出一个词(多是动词)在句中的搭配价理论:一般指动词谓语的伴随或依附成分(含出现条件)的数量。后来人们进一步从语法、语义、语用、词汇多维观察研究了配价。

1971年加拿大学者琼-盖伊·萨瓦尔德(Jean-Guy Savard)从四维提出新的"词价"(法语 valence lexicale/英语 lexical value)理论:(1)定义能力,指用来定义其他词的能力;(2)包涵能力,指在句中能以同义为条件代替其他词的能力;(3)组合能力,指构成复合词和短语的能力;(4)扩展能力,指派生词义或造成同形异义的能力。

苏向丽的博士论文《现代汉语基本词汇的词价研究及应用》在萨瓦尔德的四维理论基础上推演出10维,即10个词价:认知价,结构价,语义价,兼通价,自由价,使用价(含词频和分布),释义价(在释义元语言中的频次),丰度价(转义的多少),聚合价(同义、反义、上下义词的多少),组合价(组词、语的多少)。我们借用苏向丽的5个词价,另构建3个词价,共用8个词价来给"靓丽"这个典型词位以及相关词群做价值定位示例:

	靓丽	亮丽	漂亮	美丽	昳丽	俊俏	俏式
频率价	451	1497	24429	37548	1	523	14
时域价	80	3	15	224	228	115	0
地域价	8	8	10	10	5	8	1
语域价	5	5	10	10	1	2	1
释义价	0	0	33	147	0	9	0
丰度价	10	20	20	20	10	10	10
聚合价	18	2	18	18	8	2	1
组合价	31	41	37	32	1	15	9
综合价	574	1576	24572	38009	254	684	36
价序	⑤	③	②	①	⑥	④	⑦

上表数据中的频率价根据当代汉语语料库、《人民日报》语料库统计。时域价根据《四库全书》等光盘,综合确定词产生以来的年代数,10年赋值为1;地域价参照《汉语方言大词典》确定,用于一个方言区的,赋值为1,通用的为10,新词还未通用的赋值为8,文言词不通用的赋值为5;语域价根据当代汉语语料库整合,用于口、政、经、法、文、教、媒、军、体、科技等一、二、五个语域的,赋值为1、2、5,通用的为10;释义价根据《现代汉语词典》释语中出现的次数确定;丰度价根据《现代汉语词典》等词典给出该词义项数量确定,有1个和2个义项的,分别赋值为10、20;聚合价根据《同义词词林》等词典整合的最佳同义词、反义词数量(所谓最佳,指同词汇系统、同义、同语体、同音节等);组合价根据《现代汉语搭配词典》和当代汉语语料库统计,一个常见搭配赋值为1。时域价、地域价、语域价,也可以合称为"分布价"。以上8种词价的数量之和,就是该词的综合价,价序是综合价的数量次序。从许多价值考察一个词及其相关词群,是比较科学、比较符合事实的价值定位。

从价值定位可以看出:价值的中心是"人们"(吕叔湘,1980),亦即语言哲学所说的"语言共同体"。各个价值都是以"人们"为中心的:频率价,着眼于人们使用某词的次数;时域价,着眼于人们造词、用词在时间段上的差异;地域价,着眼于人们用词在地域上的差异;语域价,着眼于人们用词在语言使用领域上的差异;释义价,着眼于人们解释词语中使用某词的频次差异;丰度价,着眼于人们用某词表示"所指"或包含义位的多寡;聚合价,是人们长期使用语言形成的聚合团,即某词周围相关词群个体的数量;组合价,是人们长期使用语言形成的组合链,即某词前后搭配词语或义类的数量;综合价,就是人们赋予词的综合价值。

由综合价得出的"价序",前一、二位的"美丽、漂亮",虽然两个词产生的早晚有很大差别,但一直是口语和书面语通用的,有很强的生命力。第三、五位的"亮丽、靓丽"是新造词、新用词,因为新颖,必然时兴相当长时间。第四位的"俊俏"是生命力很强的口语词,在许多时域、空域都常见。第六、七位的"昳丽、俏式"是文言词、方言词,在许多时域、空域都见不到,其"价序"自然排在后面。

五、结语

整体论认为,一个个新词语不仅仅属于所在的句子,更重要的是属于以"人们"为中心的事实世界,特别是属于以"人们"为中心的某一语言整体。

"颜色是在他的环境中'闪耀着'(正如眼睛是在脸上笑着)。"这是大哲学家维特根斯坦用文学语言表达了个体(元素/成分/原子/部分)和整体(系统/子系统)的关系。一个个新词语像一只只眼睛,在多样、多情的整个脸上笑着;离开这样的脸,无所谓笑着的眼睛。新词,是在整个世界里显示着。

参考文献:

[1] Lyons, J., *Linguistic Semantics: An Introduction*. Cambridge University Press, 1995.
[2] Философский энциклопедический словарь M.: YPCC, 2005.
[3] 吕叔湘:《语言作为一种社会现象》,《读书》1980年第4期。
[4] 苏向丽:《现代汉语基本词汇的词价研究及应用》,中国传媒大学博士学位论文,2010。
[5] 索绪尔:《普通语言学教程》,商务印书馆,1980。
[6] 王立刚:《浅议人类意识中人类中心原则在语言语义体系中的反映》,《语言学研究》(第八辑),高等教育出版社,2010。
[7] 维特根斯坦:《逻辑哲学论》,商务印书馆,1962。
[8] 张志毅、张庆云:《词汇语义学》,商务印书馆,2005。

(原载《语言文字应用》2011年第2期)

新时期新词语的趋势与选择

新词语的产生,是各语言的普遍现象。广义的新词语,在全世界范围内,每年都有一个爆炸的数字——十几万!即使狭义的新词语,即进入民族共同语的、具有稳定性和规范性的,一种语言每年也有几百个,甚至上千个。据巴恩哈特(Barnhart)统计,美国英语每年新增约 800 个,对此《韦氏新国际词典》的几次增补已经有所反映,仅第三版补编就收了 1961—1976 年的 5 000 来个新词语。据巴黎国际法语委员会调查,1973—1979 年间产生了 10 000 来个新词语。俄语 20 世纪 50—60 年代每年新增 180 个,70 年代每年新增 550 个,80—90 年代更多。汉语,近 10 年每年新增词语为 300—400 个,其中 2009 年新增 396 条(国家语言资源监测与研究中心,《中国语言生活状况报告 2009》)。

现代汉语新词语的产生,在共变论(布赖特,1964)视角下,是以三"新"为三个高潮的起点:一"新",是新文化运动(1919 年五四运动);二"新",是中华人民共和国成立(1949 年);三"新",是新时期开端(1978 年)。也许是偶合,每 30 年出现一个新高潮。一"新"时期,以文化、政治为重心产生了大批新词语;二"新"时期,以政治为重心产生了一批批政治、经济、文化新词语;三"新"时期,以经济为重心产生了一批批经济、文化、政治新词语。比较而言,三新时期的新词语更具有新时代特色,更加显示出新趋势(本文只略谈一二)。

新词语,跟其他语言成分一样,具有随机性、复杂性。如果不违背现代科学公认的"不兼容原理"(事物的复杂性与对它分析的精确性成反比关系),那么对新词语趋势描写的方法应当向现代统计方法靠拢一点,尽量离开一点传统的内省式的简单枚举法,以使我们的论述多一点现代科学因子。

一

新时期新词语有术语增多和普通化的趋势。

世界各学科、行业每年新增加的术语行话大约 100 000 多个,仅化学术语每个月就增加 300 多个。可见,每年产生的新词语的大多数,是术语。但是这个庞大的词层,对于各语言的共同语来说,并不是一个游离的、统一的词层,而是至少包括三个亚层次:不能进入共同语的专业层(占多数),有可能进入而尚未进入的中间层(占少数),已经进入共同语的通用层(占少数,不足 10%)。当然,后一个亚层,在共同语中也不是一个统一的词层。

通用术语词层,在共同语中所占的比例,在不同历史时期是不同的。大致说来,比例越来越大。《现代汉语词典》第 2 版(以下简称《现汉》)收录的术语为 14 700 多条,占收词总数 56 056 条的 26%。到闵家骥等的《汉语新词词典》(上海辞书出版社,1987,以下简称《汉新》)收录的术语为 933 条,已占收词总数 1 654 条的 56% 多。《韦氏第三版新国际词典补编》收的 6 000 个词中大多数是术语,显示了现代语文词典的新苗头。世界语有 6 000 个基本词,其中竟有 4 000 多个国际通用的科技词。可见,人造语更体现了主体意识对客体趋势的反映。1973 年苏联出版的《新词新义词典》收的术语占总词数的 80%。术语,在当今的某些语言词汇中,可能占到 80% 左右。(张会森,1984)

对上述趋势,利奇(1987)称之为"行话化"。"行话"范围太广,包括黑话等在内,而且汉语用这个词时,偶带贬义,因此不如称之为"术语化"。其实,更准确、更朴实的表达应当是:术语增多和普通化的趋势。

为什么会出现这样一个趋势?原因很多,如文化教育和现代传媒的普及,人们求新求雅的心理等等,而主要的原因是人类社会以几何级数的速度,向日新月异的科学技术时代突飞猛进。因此,英国的布莱恩·福斯特认为,"科学是造成当代英语崭新面貌的最有力的因素之一"。(张会森,1984)如今的时代,各种各样的科学技术同人们的多方面生活已经息息相关,各学科的各类术语像千万条江河一样注入了共同语这个大海。《现汉》(第 2 版)选收的各学科术语条目数字就是这个趋势的必然反映:经济 804,文艺 748,医药 724,物理 603,政治 467,军事 464,数学 463,生理 461,化学 390,地理 358,语言 346,生物 334,法律 328,宗教 316,哲学 198,电子 190,天文 155(以上据刘俊永先生统计,略有调整),还有教育、新闻、体育、逻辑等698 个。其中,电子术语,在《现汉》中只占术语总数的 2.5%,而到了《汉新》竟占了术语总数的 8%。可见,越是跟人们生活日益相关的学科,越是具有日益强大的渗透力。

三"新"时期,比起二"新"时期,特别是比一"新"时期,进入普通话的术语更趋于定音、定形、定义,各种变体定于一尊,即更趋于规范化。其功劳当然归于《现汉》《辞海》以及各专科工具书,也归于全国自然科学名词审定委员会(1985 年 4 月 25

日成立,下设十几个分会,出版了《自然科学术语研究》专刊)、全国术语标准化技术委员会、中国术语工作网、新华社译名室等组织机构,他们审定了几万个术语。

二

术语太长怎么办?只好缩略。于是,缩略语的增多,又成了新时代各民族语言新词语大潮伴随趋势之一。

格罗伍莱(E. T. Growley)的《缩略语、首字母缩略语和缩写词词典》(美国密执安出版)1960 年初版收 12 000 条,1985 年第九版收 300 000 条,净增 288 000 条,平均每年增加 11 520 条。1986 年李熙宗的《略语手册》(知识出版社)收 15 000 条,这个数占现代汉语词汇的 18% 多一些。而 1987 年的《汉新》收 391 条缩略语,占其收词总数 1 654 条的 24%,可见,缩略语在新词中的比例加大了。

这种趋势取决于现代的经济、科学、技术、文化、政治以及认识等的高速发展变化,它促使语言尽可能追求省时省力,最大限度地实现经济原则。语言交际更多的场合需要把长组合体压缩、省略、简化,而且越是使用频率大的、价值高的组合体,越应该缩小。这个反比原则,制约着、控制着语言单位的长度。说"超市""程控电话",总比说"超级市场""程序存储控制电话交换机"省事、简洁得多。可以预言,社会发展日新月异。缩略语必将与日俱增。如大陆外的华语圈已经出现了"商业信誉→商誉""主要原因→主因""安乐环境→乐境"等等,大陆不久也会出现类似的缩略语。

三

1. 外来词增多的趋势。

世界上 200 来个国家和地区的几千种语言,每年都在进行着大量的跨语言文化的词语代码转换——生成符合本民族词汇系统的外来词。逆此潮流而动者,必然失败。"土耳其政府曾一度禁止使用任何阿拉伯词语和波斯词语,但是后来不得不放弃⋯⋯法国人禁止从英语中借用词的做法也未获成功。"(奈达)相反,外来词都出现了激增的趋势。当然,外来词是个有争议的概念,我们将在广义的背景下展开下面的叙述。

120个国家和地区的大多数语言的外来词(特别是术语)都走了一条国际化的道路或由民族化而国际化的道路:拉丁文语种都以借形转换为主,非拉丁文语种(如日语等)大多都以借音转换为主,只有汉语等极少数语言还走着民族化的道路,即对外语原词进行语音、语法、语义、词形等多方面的改造工作。"汉化"量很大,因为世界每年出版书籍至少有1 000万种,仅科技书就有25万种,用外文印刷的占99.5%,其中英文的占50.5%。60%的电台用英语广播,75%的信件用英语书写,80%的电脑信息用英语储存。在转借(borrowing)这个重要文化活动中,我们仍然以借意为主。据对《汉新》等几部工具书的统计,借意转换仍然占外来词总数的74%—75%。但是,在国际化大潮的推动下,汉语外来词出现了令人瞩目的新趋势。

2. 混合词增多。

混合词,英语叫 hybrid word,法德俄语分别叫作 mots hybrides,hybrides wort,гибрид(或意译为полукалъка),都是指由语源不同的成分构成的词。混合词是许多语言共有的现象。当这种现象刚一出现时,大多都受到了经院式的纯语主义者和封闭式的排外主义者的指责。可是,混合词的准确性、国际性等最终还是打开了"纯而又纯"的森然门禁。即使在汉语中也出现了跟西语面目不同的混合词:西文字母加上汉字表示的语素或音节。有人形象地称之为"混血儿"。共有两种类型:

  A. 汉字开头的

  卡拉 OK   三 C 革命

  奥迪 A6   四 A 革命

  夏普 29HX8   三 S 研究会

  B. 西文字母开头的

  VCD 光盘   PC 光盘

  Y 染色体   SOS 村

  T.D.K 杯   HB 铅笔

  AA 制   BASIC 语言

  ABC 武器   ABC 法

对于 A 类,《现汉》《辞海》早已选收了一些。对于 B 类,最早打开门户的是 1979 年版的《辞海》:它在正文条目之后,附列"外文字母"栏,内收 63 条;该版增补单行册又增收 6 条,前后合计 69 条。1989 年版的《辞海》收 97 条,净增 28 条,比 10 年前增收 44%。后有《中国大百科全书》也附列这类混合词,其《语言·文字》卷中文索引之后附有以西文字母开头的术语 30 条。《现汉》修订本(1996)继而在所附的"西文字母开头的词语"一栏收 39 条,其中混合词有 19 条;虽然还有许多常用的(如:A 调、O 型血、BBCC 集团——多国银行集团……)没有收进去,但是对"试印本""试用本"、第一二版已经是零的突破,采取了承认的态度。可以预言,10 年以后的《辞海》《现汉》等辞书将会收更多的这类混合词,其增长率将会超过 40%。

3. 借形词增多。

这是保持原语词义、词形不变或基本不变的一种外来词的转换方式,即原形移植。在 120 个使用拉丁字母的国家之间,这是古今常用的一种方式,在中国和日本等使用汉字的国家之间也是古今常用的一种方式。

这种方式,主要用于专有名词、术语等。进入新时期以来,汉语直接借英文原形词渐多,尤以原形缩略语居多。《现汉》修订本在"西文字母开头的词语"附栏内选收 20 条原形词。还有许多常用的原形词,这部词典没有收录。

这类词还在与日俱增,每天翻开报刊,都不难见到:CSC(《光明日报》1996.11.18)、IGBT(同上,1996.11.17)、EBC(《工人日报》1996.11.17)、NBA(《新民体育报》1996.12.2)、WHO(《神州学人》1996.12)、ESP(《辞书研究》1996.6)等等。顺应着这个潮流,《外语教学与研究》稿约已经规定"英文人名可直接在中文中使用,不必译成中文"。估计,以后还会有更多的门户开放。

四

1. 词竞众择,适者生存。

名人达尔文的名句"It is not the strengest of species that survive, but the one most responsive to change."被名家严复译为"物竞天择,适者生存"。这是英译汉的令人叫绝的"绝句"。因为太绝,令人不得不仿造一句:"词竞众择,适者生存。"

这跟 19 世纪中叶侵入语言学的庸俗进化论不同,这是基于语言规律提出的词语规范的总原则。所谓规范,就是合乎规律的选择过程和选择结果。当然,对本文讨论的术语、缩略语、外来词、混合词、借形词,也必须经过这种选择。

2. 所谓"词竞",是词语以其词形、结构(含内部形式)、语音、语义、语用等价值条件,跟并行词语、对应词语或相关词语竞争。

LASER 一语有 4 种译名:"a. 莱塞,b. 雷射,c. 镭射,d. 激光"。a 是音译,b、c 是音兼意译,d 是意译,且反映出原语 5 个义素(light amplification by stimulated emission of radiation——光线、放大、刺激、散发、辐射)中的两个主要义素,再加之有名家钱学森倡导,"激光"渐居优势。

3. 如何对待"VCD 光盘"这类混合词?

开放者打开了门,并在词典正文或附录给了它们一席之地,另一些人则说三道四,视之为"马褂加领带"。孰是孰非,还是以史为鉴。

1919 年 11 月 29 日胡适等 6 人向教育部提案颁行新式标点,1920 年即正式颁行。之后有人讥讽中文加新式标点是"马褂加领带"。久而久之,即使"十三经""二十四史"加新式标点,人们也习以为常了。

1921 年鲁迅抛出了"阿 Q",国人颇觉扎眼,可是"阿 Q"越来越站稳脚跟,早已堂而皇之地进入了许多辞书,成为汉语词汇家族的正式成员。

历史的选择,是以价值为尺度的。有价值的,就是优变;无价值的,就是畸变。优存畸亡,适者生存。

"VCD 光盘"等跟"阿 Q"一样,具有独特价值,无可取代者;没有独特价值的,必有取代者。20 世纪二三十年代,"普罗文学"(也是一类混合词)着实红了一阵子,后来被"无产阶级文学"取代了,除了表意等因素以外,还有两个语义场的两个词群的集合力量夹击了"普罗文学"等几个散兵游勇。一个语义场的词群是"无产阶级××",一个语义场的词群是"××阶级文学"。

4. 如何对待 CCTV 这类原形词?

还是以史为师吧。现代数学敲开国门之始,有人把"x+y=a"代之以"天+地=甲",演了一场国粹戏。可是,没多久便演不下去了。因为拉丁字母和希腊字母等用作数字符号的以及其他数字符号常用的至少有五六十个,而我们的天干和地支符号总共 22 个,远不能对译。即使能对译的部分,也极不便使用。于是只好国际化。

1933 年鲁迅在《由聋而哑》里用过"ABC",指"入门,初步",当时上海的世界书局出版了《ABC 丛书》。几十年来,"ABC"的意义、用法渐宽,出现了"马克思主义 ABC""音乐 ABC""ABC 武器""ABC(分析)法""股市交易 ABC"等等,"ABC"以其独特价值生存下来了。

1935 年鲁迅在《理水》里就用过"OK"。它在中国大陆休克了几十年,这些年又以其独特价值和一定的条件在口语里复苏了。

在那个年代,鲁迅还用过 love(《风马牛》)、propaganda(《宣传与做戏》)、parenthesis(《信件摘要》)、proletariat(《灯下漫笔》)、mob(《随感录二十八》)。诸原形词都没有独特的价值,都没侵占得了汉语对应词的市场:爱情(爱)、宣传、括号、无产阶级、乌合之众。

竞争胜利的原形词,特别是术语和专名,有一个独特价值是可与国际接轨。有的不接轨不行,如不了解 GMDSS(1993 年 2 月以前用 SOS)是国际求救信号,何以得救? 有的不接轨,就被历史的火车抛得远远的。当代是电脑及互联网的时代,国际信息息息相关,更需要尽可能多的共性词语。

5. 权威不宜过早封门。在新中国建立不久,有位权威建议采用"部队",取消"军队",至今也不见效。权威的《现汉》"编纂法"规定,不收"满员"等协合语,可是以后又发现了"满员"比"客满"有独特的义域(用于军队、客车等),只好收录。

近些年,有几位权威人士说"面的""打的"结构不合汉语习惯,语素不易理解,不宜采用。可是,越用越广,而且出现"轿的、摩的、板的、残的、的哥、的姐、的来的去"等等新家族成员。

6. 词汇的新变异成分扩散的进程是:个体→社团 a→社团 n 或全民。所谓"众择",即广大群众根据交际表达的需要,在词语扩散进程中,选择价值渐大的词语,形成一个或一类词使用的趋势。语言中最高的权威,就是众人的习惯和规律。违者消亡,适者生存。

专家的任务,是观察描写习惯,发现趋势(趋势预示着方向,隐含着规律),总结完善规范标准,选择约定俗成的流行形式,引导言语活动,优化交际效能。

参考文献:

[1] 冯志伟:《我国的术语规范化工作》,见《语文建设》1995 年第 12 期。
[2] 黄河清:《汉语外来影响词》,见《词库建设通讯》1995 年第 7 期。
[3] 利奇:《语义学》,上海外语教育出版社,1987。
[4] 刘涌泉:《谈谈字母词》,见《语文建设》1994 年第 10 期。
[5] 闵家骥等:《汉语新词词典》,上海辞书出版社,1987。
[6] 西米恩·波特:《英语的变化》,四川大学出版社,1987。
[7] 张会森:《现代俄语的变化和发展》,人民教育出版社,1984。
[8] 周有光:《文化传播和术语翻译》,见《语苑新论》,上海教育出版社,1994。
[9] 朱永锴:《怎样处理这些"混血儿"词语?》,见《词库建设通讯》1994 年第 3 期。

(原载《语文建设》1997 年第 3 期)

异形词是词位的无值变体

一、词位及其变体

1. 词位的由来和多视角认识

1868—1881年,由库尔德内(B. D. Courtenay)和克鱼舍夫斯基(N. b. Kruszewski)师生创造了音位(phoneme)概念。在这一理论的引导下,产生了义位(glosseme 或 sememe)、法位(tagmeme)、词位(lexeme)、字位(grapheme)等概念,由此形成了位论。后来又产生了音素、义素、法素、词素、字素等等,位论和素论合称位素论。

在位素论的历史大背景中,词位渐渐被学者们认识了:由模糊到清晰,由单视角、多视角到综合视角。

早在1889年,俄国的波铁布尼亚(А. А. Потебня)还认为"词的任何变化都构成新词"。1928年谢尔巴(Л. В. Щерба)在《论俄语词类》(19页)中虽然认识到了一个词有不同形式,但是他给词的不同形式的界定是欠妥的:"词的不同形式在语言学中通常理解为物质上不同的词。"(维诺格拉多夫,1960:23,124)这说明他对词的变体问题还在摇摆,缺乏明确的见解。到了20世纪20年代彼什可夫斯基(А. М. Пешковский)提出了"词位"(лексема)。这一术语提出的用意是想消除"词"这个术语的歧义,建立一个更适合讨论语言词汇的抽象单位。(克里斯特尔,2000:202)此后,对词位便出现了多视角认识。

语义视角。从1923年到1944年,维诺格拉多夫在《修辞学的任务》和《论词的形式》中把多义词整体叫作词位(лексема),把言语中用于某个意义的词汇单位即语段词叫作词(слово),词位和词就是常体和变体的关系。高名凯先生(1963)接受了这一观点。语义视角下的另一提法是,词位"指语言意义系统中能区别于其他类似单位的最小单位"(J. C. 理查兹等,2000:262),"指一种语言语义系统的最小区别性单位"。(克里斯特尔,2000:202)

语法视角。"一个词的整个词形变化体系,词形变化的全部形式有时候叫lexeme。"(兹古斯塔,1983:159)"词位是一种抽象单位,在实际口头或书面的句子中,它能以各种不同形式出现,即使经过屈折变化,也仍被视为属于同一词位。"(理查兹,2000:262)"同一词位有不同的形式,这些形式有相同的词汇意义和不同的语法意义。"(莱昂斯,1995:47)"它是一系列语法变体的基底形式"。(克里斯特尔,2000:203)

语音视角。词位是一个义位全部语音形式的总和或常体。(倪波等,1995:79)

词典视角。词典中,每一个词位都得作为一个单独的词条或次词条来处理。词位是指词典里的一个词。词位按惯例是在词典里作为词条单独列出的单位。

综合视角。学者们从语义、语法、语音、词典等多视角,揭示了词位的不同侧面,有利于理解和把握词位整体。综合各视角,词位是"一些语言学家给语言词汇(vocabulary)的基本单位起的名称"。(哈特曼等,1973)本文以下的讨论,就是在广义的词位视角下展开的。

2. 词位变体

1952年,莫斯科大学著名教授、权威语言学家斯米尔尼茨基(А. И. Смирницкий)发表了著名论文《论词的问题》前篇《词的分离性问题》(1952),到1954年又发表了其姊妹篇(后篇)《词的同一性问题》,提出了"词汇语义变体"这一概念。到1956年,在他的遗著《英语词汇学》(35—45页)中进一步发挥了他的"词的同一性"和"词的变体"的思想。他从词位常体中分析出"词的语法变体、词的词汇变体、词的修辞变体、词的方言变体"。关于修辞变体,在1962年列夫科夫斯卡娅的《词的理论》(16页)中又得到进一步阐述。高名凯(1963)又提出"语音变体、语义变体"。除了以上这些变体,我们认为,还有词形变体、构词变体,再加上语法变体、语义(词汇)变体、语用(修辞)变体、方言变体、语音变体等,总共七种变体。

二、词位变体和异形词

1. 异形词是词位的无值变体

词位的七种变体,大多数是有交际价值的,我们称为有值变体。少数是没有交际价值的,我们称为无值变体。无值变体中的大部分是异形词。下面分别讨论各种变体跟异形词的关系。

2. 词位的语音变体和异形词

词位的语音变体是口语现象,包括组合变体和聚合变体。这里只讨论聚合变体。词位的聚合语音变体,是指不受言语语流的影响,而是受古今、口书、方普、社

团等差异的影响,在语言系统中存在的一个词的微小的语音差异变体。例如:

A	luō·suo	啰唆		B	bīngjilíng	冰激凌
A_1	luō·su	啰苏		B_1	bīngqílíng	冰其凌
A_2	lū·su	噜苏		B_2	bīngqílín	冰淇淋
A_3	lū·suo	噜嗦				
C	diào·erlángdāng	吊儿郎当		D	gēn·tou	跟头
C_1	diào·erlángdāng	吊儿郎当		D_1	gēn·dou	跟头
C_2	diào·erlàngdāng	吊儿浪荡				
E	kōu·sou	抠搜				
E_1	kōu·suo	抠唆				
F	xún·si	寻思				
F_1	xín·si	寻思				
G	shénqì	神气				
G_1	shén·qi	神气				

A 和 A_1、A_2、A_3,微别在韵母上。B 和 B_1、B_2,微别在后二字的声母和韵尾上。C 和 C_1、C_2,微别在声调上。D 和 D_1,微别在后一字的声母上。E 和 E_1,微别在后一字的韵母上,F 和 F_1,微别在前一字的韵母上,G 和 G_1,微别在轻声上。这些微别都是无值的,没有辨义等交际价值。这些因为语音微别造成的一个词位的异音、异形,应该选取前一词作为主条。

3. 词位的词形变体和异形词

词位的词形变体是书面语现象,它是指口语里说的是一个词的语音,而书面上却写成不同的形体。这是许多语言共有的现象,英语、法语、德语、俄语里存在,日语里更常见。例如:在日语书面语言里,许多词都有两三种不同的形体,如动词"制作"可以写"つくる""作る"或"造る",形容词"热的"可以写成"あつい"或"热い",名词"朝阳"可以写成"あさひ"或"朝日"。这是因为日语同时使用汉字和拼音文字"假名"而造成了词的不同形体。即使在完全使用拼音文字的书面语言里,异体词也不是没有的。如英语的"房间",口头上说[ru:m](或[rum]),而书面上却写成"room"或"roum"(罕用);"询问",口头上说[inkwalə(r)],而书面上却写成"enquire"或"inquire";"农夫",口头上说[plaumæn],而书面上英国人写作"ploughman",美国人写成"plowman"。同一个词,英美的书写形式不同,并不罕见。但是,这类语言使用的毕竟是表音文字,异体词并不是很多的,没有引起特别的注意。因为中国历史悠久、地域广大、方言复杂，汉字表同一音意常有几种可能性，所以一个词在不同时代、不同地域、不同的方言区、不同社团，有可能用不同的汉字来写。其中最典型的例子，当属"逶迤"（wēiyí，路、山、水弯曲延续的样子）八十形（据《容斋随笔》《联绵字典》《辞通》等统计）。历史像一个大过滤器，当然也在过滤异形词，"文革"前的《新华字典》还有"逶迤"四种词形，今日的《新华字典》只剩下一种词形，就连中型的《现代汉语词典》也只剩下两种。该词典立为并列条目的异形词还有 330 多组，在现代汉语语言实践中存在的异形词也只有 1000 多种（含 3000 多个词），如"烦琐/繁琐，抹杀/抹煞"，其词形的不同是无值变体，这是异形词的最主要的类型，应该选取通用的、有理据的词形作为主条。

4. 词位的构词变体和异形词

一个词位，因为古今、口书、方普、社团成员等因素使用了不同的语素或语序，形成了不同的构词变体。例如：

A 树墩/树墩儿　树枝/树枝儿　手车/手推车　数字/数目字
B 看风使舵/见风转舵　走投无路/走投没路
C 海拔/拔海　悲伤/伤悲　笨拙/拙笨　比较/较比　奋发图强/发奋图强

A 类是使用的词缀、词根不同，B 类是使用了同义语素，C 类是语素、次序不同，A、B、C 三类变体和常体的基义、陪义（附属义）都没有区别，即都是无值变体，有人认为是广义的异形词。照顾 A 类在口语里有不同的习惯说法。而 B、C 类之中的常体和变体并存则没有交际价值，都应该选取前一词作为主条，后一词作为副条。如果使用变体是为了韵律，那么可以临时用为修辞变体。

5. 词位的语法变体和异形词

斯米尔尼茨基（1954）把词位叫作"定形定义单位"（гдосса）。由此可以推导出，在一定的词围中，一个词的语法性的变形变义单位就是词位的语法变体。

英语的语法变体，就名词说，比俄语简单。英语名词只有所有格变体，而俄语名词一般都有 12 种变体。就动词说，英语动词常有 16 种时态变体（包括分析形式），俄语动词的各种变体总共有 20 来种。汉语的名词、动词、形容词等等没有那么多语法变体，只有其重叠形式可视为语法变体：天/天天，看/看看，高/高高，清楚/清清楚楚。可以重叠的比例，名词极少（多视为量词重叠），动词只有 12%，形容词有 15%（叠语素的；叠词的只有 0.1%，可视为形动兼类）（郭锐，2002）。词典反映重叠的办法常是：动词重叠多在例句中给出；形容词重叠语素的，也多在例句中给出；形容词叠词的，多设置一个动词义项。有的单音形容词重叠后，词性和词义发生了较大变化,如"大大""好好",不是变体,而是变成另一个词,词典中必须另立词条。

任何语言的语法变体的意义都是有值的,其词围分配是互补分布。因此,语法变体的绝大多数跟异形词无关。个别的情况,同一个语法意义有两个语法形式,如俄语的чудо(怪物)的复数变体一个是чуда,一个是чуды,一新一旧。只是这种情况跟异形词有点关系,而且不必作为异形词的规范问题。

6. 词位的语义变体和异形词

斯米尔尼茨基 1954 年在《论词的问题(词的同一性问题)》中提出了新概念"词汇-语义变体"(лексико-семантический вариант,简称 ЛСВ,见《语言研究所论集》第 36 页)。诺维科夫(《俄语语义学》第 112 页)再次强调,"术语'词汇-语义变体'是属于斯米尔尼茨基的"。这个术语的提出,是为了区别于传统的"词"。词,是兼指一符号及其所有的意义(包括多义词的几个意义)。词汇-语义变体则指一个符号与一个意义的结合体,因此一个多义词包含多个词汇-语义变体,词位是这些变体的总和,这些变体就是词位的组成单位。如果是单义词,词位及其变体便是等同的。

高名凯先生 1963 年在《语言论》(247—248 页)中引进了这一概念,改称"词位的语义变体",指多义词的一个意义,也可以指附带意义的变体,如表情意义由尊敬到讽刺的变体。

汉语有另一类词位语义变体现象,今举要如下:

口语里的一个语音形式,在汉语书面上因为用汉字意符分化出不同的词形,并用于不同意义,形成互补分布。比较典型的就是 gē·da 分化出的 4 组词形:(1)疙瘩(疸):身上的,(2)圪垯(嶝、墶):土、地的,(3)纥繨:绳、线的,(4)咯嗒(哒):面、菜的。

《现代汉语词典》的编者在"试印本"就以"疙瘩"为标准词形,把其余的形体作为非标准词形放括号里,不列为条目。这完全出于规范目的,可是词典还有备查功用,因此从"试用本"开始至新本又把附于括号中的各条目,分别列为正式条目,其后皆注"同'疙瘩'"。这是以规范为主,兼顾描写、备查。

跟"gē·da"一组相类似的,汉语还有"ménglóng"一组,也可以视为词位语义变体:用于目光,写作"蒙眬(矇眬)";用于日光,写作"曚昽";用于月光,写作"朦胧"。这是汉字意符令人强生区别,造出三个变体。其实,形有限,而意无穷,还有景色、暮色、烟、雾等等的不清楚、模糊,不能无限地造下去,只好把这些意义归属"朦胧"。说到底,这些朦胧以及月光、日光、目光不明、不清楚,都是视觉范围的事,不如选用一个"朦胧"为标准词形,一词以蔽之,这个词位语义变体具有更大的概括性。

跟词汇语义变体相关的是语义变体：一个义位在组合中发生了语流义变，如"我们认为……"的"我们"有时指"我"。语流义变种类较多。词典中对语流义变，多不反映；只有语流义变上升到常见用法、准义位的层次，词典才给出用例、子义项。

7. 词位的语用变体的异形词

斯米尔尼茨基(1956:42—45)提出"词汇的修辞变体"，词在各种修辞色彩上都可能产生变体，例如英语的 often(时常)用于中立语体，而它的同义近形词 oft 用于庄重-诗歌体。

我们所说的"语用变体"不仅包括修辞变体，而且包括各种用法变体，其前提又是词位的。

"及"和"暨"在春秋时代，在《书》《诗》中，都用为连词"与"义。那时的读音，"及"为群母，缉部，郭锡良先生在《汉字古音手册》中的拟音为[giəp]；"暨"为群母，物部，拟音为[giət]。"及、暨"的音差别只在入声尾的 p、t 上。何乐士等的《古代汉语虚词通释》干脆把"暨"置于"及"后的括号中，注音为 jí。我们认为，如果把"及、暨"视为词位变体，那么在上古则表现为语音变体，在现代还表现为修辞语用变体，"及 jí"用于一般语体，"暨 jì"用于庄重语体。不同词位(读音不同)的语体差别是语言丰富性的表现，可以作为不同词条，同一词位(读音相同)的语体变体似乎可以作为异形词考虑。

"词典"和"辞典"，20世纪初，作为中国新文化的一种信号，在双语工具书和专科工具书范围内出现了，后来便在单语工具书和百科工具书范围内用开了。20年代至40年代，用"辞典"比"词典"稍多。50年代至今，"辞典"用于专科、百科的居多，"词典"用于语文工具书(包括单语的、双语的，指词语)的居多。可是，这种语用变体并非严格互补，也有交叉。

在汉语史上，一个词常有正体和俗体(孤负和辜负)之别，这是语用变体系列。后来常以俗为正。这里不再论列。

总之，词位的六种变体(方言变体，省略)之中，语法变体在词典中只有非规则变体出词条。语音变体，对常见的出条或括注。词形变体分出主副条，主条后或括注(不常用的)，或在释义后提示"也作××"，这是描写原则；如贯彻规范原则，应该提示"多不作××"。构词变体，按描写原则，在释义后提示"也叫××，也说××"；按规范原则，应该提示"多不叫(说)××"。语义变体和语用变体，如果变体用不同词形、词音，就得列为不同词条。

三、异形词的家族相似性

1. 异形词家族的三类成员

许多概念都是模糊的,其中的"元"构成的"集"都是变量 T;所有的元,不能都具有等同的范畴属性,按具有属性的程度,元在集中形成梯度。根据这样一个客观事实,英国剑桥大学哲学家维特根斯坦 1933 年提出了"家族相似性"(family resemblance)理论,突破了亚里士多德以来的范畴论。按照这个理论,用定义的属性去衡定所有的异形词成员,这是比较陈旧的思路。异形词的家族成员,在都具有家族相似性的条件下,其近似值是有梯度的,由此可以分出中心成员、近中心成员、边缘成员。

2. 中心成员的异形词

中心成员的异形词,是不久之前并存的,后来因为语言文字出现了国颁标准,现在用 A 废 B。对这类历时性的异形词,有些辞书只出 A 类条目,不出 B 类条目。这类中心成员的异形词包括 5 类:

由本字造成的异形词。如:抵牾/牴牾,讹误/譌误,瑰宝/瓌宝。

由繁简字造成的异形词。如:家具/傢具,蒙眬/矇眬,老板/老闆。

由"叠、覆、像、啰"恢复合法地位造成的异形词。如:重叠/重迭,折叠/折迭,覆灭/复灭。

跟《普通话异读词审音表》不符的异形词。如:便秘/便闭,盟誓/明誓。

使用非通用字的异形词。如:保佑/保祐,滴答/嘀哒。

从法制观点看,以上 5 类中斜杠后的词形是错误的。但是由于各种原因,写、印这类形体的仍然较多,还是把上列各类词作为异形词看待为好。

3. 次中心成员的异形词

次中心成员的异形词,是常用和罕用形现在并存的,有些辞书区分出常用的主条词形和罕用的副条词形,在主条 A 下标明"亦作、也作",副条 B 下标注"同 A"。这类共时性的异形词,包括 3 类:

(1) 义位等同的异形词。如:烦琐/繁琐,号啕/号咷、嚎啕、嚎咷(单义位异形词);人才/人材(多义位异形词)。

(2) 义位交叉的异形词。如:交代/交待(一个义位等同交叉);作/做(两个义位等同交叉)。

(3) 义位包含的异形词。如：其他/其它，成材/成才（前者义位范围广，后者义位范围较窄，包含于前者之中）。

4. 边缘成员的异形词

边缘成员的异形词，介于异形词和非异形词之间，A、B 两个词在语音、语义、语用上或有微异，或有无微异尚无定论。

报道/报导，因为第二个字的声调有去上之别，《现代汉语词典》未注为异形词。"导"，从《广韵》直至 1957 年出版的《汉语词典》（即《国语辞典》）都读去声，因此 1999 年版的《辞海》说"旧读 dào"。从 1957 年至 1962 年的《普通话异读词审音表》把"导"定为统读 dǎo。这样就把本来属于次中心成员的异形词推到边缘成员，语音有点微异，是不是异形词，意见不一。对于边缘成员，词典应该采取慎重的态度。特别是对其中已有不同看法的，更应该慎重。"对于超过规范界限的东西最好的办法是保持缄默。"（兹古斯塔，1983:400）

在汉语里，则完全是另外一种情形。由于中国历史悠久，地域广大，方言复杂，特别是由于汉字主要以表义方法写词，所以一个词在不同时期、不同地方、不同方言里，可能用不同的汉字来写。如"逶迤"这个词，到了宋代，据洪迈在《容斋随笔·五笔·卷九》记录，就有十二种不同的形体。后来，有人据《联绵字典》和《辞通》统计，说有八十多种形体。这个数字虽然夸大了一些，但至少也有六七十种形体。即使在 20 世纪 30 年代的《国语辞典》里也还记载着这个词的四种形体：逶迤、委蛇、逶迤、逶移。

我们的先人，对异形词现象曾做过专门的研究、收集、辨析工作。唐代初年，陆德明在《经典释文》中，把异体词叫作"同言异字"。到了清代乾隆年间，吴玉搢编集了《别雅》，到了近代，朱起凤编集了《辞通》，都是集异形词研究之大成的工具书。

现在，由于国家的空前统一，典范白话文著作的推广，异形词出现了逐渐减少的倾向。有关部门也在有意识地整理异形词。

（原载《语言文字应用》2003 年第 3 期）

语汇研究的简单枚举和定量分析
——成语和惯用语典型群的建立

研究一个复杂的对象,很难求得真值。这就叫不兼容原理。怎样才能兼容并求得真值?常用的方法有两种:简单枚举法,定量分析法;两者结合,以后者为主。

简单枚举,是古今中外惯用的方法。就是在一个命题之后,举几个、十几个、几十个、乃至上百个例子。定量分析,是近几十年才广泛使用的方法。它要求从复杂的事物中分解出几个典型群,并以之为封闭域做定量统计,根据统计结果做定性分析,推进或更正原来的定性。事实证明,定量分析对简单枚举常有补益和订正作用。请看以下三个例子:

现在,报刊书籍还有一些人使用着简单枚举法否认索绪尔的语言任意性原则(即音义没有必然联系)。他们所列举的几十、几百个例子无非是两类:一类是拟声词、感叹词、拟声造词,二类是"右文""音近义通"字、同源字。两类例子分别属于语言初始阶段的根词和非初始阶段的衍生词。第一类例子在一种语言词汇中占1‰或1%左右,第二类例子在一种语言词汇中最多占27%左右。[①]而语言任意性原则是就语言初始阶段绝大多数根词说的。

一提到词义演变,就沿用德国新语法学派保罗(H. Paul)19世纪80年代的"扩大、缩小、转移"说,再举几十个例子。其实,扩大、缩小合起来只占演变总量的18.45%,它们不是词义演变的主要规律。[②]

有人提出"文言成分比口语成分构词能力强"这样的命题,然后举了几十、上百个例子,似乎已经证明了。其实,只有30%左右的文言成分比口语成分构词能力强。[③]

黑格尔认为,方法是理论的倒置。因此,简单枚举法,就是内省观或直觉认识的倒置。质的规定性,不是由简单枚举的"绝对量"决定的,而是由定量分析的"相对量"决定的,而且它能匡正内省和直觉。这就是虽然"例过十""例过百""法仍不立"的内在原因。同理,对语汇的研究,也不能用内省式的简单枚举法,而必须用科学的定量分析法。以此为轴心,本文将重点讨论语汇的"双层性""二二相承"、一元多元标准等三个问题。

1. 关于"双层性"。如"霸王别姬",表层意义是:项羽永别了爱妾,同名电影英语直译为 farewell my concubine,再直译成汉语就是"再见了,我的小老婆"。它的深层意义是:英雄末路,悲壮不已;引申指独裁者必垮台。因此有人提出"意义的双层性是汉语成语的区别性特征"④,此说有许多人拥护。有位权威说,这是成语研究的进步。这位权威的评论大半是出于直觉。也有一些人反对,举例说明用"双层性"对成语和惯用语划分结果与共识不一致。这个批评限于简单枚举。选择典型群,在封闭域内做定量分析的结果是,惯用语有双层性的占 90%。⑤这就是说,绝大多数惯用语将划归"双层性"成语,有违共识。而成语具有比喻意义即带"双层性"的,只占 38.82%。⑥没有"双层性"的占 61.18%。这就是说,又把大多数成语排除在外,这也有违共识。"双层性"的提出,恐怕是出于直觉,未用定量分析验证。它不是发现了成语的个性,而是反映成语、惯用语以及一些谚语、歇后语、俗语、双音词的共性。它的贡献是,给语汇学研究提供了一个大问号,架了一座桥梁——前一研究的终点是后一研究的起点。

2. 关于"二二相承"。吕叔湘先生说"成语……是以四字语,尤其是二二相承的四字语为主。"⑦"为主",就是"二二相承"占成语的 80% 左右。而温端政先生把"二二相承""发展"为决定性条件之一。⑧什么是"二二相承"?温先生说是"音步"。接着又说"在语法、语义结构,或语音结构上采取'二二相承'格式",看来"二二相承"还表现在语法和语义结构上。这样会把近 20% 的公认成语排除在成语之外。如:踌躇满志,孤苦伶仃(以上三个语素的占 3% 多),伯仲叔季(四个语素的占近 0.5%),半途而废(2+1+1 式),坐以待毙(1+1+2 式,以上两式共占 3% 多),等等。⑨

3. 关于一元和多元标准。双层性,是一元标准,一刀切,痛快倒也痛快,但是带来的麻烦太多。二二相承加表述语、描述语,内含四个标准,四面切,也比较痛快,可是也带来一些麻烦。因为词汇单位包含着客体世界、主体世界和语言世界三个因素,⑩极为复杂,一刀切、四刀切,都切不利索,所以不如六面切,即用六元标准,得出的结果比较符合共识。不过,对六元标准须要做些新限制和说明。

(1)音节标准。成语四字格的在权威辞典中占 95.57%,⑪用"四字格"一刀切,结果会大体认同。惯用语三字格的在几部辞典中占 57.27%、68.97%、73.57%、84.40% 不等。⑫如用"三字格"一刀切,结果不会大体认同,还是说"为主"更稳妥。

(2)构词法标准。成语的联合式占 44.52%,陈述式、支配式、补充式共占 41.23%。⑬惯用语的偏正式占 57.07%,支配式占 39.67%。⑭因此,传统说成语以联合式、陈述式等为主,惯用语以支配式为主,应该改成成语以联合式为主,惯用语以偏正式为主。

(3) 结构稳固性标准。这里包含三个子项:①用插入法判断其自由度,即通过能否扩展看其离合度;②用替换法判断其稳定性;③用异序法判断其灵活性。三项综合,成语都比惯用语稳固得多。例如成语结构稳固的占96%(从张拱贵《成语辨正》抽样500条按结构的三个子项计,有480条是稳固的)。惯用语能离合的居然占96.28%。[15]

(4) 意义标准。传统认为,比喻义惯用语多于成语。这一判断,已经被定量分析证实:成语具有比喻义的占38.82%;[16]而惯用语具有比喻义的占71.66%(笔者据苏向丽《汉语惯用语学习手册》统计)。传统还认为,意义整体性成语高于惯用语,成语的意义不是成分义的加和。这一判断,则是值得商榷的。意义的整体性或非加和性,不是成语的个性,而是词语这一级语言单位的共性。只是从语素表示义位的透明度或隐显性这一视角,一些成语比惯用语不那么透明或明显。无论是成语、惯用语等词语单位,想要求得其义位真值,都不可忽视以下四个义位成素:

① 在最小语境中语素义及其变体,如"白驹过隙"的"白驹",白色马驹(成玄英说是骏马,据《诗经·小雅·白驹》),"过"不是在中间穿过,而是在前面闪过,"隙"是缝隙(据《说文》"壁际孔也"。一说小孔,据陆德明《经典释文》)。请参阅《庄子·知北游》郭象注、成玄英疏。

② 转义。包括比喻义、借代义、引申义等。如"白驹过隙"的"白驹",在《庄子·知北游》比喻人生,成玄英说"言曰",后来比喻时间。当然,《诗经·小雅·白驹》的"白驹"还比喻贤人。这是语素的转义。还有整个义位的转义,如"霸王别姬"转指"英雄末路,悲壮不已","专权者必垮台"。

③ 隐性义素。事物的细节是无穷的,语素是有限的,用有限的语素表现细节无穷的事物,只好保留或选取一部分细节,放弃或舍弃一部分细节。[17]如"刻舟求剑"四个语素就是选取的细节,现代语义学把它们叫作显性义素。可是要掌握义位,光靠显性义素不完全有效,还必须找出隐性义素,即把放弃的一部分细节补上。如"刻舟求剑"的"楚人过江,剑掉在江里,把剑掉的地方在船帮刻个记号,等船停下,从刻记号的地方下水,结果自然没找到",只有补出这五个隐性义素,才能理解"刻舟求剑"。"说是'放弃',并不是不要,而是不明白说出来,只隐含在里边……语言的表达意义,一部分是显示,一部分是暗示,有点儿像打仗,占据一点,控制一片。"[18]

④ 结构意义。如"避风港""避风头",一为"避风+港"偏正结构,指船只躲避大风的港湾,比喻躲避斗争的地方;一为"避+风头"支配结构,比喻避开不利的势头。

"投鼠忌器"的"投鼠"支配结构,属于受事格,不是"投笔"类的工具格、"投河"类的处所格或"投畀豺虎"类的对象格。结构有助于理解意义,意义有助于理解结构。词语常成为语义语法接口。

(5)语体标准。成语绝大多数属于书面语成分,具有书面语色彩。我们从张拱贵的《成语辨正》随机抽样500条,其中具有书面语色彩的455条,占91%。惯用语绝大多数属于口语成分,具有口语色彩。苏向丽的《汉语惯用语学习手册》300条中具有口语色彩的290条,占97%。

(6)典源标准。成语大多数,即89.18%有典源(出自经典、诗文、典故)[19]。惯用语绝大多数没有典源,有典源的,我们据苏向丽的《汉语惯用语学习手册》统计,只占3%。

正如美国模糊数学发明者扎德所说:"一种现象,在能用定量的方法表征它之前,不能认为它被彻底地理解,这是现代科学的基本信条之一。"[20]上文多位学者对成语、惯用语的定量分析,用于典型群得出了初步结果:成语是四字格占9.5成,二二相承式为8成,结构稳固的有9.6成,联合式和有比喻义的近半,有书面语色彩和有典源的为9成。惯用语是三字格的占6—8成,能离合的为9.6成,偏正式的有5.7成,有比喻义的7成多,有口语色彩的为9.7成,无典源的为9.7成。对典型群的这些定量分析,只是在彻底认识成语等道路上前进一步,今后路还更长,还有待于精化、科学化。把目前的定量转化成语言,我们只能给出趋于精化的模糊界定:成语多是四字格、二二相承式、结构稳固、有书面语色彩、有典源的语汇;惯用语多是三字格、能离合、有比喻义、有口语色彩、无典源的语汇。

附注:

① 张志毅等:《词源学的流派和理论》,见《词汇语义学与词典编纂》59—60页,外语教学与研究出版社,2007。
② 张志毅等:《词汇语义学(修订本)》228页,商务印书馆,2005。
③ 王东海:《汉语同义语素编码的参数和规则》,见《中国语文》2002年第2期,161页。
④ 刘叔新:《汉语描写词汇学》139页,商务印书馆,2005。
⑤ 周荐:《汉语词汇结构论》249页,上海辞书出版社,2004。
⑥ 余桂林:《四字成语的结构、功能、语义及释义特征》,见《词汇学理论与实践》354页,商务印书馆,2001。
⑦ 吕叔湘:《语文近作》245页,上海教育出版社,1987。
⑧ 温端政:《汉语语汇学教程》225页,商务印书馆,2006。
⑨ 同②,213页。
⑩ 同②,84页。
⑪⑫ 周荐:《词汇学词典学研究》307、326—327页,商务印书馆,2004。

⑬　同⑥,348 页。
⑭⑮　苏向丽:《现代汉语惯用语的词汇化等级分析》,见《首届汉语语汇学学术研讨会论文汇编》64、66 页,山西省社会科学院会务组,2007。
⑯　同⑥,354 页。
⑰⑱　吕叔湘:《语文常谈》63、64 页,生活·读书·新知三联书店,1980。
⑲　同⑥,351 页。
⑳　同②,229 页。

参考文献:

[1]　苏向丽:《汉语惯用语学习手册》,北京大学出版社,2007。
[2]　张拱贵:《成语辨正》,北京出版社,1983。

(原载《汉语语汇学研究》,商务印书馆,2009 年)

同场逆推仿造新词

一、词汇语义场中一组相关概念和别义词

　　语言哲学认为,场是物质存在的形态,场也是词汇语义存在的形态。两种场,具有同构关系。语义场是和社会等级结构一致的"多层次等级结构"。(马多勒)"一种语言所有语义场的总和反映了客观现实的整体图画""(一组词)它们语义上互相区别,并且全面无隙地(像马赛克一样)覆盖着某一概念或事实领域。"(哈杜默德·布斯曼,2003)在词汇语义场里,结构主义研究成绩比较突出的是同义关系、反义关系和上下义关系。此外,还有类义关系等十来种关系。本文论题基本属于类义关系,同时涉及反义关系、上下义关系及同义关系。

　　亚里士多德、康德在概念分类中都涉及了类义关系,《尔雅》解释的大多数词是类义关系。在现代词典中,对部分类义关系给予了应有的标注:在20世纪初,《简明牛津词典》就给予了应有的注意,9版及以前一些版本用缩略语"cf."标注,10版用"compare with"标注;在20世纪50年代末,《现代汉语词词典》用"区别于"标注,至今已经标注了170多组。在170多组中,有两类:一类是双向注为"区别于X"(如"公事区别于私事","私事区别于公事")共72组,占41.61%,这一类,只具有区别关系;一类是单向注为"区别于X"(如"平房区别于楼房",而不注为"楼房区别于平房"),共101组,占58.38%。这一类,不仅具有区别关系,而且都有二次命名(造词)的过程:首次,先有事物T_1并造出一词W_1(房子),后有事物T_2并造出一词W_2(楼房);第二次,为了区别于T_2及其W_2(楼房),回头又给T_1模仿W_2重新创造一个新词W_3(平房),这就是同场逆推仿造。W_3对于W_2而言,晁继周(2006)把它叫别义词,把W_2叫参照词,把W_2和W_3叫别义聚合,杜翔(2007)把它们包括在别义关系中。由于物质场、词汇语义场的多种因素制约,狭义别义词W_3应该具有以下条件:①由被仿词语W_2滋生的,逆向推导的;②跟被仿词语W_2形式相似,重在区别意义;③是对原事物T_1重新认知,提取出新属性,第二次造词;④跟原词W_1多形成上下义关系;⑤跟被仿词语W_2在同场中形成语义互补的聚合。别义聚合在新词

语中共发现了 300 多组。举例如下：

原事物 T_1、原词 W_1、别义词 W_3 ⇐ 新事物 T_2、新词 W_2

    楼房   板楼   ⇐   塔楼

    语言   自然语言 ⇐   人工语言

    电话   有线电话 ⇐   无线电话

    人   自然人   ⇐   法人、机器人

    电脑   台式电脑 ⇐   手提电脑

广义的反义词包括类义词中的区别关系，区别关系中多半是别义关系。在《现代汉语词典》中，狭义的反义词，都双向注为"跟 X 相对"，强调的是矛盾和对立（如"大跟小相对""小跟大相对"），共有 220 多组，而区别关系强调的是同类中的区别。在《现代汉语词典》中有 17 例，"区别于"之后不是词，而是短语，这是强调被释词跟特定事物相区别的语义特征。它们是区别关系中的特例，在短语尚未词化的情况下，跟别义词无关，如下面的前三个例子；在短语已经词化的情况下，就形成了别义词，如下面的后两个例子：

    便宴 区别于 正式宴会

    大门 区别于 二门和各房各屋的门

    真相 区别于 表面的、假造的情况

    干洗 区别于 用水洗（已词化为"水洗"，《现代汉语词典》第 5 版未收）

    成方 区别于 医生诊病后开的药方（已词化为"处方"，《现代汉语词典》第 5 版未标）

二、别义聚合的逆推仿造方式类型

类型反映性质。采取不同标准或角度，对别义聚合的逆推仿造方式可以划分出不同的类型。

（一）用反义语素、类义语素逆推仿造

1）用反义语素逆推仿造的别义聚合。例如：

    明补——暗补 外贸——内贸 软武器——硬武器

    宽带——窄带 柔性——刚性 弱势群体——强势群体

2）用类义语素逆推仿造的别义聚合。例如：

  农话——市话 义演——商演 议价生——平价生
  法制——人治 国营——民营 素质教育——应试教育

3）不用反义或类义语素，而用反义或类义义位逆推仿造的别义聚合。例如：

  神仙——凡人 公家——私人 注解——正文
  小吃——正餐 译本——原著 老百姓——军人

在别义聚合中，1类最多，2类次之，3类又次。此外还有在原词前加否定语素的，例如：处方药——非处方药，过错责任——无过错责任，作为——不作为。

（二）同场中用互补关系逆推仿造别义聚合概念

认知语言学给出的一个模式是：世界→认知→概念→语言。实际上，远比这模式复杂，语言共同体常借助语言中的词语重新认知变化的世界，调整新认知的物质场，调整概念场，调整词汇语义场，模仿被仿词语（一个新词语）造出别义词语，使得场内出现新的互补平衡。共有以下几种互补关系：

1）场中形成二元互补。例如：

  快餐——慢餐 同性恋——异性恋 外资企业——内资企业
  自学——校学 软广告——硬广告 人工免疫——天然免疫

2）场中形成三元互补。例如：

  高端——低端、中端 礼服、制服——便服 坐车、骑马——步行
  人造丝——真丝、天然丝 庶出——正出、嫡出

3）场中形成四元互补。例如：

  函授、刊授、报授——面授
  小吃、早点、夜宵——正餐

在别义聚合中，1类最多，2类次之，3类又次。1类是二元互补，因此可以叫别义"词偶"；2、3类是多元互补，因此可以叫别义"词群"。多元互补中，也可能有五元及其以上的，但是极少见。

（三）用音节数目对等的别义语素和类义语素逆推仿造。

常见的有以下三类：

1）双音节——双音节：单音别义语素＋单音类义语素。例如：

  假唱——真唱 盗版——正版 酒菜——饭菜
  外资——内资 西餐——中餐 集刊——专刊

2) 三音节——三音节:单音别义语素＋双音类义语素,或双音别义语素＋单音类义语素。例如:

　　软通货——硬通货　软环境——硬环境　贪内助——廉内助
　　人造丝——天然丝　特别法——一般法　兼容机——品牌机

3) 四音节——四音节:双音别义语素＋双音类义语素。例如:

　　有形损耗——无形损耗　朝阳产业——夕阳产业
　　人工语言——自然语言　高层住宅——低层住宅

在别义聚合中,1类最多,2类次之,3类又次。此外,还有比较少见的音节数目不对等的,如:一音节——一音节(主——副),二音节——三音节(法人——自然人,人造丝——真丝),三音节——四音节(核武器——常规武器,非处方药——处方药),四音节——二音节(自动扶梯——直梯),四音节——五音节(企业法人——非企业法人),等等。

三、别义聚合近于极化的不平衡性

不平衡性,几乎是事物的共性。别义聚合不仅有不平衡性,而且很悬殊,甚至近于极化。主要表现在以下三个方面。

（一）使用频率不平衡。请看下表:

别义聚合	A.百度网使用次数	B.Google网使用次数	A B平均次数	$W_2 W_3$ 比例
W_2 手机	100 000 000	161 000 000	130 500 000	32.5
W_3 座机	3 090 000	4 930 000	4 010 000	1
W_2 塔楼	2 530 000	3 060 000	2 795 000	1.78
W_3 板楼	1 410 000	1 720 000	1 565 000	1
W_2 外宾	1 820 000	2 660 000	2 240 000	5
W_3 内宾	111 000	770 000	440 500	1
W_2 法人	51 300 000	1 480 000	26 390 000	4
W_3 自然人	4 950 000	7 620 000	6 285 000	1
W_2 人造丝	640 000	5 050 000	2 845 000	6.8
W_3 天然丝	52 400	779 000	415 700	1

以上统计,来自 2008 年 2 月 13 日百度网、Google 网。从统计数字看,新词 W_2 使用次数远远多于别义词 W_3,新词 W_2 和别义词 W_3 使用比例相差悬殊,其平均比例为 10∶1。因为,在一般交际条件(即不强调区别)下,人们没有必要使用别义词"座机、板楼、内宾、自然人、天然丝",只用别义词 W_3 的上位词 W_1(电话、楼房、客人、人、蚕丝)即可,而且 W_1 比 W_3 的使用次数高得多。

（二）组合能力不平衡

新词 W_2"手机、义演、快餐、自学"组合的词语,分别是 30 多、20 多、40 多、30 多,而别义词"座机、商演、慢餐、校学"组合的词语,都趋于 0。

组合,也是一种分布。分布相差悬殊,跟词语的标记性有关。标记论认为"对立中一项的分布与另一项比,比较受限制"。(戴维·克里斯特尔,2000)别义词比被仿造词,在形式上是有标记的,而在语义区别特征上标记性更加突出,在不特别强调区别时不用。

（三）词类分布不平衡

在《现代汉语词典》101 组别义聚合中,名词有 90 组,占 89.10%;动词有 6 组,占 5.94%;形容词有 5 组,占 4.95%。这三个词类在现代汉语中占的比例分别是:名词占 63%,动词占 24%,形容词(含状态词、区别词)占 7.4%。(郭锐,2002)两者相比,别义聚合中的名词比现代汉语中的名词高出 26 个百分点,别义聚合中的动词比现代汉语中的动词低了近 18 个百分点,别义聚合中的形容词比现代汉语中的形容词低了 2.4 个百分点还多。可见,别义聚合词类分布不平衡性更为突出。这说明,别义词反映了人们的认识特点:在绝大多数场合下区别的是事物,只有在极少的场合下区别的才是行动、变化、状态、性质等。

四、讨论两个问题:原因,造词法

词的产生原因,传统上只有"一因"说——新事物产生新词,后来有"二因"说——新事物和新认识产生新词,近来又有"三因"说——客体、主体和语言等三个世界决定词的产生。

别义词所指并不是新事物,它是由另一个相关的新事物加上人们比较该事物和原事物的新认知,并仿照新事物的能指,给原事物重新命名。可见,别义词的产生,主体的新认知是首要直接原因,客体的新事物是次要间接原因,新事物的能指(即语言因素)是参照因子。这一现象告诉我们:"一因"说,有点僵化;"二因"说,其解释性较弱;"三因"说,比较具有说服力。

别义词的产生,多导源于修辞上的仿词。但是,仿词都是出于修辞目的临时造的形式(nonce-formation),也叫"临时词"(trancient word)或"瞬息新词"(ephemeral word)、"偶用词",多叫"随机词"。有些随机词发展到词位(语言系统中的词),一般都遵循这样一条轨迹:个体→团体 a→团体 n→全民。在这个轨迹中有两个方向:a) 单向的,由被仿词(笔试),造出具有区别关系的词(口试),一般叫仿词造词法;b) 逆向的,由被仿词(手机),造出的词,不仅跟被仿词具有区别关系,而且回过头来又是对原事物(电话)的重新命名——座机,这类别义词的产生,本来也属于仿词造词法,但由于其"逆向"的特殊性,有人又把它叫作"别义造词法"。(杜翔,2007)这种造词运动,有时不是一次性的,它可能随着事物和认知的变化,显出多次性。例如人类最初造一般的房子,后来造了楼房,回头把原来的房子又命名为"平房";后来又盖起高楼即"高层建筑",回头把原来的楼房又命名为"低层建筑";后来又盖起更高的楼即"塔楼",回头把原来的高层建筑及低层建筑而略成板状的又命名为"板楼"。可见,同场逆推仿造新词具有较强的生命力。

参考文献:
[1] 晁继周:《说别义词》,汉语词汇学第二届国际学术讨论会暨第六届全国研讨会论文,2006。
[2] 杜翔:《略论别义关系与别义词》,见《辞书研究》,2007 年第 5 期。
[3] 郭锐:《现代汉语词类研究》,商务印书馆,2002。
[4] 哈杜默德·布斯曼:《语言学词典》,商务印书馆,2003。
[5] 维·克里斯特尔:《现代语言学词典》,商务印书馆,2000。
[6] 张志毅、张庆云:《词汇语义学》(修订本),商务印书馆,2005。

(原载《汉语学习》2010 年第 2 期)

古今汉语词类活用同异论纲

从历时角度,比较古今汉语词类活用同异,有助于认识古今断代共时言语的词类活用现象,防止以今律古、泥古不化。

一

(一)词类活用在4个象限中的共性

古今AB纵轴和中外CD横轴交叉,形成坐标图(图省略),得出4个象限,在每个象限中都有词类活用现象。

1. 古代外国象限。

古希腊的哲人亚里士多德(公元前384—前322)在他的《诗学》里把词类分成静词、动词、连接词、冠词。到了以利奇卜(公元前280—前206)为首的斯多葛学派把词类分为5类。(康德拉绍夫,1985)同时,希腊人发现,在言语实践中有的词类之间有交叉变则。甚至古希腊文明先驱柏拉图(公元前427—前347)在30岁左右写的《克拉底洛篇》早已经报道了词类活用的头条消息:"我们这里是静词代替一句说话"。(该书399B。汤姆逊,1960,12)

2. 现代外国象限。

现代早期英语,在伊丽莎白时代,词尾的屈折变化大量消失,随之出现了大量的名词活用为动词。其中少数被限制于言语的语用范围,多数演变为语言的语法兼类。这在划时代的莎士比亚的作品中,有大量的名词用作动词的例子。甚至他还创造性地把形容词用作副词、名词、动词。Swift一向主张语言规范化,他也不得不写道 Let him *fine-lady* it to the end(王佐良《英语文体学论文集》37页,1980年),其中 fine-lady 在形容 Addison 时活用以表现讽刺的涵义。

俄语也常有名词、动词、形容词、代词临时词类活用的言语现象,特别各词类次类之间的活用更常见。

德语的不及物动词常用作及物动词。

3. 在古代汉语和现代汉语这两个象限里,词类活用实例后文将大量列举并展开讨论,这里暂不先赘。

(二)词类活用的历时纵轴上的共性

从词类产生、划分以及活用这个视角,把漫长的一幕幕的人类语言发展史可划分为4个阶段。

1. 原始时期(从蒙昧初期开始)。"太古草昧之世,其言语惟以表实(实,即名词,笔者注)……故牛马名最先。"(章太炎,1915)那个时代大约只有名词这个"最古老的词类"。(布达哥夫,1956,193)实际上就是没有词类之区别。"静词与动词最早是不分的"。(契科巴瓦,1956,71)

2. 远古时期(至野蛮晚期)。这个时期只分出静词和动词。"它们的分化是发展的结果,这是许多语言的历史所证实了的"(契科巴瓦,1956,71),如雅纳语。(萨亚尔,1964,74)它们虽然分化了,但是常互相转化。

3. 上古时期(文明初期前后)。这个时期虽然从原始名词分化出了动词、形容词、代词、冠词、系词、副词、连接词等,但是界限不严。"某些词一时用作名词,一时又用作形容词"(列维-布留尔,1981,128),一时又用作动词。"名词在句中广泛地起着谓语作用"。(布达哥夫,1956,224)现在我们常见到的古老的词类活用现象,如先秦、秦汉汉语那样,便是那个时代的遗迹。

4. 近古、现代时期。这个时期词类界限严格或较严,偶尔活用。有些活用发展为兼类的定式用法:严肃纪律、丰富生活、整齐步伐、笑话我、辛苦你了。有些仍是修辞性的活用:很性格,太势利。有些已经是新兴的习惯用法:已经手术了、红眼了、最权威、太自由主义了。

(三)词类活用古今质的规定的共性——语用义

对于词类活用的质的规定性,古今的看法五花八门。总结起来,有以下3个交叉点。

1. 在语义上的交叉点。

一个词增加或引申出了一个变词性(含次范畴)的新义位,这是词义的历时的语言性的演变,变成了多义词,这是不是词类活用?——不是。"降"(xiáng)由"投降"演变为"使投降,降伏,制伏",古今都有大量用例(如"降苏武""降龙伏虎""一物降一物"),辞书大都把它们分为两个义项。

一个词的一个义位,在一定的语境中,产生了变词性的义位(或语义)变体,这是词义的共时的言语变异。这是不是词类活用?——是。"疆"(边界)在"疆我田""疆其土田""疆之"中活用为"划界"。

2. 在语法上的交叉点。

词类由共时变异转变为历时演变,在这个历时过程中各个词类"显示它们不仅互相交错,并且实际上能互相转换,达到惊人的程度"。"正像某些语言把大量的形容词变成动词,别的语言就把它们变成名词"。(萨丕尔,1964)转换的结果是一个词在静态单位和动态单位中都具有稳定的兼类或转类的词法和句法特点(包括转类造词)。这是不是词类活用?——不是。如:粗(名→形)、锁(名/动)、裁缝(动/名)、细软(形→名)。

一个词在动态单位句子中,临时改变原来的词性而承载一种新功能,具有临时句法特点。这是不是词类活用?——是。如"必朝服而朝""朝服而立"的"朝服"是名词活用为动词(穿朝服)。

3. 在语音上的交叉点。

一个词因为常变性变义而发生了音变,有人以为这是活用而有了语音标志。按理讲,这类现象一般不是活用。音变有几种情况:

(1) 有的随着音变产生了新的词形,即变成新的词位(lexeme),当然不算词类活用。仅举从上古沿用至今的几个例子(王力,1982):

① 藏〔*dzang〕(动)→仓〔*tsang〕(名)
② 围〔*hiuəi〕(动)→帷〔*hiuei〕(名)
③ 家〔*kea^1〕(名)→嫁〔*kea^3〕(动)

例①②是音质音位(辅音、元音)的变化。例③是非音质音位(调位)的变化。用调位表示的四声别义由来已古,只是到了汉末才有人记录下来。音质音位的音变别义由来更古。

(2) 有的音变,在口语里已经用不同的语音形式,而在书面上仍然用一个词形。实际上,它们已经不是一个词汇语义变体,而是形成了两个词位。这当然也不能算作词类活用:

长$_①$〔diang〕→长$_②$〔tiang〕

吕叔湘(1987)先生认为"读音不同就该算两个词,虽然是一对孪生词。"

(3) 有的音变,是非历时语音演变,即音变及其相应的意义未被后代汉语继承下来,只是当时为表义而使用的非语流音变,这可以算作词类活用的形式标志。如"尘",根据我国第一部词义词性转变词典宋朝贾昌朝的《群经音辨》等书,尘土之"尘"读平声,土污之"尘"读去声,如"损污清朝,尘点日月"。(《后汉书·杨震传》)

语义、语法、语音三个视角,交会在一点——词类活用的基本性质是言语环境中的语用现象,是跟语言表达常式近似等价的言语中的修辞性的语义变体、语法变式,是通过词类活用的形式表达丰富的临时语义内容。

(四)词类活用的聚光点——表义共性:表示动义

语言这个"能指"世界是有限的,而语言之外这个"所指"世界的广大、复杂是无限的,尤其是万事万物的千千万万的运动变化更是无限的,这就跟有限的动词产生了"所指"和"能指"的巨大矛盾。于是表示千差万别的动义,就成了古今词类活用的趋向中心。

上古汉语,动词太少,远远不能满足需要,因此自然产生了大量的表动用法:名词和形容词用作动词,少数数词、代词用作动词,动词 A 类(如不及物的)用作 B 类(如及物的),名词、形容词、动词的使动、意动、为动等用法。根据我们的抽样统计,表动用法之和总共占古代汉语词类活用总数(以义位为单位)的 82% 还多。

现代汉语,动词虽然大大地丰富了,但是仍然满足不了更多的表动义的需要。因此出现多种表动用法:名词、形容词、动词的次范畴、代词、副词、量词、语气词等表动义(吕叔湘,1989)。根据我们的抽样统计,表动用法之和总共占现代汉语词类活用总数的 83% 还多。这正如托尔斯泰所说:"在艺术语言中最重要的是动词,因为全部生活都在运动。"

总之,古今汉语各类词活用作动词,其数量、频率远远高于各类词活用作非动词。

二

(一)"实用说"视角下的词类活用的古今数量差异

自陈承泽(1922)至王力(1958、1990)等,逐渐把词类活用的范围缩小到:名词、形容词等非动词活用为动词(含一般动用:使动、意动、为动),动词的不及物用作及物(含使动、意动、为动),名词做状语。其例证大都属于传统学说范畴。其好处在于实用,便于人们用已有的语感理解活用词及其上下文。如说"雨"(名词)活用为动词。但是六十多年来都没有建立在统计古汉语词频的基础上,都把古代的一些经常用法(如"雨"的动词用法次数占名、动用法总次数的 44.8%〔高守纲,1991〕)当作临时用法(即活用),这样就把活用的词语数量大大地扩大了。

在实用说指导下编成的《古汉语词类活用词典》(1991)收词达 870 多条。如果依据其标准,至少可以收到 1000 条左右。依据这部词典统计,《左传》活用词总数为 230 个,占《左传》总词数 3152 个的近 7.3%。而现代汉语许多文学作品中活用词占用词总数都远远不到 1%。可见,在实用说视角下的词类活用的古今数量差异悬殊。

如果不是以今律古,不是用今日的词性语感去判别古汉语的词类活用,而是从古汉语的实际出发,以统计词性词频为基础,科学地分清词的经常的固定的语言用法和词的临时的言语用法,那么古汉语的词类活用的数量将大大减少。因而古今词类活用的对比数量也将是另一番情形。

(二)词类活用深层结构的古今差异

词类活用的表层结构,古今常常是一样的,大多是 VP＝VO(动宾)结构。

词类活用的在同一表层下的深层结构,就现代汉语说,大多只有一种语义结构;就古代汉语说,常常有两种或几种语义结构:

$$
VO贵之 \Rightarrow \begin{cases} 贵诸侯(动用) \rightarrow 比诸侯尊贵 \\ 贵贱人(使动) \rightarrow 使贱人显贵 \\ 贵德(意动) \rightarrow 以德为贵 \\ 贵其全(为动) \rightarrow 因为其安全而尊贵 \end{cases}
$$

古代的显性的语法形式常包含着几种隐性的语义、语法意义。

(三)词类活用在词类(及其成员)上的古今差异

时间名词,其整体功能可以做状语,这是古今相同的,其语法形式及其意义大多也相同,只是"日、月、年"等做状语时,古今的形式及其意义不同。

古代的"日(月/年)＋V"常在同一形式下有不同的语义,而现代则以不同形式表示其不同的语义,或以不同的形式表示同一语义:

$$
日+V \Rightarrow \begin{cases} 日遣 \begin{cases} 天天派遣 \\ 每天派遣 \end{cases} \\ 日密 \begin{cases} 一天天地密切 \\ 一天一天地密切 \end{cases} \end{cases}
$$

按传统的词类活用观点,古代的方位名词绝大多数都可以做动词用,以至于在当代人写的古体诗里还有残迹:"大江歌罢掉头东。"(周恩来)而现代的方位名词绝大多数不能做动词用,极个别的也属仿古用法:"这是学术进化由浑至画的必然的现象,文字亦当然不能外于此例。"(朱自清《中国歌谣》)

按传统的词类活用观点,古代汉语的名词、动词、形容词各类之中都有很多词可以活用,它们的活用量占活用总量的 95％以上。而现代汉语的名词、动词和形容词各类之中却只有极少数词偶然被活用。古今数量悬殊,其中演变情况有多种。

(1)传统上说的某些词的活用,如"衣、雨、冠、饭、鞭"等等,实际上是名、动兼类,而今表示动词义项改用了另一个动词:衣→穿,雨→下,冠→戴,饭→吃/喂,鞭→鞭打。

（2）传统上说的经常活用的词，如"兵、肉、活、城、门、福、风、水"等等，至今已完全不用它们的活用用法，而是另有表述法。

（3）传统上说的"使动""意动""为动"用法，从无标记的动宾结构发展为有标记的语法结构形式：活我→使我活下来/把我救活，死之→把它弄死/为他而死，德之→给他施恩德/对他感恩，臣之→使他为臣/认为他是臣。

（四）词类活用在语体上的古今差异

传统上说的词类活用，在古代既用于文学语体，也用于非文学语体；既用于接近口语的语体，也用于书面语体。其中韵文用得少，散文用得多；经文用得少，某些传文、诸子用得多。根据我们抽样统计先秦词类活用用例1854个，其中《左传》用488个，《国语》用52个，《战国策》用290个，《论语》用106个，《孟子》用186个，《墨子》用121个，《庄子》用171个，《荀子》用179个，《韩非子》用218个。9种书合计用1737个，占先秦活用总数的近93.7%。其余的《易经》《诗经》《尚书》《周礼》《仪礼》《礼记》《春秋》《老子》《商君书》《孙子》《晏子》《管子》《列子》《吕氏春秋》《公羊传》《谷梁传》《山海经》《楚辞》总活用例只占先秦1854个活用例总数的0.6%。

词类活用，在现代主要用于文学语体。其中一类是仿古的文学作品，一类是口头语体（包括文学作品和修辞性或习惯性的口语）。例如：粪土当年万户侯（毛泽东）｜林材冠赣省，钨产甲神州（郭沫若）｜眩目天花雨道场（赵朴初）｜我真料不到他们会宗派到这样的地步（鲁迅）｜厨房里的电灯还是辉煌着的（郭沫若）｜那骄傲于我的，践踏我的，不是别人（朱自清）｜金属了的他……那只金属了的手（鸥外鸥）｜运气不运气｜民主民主｜比经理还经理｜一个多么的中国人｜太军阀了｜《牵手》："悲伤着你的悲伤，幸福着你的幸福……苦过你的苦，快乐着你的快乐。"

参考文献：

[1] P. A. 布达哥夫：《语言学概论》，时代出版社，1956；俄文版1953。
[2] 陈承泽：《国文法草创》，商务印书馆，1922。
[3] 高守纲：《关于词类活用问题的再认识》，见《古汉语研究》，1991年第4期。
[4] 康德拉绍夫，H. A：《语言学说史》，武汉大学出版社，1985，俄文版1979。
[5] 列维-布留尔：《原始思维》，商务出版社，1981；法文原版1910，俄文编译本1930。
[6] 吕叔湘：《关于汉语词类的一些原则性问题》，见《汉语语法论文集》（增订本），商务印书馆，1984。《语文近著》，上海教育出版社，1987。《未晚斋语文漫谈（一二）》，见《中国语文》1989年第5期。
[7] A. C. 契科巴瓦：《语言概论》，高等教育出版社，1956；俄文版1953。
[8] 萨丕尔，爱德华：《语言论》，商务印书馆，1964，英文版1921。
[9] 汤姆逊，威廉：《十九世纪末以前的语言学史》，科学出版社，1960；丹麦版1902，俄文

版 1938。
[10] 王力:《汉语史稿》(中册),科学出版社,1958。《同源字典》,商务印书馆,1982。《王力文集》第十一卷,山东教育出版社,1990。
[11] 杨剑桥:《古汉语词类活用研究综述》,见《语文导报》1987 第 5 期。
[12] 杨昭蔚等:《古汉语词类活用词典》,三环、海南出版社,1991。
[13] 章太炎:《国故论衡》,上海古文版,1915。

(原载《古汉语研究》1993 年增刊)

汉语面部语义场历史演变

一

在汉语中,面部语义场几乎同山、水、风、雨等语义场一样,是资格最老的语义场之一。虽然它们的"所指"几千年来依然如故,但是面部语义场的"能指"却发生了较多的、较大的变化。这是一个有趣的变化,而且这个变化在语言学、文化学以及认识论上都具有典型意义。

古代汉语中面部主要词位有:"脸""额""颊""腮""颏"。它们构成了一个表面部的语义母场。以"额""颊""腮""颏"为代表的各小类词群又构成表面部各部位名称的子场。其中各子场中表同一概念的词又构成同义义场。在一个同义义场中,由于各词位间的价值关系的不同,其中必有一个词位较其他词位在言语中出现频率高,并作为通称,我们把这个词位叫主导词位。与之相对应,其他词位则称为非主导词位。每个同义义场中各义位基本意义大体相同,但语法意义、修辞意义等方面各有其区别特征,否则就会被语义场所淘汰。

二

1. 在面部语义场中,古代汉语里表示上位义位"面部"的词形成一个同义义场:面、颜、面孔、面皮、颜面、脸脑、面目、面般、面首、面门、面子、脸道、颜题、腮庞、颏、脸面。我们通过对这个语义场中各词位的历时分析,来看从古汉语"面部"同义义场到现代汉语"面部"同义义场的演变过程。

"面"作为"人的头的前部"这一义位在先秦就存在。甲骨文中数见,李孝定《甲骨文字集释》:"栔文从目,外像面部匡廓之形,盖面部五官中最足引人注意者莫过于目,故面字从之也。篆文从百,则从口无义可说,乃从目之讹。"《易经·革》:"上六,君子豹变,小人革面。"孔颖达疏:"小人革面者,小人处之,但能变其颜面容色顺上而已。"又《礼记·内则》："女子出门,必拥蔽其面。"这就是《说文》所说的"面,颜前也"。这一义位现代汉语中仍然存在,不过它的修辞意义古今已有变化。"面"在古汉语中可用于一切场合,而现代汉语中多用于书面语体和一些成语中,口头语体一般不用。这一变化用义素结构式表示即:(人的)(头的)(前部)+(各种语体)→(人的)(头的)(前部)+(书面语体)。

"颊"也指"面部",至晚到汉代产生,如汉·扬雄《太玄·视》："粉其题颊,雨其渥须,视无姝。"范望注："颊,面也。"这一词位古汉语中很少用,现代汉语已不存在。

"颜面"一词大约在汉代就已产生了,但最初指"容颜、脸色"。如汉·刘向《说苑·臣术》："国家昏乱,所为不道,然而敢犯主之颜面,言主之过失。"约在唐宋时又产生了"情面、人情"义。《新唐书·刘子玄传》："史局深籍禁门,所以杜颜面、防请谒也。"至晚,到了宋代又增加了一个义位即"面部",与"情面、人情"这一义位并存。

"面皮"大约产生于魏晋。最初指"脸上的皮肤",晋·裴启《语林》："贾充问孙皓:'何以剥人面皮?'皓曰:'憎其颜之厚也。'"(见《太平御览》卷三七五引《语林》语)后指"脸",这一变化大约发生在元代。元·宫大用《范张鸡黍》第二折："只见他折回衫袖把面皮遮。"《水浒传》第二十四回："当时,因来后槽看马,只见空地上一个后生脱膊着,刺着一身青龙,银盘也似一个面皮,约有十八九岁,拿条棒在那里使。"这一义位现代汉语中已不存在。

"面孔"一词约在唐代就已产生,最初指"面部"。唐·郑綮《开天传信记》："(刘)文树髭生颔下,貌类猿猴,上令黄幡绰嘲之。……曰:'可怜好文树,髭须共颏颐。别任文树面孔不似猢狲,猢狲强似文树。'"后来这一义位逐渐发展为"容貌"。如《说郛》卷三二引唐·高择《群居解颐》："女弟子勤礼拜,愿后身面孔一似和尚。"现代汉语中"容貌"义消失。只保留前一义位"面部"。

"面颜"约产生于宋代,指"脸、面容"。宋·苏轼《上王兵部书》："士之贤与不肖,见于面颜,而发泄于辞气。"明·汤显祖《南柯记》第三十四出："他替俺点缀春风好面颜。"这一义位现代汉语中依然存在。

古人又把"面部"称"脸脑"。这个词大约产生于宋元。如元·秦简夫《赵礼让肥》第二折："我见他料绰口凹凸着面貌,眼嵌鼻眍,挠着脸脑。"元·贾仲明《对玉梳》第一折："都是俺个败人家油鬏髻太岁,送人命粉脸脑凶神。"与"脸脑"大约同时产生的还有"脸道",也指"面部"。如元·无名氏《连环计》第三折："油掠的鬏髻儿光,粉搭的脸道儿香。"刘知远《诸宫调》第二折："打扮身分别样,生得脸道邹搜。"这两个词的产生都是由于戏曲要求用衬字,所以"脑""道"在此是衬字,无义。但它们都是"脸"产生"面"义之后的事。

"脸面"一词大约产生于清初,是两个同义词连用而生的合成词,最初指"面子、情面"。《儒林外史》第五十回:"烟弟席上被官府锁了客去,这个脸面却也不甚好看。"《红楼梦》第三十七回:"几百钱是小事,难得这个脸面。"至晚,到清末又产生了"面孔"义,《儿女英雄传》第十四回:"只因半百之年经了这场大病,脸面消瘦,鬓发苍白。""脸面"的这两个义位现代汉语中仍都存在。

2. 面部语义场中,在"额部"这一子场中的各词位在古代汉语中形成一个同义义场:额、額、颜、颡、顀(定)、题、颅、项、囟(顖)、颜角、天角、面额、印堂、额角、天庭、天门、脑门(子)、頍。我们通过这个语义场中各义位的古今变化来看"额"同义义场从古汉语到现代汉语的演变过程。

"額(额)"指"人的眉上发下部分"这一义位汉代就存在了。《汉书·外戚传下·孝成赵皇后》:"額上有壮发。"《前汉记·宣帝纪》:"曲突徙薪反无恩泽,焦头烂額复为上客邪?"《后汉书·马援传·马寥上疏》:"长安语曰:'城中好高髻,四方高一尺;城中好广眉,四方且半額。'"《说文》:"額,颡也。"宋·徐铉校录:"今俗作额。"《晋书音义》:"額,本亦作额。"这说明古汉语中"額"与"额"为异体字,"额"为"額"的词位变体;现代汉语中"額"作为词形已消失,只保留"额"。不过相对古汉语来说,"额"的搭配范围已缩小。

"颜"指"额部"这一义位在先秦就已存在了。《诗经·鄘风·君子偕老》:"子之清扬,所且之颜也。"《左传·僖公九年》:"天威不违颜咫尺,小白余敢贪天子之命无下拜?"孔颖达疏:"颜,谓额也。"其实,"颜"指"额部"这一义位在古汉语中与"额"是同源词。(王力,1987)《方言》卷十:"颜,颡也。……中夏谓之额,东齐谓之颡,汝颍淮泗之间谓之颜。"《小尔雅·广服》:"颜,额也。"《广雅·释亲》:"颜,额也。"又《说文·页部》:"颜,眉目之间也"。段注:"各本作眉目之间,浅人妄增字耳,今正。眉与目之间不名颜。……颜为眉间,医经所谓阙,道书所谓上丹田,相书所谓中正印堂也。"(按:段注本作"眉之间也。")所以"颜"又指"印堂"。但无例证,不能作为"颜"的本义。同时,"颜"又指"脸色",《广韵·删韵》:"颜,颜容。"《诗经·郑风·有女同车》:"有女同车,颜如舜华。"杜甫《茅屋为秋风所破歌》:"安得广厦千万间,大庇天下寒士俱欢颜。""颜"的"额"义位至今已不存在了。

"题",《说文·页部》:"题,颡也。"这一义位先秦就存在。《韩非子·解老》:"弟子曰:'是黑牛也而白题。'"《礼记·王制》:"南方曰蛮,雕题交趾,有不火食者矣。"孔颖达疏:"题谓额也。"《汉书·司马相如传上》:"赤首圆题,穷奇象犀。"颜师古注引张揖曰:"题,额也。"这一词位至今已不存在了。

"颡"指"额部"这一义位先秦也已存在。《诗经·周南·麟之趾》:"麟之定。"朱

注：" 定，额也。" 唐·陆德明《经典释文》："定，字书作颠。"《尔雅·释言》："颠，题也。"晋·郭璞注："题，额也。"现代汉语中"颠"作为词位已不存在。

"颡"指"额部"这一义位先秦也已产生。《说文》："颡，额也。"《易经·说卦》："其于人也，为寡发，为广颡。"孔颖达疏："额阔为广颡，发寡少之义，故为广颡也。"但是"颡"在现代汉语中偶尔用于书面语体中，使用范围大大缩小。

"颅"指"额头"这一义位南北朝已存在。《后汉书·马融传》："殳殳狂击，头陷颅碎，兽不得獉，禽不得瞥。"李贤注："颅，额也。"北周·王褒《日出东南隅行》："高箱照云母，壮马饰当颅。"元·蒲道源《小令[黄钟]人月圆·赵君锡再得雄》："隆颅犀角，黛抹朱妆。"现代汉语中"颅"作为"额头"这一义位已消失。

"天庭"指"前额中央"，这一义位魏晋就已存在。《三国志·魏志·管辂传》："此二人天庭及口耳之间同有凶气。"《黄庭内景经·黄庭》："天庭地关列斧斤。"梁丘子注："两眉间为天庭。"这个词位现代汉语中仍存在。

"印堂"指"额部两眉之间"，这一义位唐代就已存在了。唐·越蕤《长短经·察相》："天中丰隆，印堂端正者，六品之侯也。"《儒林外史》第十六回："现今印堂颜色有些发黄，不日就有个贵人星照命。"这一义位现代汉语中仍存在。

"脑门"，指"前额"，至晚，元时已出现。元·郑廷玉《后庭花》第一折："有一日搤折你腿脡，打碎你脑门。"元·杨维桢《佛顶菊》诗："妙色尽从枝上发，慧季直奔脑门开。""脑门"又称"脑门子"。《儿女英雄传》第六十回："[那老头儿]头上热气腾腾出了黄豆大的一脑门子汗珠子。"这一词位在现代汉语中使用更为频繁。

3. 在面部语义场中，"颊部"这一子场的各词位在古汉语中也形成一个同义义场："颊、颥、辅、頄、颏、胲、䎃、颡、颐、脸、面颊"。通过对这个子场中各词位进行历时分析，考察一下其从古至今的演变过程。

"颊"指"颊部"这一义位先秦至今指称范围未变。《易经·咸》："咸其辅、颊、舌。"虞翻注："耳目之间称辅颊。"《说文》："颊，面旁也。"《急就篇》："颊颐颈项肩臂肘。"颜师古注："面两旁曰颊。"表示"颊部"这一词位古代又有"胲"。《玉篇·肉部》："胲，俗颊字。"宋·宋慈《洗冤录·验尸》："左右腮胲，……有无他故。"不过现代汉语比古代汉语"颊"的搭配范围变小，且多用于书面语体中。

"辅"指"颊"这一义位先秦就已存在了。《易经·咸》："咸其辅、颊、舌。"马融注："辅，上颌也。"即颌上之部分。《说文》："辅，颊也。"《广雅》："辅谓之颊。"后来"辅"作为"颊"同义义场中的一个词位消失，但它仍作为一个语素用在个别成语中，如"辅车相依。"

"䎃"指"颊部"这一义位先秦已产生，又作"辅"。《说文·面部》："䎃，颊也。"段

注:"䩉与颊可互称。古多借辅为䩉。"王筠句读:"《易经·咸》:'咸其辅、颊、舌。'虞、荀'辅'作'䩉',云:'耳目之间称䩉。'《淮南子·修务》:"口曾挠,奇牙出,靥䩉摇。"宋·梅尧臣《红梅篇》:"南庭梅花如杏花,东家砂朱涂颊䩉。"不过现代汉语中"䩉"作"颊"这一词位已不存在。

"頯"最初指"颊骨"。《玉篇·页部》:"頯,面颧也。"《广韵·尤韵》:"頯,颊间骨也。""頯"作"颧"这一词位时间同"䪼"。《集韵·脂韵》:"䪼,颊骨。或作頯。"这一词位先秦已出现。《易经·夬》:"壮于頯,有凶。"王弼注:"頯,面权也。"陆德明《经典释文》:"頯,颧也。翟云:'面颧,颊间骨也。'郑作䪼。"至晚,隋时"頯"又泛指面颊。《切韵·尤韵》:"頯,颊。"明·方以智《东西均·道艺》:"一语及学,则頯为之赤。"

"顄"一词先秦就已存在,最初指"颐下须"。后来,至晚在唐宋又指"面颊"。《广韵·废韵》:"顄,颊也。"清·谢阶树《养生论》上:"真所谓目不离眶睫之内,口不出顄顄之间也。"

"脸"一词的产生大约在南北朝时期,最初即指现代汉语中所说的"脸颊"。《集韵·琰韵》:"脸,颊也。"如南朝·梁·简文帝《妾薄命》:"玉貌歇红脸,长嚬串翠眉。"南朝·梁·吴均《小垂手》:"蛾眉与曼脸,见此空愁人。"宋·文天祥《珊瑚吟》:"毛羽黑如漆,两脸凝璃脂。"可见古代"面"与"脸"分得很清楚,而且"脸"仅限于妇女。约从唐代开始,"脸"的指称义从"颊"扩展到"整个面部",而且适用对象也从妇女扩大到男人。如唐·李孝伦《敬善寺石像铭》:"临豪月满,映脸莲开。香烟起雾,梵响惊埃。"《敦煌变文集·搜神记》:"昔孔子游行,见一老人在路,吟歌而行,孔子问曰:'验(脸)有饥色,有何乐哉?'老人答曰:'吾众事已毕,何不乐乎?'"此后,"脸"指"颊"和"面部"两义位并存。《水浒传》第六十二回:"仰着脸四下里看,不见动静。"这里的"脸"指"整个面部"。《儒林外史》第四十六回:"余大先生气得两脸紫涨,颈子里的筋都耿出来,说道:'这话是那个说的?'"这里的"脸"指"颊部"。现代汉语中"脸"指"颊"作为一个义位基本上消失了,只是作为"脸蛋"(指"脸的两旁部分")义的这个语素还存在。

"胲"指"脸颊"这一义位汉代已出现。《汉书·东方朔传》:"臣观其舌齿牙,树颊胲。"颜师古注曰:"颊肉曰胲。"宋·宋慈《洗冤录·论沿身骨脉》:"结喉之上者胲,胲两傍者曲颔。"元·佚名《阳春白雪·愿成双》:"妾守冯魁,似胲下瘘。""颏"指"脸颊"这一义位时同"胲"。《集韵·海韵》:"颏,颊下曰颏。或作胲。"《篇海类编·身体类·页部》引《东方朔传》作"树颊颏"。"胲"和"颏"指"脸颊"时在古汉语中实为一个词位,二者互为词位变体,不过现代汉语中都已不存在了。

"面颊"在宋代已出现。宋·苏轼《赠黄山人》:"面颊照人元自赤,眉毛覆眼见来乌。"《水浒传》第七十回:"面颊连项都有疤痕。"巴金《家》十:"眼泪沿着面颊流下来。"

"脸蛋"指"脸的两旁部分",清末出现。《儿女英雄传》第三十四回:"不由的把个紫膛色的脸蛋儿羞得小茄包似的。"《二十年目睹之怪现状》:"两个脸蛋登时热的出了一身冷汗。"这一词位现代汉语中使用更为频繁,并且引申产生一个义位,泛指"面部"。

"脸巴子"指"脸颊",在清代一度出现,如《儒林外史》第二十六回:"若扯了一字谎,明日太太访出来,我自己把这个脸巴子送来给太太掌嘴。"这一词位现代汉语中已不存在。

4. 在面部语义场中,"腮部"这一子场古今也发生了变化。古汉语中的"颊"指"人的两颊下半部",这一义位大约在南北朝时就已存在。南朝·梁·萧统《锦带书·十二月启蕤宾五月》:"莲花泛水,艳如越女之颊。"唐·白居易《盐商妇》:"饱食浓妆倚柂楼,两朵红颊花欲绽。"大约唐代又产生了"颊"的俗体字"腮"。唐·李贺《南园》诗之一:"花枝草蔓眼中开,小白长红越女腮。"《广韵·咍韵》:"颊,颊颔。俗又作腮。""颊"与"腮"为异体词,在古汉语中并存,互为词位变体。现代汉语中"腮"已完全替代了"颊"。

"颐"在古代汉语中又专指"腮",即颊的下半部分。这一义位先秦就已存在了,《易经·噬嗑》:"颐中有物曰噬嗑。"这一义位现代汉语中仍存在,但比古汉语使用范围缩小了,只用于书面语体中。由于"颐"既指"颊"又指"腮",而致使"颊""腮"两词经常连用而合成一个新词"腮颊"来指"腮部"。这一变化大约产生于宋代,如宋·林逋《杏花》诗:"蓓蕾枝梢血点干,粉红腮颊露春寒。"这一词位现代汉语中仍存在。

"腮斗"指"腮",这一词位大约产生于元代。元·乔吉《两世姻缘》第二折:"争奈一段伤心画不能。腮斗上泪痕粉渍定,没颜色鬓乱钗横。"明·贾仲名《萧淑兰》第一折:"不索你话儿唃,不须恶厌,不由我腮斗上添笑靥。"这一词位现代汉语中已不存在。

约在清代,这一子场中又出现了形象意义更为鲜明的词位"腮帮子",《红楼梦》第四十回:"说完,却鼓着腮帮子。"现代又出现了"腮帮""腮巴""脸腮"等词位,形成了现代汉语"腮部"同义语义场:腮、颐、腮颊、腮帮、腮帮子、腮巴、腮巴子、脸腮。

5. 在面部语义场中,"颏(脸的最下部分)"子场古今也发生了显著变化。这个语义场中产生较早的词位是"颔"。《庄子·列御寇》:"夫千金之珠,必在九重之渊,而骊龙颔下。"《素向·疟论》："阳明虚,则寒栗鼓颔也。"王冰注："气足则恶寒战栗而颐颔振动也。"后来又产生了"颐",《汉书·王莽传》："莽为人侈口蹙颐。"颜师古注:"颐,颐也。""颐"在古汉语中亦指"下颔"。《庄子·渔父》："左手据膝,右手持颐以听。"据王力先生考证,"颐"与"颔"在古汉语中为同源词。(王力,1987:606)《说文》:"颔,颐也。""颔"常同"颌"。《玉篇·页部》:"颔,《公羊传》'绝其颔口'也。"今本《公羊传·宣公六年》作"绝其颌口"。汉·扬雄《长杨赋》:"皆稽颡树颔,扶服蛾伏。"李善注引如淳曰:"叩头时项向下,则颔树上向也。"因此"颐""颔"与"颌"同指"下颔"的"颐"。《方言》卷十:"颔、颐、颌也。南楚谓之颔,秦晋谓之颌。颐,其通语也。"后来"颐"作为词位逐渐消失,"颔"与"颌"的使用范围逐渐缩小。现代汉语只用于书面语体中。

至晚,到南北朝又产生了一个词位"颏"。南朝·顾野王《玉篇·页部》:"颏,颐下。"唐·韩愈《记梦》诗："石坛坡陀可坐卧,我手承颏肘拄座。"大约,到了宋代产生了"下颏"。宋·周密《齐东野语·解颐》："至今俗谚以人喜过甚者云兜不上下颏。"闻捷《海燕》:"下颏有子弹穿过的伤痕。"到清代产生了"下巴""下巴颏"。《儿女英雄传》第六回："却用左手从他脖子右边反插将去,把下巴一招。"又第三三回："下巴颏儿底下又没甚么。"现代又产生了"下颌""下颚",于是形成了现代汉语的"颏部"语义场。"颏"的使用范围退缩到某些书面语体,多与单音词搭配。"下巴""下巴颏(儿)""下颏"多用于口头和文艺语体。"下颌""下颚"多用于科技语体。

6. 上述语义子场以及各子场内多元体的存在,是因为其价值不同,主要表现为语义和语用两方面。

(1) 语义区别

a. 有的子场其"所指"部分重合。如"颊部"子场指"人的眼下颔上部分","腮部"子场指"人的面颊下半部",即"颧骨至颔上部分"。

b. 有的词位涉足两个子场:"颡"指"额头"时属"额"子场;指"脸颊"时,则属于"颊"子场,如《孔子家语·困誓》:"河目龙颡。"王肃注:"颡,颊也。""脸蛋儿"指"脸的两侧"时属"颊"子场,泛指"面部"时则属"面"子场。

c. 有的词位涉足三个子场:"颐"指"脸颊"时属"颊"子场,指"腮"时属"腮"子场,而指"下巴"时又属"颏"子场。

d. 有的词位只占子场的一部分。如"额"子场中,"天庭""天门"指"前额中央",相术又指"两眉间","额角"指"额的左上角和右上角"。"印堂"指"两眉之间"。

(2) 语用区别

a. 时间层次。子场内各义位的产生和消失具有随时间推移而不断交替的特点。如"面"子场中,"面"从先秦即已存在,"颜面""面孔""面颜"则至唐宋时才产生,"脸脑""脸道"仅宋元时存在,"颡"汉代产生,但现代汉语中已不存在,所以这些词位是在不同时间层次上存在,它们的语用价值互不相同。"面"子场就是在新词位不断产生、旧词位不断消失中保持自身的平衡。

b. 方言区别。如"额"子场中"额""颜""题""颡""颅"这些词位就是由先秦方言差异而产生的。《方言》卷十:"颅、额、颜、颡也。江湘之间谓之颅,中夏谓之额,东齐谓之颡,汝颍汝泗之间谓之颜。"可见,对同一概念不同方言区语音不同,造字各异,便产生了不同的词。

c. 常用、不常用的区别。语义子场中各词位由于在语言中出现频率不同,而有常用、不常用的区别,进而有主导词位和非主导词位的区分。如现代汉语"脸"子场中,"脸"相对其他词位出现频率高、常用而成为"脸"子场中的主导词位。

d. 语体区别。语义子场中各多元体由于经常出现的场合不同而具有不同的语体特征。"腮"子场中由于"腮帮""腮帮子"两词位的产生,其余的词位的价值关系已发生变化,"腮"和"颐"在古汉语中适用于各种语体,而现代汉语中"腮""颐"多用于某些书面语体。"腮帮""腮帮子"两个词位多用于口头语体中。

e. 词形区别。由于方言的差异或正俗体的区别,语义子场中有的词位表现在词形上具有两种不同的写法。如"頟"与"额",古汉语中"頟"为正体,"额"为俗体,二者互为词位变体,具有不同的存在价值。

三

我们通过汉语面部语义场历史演变的分析,发现汉语面部语义场的历时演变的几个脉络。

1. 在面部语义场的历时演变中,"脸"这一词位的变化是最引人瞩目的。其一,"脸"的指称范围发生变化,由"颊部"子场向其"面部"母场转化;其二,"脸"这一词位由"面部"义场中后来居上,由非主导词位上升为主导词位;同时"面"的适用范围缩小。

马蒂内认为,在对语言演变的解释中,"内部"解释方法不能说明变化的比率和特殊变化的特定历史情况,要说明语言中某些特定变化,不得不援用具有一般历史性质的"外部"解释。(莱普斯基,1986)这话是有道理的。"面部"语义场中,"脸"这一词位的变化就与唐宋时期整个文化背景有着密切联系。"脸"指"人的颊部"这一词位从其产生之时(大约南北朝)直至唐代,在诗词、话本小说中多用来描写人的(特别是女人的)容貌。如南朝·乐府诗《紫骝马》:"红脸桃花色,客别重羞眉。"南朝·梁·简文帝《妾薄命》诗:"玉貌歇红脸,长嚬串翠眉。"白居易《昭君怨》诗:"满面胡沙满面风,眉消残黛脸消红。"《敦煌变文集·王昭君变文》:"红脸偏承庞,青蛾侍妾时。"《难陀出家缘起》:"脸似桃花光灼灼,眉如细柳色辉辉。"由于这种文学作品的感染与普及,当人们一说到"脸"就很自然地联想到据以描写的人的容貌。"一个语言成分越是意外的,它所传达的信息就越大。"(莱普斯基,1986:157)久而久之,这种联想意义固定下来,与原有义位相脱离,形成"脸"的一个新义位,人们反而忘记了原来的义位,这时"脸"就由"颊"子场转到"面"母场,这种转化大约在唐代完成。这是词位"脸"发生变化的原因之一。

原因之二,语言社团中存在着"喜新厌旧"的心理强势。在"面部"语义场中,词位"面"产生最早,甲骨文中就已出现,经史子集各种典籍广泛频繁地使用,而"脸"指"人的颊部"这一词位南北朝才产生。据统计,在"杜诗"中,"面"共出现60次(含作为词素出现于双音词者,如"会面""颜面""面势"等),而"脸"仅出现2次。相比之下,"面"的使用频率比"脸"高得多。一般来说,使用频率最大的,也是用得最长久的。"脸""面"一新一旧,很是分明。从语言信息的观点看,一个语言成分越是新的、使用时间短的,它所传达的信息也就将越大,也就将受到语言社团的欢迎。人们特别注意的是有"心理显著度"的词(新奇、含义、用法不一般)(P. Hancs,1990)(见《辞书研究》2007年第3期23页)。因此就"人的头的前部"这一义位来说,语言使用者舍"面"用"脸","脸"逐渐成为"面部"语义场的主导词位。在其他语义场中也有类似的情况,如"目"与"眼"相比,《史记》中"目"出现94次,"眼"仅出现7次;在《荀子》中"目"出现48次,"眼"出现0次;《墨子》中"目"出现57次,"眼"出现0次。"足"与"脚"相比,在《史记》中"足"出现119次,"脚"出现3次;《荀子》中"足"出现11次,"脚"出现0次;《墨子》中"足"出现12次,"脚"出现1次。通过对比可以看出,原来使用频率高的"目""足"一度生命力强大,原来使用频率低的"眼""脚"在喜新厌旧、避俗求奇的大趋势之下,反倒后来居上,成为语义场中的主导词位。如果说"脸""脚"到唐代还未上升为主导词,那么,"眼"到唐代已上升为主导词。"眼"在"杜诗"中出现91次,在"李贺诗"中出现21次;"目"在"杜诗"中出现38次,在"李贺诗"中出现5次。

原因之三,"面部"语义场中,"脸"较"面"具有较强的口语性。在"面部"语义场的历史演变中,"脸"作为后起词位,在"颊"子场中(如上所述)一开始就作为口语词位产生,后来转到"面"义场中更是活跃在语录、话本、小说等口头语体中。而"面"

在语言中存在时间长,在经史子集典范的书面语体中比在口语中获得了更为牢固的地位。在语言演变中,一个口语的新兴成分,以其用者之众,用势之强,获得了比书面语成分强大得多的生命力,因而在口语中"脸"逐渐取代了"面",进而在书面语中获得了扩散的强大势头,最终夺取了"面"义场中的主导地位。

原因之四,"面"的使用中由"人的头的前部"引申分化为很多个义位(近20个),为避免歧义,语言社团主动选用与"面"义位关系最密切的单义的"脸"来代替"面"。在其他语义场中也有类似情况,如"目"同义义场中,"目"因多义而将其主导地位让给了"眼",后来"眼"义位增多,继而又将其主导地位让给了双音词"眼睛"。

2. 在"面"子场中,"面"作为一个词位在口语中虽被"脸"所代替,但在某些书面语体中仍频繁使用;并且作为一个语素仍以强大的势力构成许多词语,如现代汉语中以"面"为词素构成常见词语约220个;而以"脸"为词素构成的常见词语仅48个左右。

3. 汉语面部语义场各子场中的词位演变有如下三种情况:①新词位代替旧词位,如"面"子场中先秦至明清出现过"面""面子""面皮""面门""面般""颜题""脸""脸脑""脸道"等词位,但是现代汉语中这些词位除"面""脸"外大都已消失,而代之以新的词位:"脸""脸膛儿""脸蛋儿""脸孔""面庞""脸盘"等;②有些词位古今一直存在,如"面"子场中的"面孔""面目""颜面""脸面",只是它们的使用频率逐渐增大了;③有些词位增加新词素,一个重要迹象是:大部分(至少有28个)特称词消失了,代之以新的组合:一个词素来自原来的泛称词,一个词素来自一个相关(限制或说明)词。(张志毅,1989)如"颊"子场中,古汉语有"䪼""辅""脸""䪻""頤""胲""𦠄""颡"等特称词,而现代汉语中则代之以新的组合"面颊""脸颊""脸蛋儿"等。可见汉语面部语义场各子场的词位就其形式而言,逐渐由单音节向多音节(主要是双音节)转化;这也是有史以来汉语词汇发展的整体趋势(张志毅,1987)。

4. 汉语面部语义场各子场中的词位,就其意义即义位而言,由模糊逐渐向精细发展。其原因是:汉语面部语义场各子场中的词位数目,在排除方言词的条件下,从古至今逐渐增多,由此导致同义义场中各义位间的价值关系的区分由不严密发展到比较严密。最初,"面部"同义义场只有"面"和"颜"两个词位,在词汇意义和修辞意义方面表达不精密,"颜"既指"面"又指"额",为适应言语交际中不同搭配环境和表达不同感情色彩的需要,又出现了"面孔""脸膛儿""脸面"等词位。"颊部"子场中先秦有"颊""辅""䪼""颐",都是单音节词位。后来大部分单音节词位在语义场中消失,如"䪼""辅"等,有的词义发生了变化,如"脸"。现代汉语中出现了语义明确具体、修辞意义更为鲜明的复音词,如"面颊""脸蛋儿"等。而且"颊"这一词位在语义场中的价值关系已发生了变化,其中最明显的是其搭配范围变小,且多用于书面语体中,口头语体多用"脸蛋儿""脸蛋子"。"颐"在搭配范围和修辞意义方面也随之发生了变化:多跟单音节词搭配,多用于书面语体中。究其原因,一方面是汉语词汇在形式上具有渐趋双音化的趋势;另一方面是语言为适应充当交际工具职能的需要,在表意方面渐趋于精密化。

5. 综上所述,语义场的历史演变过程具有矛盾二重性:语义场的演变既有语言系统发展过程中内部矛盾的推动作用,又有语言系统外部因素的促进作用,这是面部语义场从古至今发生演变的原因。人们要求语言用最简明、最经济的办法去满足交际需要;为此就要求语言系统保持一种有序平衡状态。但这种结构经常遭到语言"创新"(Innovation)的破坏,导致语言结构出现不平衡性;在词汇系统中,表现为词位的产生或发展引起语义场的变动。例如,"颏"子场在先秦有"颔""颐",到汉代有"颐",南北朝又产生了一个新词位"颏"。在语义场的发展过程中,"颏"这一词位逐渐排挤了"颐""颔",可用于一切场合。随着汉语词复音化的发展,词汇中双音节词增多,这样单音节词位"颏""颔"搭配范围受到限制,并且语体适用范围缩小。为了满足交际的需要,"颏"这一语义场又产生了新的词位,如"下巴""下颔""下巴颏儿"等,导致语义场内各义位价值关系的重新调整,从而形成了现代汉语"颏"义场。所以语义场内部结构的不平衡性是引起语义场演变的内在原因。但是引起语义场内部结构不平衡的某些词位的产生或变化的原因只能到语义场寻找。这种原因既可能是语言系统内的,又可能是语言系统外的。就语言系统内来说,前文已经谈了许多,这里需要补充的是,由于语言结构分语音、语义、语法三个层次,而"某一层次的结构不平衡性运动就可能在另一个层次上留下不平衡的结果"(徐通锵,1990)。在汉语发展过程中,语音层面由于浊音清化、韵尾简化等原因,使语言中出现了大量同音词,给交际带来了麻烦,因而语言中产生了大量复音词。语言中复音词增多,就使语义场中某些单音词位的搭配范围缩小,这样就有些单音词位从语义场中消失,有些单音词位搭配范围缩小(与此同时往往伴有语体意义的变化)。这种变化使语义场内的词位间价值关系重新调整,语义场也就完成了从旧的有序状态向新的有序状态的演变。另一方面,就引起面部词位产生或变化的语言系统外的因素来说,不是其"所指"的面部的变化(因为从古至今,人的面部基本未变),而是社会经济与文化的发展和人们对客观对象认识能力的提高。前面讨论词位"脸"的变化时已稍涉及。又如"额"义场,由于先秦时国家不统一,各地方言殊异,产生了表意相同的"颜""额""颡""题"等词位,这些词位除了具有表示不同方言的价值外,在意义上无差异,所以秦统一中国后,随着经济文化的发展,各地区人们交往频繁,这种

"方言的价值"便失去了存在的意义,中夏的经济文化比其他地区较发达,它的"额"通行全国,"頞""题"便逐渐在语言中消失。

参考文献:

[1] 陈原:《社会语言学》,学林出版社,1983。
[2] 符淮青:《现代汉语词汇》,北京大学出版社,1985。
[3] 何九盈:《中国古代语言学史》,河南人民出版社,1985。
[4] 贾彦德:《语义学导论》,北京大学出版社,1986。
[5] 蒋绍愚:《关于汉语词汇系统及其发展变化的几点想法》,见《中国语文》1989年第1期。
[6] 卡勒:《索绪尔》,中国社会科学出版社,1989。
[7] 拉兹洛:《用系统的观点看世界》,中国社会科学出版社,1985。
[8] 利奇:《语义学》,上海外语教育出版社,1987。
[9] 莱普斯基:《结构语言学通论》,中国社会科学出版社,1986。
[10] 梅耶:《历史语言学中的比较方法》,科学出版社,1957。
[11] 沙夫:《语义学引论》,商务印书馆,1979。
[12] 索绪尔:《普通语言学教程》,商务印书馆,1980。
[13] 王力:《汉语史稿(上、中、下)》,中华书局,1980。
[14] 王力:《中国语言学史》,山西人民出版社,1981。
[15] 王力:《同源字典》,商务印书馆,1987。
[16] 徐通锵:《语言变异的研究和语言研究方法论的转折》,见《语文研究》1987年第4期、1988年第1期.
[17] 徐通锵:《结构的不平衡性和语言演变的原因》,见《中国语文》1990年第1期。
[18] 徐通锵:《历史语言学》,商务印书馆,1991。
[19] 张志毅:《印欧语与汉语历时类型概论》,见《中国语文研究》1987年第9期。
[20] 张志毅:《论泛称词和特称词》,见《汉语研究》,1989年第2期。
[21] F. Palmer. *Semantics*. Cambridge University Press,1981.
[22] J. Lyons. *New Horizons in Linguistics*. Penguin,1970.

(原载《古汉语研究》1993年第4期)

《说文》的词源学观念
——《说文》所释"词的理据"

一

从文字学的角度研究《说文》的论著,更仆难数。从词汇学角度研究《说文》的论著,屈指可数。而从词源学角度研究《说文》,至今或许还是一个尝试。

词源学作为词汇学的一个分支,它至少应研究以下五项内容:

1. 一个词的来源:(1)起源于何时;(2)最早见于何种典籍;(3)来自何种语言或方言,跟其相对应的词有什么关系。

2. 一个词可追溯的原始形式:主要是语音形式及书写形式。

3. 一个词可追溯的最古的意义。

4. 一个词的原始形式和最古意义之间的联系:(1)词的语音形式和词义的联系,事物命名的理由与根据;(2)词的书写形式和词义的联系。

5. 一个词的形式与意义的演变及其结果。

第1项,在《说文》中有所反映,量不多。第2项,在《说文》中是力求做出尽可能多的反映,但限于当时资料不足,只达到了很有限的程度。第3项,在《说文》中有充分的反映,记录了词的最古的意义,而且大部分是可信的。第4项的(2)项,是《说文》追求的重心,也是人们研究《说文》的重要课题。第4项的(1)项,《说文》也多处涉及,至今未引起学者足够的重视。至于第5项,因为《说文》重源不重流,所以自然不予以应有地位。而《段注》则用了足够的篇幅,既溯源又探流。总观五项,《说文》在相当的量及其质上,是一部词源词典。

二

词的理据(motivation)[①],作为词源学的一个分支,是指事物命名的理由与根据,它反映出了事物命名特征和词之间的关系。从多数原始词(initia 或 redices)[②]那里找不出这种关系,也就是说它们是无理据的。而非原始词多是有理据可寻的。《说文》在释字时曾努力寻求过词的理据。对其寻求理据的释语加以分析,可以概括出七种公式:

一式:[被释词]＝释词(＋也)＋命名理据＋故谓之＋被释词＋解字。例如:

  仓 谷藏也。仓(＝苍)黄取而藏之,故谓之仓。从食省,口象形。(《说文·五下》)

  韭 菜名。一种而久者,故谓之韭。象形,在一之上。一地也。(《说文·七下》)

二式:"解字"项从最后一项移至第二项,即位于"释词"项之后。例如:

  茇 草根也。从艸,犮声。春草根枯,引之而发土为拔,故谓之茇。(《说文·一下》)

三式:在"命名理据"项之前加"以"字,强调命名的理据。例如:

  黍 禾属而黏者也。以大暑而种,故谓之黍。从禾,雨省声。(《说文·七上》)

四式:"故谓之"一项替换成"故曰""故称""故因以为"。例如:

  婚 妇家也。礼,娶妇以昏时,女人阴也(《段注》:"幽阴之义也"),故曰婚。从女从昏,昏亦声。(《说文·十二下》)

  西 鸟在巢上也。象形。日在西方而鸟栖。故因以为东西之西。(《说文·十二上》)

五式:"故谓之"一项替换成"言"。例如:

  玉 赪色也。从玉莴声。禾之赤苗谓之璊,言璊玉色如之(按:如赤苗穧色)。(《说文·一上》)

六式:[被释词]＝声训词＋也＋释词＋解字。或将声训词包含在释语之中。不用"故谓之"一项。例如:

  户 护也。半门曰户。象形。(《说文·十二上》)

  土 地之吐生物者也。二象地之上、地之中,物出形也。(《说文·十三下》)

七式:[被释词]＝声训词＋也＋解字。如:

政 正也。从攴从正,正亦声。(《说文·三下》)

葬 藏也。从死在茻中……(《说文·一下》)

声训常有三种作用:一是释义,二是指明假借字的本字,三是探求词源。因此,不能把所有的声训都认为是探求词源。

总括上述七种公式,一式是基本的。二至七式,是一式的变式或省略式。

三

《说文》解释词的理据,有一个选择范围。

真正的词源词典,③都是尽可能注明词的理据。《说文》并不是真正的词源词典,它只不过是人类文明史早中期之交的一部断代性的字(词)典。这样性质的辞书,对动词和形容词的理据极少注意,而对名词的理据则特别注意。在名词中,对具体的名物词的理据更加注意。例如:

螟 虫食谷心者,吏冥冥犯法即生螟,从虫冥,冥亦声。(《说文·十三上》)

狗 孔子曰:"狗,叩也,叩气吠以守。"从犬句声。(《说文·十上》)

禾 嘉谷也。二月始生,八月而熟,得时之中和,故谓之禾。(《说文·七上》)④

这些词,都是跟人们生活密切相关的动植物名称以及常用物品等名称。

《说文》是一部解释单字的字典,其中也包含着对一些单音词的解释。因此,它对词的理据的解释,一般限于单音节词,其中有些是汉语词族的语根(即原始词),也是汉语基本词汇的根词。比起派生词和复合词,探求这些语根或根词的理据,是相当困难的。《说文》在突破这个难关基础上,也偶尔分析了"常用语"的理据。如对"无它乎"理据的说明:

它 虫也,从虫而长,像冤曲垂尾形。上古草居患它,故相问"无它乎"。(《说文·十三下》)

至于对双音节复合词理据的分析,在《说文》中尚未见到,但是在许慎时代的其他名家的训诂里则屡见不鲜。如高诱在《吕览》的注解里说:

宾爵(=宾雀)"老爵也。栖宿于人堂之间,有似宾客,故谓之宾爵。"(《吕氏春秋·季秋纪》)⑤

《说文》一般是探求本义的理据,有时也探求引申义的理据。对引申义理据的探求,都是以本义为基础,如前文所举的"西"引申义的理据。

四

《说文》探求词的理据,其线索是多方面的。兹举要如下:

1. 声音线索。仔细分析,有两种声音线索。

(1)拟音线索,它反映了音与音的联系,即词的语音和所记录的声音的联系。如

  啾 小儿声也。(《说文·二上》)

  喤 小儿声也。(同上)⑥

  哮 豕惊声。(同上)

  喔 鸡声也。(同上)

  轟 群车声也。(《说文·十四上》)

上述举凡人声、动物声、物声等所要记录的声音,跟啾、喤、哮、喔、轟等词的语音之间联系,不是追求物理上的音色、音高十分精确的听觉相似,而是追求心理上的语音感觉相似。⑦《说文》对这些象声词的说明较为客观,而古希腊苏格拉底的象声论则带有较多的任意性,他以为"每个字母都模仿一定的性质,或者表示一定的特征……字母 P 是表示运动的。"⑧

(2)谐音线索,它反映了一个词的语音跟语根的语音的联系。如:

  笙 ……正月之音,物生,故谓之笙。(《说文·五上》)

  麦 芒谷。秋中厚埋,故谓之麦。(《说文·五上》)⑨

这种谐音关系,是人们从词源角度,在"同族词"跟"语根"之间的一种心理联想。因而它比起前一种拟音线索,常常带有主观色彩。

2. 形象线索。其中包括形状和颜色两种线索。

(1)形状线索,它反映了词形与物形的联系。《说文》对描写人、动物、植物、器物、景物之类的词,如女、目、马、鱼、木、瓜、刀、贝、山、云等,都注明"象形""象×之形""象××"或"××形"。此外,还用"状似""其状""如"等用语,交代词源。如:

  虹 螮蝀也。状似虫……(《说文·十三上》)⑩

菉 椒菉实,裹如裘也。(《说文·一下》)⑪

菉,即花椒子,聚于壳内,郭璞注《尔雅》谓其"聚生成房貌"。如球似丸的圆珠形,即其得名的理据。

《说文》是字书,对多音节词由形状得名的理据,不便注明。这项工作,由许慎前后时代的人做了一部分。《史记·司马相如列传》里说:"相如身自着犊鼻裈。"韦昭注解"犊鼻裈"说:"以三尺布作,形如犊鼻矣。"即今之裤衩,其形像犊鼻,所以叫犊鼻裈。

(2)颜色线索,它反映了词和物的颜色联系。如上文的"璊",又如:

綪 赤缯也。以茜染故谓之綪。(《说文·十三上》)⑫

通过形象线索探求词的理据,《说文》的说法大都谨慎稳妥,极少牵强附会。如果硬要在表音词形里随心所欲地截取象形的理据,有时就要闹到荒唐的地步。个别的罗马语言学家断言说,vallum(堡垒)的理据是由于堡垒围栏的柱子上头都被劈成了 V 字形,hostis(敌人)的理据是 H 象征敌对双方的双头宝剑。⑬这些象形说,比《说文》象形词源说带有较明显的任意性。

3. 声音和形象线索。《说文》有时把声音和形象线索结合起来探寻词的理据,它反映了词的形象、语音跟语根语音的联系。如:

芋 大叶实根骇人,故谓之芌也。(《说文·一下》)段注:"口部曰:吁,惊也。毛传曰:讦,大也。凡于声字,多训大。芋之为物,叶大根实,二者皆堪骇人,故谓之芋。"

豕 彘也。竭其尾,故谓之豕。(《说文·九下》)段注:"此与'后蹏废,故谓之彘'相对成文,于其音求其义也。立部曰:'竭者,负举也。'豕怒而竖其尾,则谓之豕。"又在"犬"下注曰:"后蹏废谓之彘,三毛聚居谓之猪,竭其尾谓之豕,同明一物异名之所由也。"

4. 功用线索。它反映了词和器物功用之间的联系。人们对一些器物从功用角度命名,因此可以从功用线索寻求词的理据。如上文"仓"是用作藏谷物的。又如:

户 护也。(《说文·十二上》)《释名》:"所以谨护闭塞也。"《句读》:"所以防盗也。"

5. 工具线索。它反映了词跟有关的工具之间的联系。人们对一些物品从与之有关的工具角度命名,因此可以从工具角度寻求词的理据。如:

振　社肉,盛以蜃,故谓之振,天子所以亲遗同姓。(《说文·一上》)《句读》:"地官掌蜃,祭祀共蜃器之蜃……蜃之器,以蜃饰,因名焉。"

此外,还有时间线索,如"黍,以大暑而种","婚,娶妇以昏时"。逻辑线索、词义线索,如"王,天下所归往也","姻……女之所因(＝就)","西"是鸟在日西而栖,故有东西之称。

在诸线索中,声音线索是许慎常用的主要的线索。除了拟音线索之外,许慎通过声音线索寻找词与词之间的意义联系,即形状、颜色、功用、工具、时间、逻辑及其他诸方面的联系。从哲学心理学来说,词的形式和事物对象之间没有必然的本质联系,非原始词总要通过原始词这一中介,间接地反映事物。因此,《说文》寻找"词源之间"的做法是科学的。它说明,只有采取历史主义态度,研究词源才能走上广阔的道路。

费尔巴哈对名称有一段精彩的论述:"感性知觉提供对象,理性则为对象提供名称……那么名称是什么呢？名称是用来区别的符号,是某种十分显明的标志,我把它当作表明对象的特征的代表,以便从对象的整体性来设想对象。"列宁对此加上了一个赞誉的评语:"说得好!"⑪上古汉语的一些词正是反映了对象的明显特征,许慎从不同线索揭示了一些词中所包含的特征,说明了一些词的理据。

五

《说文》探寻词的理据,在学术史上具有不可忽视的地位与价值。

公元前4—前3世纪,人类古代文明的两个摇篮——希腊和中国,都是在哲学思辨的推动下,几乎同时触及了事物命名的理由和根据问题,问题的争论都持续了几百年,而且争论的中心都是一个——是按名实的内在联系或按事物的本质自然命名的,还是按习惯约定俗成命名的？前者称为本质论(physei),后者称为规定论(thesei)。

古希腊哲人赫拉克利特、德谟克里特、赫尔摩根、克拉底洛、苏格拉底、柏拉图等先后参加过论战,结果是"本质论"暂时占了优势。当时的一些论争情景还保留在柏拉图对话录《克拉底洛篇》(*Kratylos*)里,因而柏拉图被尊为词源学创始人。后来的亚里士多德和伊壁鸠鲁派学者又把规定论和本质论的争论延续下去。

中国哲人孔子提出"正名",以旧名正新实,用事实去迁就概念,以名称为第一性的。墨子承认概念是事实的反映。荀子提出"制名以指实""名闻而实喻"。春秋时代开始的名实争论,形成了战国时期的名辩思潮。由此兴起的声训,到东汉末刘熙写《释名》时,已经泛滥。除释义、求假借字的本字,声训还滥用于词源探求。汉代声训风压倒了先秦的"规定论",使"本质论"暂时占了优势。⑮

在这样的学术大潮中,许慎保持了科学家特有的冷静,他竭力抵制、排除声训及理据探求的任意性。他在本质论和规定论的然疑之间,尽力作出谨慎的选择。采用了孔子的"政者,正也",淘汰了其他解释。采用了"君,尊也"这一较为概括的释义,淘汰了荀子的"君者,善群也"。采用《易经》的"校,木囚也"这一初始义,淘汰了孟子"校者,教也"等引申义。又如"商,从外知内也",淘汰了《白虎通》的声训及理据义:"商之为言章也,章其远近,度其有亡,通四方之物,故谓之商也。"当然,《说文》中的声训,有极少一部分也不可避免地保留了当时颇带主观色彩的声训。如"马,怒也,武也。"⑯

《说文》在字源学之外,还给我们开创了词源学。其内容大部分是科学词源学,第一次从语言角度指明了单音节词的音义联系以及词与词之间的音义联系。少部分内容是俗词源学(folk etymology,或 popular et.)或联想词源学(associative et.),即根据语音的相似,牵强附会地推测词源。如"鬼,人所归为鬼"。(《说文·九上》)就科学词源的内容说,《说文》一方面保存了词的理据,一方面又使一些词的理据从隐性变为显性。由于语音、书写形式、词义以及词的外部因素的变化,许多词的理据变为不可理解。而后世人依靠《说文》,那些词又从不透明的(opaque)变为透明的(transparent)。《说文》中保存的大量词的理据,证明汉语的复合词和派生词之外的单音节词(包括原始词及由之产生的非原始词)有许多也是有理据的。可见,索绪尔认为汉语是"超等词汇的典型",其中无理据性的词占优势,⑰乌尔曼认为汉语是理据性最缺乏的语言,⑱都是不符合古今汉语事实的。

《说文》对于词的理据的记录和发掘,有助于我们:(一)认识上古汉语词的形式和词义之间的关系;(二)理解词义;(三)发现词与词之间的形式、意义联系;(四)研究词义和词汇发展规律;(五)考察语言和思维之间的历史脉络;(六)进行汉藏语系的历史比较;(七)进行汉语和某些外国语言之间的类型学研究;(八)编写一部科学的、真正意义的《汉语词源学词典》。

附注:

① 词的内部形式(inner form)是一个有争议的概念,它跟词的理据不完全等同,故本文暂不使用。
② 古希腊苏格拉底常用原始词解释派生词和合成词。
③ 自17世纪以来,意英法俄德出现了几十部词源词典,如:Walter. W. Skeat. *Etymological*

Dictionary of English Language; Charles. T. Onions. *The Oxford Dictionary of English Etymology*; А. Г. Преображенский. *Этимологический словарь русского языка.*

④ 《说文》徐铉本作"得时之中",无"和"字,段玉裁依《思玄赋》注、《齐民要术》订补。
⑤ 《二十二子》,上海古籍出版社,1986:653。
⑥ 段玉裁注:"啾谓小儿小声,喤谓小儿大声也。"见《说文解字注》,上海古籍出版社,1981:54。
⑦ Henry Bradley. *The Making of English*,156 页。
⑧ 威廉·汤姆逊:《十九世纪末以前的语言学史》,科学出版社,1960:11。
⑨ 依据《说文通训定声》改用"埋"字,以便印刷。
⑩ 虹,英语叫 rainbow,法语叫 l'arc-en-ciel,俄语叫 радуга,都是从弓得义,同汉语一样都着眼于形状弯曲这一特点。
⑪ 徐铉本,"裘"作"表",误,此从《尔雅》《段注》《句读》。
⑫ 徐铉本,"以"作"从"。以《段注》《义证》《句读》订。茜,红染料。
⑬ 威廉·汤姆逊:《十九世纪末以前的语言学史》,1960:29。
⑭ 列宁:《哲学笔记》,人民出版社,1963:436。
⑮ 参见王力:《中国语言学史》,山西人民出版社,1981:54。
⑯ 马、武,上古同音,皆为明母,鱼部,上声。怒,明母,鱼部,与"马"声近韵同。
⑰ 德·索绪尔:《普通语言学教程》,商务印书馆,1980:184—185。
⑱ Stephen. Ullman, *Semantics* 第四章,Oxford,1962.

(原载《辞书研究》1991 年第 4 期)

汉语的体点关系和体点复合词

○ 引言

"整体—部分关系"（whole-part relationship/meronymy）是文献中常提到的一种词汇语义关系，比如"手指"与"手"的关系，"眼睛"与"脸"的关系，"树根"与"树"的关系等，并将之与同义关系、反义关系（不相容关系）以及分类关系（上下义关系）并列。张志毅、张庆云（2012:196）认为，"体，指认知基体（base），包括整体、群体，就是认知背景或认知辖域，尤其是跟'点'相关度较大的直接辖域。点，指认知中注意焦点，常被突显为侧面（profile），包括部分、个体。代表'体'的语言成分，常做词语的前头语素。代表'点'的语言成分，常做词语的后头语素。"[①]此外，大类和小类之间的关系也可认为是体点关系的一种。本研究所谓体点关系和体点复合词只涉及整体与部分的关系，不包括群体与个体、大类与小类的关系。

体点关系在现代西方词汇学、词汇语义学文献中并不是一个新问题，汉语学界对该关系类型也已有一些讨论（张志毅、张庆云，2001:236/2005:192/2012:196；董秀芳，2009；方清明、王葆华，2012），但关于体点复合词的专论目前还没有见到。并且，对复合词"树根"来说，体点关系究竟存在于"树"与"根"之间还是"树"与"树根"之间，不同的研究者持有不同的观点。因此，对体点关系与体点复合词还有深入探究的必要。

一、体点复合词的界定

汉语词汇学界很早就认为汉语词汇中存在由表整体的语素和表部分的语素构成的复合词，如陆志韦（1956:49）把名词附加在名词上的格式（限于具体的）分为14类，其中第四类即整体与部分的关系（前语素为甲，后语素为乙）：

乙是甲的一部分：狗尾巴、树枝子、房顶儿

甲是乙的一部分:袋鼠、机关枪、螺丝钉

由此看来,汉语词汇中不仅存在体点复合词,而且"体+点"和"点+体"两种形式都有。② 董秀芳(2009)认为,"整体与部分关系在汉语中得到了比较显著的编码",尤其是"在汉语词汇的组织结构中具有非常凸显的作用",汉语词汇中存在"整体+部分"式的定中复合词,如:

(i) 手指、衣领、房门、眼皮、嘴唇、勺柄、表链、瓶盖、鞋帮、象牙、马脚、脚踝、胳膊肘;

(ii) 山脚、桌腿、壶嘴、笔帽、碗口、眼球、脚面、书脊、墙根、车身、船头、鼻梁。

两组的区别是第(ii)组指称部分的成分是由隐喻得来的。

这种看法表面看上去似乎并无不妥,但是对"眼皮"来说,究竟是"眼"和"皮"之间还是"眼"和"眼皮"之间存在整体与部分关系却存有争议。如方清明、王葆华(2012)认为,整体—部分关系并非存在于"眼"与"皮"之间或"手"与"指"之间,而是存在于"眼"与"眼皮"之间、"手"与"手指"之间,因此"眼皮"和"手指"不能说是"整体+部分"式复合词。也就是说,汉语中究竟有没有体点复合词也成了问题。这里不妨先把这两种意见列在下面:

甲:对于复合词 XY,若 X 是 Y 的体成分,Y 是 X 的点成分,则 XY 是体点复合词;

乙:对于复合词 XY,若 X 是 XY 的整体,XY 是 X 的部分,则 XY 是体点复合词。

仔细分析上文所列的第(i)组词可以看出,并非所有词两个语素之间的语义关系都是相同的。根据两个语素的语义关系的不同,可以把该组词分为两个小类:

A:嘴唇、脚踝、手指、衣领、胳膊肘

B:房门、眼皮、勺柄、表链、瓶盖、鞋帮、象牙、马脚

拿 A 组的"嘴唇"来说,"唇"必然是"嘴"的部分,"嘴"也必然是"唇"的整体。《说文解字·肉部》训"唇"为"口耑也"(87 上,以下简称《说文》),③ 段玉裁解释为"口之厓也",可见"唇"与"嘴"之间存在部分—整体关系。《现代汉语词典》(以下简称《现汉》)对"唇""口""嘴"的释义也可证明这种关系:

唇:人或某些动物口的周围的肌肉组织。通称嘴唇。(《现汉》2012 版:209)

口：人或动物进饮食的器官，有的也是发声器官的一部分。通称嘴。(《现汉》2012版：745)

　　嘴：口的通称。(《现汉》2012版：1741)

　　再如"脚踝"。《说文·足部》："踝，足踝也。"(46上)段玉裁注："踝者，人足左右骨隆然圜者也。在外者谓之外踝，在内者谓之内踝。"(81上)"脚"本来指人的小腿，后来意义发生了转移，代替了"足"的专指人踝骨以下部分的意义。按照一般人的常识，"踝"是"脚"的一部分，"脚"与"踝"之间构成了整体与部分的关系。

　　"手指"也是如此。《说文·手部》"指"训为"手指也"(251上)，正是把"指"所属的整体"手"明确出来。《现汉》(2012版：1675)把"指"释为"手指头"，而"手指头"必然是"手"的部分，"手"必然是"手指头"的整体，"手"与"指"之间存在"整体"与"部分"的关系。"衣领"和"胳膊肘"的情形类似，兹不赘述。因此，对A组复合词来说，意见甲有其合理性。

　　B组复合词的情况与A组不同。拿"房门"来说，原型的"房"一般都有"门"，但"门"不一定是"房"的，还有可能是"汽车"的；对"眼皮"来说，"眼"一般都有"皮"，但"皮"不一定是"眼"的，还有可能是"牛"或"树"的；对"勺柄"来说，"勺"一般都有"柄"，但"柄"不一定是"勺"的，还有可能是"刀子"或"斧子"的。因此，如果把B组复合词考虑进去，意见乙的适用面似乎更大一些。

　　从语素义与语素义之间的关系来看，A组复合词是典型的体点复合词。从语素义与词义之间的关系上说，不管对A组还是B组来说，X都是XY的体成分，XY都是X的点成分。但在研究体点复合词时不能以偏概全，完全忽视这一类复合词的存在，认为汉语中不存在由体成分X和点成分Y构成的体点复合词。

二、体点复合词的下位类型

　　细究起来，A组复合词内部成员的情况也有不同。比如，如果不考虑隐喻等复杂情况，"唇"似乎都是"嘴"的部分，"嘴"也必然是"唇"的整体。"脚踝""手指"和"胳膊肘"都是这样。但是，虽然所有的"领"都是"衣"的部分，"衣"却并非都是"领"的整体，比如"裤子"和"内衣"也是衣服，它们没有领子，也就不可能是"领"的整体。"衣"跟"领"的关系与Cruse(1986：164)提到的"脸"与"胡子"的关系类似，"胡子"必须长在"脸"上，但只有某些人的"脸"上有胡子。其不同在于"胡子"跟"脸"是"主体"与"附属物"的关系，而非体点关系。由此看来，体点复合词可以而且应该区分不同的下位类型。

把 A、B 两组复合词综合起来考虑,可以把体点复合词区分为不同的下位类型:

类型一:对于复合词 XY 来说,若 X 是 Y 的体成分,Y 是 X 的点成分,则 XY 是体点复合词(如"嘴唇");

类型二:对于复合词 XY 来说,若 X 是 Y 的体成分,Y 可以是 X 的点成分,但也可能是 O、P 或 Q 的点成分,则 XY 是体点复合词(如"房门");

类型三:对于复合词 XY 来说,若 Y 必是 X 的点成分,但 X 未必是 Y 的体成分,即有些 X 是 Y 的体成分,有些 X 则不是 Y 的体成分,则 XY 是体点复合词(如"衣领")。

类型一是典型的"体+点"式复合词,从语义上看,因为提及部分必然蕴含了整体,体成分 Y 在意义上完全包含点成分 X 的意义。关于这一点,张志毅、张庆云(2012:75)指出:"表示部分的义位,至少包含三类义素:a. 表整体义素,b. 表个性(部分、功用等)义素,c. 表整体中的部分义素。"④ 类型二、类型三所体现的体点关系都不如类型一典型。

还有一类复合词 XY,X 与 Y 在所指范围上互不蕴含。如"果壳","壳"只是"核果"这种果实的组成部分,对于像番茄、柚子、黄瓜这样的"肉果"以及苹果、梨这样的"梨果"来说,"果壳"则不是其组成部分。而且"壳"的原型不是"果壳",而是其他坚硬的东西,如"贝壳""鸡蛋壳"等,"果壳"只是各种各样不同"壳"中的一种,"壳"的涵盖范围明显比"果"大。这样,"果"与"壳"的所指范围在一定程度上形成了交叠。

"果壳"代表了体点复合词的另一种类型:

类型四:对于复合词 XY 来说,有些 X 是 Y 的整体,Y 是 X 的部分,有些 X 则不是 Y 的整体,Y 也不是 X 的部分;而且,Y 可以是 X 的部分,也可以是 O、P 或 Q 的部分。换言之,X 与 Y 在所指范围上互不蕴含。这时,也可以说 XY 是体点复合词。

为了讨论的方便,可把以上四种类型的体点复合词分别称为 $[XY]_1$、$[XY]_2$、$[XY]_3$ 和 $[XY]_4$。其中,$[XY]_1$ 是最典型的体点复合词,$[XY]_4$ 是最边缘的体点复合词,$[XY]_2$ 和 $[XY]_3$ 则处于中间层次。在此基础上再看上文提到的关于体点复合词的两种意见就可以清楚,意见甲只能涵盖 $[XY]_1$,意见乙则可以涵盖这四种类型。但因为两种观点的主张者没有明确区分体点复合词的下位类型,事实上都有所偏颇。

对于某些所指相同的词对,可以根据不同的情形判断其各自属于哪类体点复合词。比如"眼睑"中的"眼"是"睑"的体成分,"睑"是"眼"的点成分,因此"眼睑"是典型的$[XY]_1$类体点复合词。"眼皮"与"眼睑"所指相同,但是"眼"和"皮"跟"眼"和"睑"之间的关系并不平行,"眼"一般都有"皮","皮"则并非一定是"眼"的点成分,它还可能是"牛"或"树"的点成分,即是不同整体的部分。因此"眼皮"是$[XY]_2$类体点复合词。同样的词对还有"眼眶"和"眼圈"等。

根据上面的讨论,可以把体点复合词四种下位类型的特征简化为:

$[XY]_1$(嘴唇):X 一定有 Y,Y 一定是 X 的;

$[XY]_2$(房门):X 一定有 Y,Y 不一定是 X 的;

$[XY]_3$(衣领):X 不一定有 Y,Y 一定是 X 的;

$[XY]_4$(果壳):X 不一定有 Y,Y 不一定是 X 的。

表 1 列出了根据这些特征收集到的体点复合词⑤:

表 1 体点复合词举例(按音序排列)

类型	例 词
$[XY]_1$	船舱、船艄、船舷、刀锋、刀刃、肚脐、花苞、花萼、花蕊、脚跟、脚趾、裤裆、脸颊、山巅、山峰、山冈/山岗、山岭、山峦、山崖、手掌、手指、树梢、眼睑、眼睛、眼眶、鱼鳔、鱼鳞、竹竿
$[XY]_2$	鳌头、靶心、版口、版面、报头、报眼、碑额、碑首、碑头、碑阴、碑座、贝壳、被里、被面、鼻尖、鼻梁、波峰、波谷、车身、船帮、床沿、词素、蛋白、蛋黄、刀口、钉帽、耳郭、耳轮、耳蜗、发梢、肺泡、肺叶、羔皮、果皮、果肉、河床、河身、河沿、虎口、机舱、鸡冠、脚板、脚背、脚底、脚尖、脚面、脚心、脚掌、街心、锯齿、锯条、刊头、裤脚、裤腿、裤腰、莲心、莲子、卵黄、马蹄、眉梢、牛皮、排头、排尾、片头、片尾、瓶胆、瓶颈、期末、期中、期终、枪机、枪口、枪栓、墙根、墙脚、桥头、球面、山脊、山脚、山梁、山头、山腰、蛇胆、手背、手心、书背、书脊、书口、书眉、书页、树干、树冠、树身、头皮、驼峰、袜筒、箱底、鞋帮、鞋底、杏仁、袖口、牙根、眼皮、眼圈、叶脉、叶片、鱼唇、鱼刺、鱼肚、闸门、掌心、枕芯、桌面
$[XY]_3$	菜薹、窗棂、房柁、房檐、果仁、果核、衣襟、衣袖、脚蹼
$[XY]_4$	笔锋、笔尖、表盘、表针、车把、车门、车皮、车圈、车条、车头、车厢、秤锤、秤杆、秤钩、秤毫、秤纽、秤星、翅脉、窗扇、床板、词根、词头、词尾、词缀、刀背、灯捻、灯丝、灯头、耳膜、河曲、花瓣、花梗、花冠、花茎、花丝、花托、花轴、裤兜、莲蓬、炉台、帽耳、帽舌、帽檐、磨扇、枪刺、枪杆、墙裙、墙头、桥墩、扇骨、扇坠、蒜薹、叶柄、叶鞘、衣摆、衣兜、韵头、韵尾、种仁

有必要指出的是,如果考虑得更加细致,上文对 A 组某些词的分析仍然是简单化了的。比如在古代汉语中,"指"不仅指"手指",还可以指"脚趾",如:

(1)项羽大怒,伏弩射中汉王。汉王伤匈,乃扪足曰:"虏中吾<u>指</u>。"(《史记·高祖本纪》)司马贞《索隐》:"中胸而扪足者,盖以矢初中痛闷,不知所在故尔。或云中胸而扪足,权以安士卒之心也。"

《说文》无"趾"字,上古文献中的"趾"指的是"脚",后来也特指"脚趾"。但是在实际使用时,以"指"赅手指、脚趾的情况仍然非常普遍:

(2) 是月,有人生子,男而阴在背后,如尾,两足指如兽爪。(《北史·周本纪》)

(3) 永征彭城,遇寒雪,军人足胫冻断者十七八,冲足指皆堕。(《南齐书·张冲列传》)

(4) 齐军昼夜坐立泥中,县鬲以爨,足指皆烂。(《南史·陈本纪》)

《现汉》不仅收录了"脚趾",还收录了"脚指头"。"指甲"不仅指"手指甲",也包括"脚指甲","趾甲"则专指"脚指甲"。这都说明"指"指"手指"还是"脚趾"至今仍然不那么分明。同样,英语的 nail 也涵盖了"手指甲"和"脚指甲"。

必须指出的是,这里承认古今"指"在指称范围上的广狭,并不妨碍在"手指"一词中,"手"是"指"的体成分,"指"是"手"的点成分。因为一者,"指"指称的对象是"手指"或"脚趾"不好区分为两个不同的意义;二者,"指"的"手指"义远比"脚趾"义凸显,"手指"才是"指"指称的原型。

与此相关的另一个问题是,体点关系常与邻接关系相混。董秀芳(2009)认为"脚踝"是体点复合词之一例,大概是根据一般人的常识确定的,但根据《现汉》的释义,"脚"与"踝"之间并非体点关系:

踝:小腿与脚之间部位的左右两侧的突起,是由胫骨和腓骨下端的膨大部分形成的。(《现汉》2012 版:563)

脚:人和动物的腿的下端,接触地面支持身体的部分:～面｜～背。(《现汉》2012 版:652)

足:脚;腿:～迹｜～球｜手舞～蹈｜画蛇添～。(《现汉》2012 版:1737)

按照这种解释,"踝"并非"脚"或"腿"的部分,而是位于二者之间起连接作用的部分。那么"脚"与"踝"之间就不是体点关系,而是相互邻接的关系。同样,"手腕"只是"手"和"臂"相接的部分,"腕"并不是"手"的点成分。

"脚踝""手腕"等例表明,作为背景的成分也可以不直接是焦点成分所属的整体,而可以是与焦点成分邻接的另一成分。同时我们注意到,虽然"踝"也与"腿"邻接,但"脚踝"一般不说成"腿踝";虽然"腕"也与"臂"邻接,但"手腕"一般不说成"臂腕"。这说明对"踝"来说,其邻接成分"脚"比"腿"在认知上更加凸显,更容易引起注意;对"腕"来说,其邻接成分"手"比"臂"在认知上的位置更为重要。

有趣的是,虽然"腕"不仅可以指"手腕",还可以指"脚腕",但与"手腕"一般不称为"臂腕"或"胳膊腕"不同的是,这一部位称为"腿腕"同样可以接受。⑥看来,人们对下肢上的"腕"这一部分,用邻接的"脚"或"腿"作为背景好像都可以接受,虽然用"脚"更自然一些。

三、体点关系与其他词汇语义关系的差异

西方的词汇语义学文献对体点关系的归属有不同的主张。Bierwisch 和 Kiefor 都曾指出(转引自 Lyons,1977:312),词位之间存在的整体-部分关系是从属关系的一个下位类别。如"约翰的手臂"和"约翰的书"都是从属关系,但前者是不可让渡的(inalienable),后者是可让渡的(alienable)。在很多语言中,两者在语义和语法上都有区别。在他们看来,整体-部分关系就是不可让渡的从属关系。

Werner 和 Topper(1976)认为整体-部分关系可以从上下义关系中推导出来,即"A 的任何部分都是部分的一种"。比如,"引擎是汽车的一部分"可以转化为"引擎是汽车一部分的一种"(Murphy,2003:230)。Winston 等(1987)也把整体-部分关系作为上下义关系的一种。而 Iris 等(1988)相反,他们把上下义关系作为整体-部分关系的一种类型。Handke(1995:90)则主张把整体-部分关系作为基本的意义关系类型,因为这种关系用反义、同义和上下义等术语都不能充分描述出来。

目前的研究倾向于把体点关系作为一种独立的语义关系类型,这样从理解词汇结构的目的看有其合理性。但体点关系、上下义关系、同义关系和反义关系四种词汇语义类型与外在世界的联系有明显的不同,体点关系比其他语义关系与外在世界的联系更为密切。

可以拿上下义关系和体点关系做对比。"槐树"的"槐"和"树"之间存在上下义关系,这种关系是普遍存在的,不受时间和空间的限制。体点关系与之不同,说"唇"是"嘴"的部分、"嘴"是"唇"的整体似乎没有问题,但细究起来,张三的"嘴"绝不会成为李四的"唇"的整体,李四的"唇"当然也不会是张三的"嘴"的部分。推阐开去,张三的眼睛绝不是李四的眼皮的整体,赵六的眼皮当然也不是王五的眼睛的部分。甚至对李四自己来说,其左眼睛不是其右眼皮的整体,右眼皮也绝不是其左眼睛的部分。

也就是说,在讨论体点关系时有必要引入特定个体这个概念。只有把范围限制在特定个体 X 上,就其部分 Y 来说,才能说 X 是 Y 的整体,Y 是 X 的部分。⑦

引入这个概念后,对 A、B 两组复合词语素之间的关系需要重新认定。对于张

三这个特定的人的某只手来说,"手"与"指"无疑存在体点关系。对于某所特定的房子来说,"房"与"门"存在体点关系;对于某个特定的人的左眼来说,"眼"与"皮"存在体点关系。如果从这个角度看,讨论到底是 X 还是 XY 才是 Y 的体成分实际上意义不大。

正因为体点关系这一语义关系类型与外在世界的联系特别密切,所以在对体点关系的讨论中,就特别容易把具体事物的"整体-部分"关系当作语言意义间的体点关系。事实上,自弗雷格以来,把词义与指称对象等同起来已成为过时的陈腐观念。在判断两个语言成分是否存在体点关系时,唯一的依据只能是其意义,而不能是别的。

某事物按其本身的结构特点可分成几个部分,但在特定的语言中事物整体和部分并非一定有对应的词位(lexeme)。换言之,语言成分之间的体点关系反映的是其意义(即义位)之间的关系,或者说是透过语言这一棱镜看待事物的结果,而不是纯粹客观的事物本身的特点。拿"旗子"和"旗杆"来说,二者都跟"旗"有关,从事物本身看似乎应该有一个与"旗子和旗杆"对应的整体词 L,但汉语中这样的 L 并不存在。因此对汉语来说就不能说"旗子"和"旗杆"是某个整体词的部分词。持这种观点的一个证据是,在词典对部分词的定义时一般会提到部分所在的整体词。⑧但根据《现汉》,对"旗子"和"旗杆"的定义显然没有也无须提到这个虚拟的整体词:

旗杆:悬挂旗子用的杆子。(《现汉》2012 版:1020)

旗子:用绸、布、纸等做成的方形、长方形或三角形的标志,大多挂在杆子上或墙壁上。(《现汉》2012 版:1021)

事实上,"旗杆"是"旗子"可能所在的处所之一,旗子可以挂在旗杆上,但不在旗杆上的旗子也是旗子。二者之间的关系和"鸡窝"与"鸡"的关系类似。俄罗斯语义学派把这种关系作为 70 多种词汇函数之一。(张家骅等,2003:47)不能说"鸡窝"与"鸡"是部分与部分的关系,当然也不能说"旗子"与"旗杆"是部分与部分的关系。换言之,整体是部分的整体,部分是整体的部分,没有整体当然也就无所谓部分。

另外,一个事物是否可以分成不同的部分以及怎样切分,有文化和语言上的特异性。比如在现代汉语中,"眼睛"是"脸"的部分词,"脸"是"眼睛"的整体词;表示人上肢的部分"手"和"臂"分用;表示人下肢的部分"脚"和"腿"分用。但调查显示,在世界上的 118 种语言中,约 1/5 的语言用一个词表示"眼睛"和"脸"(Brown & Witkowski,1983);约 1/2 弱的语言把"手"和"臂"作为一个词的不同意义;约 2/5 的语言把"脚"和"腿"作为一个词的不同意义。(Witkowski & Brown,1985)

四、结论

虽然词汇语义学文献常把体点关系与同义关系、反义关系、上下义关系并列,但它们所反映出的语义关系在性质上却有本质的差别。同义和反义显然是词与词(或义位与义位)之间的语义关系,它们与外在世界可以没有联系或只有很少联系。上下义关系或分类关系跟外在世界有密切的联系,反映的是具体事物类别与不同等级的抽象类别之间的关系。

体点关系反映的则是事物的整体与部分之间的关系,这种关系的原型是人的身体由多个部分组成。与其他三类语义关系不同的是,这种关系的判定最终只能落实在特定的个体上,因此与外在世界的关系最为密切。Cruse(1986:178)指出,人们在判断两个词是不是体点关系时,往往首先把词还原成它们所指称的对象。但这种做法反映的不是词与词之间的语义关系,而是事物本身的特点。在研究体点复合词时,首先应该承认体点关系的特殊性,但从语素所反映的类别意义的角度划分下位类型对深入认识体点复合词也有重要意义。

附注:

① "体点"范畴最早是张志毅于2009年和2010年给研究生讲课时提出的,后见于其2012年出版的《词汇语义学》第3版,第196页。下文论述除直接引用文献原文外,径将整体-部分关系称为体点关系,把"整体+部分"式复合词称为体点复合词。
② "体+点"式在汉语词汇中更多,"点+体"式则相对较少,这跟属种复合词多数取"属+种"式(如"鲤鱼""槐树"等)恰好形成对比。
③ 《说文·口部》:"唇,惊也。"(33下)"脣"与"唇"是两个不同的词,"唇"今认"震"为之。
④ 因为表整体的义素恰好是表部分的义位的一个义素,所以从历时的视角看,原来表示部分的词 Y,其隐含的整体义素[X]从一个隐含的意义要素呈现为表层的词汇形式 X,从而使得原来表部分的单音词 Y 变成了双音词 XY,如"指→手指"。胡敕瑞(2005)把词汇的这种历时演变称为"从隐含到呈现"。
⑤ 某个具体的词到底应该归入哪种下位类型可能会有争议。比如把"树梢"和"手掌"归入类型一,但是"梢"在现代汉语中不限于指树的末端,还可以说"发梢","掌"不限于指手掌,还可以说"脚掌"。这种意见从现代汉语共时平面看很有道理,但不能否认的是,"梢"的原型系于树,"掌"的原型系于手,这从"梢"字从木、"掌"字从手也可看出。在汉语词汇发展史上,形声造字与偏正造字有历史性的继承与替代关系,大概东汉以后,偏正造词作为新兴的区别意义的手段代替了形声造字。具体可参考王宁先生(1996:146)关于"汉语词汇发生与积累的三个阶段"的相关论述。根据这种解释,"梢"起初系于"树",后来的"发梢"没有造新的形声字,而是基于隐喻性语义联系直接用偏正式复合词表示。正是考虑到历时的因素,这里把"树梢""手掌"归入第一种类型,而把有隐喻意义的"发梢""脚掌"归入类型二。"船舱"和"机舱"的

归类根据的是同样的道理。
⑥ 对北京大学 CCL 现代汉语语料库的检索结果为:"脚踝"286 次,"腿踝"0 次;"手腕"1679 次,"臂腕"6 次,"胳膊腕"7 次;"脚腕"81 次,"腿腕"24 次。这一结果证明了上文的认知假设。
⑦ 为了把分析简化,这里没有引入"时间"维度。也就是默认昨天的"花"跟今天的"花"具有同一性。或者也可以说"时间"维度对典型体点关系的判断影响不大。
⑧ 据 Smith(1985)研究,在对英语名词的释义中,part(s)是第二个最常用的词,act 是第一个。

参考文献:

[1] 董秀芳:《整体与部分关系在汉语词汇系统中的表现及在汉语句法中的突显性》,见《世界汉语教学》2009 年第 4 期。
[2] 段玉裁:《说文解字注》,上海古籍出版社,1980。
[3] 方清明、王葆华:《汉语怎样表达整体-部分语义关系》,见《世界汉语教学》2012 年第 1 期。
[4] 胡敕瑞:《从隐含到呈现(上)——试论中古词汇的一个本质变化》,见北京大学中文系编《语言学论丛》(第三十一辑),商务印书馆,2005。
[5] 陆志韦:《北京话单音词词汇》,科学出版社,1956。
[6] 王宁:《训诂学原理》,中国国际广播出版社,1996。
[7] 许慎:《说文解字》,中华书局,1963。
[8] 张家骅等:《俄罗斯当代语义学》,商务印书馆,2003。
[9] 张志毅、张庆云:《词汇语义学》(一版、修订版、三版),商务印书馆,2001/2005/2012。
[10] 中国社会科学院语言研究所词典编辑室:《现代汉语词典》(第 6 版),商务印书馆,2012。
[11] 周荐:《汉语词汇结构论》,上海辞书出版社,2004。
[12] Brown, Cecil H. & Stanley R. Witkowski. *Polysemy, Lexical Change and Cultural Importance*. *Man*, New Series 1, 1983:72-89.
[13] Cruse, D. Alan. *Lexical, Semantics*. Cambridge University Press, 1986.
[14] Handke, Jurgen. *The Structure of the Lexicon: Human Versus Machine*. Mouton de Gruyter, 1995.
[15] Iris, Madelyn A., Litowitz Bonnie & Evens Martha. *Problems of the part-whole relation*. In M. Walton Evens(ed.), *Relational Models of the Lexicon*, Cambridge University Press, 1988: 261-288.
[16] Lyons, John. *Semantics*. Vol. I. Cambridge University Press, 1977.
[17] Murphy, M. Lynne. *Semantic Relations and the Lexicon: Antonymy, Synonymy and other Paradigms*. Cambridge: Cambridge University Press, 2003.
[18] Smith, N. Raoul. *Conceptual primitives in the English lexicon*. *Papers in Linguistics* 18, 1985:99-137.
[19] Werner, Oswald, and Martin D. Topper, *On the theoretical unity of ethnoscience lexicography and ethnoscience ethnographics*. In C. Rameh (ed.), *Semantics: theory and applications*, Georgetown University Press, 1976: 111-143.
[20] Winston, E. Morton, Roger Chaffin & Douglas Herrmann. *A Taxonomy of Part-Whole Relations*. *Cognitive Science* 11, 1987:417-444.
[21] Witkowski, Stanley R. & Cecil H. Brown. *Climate, Clothing, and Body-Part Nomenclature*. *Ethnology* 3, 1985:197-214.

(原载《中国语文》2014 年第 1 期)

"禹鼎"考义

陈毅同志的《赣南游击词》末尾三句是"莫怨嗟,稳脚度年华。贼子引狼输禹鼎,大军抗日渡金沙。铁树要开花。"其中的"禹鼎",从上下文可以猜出个大意,但是确切的含义是什么?那可说不准了。查《辞源》《中文大辞典》《大汉和辞典》都没有收这个词。1979年版《辞海》虽收录了,但仅注历史文物一义。

禹鼎,作为一个典故传说,可以上溯到公元前30世纪—前26世纪。《史记·孝武本纪》说:"闻昔大帝(颜师古谓,即太昊伏羲氏)兴神鼎一,一者一统,天地万物所系终也"。又说:"黄帝采首山铜,铸鼎于荆山下。"至于黄帝铸鼎的数目,传说则不一。《史记·孝武本纪》《汉书·郊祀志》《白氏六帖》(白居易撰,仿《北堂书钞》)说,黄帝作宝鼎三,象天地人。宋代罗泌《路史·余论》说,黄帝铸一鼎。

大帝和黄帝铸鼎的传说,也许有一定的根据。大帝和黄帝时代,是原始社会末期,新石器时代的晚期。约当这个时期的大汶口文化遗存中曾发现过红铜屑。稍晚些的龙山文化系统中的唐山大城山遗址,曾出土过两块红铜牌。与龙山文化同时的齐家文化系统中的甘肃武威皇娘娘台、临夏大河庄和秦魏家各遗址,普遍出土过红铜器。据以推断,那时已经进入铜石并用时代,亦称红铜时代。因此有铸铜鼎的可能性。但是事实上是否铸过鼎,尚未得到考古证实。迄今,考古只是发现那时有陶鼎。如大汶口文化的山东泰安遗址出土的陶鼎,龙山文化的陕西华阴遗址出土的陶鼎。

往下,才有大禹铸鼎的传说。《史记·孝武本纪》说:"禹收九牧之金,铸九鼎。"(又见《封禅书》)《汉书·郊祀志》也说:"禹收九牧之金铸九鼎,象九州。"同样说法,也见于《说文解字》《白氏六帖》《通鉴外记》(宋代刘恕著)、《孙氏瑞应图》等书。如果能仔细审辨,那么先于上列各书的《左传》已经透露了大禹铸鼎的消息:"昔夏之方有德也,远方图物,贡金九牧,铸鼎象物,百物而为之备,使民知神奸。故民入山林川泽不逢不若;魑魅魍魉,莫能逢之。用能协于上下,以承天休。"(《宣公三年》)杜预在"昔夏之方有德也"下注为"禹之世"。这就是说,杜预认为《左传》这一段记载了禹时已铸铜鼎。

大禹铸铜鼎的传说,似乎根据更多一些。禹的时代,是奴隶社会初期。史家多认为那时已进入青铜时代。《越绝书·记宝剑》说:"禹穴之时,以铜为兵。"这一说法已被考古结果证实。如二里头文化遗址出土了爵、刀、镞、铃等小型青铜器,以及铜块、铜渣等,还发现过铸铜的手工业作坊遗址以及铸铜用的陶锅、陶范等。由此我们才比较相信《墨子·耕柱》的说法:"昔日夏后开(即"启")使蜚廉采金于山川,而陶铸之于昆吾(今河南濮阳西南),……鼎成,四足而方,……以祭于昆吾之墟。……九鼎既成,迁于三国(即夏商周)。夏后氏失之,殷人受之;殷人失之,周人受之。"由此可见,大禹铸铜鼎,完全有可能,只是迄今的考古工作尚未把那种可能性的推断证明为事实。虽然 1942 年于陕西发掘出名为"禹鼎"的实物,但是考古专家都断定它是西周晚期的青铜器,与宋代《历代钟鼎彝器款识法帖》等书著录相同,所录亦称"穆公鼎",有 205 个铭文。

从以上两段传说记录中可以看出,鼎已经不仅具有实物的实用价值,而且成为国家的重器,取得了精神价值,象征着天地人。

再往下,到春秋时候,有楚子问鼎的故事。有一次,楚庄王(楚子)向北方攻伐陆浑之戎,陈兵于洛水,向周王炫耀武力。这时候周定王派遣王孙满去慰劳楚子,楚子趁机向王孙满询问周朝传国至宝九鼎的大小轻重。王孙满对曰:"在德不在鼎。……桀有昏德,鼎迁于商,载祀六百。商纣暴虐,鼎迁于周。德之修明,虽小,重也;其奸回昏乱,虽大,轻也。天祚明德,有所底止。成王定鼎于郏鄏,卜世三十,卜年七百,天所命也。周德虽衰,天命未改;鼎之轻重,未可问也。"(《左传·宣公三年》)直到楚灵王时还对右尹子革说,他想"使人于周求鼎以为分",可见楚对周天下耿耿于怀。(见《左传·昭公十二年》)楚如此,而秦更有甚于此,据《战国策·东周》记载,曾有"秦兴师临周而求九鼎"的事情。《史记》也有同样记载,其中《周本纪》说"秦取九鼎宝器",《秦本纪》说"五十二年(按即秦昭襄王五十二年,公元前 255 年)周民东亡,其器九鼎入秦",《封禅书》说"其后百二十岁而秦灭周,周之九鼎入于秦"。

从问鼎以至求鼎的记载可以看出,鼎代表着天命,代表王权,代表国家的命运。上文所说的"鼎迁于商""鼎迁于周",以及《左传·宣公二年》所说的"武王克商,迁鼎于洛邑",后来也叫"移鼎"。而楚庄王问鼎,寓意就是夺取周朝天下,于是后来就用"问鼎"一词指图谋夺取政权。后世说的"鼎命"或"鼎祚",是指帝王之位;说的"鼎运",是指帝王之命运,亦即皇运、圣运;说的"鼎臣"或"鼎辅",是指大臣,而"鼎位"是指大臣宰相之位。

禹鼎,作为一个词,笔者见到的最早出处是唐代李善注《文选》。其卷四十四《陈孔璋为袁绍檄》:"司空曹操祖父中常侍腾与左悺徐璜并作妖孽,饕餮放横伤化虐民。"在这一句下注为:"郭璞云:为物贪婪,食人未尽,还害其身,象在禹鼎。《左氏传》所谓饕餮者也。"郭璞这句话本来是给《山海经·北山经》钩吾山上的一种怪兽作注解的,原文是"象在夏鼎",李善引用时改为"象在禹鼎"。从前面所说典故传说中知道,夏鼎就是禹鼎。到了元代,有方德麟的《禹鼎赋》:"……惟象万物于大器,了群目于不若,尔乃九牧贡金……"。

总之,"禹鼎"是用典成词的,它象征着国家的命运,代表着九州,代表着中国。陈毅同志的诗句"贼子引狼输禹鼎",就是说卖国贼引进豺狼并交出中国山河。

(原载《疑难字词辨析集》,上海辞书出版社,1986年)

"环境"是日源外来词吗？

前不久,中国科学院留日博士张乐,从京都大学打长途电话给我,说"网上显示,您是中国词汇学专家,冒昧地向您请教,北大高名凯教授和我的日本博导说'环境'一词是汉语从日语借入的词。对吗？什么时候借入的？"经查考,回答如下。

刘正埮、高名凯等在《汉语外来词词典》里是这样注释的：

环境 ①周围的地方。②周围的情况和条件。源日 环境 kankyō·＜古代汉语《元史·余阙传》："乃集有司与诸将,议屯田战守计,环境筑堡砦,选精甲外扞,而耕稼于中。"意译英语……

以上释义和例证不合。书证中的"环境"不是所释的①②义,而是短语,其义是"环绕全境",旧《辞源》《辞海》《大汉和辞典》《中文大辞典》《汉语大词典》都用的该义该例。而该义早于《元史》(明初宋濂等编修)有多个用例。至晚在唐朝中期偏后即9世纪初就有用例,宋代也有用例。如：

王师获金爵之赏,环境蒙优复之恩。(唐·段文昌《平淮西碑》)
环境内外曾无鸡鸣犬吠之惊。(宋·林表民《赤城集·清平阁记》)

"环境"的现代常用意义"周围的情况和条件"是不是从日语借入的？不是。因为至晚到清朝中期即18世纪80年代(早于明治维新一个世纪)就有用例。如：

端生处此两两相形之环境中,其不平之感,有非他人所能共喻者。(陈端生《再生缘》)

到了20世纪20年代,用于现代意义的"环境",已不乏范例。如：

既涉到物界,自然为环境上——时间空间——种种法则所支配。(梁启超《人生观与科学》,1923)
这也是她所处的环境。(网蛛生《人海潮》,1926)
上海的社会环境如此。(同上)

总之,"环境"是从唐代以来就使用的具有 1200 年生命的词,后来被日语借去。这类来自汉语的词,在日语里占日语词汇的 47.5%(这是一个比较适中的数据,是日本国立国语研究所对 90 种现代杂志调查统计的结果。不同文本的比例不同,如高校教科书占 73.3%,新语辞典占 28.8%)(朱京伟 2005)。

如果有人一定认为,现代意义的"环境"是从日语借入的,那么也只能把它叫"侨词"。侨居前后,在汉语中其音形大多不变,其义大多有多少不等的变化。如"革命"在《易经》中是"变革天命",侨居后是"用暴力夺取政权""具有革命意识的""根本变革"。这类"侨词",在刘正埮、高名凯等《汉语外来词词典》所注的日源词中占有相当大的比例,又如"经济、社会、纲领、投机、同情、思想、水准、输入、事变"等等。

判断是否是"侨词",首先要查找到某词在汉语中最早或早于日语的用例。这仅仅依靠《汉语大词典》及以前的工具书是不够的,因为这些工具书引用的例证大多是依靠编者的记忆或有限度的手工式寻查、翻检和摘录,其书证许多都不是初始用例。在计算机时代,利用语料库是比较便捷的。各种语料库显示,从先秦至民国文献中"环境"共见 200 多处。但是,在先秦至隋文献正文"环境"无用例,只在这些文献的后人注解中出现过。此外,还有许多语料需要仔细辨析。因为在汉语古籍语料库中,比较可信的只有少数,如电子版《四库全书》和《四部丛刊》等;而有些汉籍或汉语史语料库,编得不很严肃,常把后人或今人的语言(包括凡例、导读、前言、后记、注解、译文等)误编入古代文本。例如:

(1) 在这种兵连祸结,内忧外患的社会环境里。(元初·罗天益《东垣先生试效方》)

(2) 环境十分幽静偏僻。(明初·李昌祺《剪灯余话》)

(3) 国家长期处于和平环境。(明·章潢《百战奇法》)

(4) 居则犹今言环境也。(汉·王逸《楚辞章句》)

例 1 是今人编校后记。例 2 是译文,原文是"偶经一所,境甚幽"(上海古籍出版社《剪灯余话·田洙遇薛涛联句记》卷二 47 页)。例 3 也是译文,原文是"承平日久"(宁夏人民出版社《百战奇法·忘战》卷十 345 页)。例 4 不是王逸章句的本文,而是今人蒋礼鸿《义府续貂》对《楚辞·哀时命》"处愁"的考释。

总之,对"环境"等"日源词"或"侨词"行踪的描写和语料的取证,需要做许多仔细而谨慎的工作。

参考文献：

[1] 蒋礼鸿：《义府续貂》，中华书局，1981。
[2] 刘正埮、高名凯等：《汉语外来词词典》，上海辞书出版社，1984。
[3] 罗竹风主编：《汉语大词典》，上海辞书出版社/汉语大词典出版社，1986—1994。
[4] 朱京伟：《日语词汇学教程》，外语教学与研究出版社，2005。
[5] 尚学图书编集：《国语大辞典》，小学馆发行。
[6] 诸桥徹次：《大汉和辞典》，大修馆书店，1960。

(原载《辞书研究》2011 年第 1 期)

词 典 学

学典司

辞书的原型论——祝贺《辞书研究》而立华诞

《辞书研究》走到了辉煌壮丽的成年。其辉煌体现在五个方面：一出新论，二出新人，三助推辞书事业腾飞，四团结同道前行，五荟萃信息、开启心智。它用青春和盛为中国的辞书事业作出了值得称赞的贡献。下文便是我们读《辞书研究》的心得之一。

一、《辞书研究》推出的新理论

理论和实践永远是互动的，也许理论的牵引和推进作用更大。《辞书研究》三十年来推出的辞书新理论构建了许多辞书新模型。

三十年来，《辞书研究》证明了辞书跟四十几个学科（与辞书关系较近者，细列二级学科；与辞书关系较远者，只列一级学科）理论相关。例如：文字学、语音（音韵）学、语法学、词汇学、训诂学、语义学、语用学、语体学、方言学、语言教学、理论语言学、历史语言学、比较语言学、应用语言学、计算语言学、认知语言学、语料库语言学、翻译学、术语学、信息学、符号学、计算机科学、逻辑学和数理逻辑学、心理学、文学、教育学、社会学、历史学、文化学、人类学、民族学、民俗学、图书馆学、百科学、哲学、交际学、文献学、目录学、统计学、出版学等。总之，词典学跨学科的特点极为突出；词典编者是以词汇学、训诂学、语义学为骨骼，以其他相关学科为血肉的多基因的博识多通者。

几十年来，《辞书研究》显示了辞书本体理论的变化。在多学科和多类辞书推动下，当代辞书本体理论不断发展。主要流派有：词典本体论（含语篇论）、词典功能论（含工具论）、词典交际论、词典认知论（认知词典学）。传统的词典观是"词典工具论"，近几十年出现的新观点之一是词典交际论——编者—词典—用户的编用互动的交际模式。它以交际学为原理，强调"词典交际的社会文化性和跨学科性"。[①]

几十年来，语文辞书新理论推动了中国语文辞书的实践。主要有以下各项：以引进的时间而论,20世纪80年代初的历时大型语文辞书理论催生了两部"汉大"(《汉语大字典》和《汉语大词典》),计算词典学理论催生了电子词典,搭配理论和配价理论催生了搭配词典和配价词典,语义场和语义分类理论催生了义类词典;20世纪80—90年代的同义词和反义词词典理论催生了一系列同义词和反义词词典,语义学理论推进了词典释义,系统功能语言学理论(强调多元系统论、多元功能论、多元层次论、多元语用论)推动词典的多方面发展,社会语言学(强调时空变异,尤其是社会变异)催生了历时、断代、规范及变异描写等多种词典;90年代元语言理论推进了释义元语言的精化,学习词典理论催生了一系列学习词典,语料库语言学促使词典语料极大丰化,认知语言学特别是原型理论推进了对辞书的新认识。本文只讨论最后一个问题。

二、辞书的原型论

(一)原型论(prototype theory),是对亚里士多德以来的经典范畴理论的革新。

经典范畴理论是用事物固有的、共有的、充分的特征(features)定义事物,确定概念。而原型理论则用典型事物的属性(含心理认知)为中心描述事物。这是到了20世纪70年代罗斯等人在维特根斯坦等人家族相似性理论基础上发展出的认知理论,到了80年代在语言学中的发展更为成功,90年代引入中国。

原型理论认为,"我们的许多心理概念实际上都是原型",原型"指被(多数人)认为是某一类或一组的典型的人或物",[②]也可以指一个范例、典型性较高的成员、认知参照点或一个范畴的概念中心。范畴成员分中心、次中心、边缘。所有成员都共有部分属性,显示出家族相似性,不同层次成员具有的共同属性多少不等。属性也分中心的、边缘的不同等次。因为认知的目的不同,属性及其数量的选择也可不同。

原型理论对语文辞书的认识和编纂有推进作用。

(二)中型语文辞书位于文化成果中心。

在原型论视角下,文化成果或精神产品也应该分别出中心、次中心、一般、边缘等层次。其中心成果之一就是辞书。辞书的中心是最常用的中小型语文辞书,例如《简明牛津词典》《小罗贝尔法语词典》《俄语词典》(奥热果夫)、《现代汉语词典》。次中心成果是次常用的各种类型语文辞书(例如《常用词词典》《成语词典》)、中型百科辞书(例如《辞海》)、普及的专科辞书(例如《语文知识词典》《语法修辞词典》

《哲学辞典》等)。一般成果是大型语文辞书(例如《汉语大词典》《牛津英语词典》)、大型百科全书(例如《中国大百科全书》《不列颠大百科全书》)、高级专科辞书(例如《哲学大辞典》《中华实用法学大辞典》)。边缘成果是不常用的有各种专门用途的辞书(例如《唐五代语言词典》《通鉴大辞典》)。这些等次的划分,主要有三条标准:它们所包含的文化知识有中心以至边缘的区别,它们在获得文化知识过程中的作用有早晚之别、主次之分,它们在获得文化知识过程中的使用频率有大小或多少的不同。

(三)词项系统的整体构建。

一部中型语文辞书,是该民族共同语词汇整体的缩影。在原型论视角下,这个整体的成员也应该分别出中心、次中心、一般、边缘等层次。其中心成员就是根词,1943年理查兹在《基础英语及其用法》(*Basic English and Its Use*)中,提出850个根词,到50年代美国语言学家斯瓦德士(M. Swadesh)在语言年代学观点下,提出200个根词,还有提出100、500个根词的。对现代汉语而言,将根词定为500个也许更合适些。500个根词是词汇的中心成员,占《现代汉语词典》总收词量的0.76%。次中心成员,即围绕根词的是基本词汇(许多人认为相当于核心词),从历史比较语言学、语文教学论、语言结构论和词典学提出2000到4000个词。对现代汉语来说,也许3000个词(含根词)更切合实际些,该数占《现代汉语词典》总收词量的4.61%。一般成员,即一般词汇,《现代汉语词典》收了25000多条,占其总收词量的38.46%。边缘成员,即词汇主流之外的标有"口、书、术、方、外、古、旧、新"的各个支流系统,以其在《现代汉语词典》中的数量和比例大小排列如下:术语(含科技和哲社)15660个,占24.09%;新词语3500多个,占5.38%;书面语(含公文和书信)3360多个,占5.16%;方言词2000多个,占3.07%;旧词语1100多个,占1.69%;古词语(含早期白话)990多个,占1.52%(严格说,这个比例数,不是现代汉语词汇系统的,而是《现代汉语词典》词项系统的,因为《现代汉语词典》出于备查的目的收入了这些古词语);口语词750多个,占1.15%;外来词680多个,占1.04%。总之,在原型论视角下,《现代汉语词典》的词项系统是以3000个根词和基本词语为中心,以25000多个一般词语为主体,以8个支流近30000个词语为边缘构建的整体。

(四)词场内的词项选择。

中型以上的词典编纂,最好"横编竖排",即按语义场的次序分工,成稿后按音序、形序或义序编排。在原型论视角下,在一个语义场内应该按中心成员、次中心成员、一般成员和边缘成员次序选择词条。例如在书信场中的"来信、回信"小场成

员共有 30 多个,其梯次按频度排列如下:

中心成员:来信、回信。

次中心成员:来函、复信、回音。

一般成员:来书、来鸿、华翰、玉音、手谕。

边缘成员:大函、大札、鼎札、惠函、来翰、芳翰、尊翰、台翰、玉翰、瑶函、琅函、芳缄、芳信、芳札、朵云、钧谕、手教、诲存、还翰、嗣音、裁答。

汉语中型词典应该收录上列中心、次中心和一般成员,最好再选收几个边缘成员。大型词典当然应该收录上列全部成员。可惜,《汉语大词典》并未全部收录。

三、对义项的新认识

(一)对多义项关系的新认识。

索绪尔认为,语言单位有聚合和组合两种关系。语义单位除了有聚合和组合两种关系以外,还有第三种关系:联想派生关系。[3]索绪尔的高足巴利称之为联想场。

一个词的原始义靠着隐喻等多种联想,会出现第二次、第三次等多次编码,于是形成了多义词,即词典的多个义项。对辐射型和链条型的多义项,都可以运用原型理论找出中心义项、次中心义项和边缘义项及其间的相似性,也就是以共同义素为表征的语义桥(semantic bridge),其间的语义桥或相似性呈现出梯度。场论有三个基本量,一个是旋度,一个是散度,而最重要的是梯度,后者指场内连续量或程度的级差和差值。多义场内梯度有 7 种梯度模型:

(1)多义项场内呈现出认知层次梯度:本义或基本义处于中心,是最先被认知的;引申义或比喻义等转义处于次中心以至于边缘,是稍后被认知的。

(2)多义项场内呈现出相似梯度:从中心义项到边缘义项,义项之间的共同义素渐次减少。例如"窗口"依次有 5 个义项:①人们在墙等处造出的,用来通气、透光、看东西的框形空间。②窗口跟前(站在窗口远望)。③用作售票、挂号、传达的窗口。④比喻可以观察事物全局的有代表性的局部地方(如:特区是中国的窗口|眼睛是心灵的窗口)。⑤指计算机的文档窗口、对话框等应用程序。义项①和②之间的共同义素有 5 个:a.人们在墙等处造出的,b.用来通气,c.透光,d.看东西,e.框形空间。义项②和③之间的共同义素有 2 个:a.人们在墙等处造出的,b.框形空间。义项③、④、⑤之间的共同义素有 1 个:局部地方。

(3) 多义项场内呈现出认知时间梯度——符号和主次义位之间认知反应速度渐次加长：

从 tóu(头)想到"头部"义，是直义或第一性意义反应，假设需要 0.1 秒，那么想到各引申义是转义或第二性意义的反应，需要的时间可能分别为①"头发及其样式"0.2 秒，②"物体的顶端或末梢"0.3 秒，③"事情的起点或终点"0.4 秒，④"物品的残余部分"(铅笔头儿)0.5 秒，⑤"头目"0.6 秒，等等。

(4) 多义项场内呈现出认知细节梯度，从中心义项到边缘义项，义位的细节成分由少到多。如"嘴"的中心义项有 4 个语义成分：a.〔人或动物〕，b.〔进饮食〕，c.〔有时用来发声〕，d.〔器官〕；引申义"别多嘴"的"嘴"还得在"嘴"的 4 个语义成分之上再加 2 个语义成分——〔说的〕〔话〕；引申义"瓶嘴儿"的"嘴"还得在"嘴"的 4 个语义成分之上再加 3 个语义成分——〔形状或作用〕〔像〕〔东西〕。语义学把这种现象叫义位的义值丰度渐次加大。

(5) 多义项场内义位句法组合自由度渐次变小。从中心义项到边缘义项，就是从自由义位到非自由义位，其句法组合能力或习用范围由大变小，由强变弱。例如"看"的中心义位"使视线接触人或物"的后接成分多达 9 类：名宾(含受事、工具、处所)，动宾，小句宾，动时量，动介，了着过，动结宾，结补，趋补。"看"的次中心义位"观察"的后接成分只有 7 类：名宾(含受事)，动宾，小句宾，动时量，了着过，结补，趋补。"看"的边缘义位"看望"的后接成分只有 4 类：名宾(含受事)，了着过，结补，趋补。④

(6) 多义项场内义位词法组合能力渐次变小。从中心义项到边缘义项，从词法角度观察，就是从强势语素义到弱势语素义，其词法组合能力由大变小，由强变弱。例如用"书"的中心义项"装订成册的著作"为语素义构成 70 个词语(义位)；用"书"的次中心义项"书信"为语素义构成 17 个词语(义位)；用"书"的边缘义项"文件""写字""字体"为语素义分别构成 8 个、7 个、7 个词语(义位)。⑤

(7) 多义项场内义位对语境依赖性渐次加大。从中心义项到边缘义项，从词的形式认知其意义，越来越依赖语境。例如听到"xiàn"(线)这一读音，看到"线"这个字，几乎不必依靠语境就能想到"细长的、随意弯曲的东西"，即线绳的"线"，这是它的中心义项。次中心义项"几何学上指点移动的图形"，则依靠一定的小语境认知："直线""曲线""斜线""面是线移动形成的图形"。次中心义项"交通路线"，也至少依靠下列小语境认知："干线""飞机航线""大巴走南线"。边缘义项"比喻细微"(量词，多用于抽象事物，常说"一线")必须依靠下列语境："一线希望""一线光明""一线生机""一线红光"。

(二) 义项排列法的发展。

已有的义项排列法分历史（时间）序列、频率序列、逻辑序列、词性序列（实→虚，主→次）等。根据原型理论，又演绎出认知原型序列。一词有许多义项的，从中选一个或几个认知原型义项。确定这个义项的条件或标准，是认知中具有凸显地位的意义：较早认知的并有引导、代表作用的，处于认知的中心、主要位置，处于认知的基本层次，是常用、常见的意义。排在后面的义项认知较晚并无引导、代表作用，处于认知的外围、次要位置，处于认知的非基本层次，是不常用、不常见的意义。这样可以建构词项的新的多义结构体。进行这种新探索的词典有：《柯林斯合作英语词典》(2001)、《朗文当代英语词典》(2004)、《简明牛津英语词典》(2004，以下简称《牛津》)等。请看下列两组例子：

杏 ①杏树，落叶乔木，叶子宽卵形，花白色或粉红色，果实近球形，成熟时一般黄色，味酸甜。②（～儿）这种植物的果实。（《现代汉语词典》）

Apricot 1. an orange-yellow soft fruit, resembling small peach. /橘黄色的软果，像小桃子。2. the tree bearing this fruit. /结有这种水果的树。（《牛津》）

萝卜 ①二年生草本植物，叶子羽状分裂，花白色或淡紫色。主根肥大，圆柱形或近球形，皮的颜色因品种不同而异，是常见蔬菜。②这种植物的主根。（《现代汉语词典》）

Radish 1. a pungent-tasting edible root, typically small, spherical and red, and eaten raw. /一种具有刺激味道的可食用的根，典型的 radish 很小，红色，可生吃。2. the plant of the cabbage family which yields radishes. /长有这种根的植物。（《牛津》）

《现代汉语词典》比起《国语辞典》等较早的语文辞书，其长足进步之一，就是对其所收录的 400 多条有"植物"母体及其"子实"关系的义项，绝大多数都遵照植物生长的时间序列，第一义项描写母体（杏树），第二义项指明子实（杏儿），个别情况下把一二义项合并为一个义项的两个子义项，总之建构了"母子模型"。以此作为该类典型群的类名，把"萝卜及其根茎""植物及其种子""植物及其花、茎"等也归入其中。

《牛津》等新版词典则新建构了"子母模型"。它们不是遵照植物生长的时间序列，而是遵照大多数人的认知序列：大多数人较早认识或只认识杏儿这种果实、萝卜这种蔬菜，较晚或根本不认识杏树、萝卜这种植物。这样编排义项，便于读者从"凸显"认知"隐晦"，从熟悉认知陌生，从已知认识未知。尤其是对第二语言习得者,更为方便。

(三) 义项语义特征提取法的进展。

辞书义项中的内容选择是个较复杂的问题。这里以"萝卜"的释义为例,观察一下古今中外的变化和异同。

  A.《尔雅·释草》晋·郭璞注"芦萉""紫花大根"。宋·邢昺疏:"今谓之萝卜是也。"清·王念孙《广雅疏证》引《唐本》云:"味辛甘温,捣汁主消渴,其嫩叶为生菜食之,大叶熟啖,消食和中。"

  B. 蔬类植物,茎高尺余,叶作羽状分裂,花色淡紫或白,根长,色白多肉,可食;别有红萝卜,皮红肉白,亦可食。(《国语辞典》)

  C. 十字花科。一二年生草本。肉质直根呈圆锥、圆球、长圆锥、扁圆等形,肥厚多肉,白、绿、红或紫色等……(省略号的内容有:叶、花、性能、产地、类型、功用)。(《辞海》)

  D.《现代汉语词典》(释义见前文)。

  E.《牛津》(释义见前文)。

对"萝卜"的释义,A 类囿于古代,仅管见所及,郭璞只言及部分形态,王念孙只引述了部分性能。B 类已有近代语文观念,释出较多状态。C 类已有现代百科理念,详尽给出客观物体的类别、形态、性能、产地、类型、功用。D 类已有现代语文词典理念,选择并给出词语的必要语义特征,即义征,而不是物性。吕叔湘先生认为,"外界事物呈现无穷的细节",单词意义"保留一部分,放弃一部分","一部分显示,一部分暗示"。⑥E 类已有现代语文词典原型论思想:其一,在多种萝卜中选出典型群;其二,在多种味道中选出"有刺激";其三,在多种形体中选出"很小";其四,在多种颜色中选出"红色";其五,在多种功用中选出"可生吃";其六,在多种上位范畴中选出认知的基本范畴——植物"根"。这 6 项就是选出最典型的事物特征作为语义特征,最少量的,必不可少的,最有区别性的,最简明的。这就是原型论在选择义素这一层面上的新进展。它显示了词义(义位/义项)反映了以典型成员为中心的原型范畴,使释义思想从结构主义语言学转到认知语言学,从客观主义范式转到非客观主义原型模式。

附注:

① 曹杰旺等:《当代理论词典学主要流派》,山东外语教学,2005(2)。
② Jack C. Richards 等著,管燕红译:《朗文语言教学及应用语言学辞典》,外语教学与研究出版社,2000。

③ Шмелёв. *Проблемы семантического анализа лексики*. Москва：Hayka，1973.
④ 孟琮等：《动词用法词典》，上海辞书出版社，1987.
⑤ 周士琦：《实用解字组词词典》，上海辞书出版社，1986.
⑥ 吕叔湘：《语文常谈》，生活·读书·新知三联书店，1980.

参考文献：

[1] 王馥芳：《当代语言学与词典创新》，上海辞书出版社，2004.
[2] 姜岚、张志毅：《辞书元语言规则》，见《辞书研究》2004(5)：1-10.
[3] 于屏方、杜家利：《动词义位的事件图式及其释义特点：语篇视角分析》，见《辞书研究》2009(4)：13-20.
[4] 姚喜明：《现代语言学理论对英语词典编纂的影响》，见《辞书研究》2008(6)：60-69.
[5] 张相明：《交际视角的词典学本质研究》，见《辞书研究》2009(1)：109-116.
[6] 章宜华：《新时期词典学研究应具备的理论特色》，见《辞书研究》2009(3)：1-12.
[7] 郑艳群：《理想的对外汉语学习词典模型》，见《辞书研究》2008(2)：64-71.

（原载《辞书研究》2010 年第 1 期）

世界语文辞书的思潮

从原型论看，辞书的中心成员是最常用的中小型语文辞书，例如《简明牛津词典》《小罗贝尔法语词典》《俄语词典》(奥热果夫)《现代汉语词典》《新华字典》。辞书的次中心成员，是大型语文辞书（例如《法兰西学院词典》《牛津英语词典》《德语词典》《美国英语词典》《汉语大词典》）和常用的其他类型语文辞书（例如《常用词词典》《成语词典》）、中小型百科辞书（例如《辞海》）、普及的专科辞书（例如《语文知识词典》《语法修辞词典》《哲学辞典》等）。辞书的一般成员，是大型百科全书（例如《中国大百科全书》《不列颠大百科全书》）、高级专科辞书（例如《哲学大辞典》《中华实用法学大辞典》）。辞书的边缘成员，是不常用的有各种专门用途的辞书（例如《唐五代语言词典》《通鉴大辞典》）。以上这些等次的划分，主要有三条标准：它们所包含的文化知识有中心以至边缘的区别，它们在人们获得文化知识过程中的作用有早晚之别、主次之分，它们在人们获得文化知识过程中的使用频率有大小或多少的不同。本文论述的是语文辞书的中心和次中心成员。

世界辞书编纂的历史，已经有3000多年了。主要存在过六种思潮：实用主义，描写主义，规范（规定）主义，历史主义，理性主义，功能主义。六种思潮都必须把客体世界、科学、民族社会、历史、文化、政治、思想作为自己的宏观整体背景。

在历史上，六种思潮并不是截然分开的，也不是依次出现的，更不是同时出现的，而是在历史长河中大体有个出现次序，而一经出现至今都有生命力，只不过生命力的强弱有些区别。在某个历史阶段或在某一本辞书里，不可能同时平均用力贯彻多个主义，而常常以一两种思潮为主，兼顾其他。

一、实用主义

人类文明从畜牧时代转向农业时代，即青铜器时代，产生了辞书的雏形。任何一个民族最初阶段的辞书，都开始于经验、直觉和实用，即初始的实用主义。辞书的"实用"有很多方面:启蒙、释难、交流(翻译)、读经、正音、正形、辨义、识字、用词、选词、查考、推广标准语,等等。

世界各国,最早体现实用主义的辞书,主要有两类:单语词典,双语或多语词典。

(一) 单语词典的实用主义

最早的有难词词典(glossary),也叫难语词典。例如《尔雅》,约于公元前 2300 年的中国战国时代开始编纂,秦汉间已经正式使用。还有:约在公元前 1000 年,印度编出第一批词典,其中主要是婆罗门教经典《吠陀经》难词注释。约在公元前 5 世纪,希腊人普罗塔戈拉斯编出了《荷马史诗难词表》。公元 8 世纪编出了《盎格鲁-撒克逊难字表》(拉丁语各行中间注上英语)。公元 8 世纪末—9 世纪初阿拉伯语言学家西巴维伊希编出《真主的书》(为教徒读经解释难词)。1623 年科克拉姆(H. Cokeram)的第一本命名为《英语词典》的副标题就是《难词汇释》。

较早的有启蒙词典。例如《史籀篇》,约于公元前 800 年,中国周朝宣王时代已经编出;《急就篇》于公元前 40 年,西汉元帝时代已经编出。

还有方言词典,这里要说的仅是方言对照词典。公元前后、东汉末年的扬雄编出《方言》,收词 675 条,按意义分编为 13 卷。英国赖特的《英语方言词典》6 卷,1898—1905 出版,主要对照 4 种方言的 10 万个词。1951/1956 年出版的陆志韦的《北京话单音词汇》,1990 年出版的徐世荣《北京土语词典》。1999 年出版的《汉语方言大词典》5 册,徐宝华、宫田一郎编,对照古今南北方言 20 万条词。

李荣主编的《现代汉语方言大词典》,按方言点分编 40 册,每册收 7000—10000 条词,平均 8000 条,各册共有的条目 4000 个。如张惠英《崇明方言词典》(1993)、贺巍《洛阳方言词典》(1996)等等。

方言词典包括方言间或标准语方言间的对照词典,加上双语或多语对照词典,也统称交流词典。

(二) 双语和多语词典的实用主义

双语词典。早在 3000 年前,亚述人到了巴比伦(今伊拉克境内),看不懂苏美尔文字,就编了苏亚对照的最初的双语词典(常称 syllabary,即苏美尔音节文字)。英国的最早词典也是拉英对照的双语词典。欧洲 11 世纪编出了《阿拉伯·波斯语词典》,1596 年拉夫连季·济扎尼编出了《俄语注释斯拉夫语简明词汇》,1627 年巴姆瓦·贝伦达编出了《斯拉夫俄罗斯词汇》,后来约翰逊(Johnson)等编出了《波斯语-英语词典》《阿拉伯语-英语词典》《拉丁语-英语词典》。

中国的特殊国情决定了双语词典产生得较晚。到了唐代,才有和尚义净(635—713)编的《梵语千字文》(梵汉对照)。明代洪武十五年即 1382 年才有火原洁编出

《汉蒙译语》,后收入明清两代总汇的《华夷译语》(含 30 多语种)。现当代各国双语对照词典,成千上万。

多语词典。例如,《拉丁语词典》是八种语言对照的,即用七种语言解释拉丁语。这类词典,较早的有 1073—1074 年突厥语学者马哈茂德·卡什加尔斯基编成的多卷本的《土耳其诸语言汇编》(该书 1912—1915 年才被发现,后在伊斯坦布尔出版)。1598 年阿达姆·韦列斯拉温编撰并出版了《拉丁语-捷克语-德语-希腊语词典》。1704 年俄国有《俄拉希三语大词典》。

俄国女皇叶卡捷琳娜二世(Екатерина II Алексеевна,1729—1796,又译伽德邻等)她还是公主的时候就热衷编纂万国词汇,执政后动员国内外有关人员,并令俄国科学院院士彼得·巴拉斯(П. С. Пллас,1741—1811)负责整理,于 1786—1787 年出版了《全球语言的比较词汇》,收集 285 个基本词,对应的语言有:欧洲的 51 种,亚洲的 149 种,共 200 种。该书第二版(1790—1791),由米里耶和主编,扩充为四卷,对照语言也增多了:亚洲的 185 种,欧洲的 52 种,非洲的 28 种,美洲的 15 种(多为美国总统华盛顿令州长和将军帮助收集的),总共 280 种。例如"姐妹"一词共列出 67 种语言的对应词,其中知名的语言依次有:波兰语、爱尔兰语、古希腊语、拉丁语、意大利语、西班牙语、葡萄牙语、近代法语、英语、日耳曼语、丹麦语、瑞典语、荷兰语、匈牙利语……还有一些方言。

西班牙僧侣罗林左·赫尔伐斯(1735—1809)编出《已知各民族语言目录及其编号和各种语言及方言的分类》(1800—1804 马德里版)汇集了 307 种语言的词汇,其中包括美洲印第安语言和马来-波利尼西亚语(分布于非洲马达加斯加岛、南美智利复活节岛、新西兰岛、台湾和夏威夷岛)。

18—19 世纪之间,产生历史比较语言学,促使辞书界出现了一批新成果:他们貌似语言交流对照词典,实际上是体现历史比较语言学的新成果。例如:

斯拉夫语言学专家弗兰茨·米克洛希奇 1862—1865 年出版了充满学术成果的《古斯拉夫语-希腊语-拉丁语词典》。

德国语文学家费克(1833—1916)的《民族分裂前印度·日耳曼基础语词典》,1868 年出版,第二版(1870—1871)改名为《印度日耳曼语系语言比较词典》,第三版(1874—1876)扩充为四册,第四版(1890)又更新了许多材料。

后来以"学习词典"为代表的一些辞书也在不同方面和程度上体现了实用主义。一本辞书最好突出一、二个"实用"目的,适当兼顾其他。

实用主义,老而不衰,时至今日又焕发青春。实用的理念,促使语文词典突出应用,正在吸收"句典"长处,通过典型句子说明典型用法,即具体语境中的词义或功能——语用意义。

二、描写主义

描写主义,是教人全面认识、理解语言,以解码为己任。曾经存在过早期的不清醒的描写主义,后来也产生了晚期的清醒的描写主义。

(一) 早期和晚期的描写主义

18世纪末以前,世人对语言的历时演变和共时分布还没有科学认识。因此,反映在词典上的描写主义,也不是科学的。例如身为波斯人的阿拉伯语言学家菲鲁扎巴季(1329—1414)编了一部描写辞典,名称叫《海洋》,其描写主要体现在它兼收了标准词、方言词、比较通用词、带诗意的新词,等等。

19—20世纪之间,德国新康德主义者文德尔班(W. Windelbad)倡导跟"规范"相对的"描述/描绘/描写"理念,与此相关在几个学科兴起了科学的描写主义。描写主义辞书的代表作有:1828年出版的韦伯斯特《美国英语词典》,描写了美国英语的特点;《达里辞典/大俄罗斯活的语言详解词典》,1863—1865一版,1880—1882二版,收20多万条词,注重方言、口语、谚语和俗语。三版(1903—1909)、四版由库尔德内主编,增加2万条词。1961年出版的戈夫(P. B. Gove)的《韦氏第三版新国际英语大词典》,力求客观描写当代英语词汇,抛弃规范主义和历史主义。

(二) 描写的内容

这些描写主义辞书都尽可能地反映语言单位的5个方面情况:(1)词音——语音常体及变体,现代标准音,古旧音,方俗音,书面音,口语音,重音,轻音,变音;(2)词形——词形常体及变体,古旧形,方俗形,常用形,罕用形,讹误形;(3)词义——词义常体及变体,现代语言义,古旧义,方俗义,常用义,罕用义,言语义;(4)语法——词的语法常体及变体,词性及其活用,常规及变异形态,句法标准功能及变异;(5)语用——词的语用常体及变体,音形义的修辞用法,从言语向语言的过渡用法。描写主义的宗旨是全面、系统、客观记录活语言的真实情况(不是记录最好的语言),取材不限于典范作品,还有口语、广播、报刊、文艺作品等。"编词典的人只记录事实,他们无须思考,也不应该有自己的思考。"(赵元任,2002:890)查词典的人,可以从中找到某词尽可能多的信息:读音、形体、意义、用法及其变体等等。这一作用,常称为"镜子效应"(the mirror effect)。

描写给实用提供了多种可能性,给规范或标准化提供了广泛的基础。

三、规范主义

（一）规范主义的宗旨

规范主义，也叫规定主义。规范，是一个历史范畴。在古代的语文学阶段，多半把语言看作古代圣人造就的不变的标准体系。近代、现代意义的规范，形成于17世纪初期，一直延续到今天。近现代早期，受欧洲新古典主义（neo-classicism）影响，辞书编者多以"立法者"自居，追求语言的"纯正、标准"。其辞书代表作有：1612年意大利科学院编出的《意大利语词典》，1694年出版的《法兰西学院词典》（法语词典，1638—1694年编，它是法文捍卫者，建立一些语言使用规则，固定了法文的一些表达法，例如计数表达法），1755年出版约翰逊（S. Johnson）的《英语词典》，1789年出版的《俄罗斯科学院词典》，1911年的《简明牛津词典》，1949年的《俄语词典》，1960年的《现代汉语词典》等等。规定主义的宗旨是保持语言的纯洁、正统、正确、稳定，扬弃偏误、谬误，取材于典范作品。梳理千变万化、千差万别的语言，分出正误，指导人们宗正匡谬。这一作用，常称为"梳子效应"（the comb effect）。

（二）规范主义的内容

词典的规范主义，主要体现在"五定"：(1)定词，多收标准语，少收方言、俗语、土语、俚语、术语、行话、时髦词、外来词等；(2)定形，定出标准词形，适当给出常见变体；(3)定音，定出标准音，有限度地给出口语音，一般不给出残留的方音、古音、旧音等；(4)定义，给出标准语基本的和附属的意义，一般不给方言义、古旧义、时髦义、术语义等；(5)定用，只给出标准语用法及用例，不给方言用法、古旧用法、时髦用法、术语用法等。过度的规范，曾经受到柏林科学院第一任院长莱布尼茨（G. W. von Leibniz，1646—1716）的尖锐批评。

（三）规范主义的原则

文德尔班（W. Windelbad）及后来语文学者所倡导的规范，应该是科学的、符合历史趋势的，至少需要遵守下列12个原则：

(1)非逻辑原则，不能用狭义的逻辑苛求活生生的语言；(2)历史原则，承认语言的历时演变；(3)习惯原则，应从俗从众；(4)系统原则，兼顾个体及其相关系统；(5)科学原则，合于历时和共时学理或规律；(6)功能原则，最能体现语言的功能的单位是首选；(7)权威原则，权威的文本、用法常被公认；(8)刚柔原则，语言要素的取舍、推广范围等都要注意硬性规定和弹性幅度；(9)民族原则，外来词和用法尽可能民族化;(10)国际原则,术语、符号和用法宜国际化;(11)准确原则,能指反映所指应无偏差;(12)经济原则,用较短的形式反映较多的内容。历史告诉我们,上述这些原则,都是互相关联的。少数是双向关联,多数是多向关联。规范辞书应该尽可能兼顾上述原则。语言的标准化,是对实用、描写、变化的积极规约,是各国共同语的社会性需要。

四、历 史 主 义

(一) 历史主义及其内容

17—18 世纪的欧洲,在语言哲学中占主导地位的是反历史主义的"语言机械论"。深受康德等哲学思想影响的思想家和语言学家洪堡特极力反对这种思潮,他认为"语言的历史只是整个文化史的一部分","语言是一种活动(energeia),而不是一件已经完成的行为(érgon)。"他的功绩在于,促使传统语文学让位给科学的历史语言学。德国著名语言学家 J. 格林(又译格里姆),在 19 世纪就有一个著名命题:"我们的语言也就是我们的历史"。19 世纪 70 年代出现的青年语法学派正式提出历史主义,强调语言是随时间变化的现象。辞书的历史主义,主要体现在 6 个方面:(1)收词求全:足本收各个历史阶段的专名之外的全部词语,反映词语的产生、发展、消亡、存活情况。(2)词形尽录无遗:始出形(年代),变体形(不同拼法,年代),通用形。以通用词形统领历史上各种变体词形。(3)讲究词音时序:古读,今读,异读,习惯读法、方音。(4)适当反映构词时序,即词族史:必要时给出某些同干词、派生词。(5)讲究书证时序:一个义项中的书证按早、中、晚(及更细的分期)排列,甚至注明年代。(6)释义历史原则有更丰富的内容:义序——原始义/本义/词源义、先后出现的各个引申义,历史义位及其变体,附属义,修辞义,语用义,语法义,历代的方言义,俗语义,术语义,行话义。

(二) 历史主义代表作

历史主义辞书代表作有:《德语大辞典》(格林词典)1838 年开编,1854 年出一卷,1960 年出齐,1965 年新版,共 33 卷,首创历史原则。《牛津英语词典》原来的名称就叫《依照历时原则的新英语词典》,1857 年倡议,1884 年出第一卷,1928 年一版,1933 年新版,1972—1986 年补遗 4 卷,1989 年出 20 卷,1.5 万页,收词 50 万条,默雷等主编。《日本国语大辞典》1960 年代编,1972—1976 年出版,20 卷,1.5 万页,收词 50 多万条,200 多万个例证。《汉语大词典》1975 年开编,1986—1994 年出版,13卷,收词37万条。

在历史主义思潮中,也产生了一些历史比较语言学词典。例如奥·贝特林格和鲁·罗特合编的《梵德大词典》(7卷,1853—1875俄罗斯科学院彼得堡出版)。历史主义辞书都是收词在26万以上的足本,具有特别明显的词库性和研究性。

五、理 性 主 义

这里的"理性",不是黑格尔哲学核心的"理性";"理性主义"也不是哲学史上的"唯理论"。这里的"理性"和"理性主义"都是广义的:是指认识的高级阶段和能力,是感觉、意志、情感等心理活动的升华,能用概念、判断、推理等进行的思维活动;更广义的是指这样的思想倾向或观点——在思想文化各领域推崇理性,反对神秘主义、信仰主义、直觉主义等非理性主义。辞书的高低悬殊,主要在于设计师的理念。理念的不断更新,推动了辞书的不断发展。历史的事实告诉我们:先哲的理念演绎出不朽的辞书,现代大师的理念演绎出现代样板辞书,当代新理念正在演绎各种新辞书。历史上的理性主义辞书的代表作,主要有以下几类:

(一) 义类辞书的理性主义

义类辞书也叫概念词典或题材词典。事物分类观念演绎出义类辞书。传统义类辞书分类较粗,不便检索。如《尔雅》(编于2300年前的战国时代,定于秦汉)把2074条词,分为19类:释诂(多是古代同义词,177组)、释言(多是常用词,其中同义词234组)、释训(多是叠字,137条,同义词36组,另有非叠音的15组)、释亲、释宫、释器、释乐、释天、释地、释丘、释山、释水、释草、释木、释虫、释鱼、释兽、释畜。《通雅》(成书于1573年以后)分52类。《通俗编》(成书于1788年前)分38类。1920年中华书局出版的《作文类典》,把作文能用的古旧词语按国家、法律……人事、妇女等分为31类,附有部首索引。还有准义类词典,即所谓的"类书",如较早的唐代的《艺文类聚》分46类,727小类。较晚的清代的《渊鉴类涵》分43类,2536小类。类书海纳古代各类事物,精选丽词骈语。以上这些义类,属于古典范畴,跟柏拉图式的知识分类没有本质区别。

现代义类辞书,分类比较科学。其语义分类,从哲学上继承了培根、圣西门和黑格尔等人的思维成果,从自然科学上继承了现代研究成果。1852年,具有现代科学头脑的、受到了现代语言学"联想关系"影响的英国皇家学会会员罗杰特(P. M. Roget)医生主编出版了《Thesaurus of English Words and Phrases》(常译作《英语词汇宝库》，准确的译名应该是《英语词语和短语义类词典》），收 256000 个词语。因为科学、宏富，所以它 150 多年以来畅销不衰，1992 年又推出第 5 版，至今已经印刷了100 多次。后来，多国多次效仿该书：1859 年罗伯逊（T. Robertson）的《法语概念词典》、1862 年波斯尔（P. Bossiere）的《法语类比词典》、1877 年以前桑代尔斯（D. Sundares）的《德语词汇》、1881 年施列辛（Schlessing）的德语《适当的词语》（1927 年修订本改名为《德语词语及同义词手册》）、1934 年德恩赛夫（F. Dornseiff）《德语分类词典》（又译《按类义群划分的德语词汇》或《德语词汇的题材组列》，分 20 个义类）、1936 年马奎特（Ch. Maquet）《分类词典》、1942 年卡萨雷斯（J. Csares）的《西班牙语义类词典》（又译《西班牙语概念词典》）、1963 年哈里格（P. Harlig）和瓦尔特堡（W. Wartburg）的法语《作为词汇基础的概念体系》、1981 年《朗曼当代英语词库》等。在中国有：1982 年梅家驹等的《同义词词林》、1985 年林杏光等的《简明汉语义类词典》、1991 年竺一鸣等的《俄语同义词词林》，近十几年又出版了几部《现代汉语分类词典》。

现代义类辞书，跟传统义类辞书相比，功用明确而突出——在"辞穷""辞乏"的时候，为寻辞、选辞等表达（写作、翻译、作文）提供一个备用词库，帮助提高一语或二语学习者的表达能力。正如罗杰特《宝库》副标题所显示的——本书的分类和排列对于思想表达和文学写作大有帮助。《德语词汇》也有近似的副标题：德语写作人人必备的修辞手册。语义类别跟科学类别，是理性思维下的两套体系。

（二）词源词典的理性主义

对词的理据，自古以来就有两种观点：一种观点认为名称和事物之间具有内在或自然联系，名称取决于事物的本质（physei），这种观点叫"本质论"。以苏格拉底（Sokrates，公元前 469—前 399）、柏拉图（Platon，公元前 427—前 347）等为代表。中国战国中后期成书的《管子》说"名生于实"也属于本质论。另一种观点认为，名称和事物之间没有内在或自然联系，名称取决于人们的协商、约定习惯或规定（thesei），这种观点叫"规定论"。以亚里士多德（Aristoteles，公元前 384—前 322）和荀子（公元前 313—前 238）为代表。

本质论和规定论的争论，一直延续到近现代。词源词典从古到今都包含这两种思想。其中凸显人类的一种理性思维成果——词的理据。例如中国东汉末年，公元 213 年以前出版的刘熙的《释名》、公元 1650 年的《法语词源词典》（1694、1750 再版）、1669 年的《意大利语词源》（1685 再版）、1721 年的《通用英语语源》、1769 年的《瑞典哥特语词汇》（即词源大词典）、1854 年德国语言学家弗里德里希·季次出版了《罗曼语词源词典》，斯拉夫语言学专家弗兰茨·米克洛施（F. Miklosich，

1813—1891,又译米克洛希奇)1886 年出版了充满学术内容的《斯拉夫语词源词典》。

跟词源观念相关的,应该有中国东汉许慎高级理性思维的产物——《说文解字》(约成书于公元 100—120 年)。其理性主义主要表现在三个方面:(一)继承,主要继承了以孔子为代表的多位先哲对许多汉字微观结构的字源分析;(二)对足量材料的认识,许慎对成千上万个汉字微观结构、理据一个个分析、归纳、概括;(三)科学重构,许慎对汉字体系宏观结构的创造性的认识、思考、研究产生了六书文字观,用 540 个部首统率万字,堪称千古创举,后来注解、研究《说文解字》的书有近 300 种,形成小学里的首位显学。总之,既有对材料的感觉、经验,也有演绎、推理、创造,更用思想重构了科学世界。

(三)一般词典的理性主义

其中的理性主义产生得较晚。因为真正的科学的词汇研究,在欧洲开始阶段是 15—17 世纪:意大利从 15 世纪中叶开始,法国、英国、波兰、捷克、匈牙利从 16 世纪开始,德国、丹麦、俄国、乌克兰、葡萄牙从 17 世纪开始。"这些欧洲新语言的研究工作的开展,同各民族文学语言的巩固和统一有着密切的联系,那是在对语言的规范性和反历史主义的理解的标志下进行的。"(汤姆逊,1960:117)

现代科学、现代语言学,特别是现代词汇学、现代语义学,促使现代大师产生了新理念——词汇系统、语义系统新观点,跟传统编纂法分道扬镳,因而演绎出具有系统观的现代样板辞书。在英国有《牛津英语词典》重要编者中两位的 H. W. Fowler/F. G. Fowler(福罗尔)兄弟 1911 年出版了《简明牛津词典》,至今已经出到第 10 版。在法国有 P. Robert(罗贝尔)主编的 1972 年出版的《小罗贝尔词典》。在俄国有《俄语详解词典》主要编者、《现代俄罗斯标准语词典》编委奥热果夫主编的 1949 年出版的《俄语词典》。在中国有吕叔湘主编的 1960 年试印的《现代汉语词典》,吕先生在《现代汉语词典编写细则》里详尽地阐释了中型现代汉语词典编写的崭新的系统思想,因此才演绎出《现代汉语词典》。

现代意义的语文词典和百科辞典的分野,应该始于 17 世纪末。1694 年第一次出版了分别代表两类辞书的姊妹篇《法兰西学院词典》和《工艺科学词典》(T. Corneille/科尔内耶主编)。它们早于《康熙字典》22 年,当时中国正在古典主义中爬向乾嘉高峰。而欧洲正处于文艺复兴时期之后,从古典主义进入浪漫主义前期(1660—1798),语文性和百科性两类辞书带着新思想走出两条新轨迹。300 多年的事实证明,语文词典渐渐向百科辞典靠拢,增加科学因子,显出一定的兼容性。靠拢的步子有大小,兼容的程度有强弱。以收百科条目为例,《现代汉语词典》第 2 版占 25％,收 14700 条,1972 年版的《小罗贝尔词典》占 60％,1978 年的《小罗贝尔法语词典》占 21％。以释义的百科因子为例:对"红",《现汉汉语词典》第 5 版只释出物色义"像鲜血的颜色",而《简明牛津词典》第 8 版除了给出物色义(血色至桃红或橘红),还给出光谱因子。正如 J. R. 赫尔伯特所说"词典编纂家已经把释义工作发展成为一门艺术……他们可以不求助于只对专家才有意义的术语而把词义解释清楚。"(黄建华等,2001:214)

20 世纪 70 年代,语言学及其相关的辞书学进入了新觉醒时代。80 年代,电子计算机使辞书界进入了一个全新时代。因此辞书编纂出现了许多新理念、新体例。简介如下:

1. 多维理念。

较早的词典都是两维的,现在已经发展到十维。请看下表:

维度	二	三	四	五	六	七	八	九	十
内容	词目+释义	二维+注	三维+例证	四维+语法	五维+语用	六维+文化	七维+词源	八维+相关词群	九维+图示

当代单语词典和双语词典,都演化为多维知识网络结构体系。其宏观结构包括篇幅容量(足本和非足本)、各类词语比例结构、释语要素及方式、例证的类别及标准。其微观结构包括词条的信息结构:语义基义为主,其余为辅——语义培义、语法意义、语用意义、文化意义及图示。

2. 整体理念。

19 世纪末以来,哲学、心理学、语言学、辞书学等学科的主导思想,由原子论转向整体论。《简明牛津词典》《小罗贝尔词典》《小拉鲁斯词典》《俄语词典》《现代汉语词典》就是这一思潮的代表作。表面上看来,它们的词条都是按字母排列的,词汇整体处于分割状态,实际上词汇和词义有个内在的强化的有机整体。其整体观至少体现在下列方面:①宏观整体观——跟世界相联系;②相关条目的参见系统;③以词条为光源,适当辐射语义、语法、语用等相关信息知识;④词条和释语的意义等值;⑤词义和例证的功能等值;⑥在纯形式(音序等)编排前提下,适当兼顾词场整体,尤其是同、反、类义词;⑦通过词素立目,把相关词条或义项联系成整体,提供构成新词的手段和方法。

3. 现代语义理念。

辞书的释义,直接受现代语义学的推动。从 19 世纪 20 年代以来,洪堡特、密尔、弗雷格、索绪尔、萨丕尔、奥格登/理查兹、布龙菲尔德、吕叔湘、兹古斯塔、利奇、诺维科夫、莱昂斯等,对词义渐渐产生了二分观、三分观、四分观、五分观等。词义包含着如下要素:第一是所指或外指意义(指物、指概念/观念等),第二是系统价值或内指意义(跟相关词的义差、用差、语法差别等),第三是各种附属意义(感情、语体、语域等),第四是语法意义(词性、结构、变化、功用等),第五语用意义(语境义、义位变体、常用、罕用)。其中第二、第三要素最应注意。反映出第二、三以及第四、五要素的,属于释义现代化。这些现代语义理念,先后演绎出《简明牛津词典》(1911)《小拉鲁斯词典》(1948)《俄语词典》(1949)《现代汉语词典》(1960)《小罗贝尔词典》(1972)。

4. 元语言理念。

元语言,一是指用来释义的自然语言的两三千常用词,叫"释义元语言"或"义元"(primitive);二是指代表义素的人工设计的语言,叫"形式语言"。

前一理念演绎出 1978 年的《朗文当代英语词典》(用 2000 个常用词释义),后一理念演绎出 1982 年卡拉乌洛夫等的《俄语语义词典》(约计分析出 7800 个义素)。未来的汉语词典,义元应该用大约 4000 个常用词较为合适。

5. 语料库理念。

语料库理念,已经产生半个多世纪。利用"英国国家语料库",开发了《柯林斯 COBUILD 英语词典》《牛津高级学习词典》《朗文当代英语词典》《钱伯斯基础英语词典》等。现代语料库必须含有断代(含几个时期)的、多地域、多作者、多学科、多语域、多语体的书籍和报刊,代表活语言的真实文本,由此产生的词典才能是活语言的缩印本。

(四)学习词典的理性主义

现代英语坐着帝国的战车向国外扩张,当代英语搭载科技飞船向全球挺进。美英在 1938—1948 年已经拿走了诺贝尔奖项的一多半。于是学习科技、学习英语,成了当务之急。

这就促使产生了学习英语的新理念——把词作为语义、语法、语用统一体,突出语用,提示惯用法。外语习得在强调正确性(correctness)基础上更突出得体性(appropriateness),于是 1948 年演绎出世界上第一本外向型、学习型词典——*Oxford Advanced Learner's Dictionary of Current English*(《牛津高阶当代英语学习词典》由 Hornby 主编)。70 年代进入信息时代,英法美德涌现了十多本学习词典。中国至今没有一本理想的学习词典。语文性词典向学习型词典靠拢,吸取其释义优点,《简明牛津词典》新版、《朗曼当代英语词典》在这方面获得了极大成功。

（五）基础词典的理性主义

各种、各类、各层次的语言交际，都共有一个基础词汇常量——约 4000 个词。这个量，大体可以懂得一种语言。例如，根据 Fries 统计，英语常用词 4000—5000 个占书面语用词的 95%，最常用词 1000 个占书面语用词的 85%。（《词典编纂的艺术与技巧》：301）掌握汉语 3000 常用词，就能懂得一般语言材料的 86.7%。（《现代汉语频率词典》：1490）由此演绎出《基础法语词典》《基础英语词典》以及多本《常用词词典》。

（六）搭配词典、配价词典的理性主义

现代意义的搭配研究，标志应该是 20 世纪 50 年代 Firth 第一次提出科学概念——搭配（collocation），后来他的学生 Halliday 提出词语学（lexis）及相关的三个概念：词项（lexical item）、搭配、词语集（lexical set）。此后从语义、语法、语用的角度研究出固定搭配、典型搭配、常见搭配、特殊搭配等。同时，语料库也促使产生了一些科学意义的搭配词典：1968 年《BBI 英语搭配词典》，1984 年《现代俄语详解组配词典》，1992 年《现代汉语实词搭配词典》，1997 年《BBI 英语词语搭配词典》，2006 年《牛津英语搭配词典》。

法国语言学家特斯尼耶尔（L. Tesnière，1893—1954）的依存语法，倡导动词核心说，以此为基础，50 年代初他把化学的配价理论引入语言学，渐渐发展出配价语法。德国语言学家恩格尔（U. Engel）认为"配价是含有语义的句法范畴"。由这一理念演绎出了配价词典，如 1973、1974、1977 年出版了《德语动词配价辞典》《德语形容词配价辞典》《德语名词配价辞典》，1992 年出版了《英语配价词典》，中国也编了一部《德语配价词典》（华宗德等）。《动词用法词典》《现代汉语实词搭配词典》也包含了配价理念。

六、功能主义

布拉格学派，也称为功能语言学派。它在 20 世纪 30 年代处于鼎盛时期，比较注重语言功能的研究。哲学到了 40—50 年代，提出功能主义，认为"文化产生的原因是需要，完成其功能就是满足需要，因而要了解一种文化，就要对它做功能的研究……这种观点反对历史主义……历史上的东西现在之所以为人们保存和了解，也是它们现在是有功能的。"（《哲学大辞典》修订本）到 70 年代，伦敦学派的主要成员、新弗斯派领袖韩礼德用 5 本书把语言功能学说推到了新阶段，全面研究了语言、

言语变体、语言各级成分的功能。在语言学和哲学影响下,词典学的功能主义,自40年代以来,一直在充实和发展着。其突出代表是英、法、德、美、俄、日等国家出版的多系列学习词典。它们至少包括以下新理念:1) 由语言本位转到用户本位,为不同语别、级别用户编不同功用的词典;2) 由传统的文化词典(cultural dictionaries)转到功能词典(functional dictionaries),后者代表语言的样本,再现语言模块;3) 功用由解码为主转到编码为主,注重语言的生成、输出;4) 由释义中心论转到用法中心论,全方位、多角度地揭示词的语义、语法信息,特别是语用信息;5) 实词释义中注重语法(词法和句法)功能、语用功能;6) 虚词释义更注重其功能和分布特征;7) 充分发挥大型平衡语料库的产出(词目、词义、语法、语用和丰富例证)和验证功能;8) 元语言由繁而简;9) 义项简化、细化;10) 配例由辅助释义转到语用示范,源于语料库,突出丰富性、典型性、样本性(语言输出样本);11) 繁难语法描述变为简明公式;12) 尽可能实现语言的交际、表达、描述等多种功能,注重口语成分及表达。

七、结　语

在辞书编纂的历史上,一个主义一般不宜孤立地运用,常常是两、三个主义结合。为了实用,在描写基础上规定,在规定主义指导下描写。三者适当结合,有主有次,常常产生多用词典。例如《俄语详解词典》(1935—1940年出版,4大卷)乌沙阔夫主编(因此又叫乌沙阔夫词典),维诺格拉多夫主编虚词部分(特别稳妥,普遍称赞)。其拼法、读法、重音、语法、修辞都合乎标准语规范,规范兼顾描写。《韦氏第三版新国际英语大词典》是以描写为主,兼顾实用和规范。《现代俄罗斯标准语词典》(科学院大词典,1938年编,1950年出一卷,1965年出齐,共17卷,收词从12万多增至15万多)以规范为主,非规范者和构词、词源置于括号或备考,兼顾描写和历史。1969年莫里斯(W. Morris)主编的《美国传统英语词典》在规范基础上描写。1989年陆谷孙主编的《英汉大词典》在描写基础上规范。20世纪40年代以来的多系列学习词典,都是以功能主义为主。有时,一个释义术语就反映了编者思想观点,如"也作"或"亦作",是描写主义;"偶作",是描写中带规范;"一般不写作",是规范主义。两三个主义的结合,常常演绎出多功能词典。

参考文献:

[1]　岑麒祥:《语言学史概要》,世界图书出版公司,2008。

[2] 黄建华、陈楚祥:《双语词典学导论》(修订本),商务印书馆,2001。
[3] 加尔金纳-费多鲁克:《现代俄语词汇学》,商务印书馆,1958。
[4] H.A.康德拉绍夫:《语言学说史》,武汉大学出版社,1985。
[5] 威廉·汤姆逊:《十九世纪末以前的语言学史》,科学出版社,1960。
[6] 章宜华等:《当代词典学》,商务印书馆,2007。
[7] 赵元任:《赵元任语言学论文集》,商务印书馆,2002。

(原载《辞书研究》2012年第5期)

理念演绎辞书

引言

编著一部辞书,如同建造一个建筑物。施工者和水泥、钢筋、砖瓦等材料,对于所有的建筑物都是一样的;关键是设计师,大师造出了香山饭店,工匠造出了农舍。大师和工匠的差别,主要是理念不同。辞书的高低悬殊,一方面在于编写者和语料库,另一方面更主要的在于设计师的理念。历史主要线索是,理念的不断更新,推动了辞书的不断发展。历史的事实告诉我们:先哲的理念演绎出不朽的辞书,现代大师的理念演绎出样板辞书,当代新理念正在演绎新辞书。

一、先哲的理念演绎出不朽的辞书

事物分类观念演绎出义类辞书。编于2300年前的战国时代,定于秦汉的《尔雅》,收词2074条,分为19篇,前3篇解释一般语词,后16篇解释名物词:亲、宫、器、乐、天、地、丘、山、水、草、木、虫、鱼、鸟、兽、畜。后来注解、研究《尔雅》的书有20多种,形成雅学。这些分类思想,同柏拉图对知识的分类一样,属于古典主义范畴。只是在近代科学发展起来之后,17—18世纪由培根、百科全书派开端,18世纪末由圣西门、黑格尔、恩格斯发展,产生了科学分类法。而一位受过严格科学训练的医生罗杰特(P. M. Loget)1852年编出一部具有现代分类思想的《国际英语词汇宝库》,把25万6千个词语,分成3万5千组同义词。因为科学而宏富,所以它150多年以来畅销不衰,1992年又推出第5版。

东汉末年,五经无双许叔重(58—147)产生了六书文字观,演绎出《说文解字》,收字9353(另重文1163,大徐本增加近200字),用540个部首统率,堪称千古创举。后来注解、研究《说文解字》的书有近300种,形成小学里的首位显学。

汉魏六朝产生了选韵、审音的理念,并演绎出十几部韵书。公元601年陆法言集大成,编出一本《切韵》,用 193 个韵部统率 11500 字。到宋初,有承前启后的《广韵》,继而有《集韵》《古今韵会举要》《中原音韵》《洪武正韵》等等,韵书蜂起,蔚为大观。

清代康熙盛世张玉书、陈廷敬产生了比梅膺祚《字汇》、张自烈《正字通》体例更严谨、检索更便捷的理念,演绎出《康熙字典》:以典籍描写主义为主,部首及部内字皆依笔画排列;注音数切详备,引多部韵书;多义有序,皆依典籍故训;例证确凿,依时选自经史百子之书篇。

语际词语对译的理念演绎出双语辞书。早在 3000 年前,亚述人到了巴比伦(今伊拉克境内),看不懂苏美尔文字,就编了苏亚对照的最初的双语词典(常称 syllabary,即苏美尔音节文字)。英国的最早词典也是拉英对照的双语词典。中国特殊国情决定了双语词典产生得较晚。到了唐代,才有和尚义净(635—713)编的《梵语千字文》(梵汉对照)。明代才有火原洁的《汉蒙译语》。

二、现代大师的理念演绎出样板辞书

现代科学、现代语言学,特别是现代词汇学、现代语义学,促使现代大师产生了新理念——词汇系统、语义系统新观点,跟传统编纂法分道扬镳,因而演绎出现代样板辞书。在英国有《牛津英语词典》重要编者中的福勒兄弟(H. W. Fowler/F. G. Fowler)在 1911 年出版了《简明牛津词典》,至今已经出到第 10 版。在法国有罗贝尔(P. Robert)主编的 1972 年出版的《小罗贝尔词典》。在俄国有《俄语详解词典》主要编者、《现代俄罗斯标准语词典》编委奥热果夫主编的 1949 年出版的《俄语词典》。在中国有吕叔湘主编的 1960 年试印的《现代汉语词典》,吕先生在《现代汉语词典编写细则》里详尽地阐释了中型现代汉语词典编写的崭新思想,因此才演绎出《现代汉语词典》。

三、当代新理念正在演绎新辞书

1. 语文词典兼容性理念演绎出现代性语文辞书。

现代意义的语文词典和百科辞典的分野,应该始于 17 世纪末。1694 年第一次出版了分别代表两类辞书的姊妹篇《法兰西学院词典》和《工艺科学词典》(科尔内耶主编/T. Corneille）。它们早于《康熙字典》22 年，当时中国正在古典主义中爬向乾嘉高峰。而欧洲正处于文艺复兴时期之后，从古典主义进入到浪漫主义前期（1660—1798），两类辞书带着新思想走出两条新轨迹。300 多年的事实证明，语文词典渐渐向百科辞典靠拢，增加科学因子，显出一定的兼容性。靠拢的步子有大小，兼容的程度有强弱。以收百科条目为例，《现代汉语词典》（第 2 版）25％，收 14700 条，1972 年版的《小罗贝尔词典》占 60％，1978 年的《小罗贝尔法语词典》占 21％。以释义的百科因子为例，对"米"条，《现代汉语词典》（第 4 版）用长长的释文给出国际单位制、公制两个百科意义，5 版用简短的释文给出一般意义。对"红"，《现代汉语词典》（第 5 版）只释出物色义"像鲜血的颜色"，而《简明牛津词典》第 8 版除了给出物色义（血色至桃红或橘红），还给出光谱因子。正如 J. R. 赫尔伯特所说："词典编纂家已经把释义工作发展成为一门艺术……他们可以不求助于只对专家才有意义的术语而把词义解释清楚。"[①]

2. 三个主义的综合倾向，演绎出新型词典。

三个主义指实用主义、规定主义和描写主义。

实用主义，资格最老。为了跟外族进行物资或文化交流，实用主义演绎出了最原始的辞书：二维对照辞书。为了读懂前人典籍，产生了古今对照或难易对照词典。

实用主义，老而不衰，时至今日又焕发青春。实用的理念，促使语文词典突出应用，正在向"句典"靠拢，通过典型句子说明典型用法，即具体语境中的词义或功能——语用意义。

规定主义也叫规范主义，有两个代表：一个是 18 世纪 50 年代的约翰逊（S. Johnson）及其《英语词典》；一个是 19 世纪 20 年代的韦伯斯特（N. Webster）及其《美国英语词典》。宗旨是保持语言的纯洁、正统、正确、稳定，扬弃偏误、谬误，取材于典范作品。梳理千变万化、千差万别的语言，分出正误，指导人们宗正匡谬。这一作用，常称为"梳子效应"（the comb effect）。学生词典、《现代汉语词典》《现代汉语规范词典》《现代英语惯用法词典》（福勒）、牛津《新英语词典》等的主导思想就是规定主义，并产生了预期效果。

描写主义寻根，应该找到 19 世纪 80 年代特伦奇（R. C. Trench）及其发起编写出版的《历时牛津英语词典》。20 世纪 60 年代的代表是戈夫（P. B. Gove）及其《韦氏新国际词典（第 3 版）》。宗旨是全面、系统、客观记录活语言的真实情况（不是记录最好的语言），取材不限于典范作品，还有口语、广播、报刊、文艺作品等。"编词典的人只记录事实，他们无须有自己的思考，也不应该有自己的思考。"[②]查词典的人，可以从中找到某词某一读音、形体、意义、用法等。这一作用，常称为"镜子效应"(the mirror effect)。

新倾向,以实用主义为主,在描写基础上规定,在规定主义指导下描写。三者互相依存,适当结合。一个主义,不能孤立地存在。三个主义,浑然成为一体。语言和言语的事实是,在发展中规定,在规定中发展。吕叔湘、朱德熙 1952 年在《语法修辞讲话》中列举了 1944 个不合格语句,到 1995 年就有 220 个合格了。③四十多年来,各报刊斥责为生造词约 1000 个,现在接受的有 300 多个。(沈怀兴研发,《长江学术》第 5 辑,1903 年 10 月)1969 年莫里斯(W. Morris)主编的《美国传统英语词典》在规定基础上描写。1989 年陆谷孙主编的《英汉大词典》在描写基础上规定。有时,一个释义术语就反映了编者思想观点,如"也作"或"亦作",是描写主义;"偶作",是描写中带规定倾向;"一般不写作",是规定主义。

3. 多维理念,演绎出了多维词典。

各语种语言最早的辞书,多是单语的难词词典和双语的对照词典,都是两维的:一词目,二释义(多为以词释词)。后来,人们渐渐认识到,词是语音、语义、语法、语用和文化的多元综合体,由此渐渐演绎出下列多维词典:

  三维的＝词目＋注音＋释义;

  四维的＝词目＋注音＋释义＋例证;

  五维的＝词目＋注音＋释义＋例证＋语法标注;

  六维的＝词目＋注音＋释义＋例证＋语法标注＋语用(修辞)标注;

  七维的＝词目＋注音＋释义＋例证＋语法标注＋语用(修辞)标注＋文化标注。

当代单语词典和双语词典,都演化为多维知识网络结构体系。其宏观结构包括篇幅容量(足本和非足本)、各类词语比例结构、释语要素及方式、例证的类别及标准。其微观结构包括词条的信息结构:语义基义为主,其余为辅——语义培义、语法意义、语用意义、文化意义。

4. 整体观,演绎出辞书的整体结构。

19 世纪末以来,哲学、心理学、语言学、辞书学等学科的主导思想,由原子论转向整体论。《简明牛津词典》《小罗贝尔词典》《小拉鲁斯词典》《现代汉语词典》就是这一思潮的代表作。虽然它们的词条都是按字母排列的,容易使词汇整体处于分割状态,但是它们通过强化整体观弥补了这个缺憾。其整体观至少体现在下列方面:

(1) 宏观整体观。词反映着三个世界:客体世界、主体世界、语言世界。三个世界决定着、改变着辞书及其词条的内容。如 2006 年 8 月 24 日世界天文学大会根据冥王星体积极小、轨道特异,一致否认它是太阳系的九大行星之一。因此,辞书的"太阳系""行星""冥王星"等条就得改写。三个世界包括着文化:物质文化、社会文化(社会习俗、风土人情、生活方式)、宗教文化。这些文化附着在词上,形成"词外义",显出词的民族个性。词典应予以标注。

以下是微观整体观:

(2) 相关条目的参见系统,常见的有 13 种:同义词、反义词、类义词、上义词、相关词、词位及其变体、构词成分及其派生词、习用语、缩略语、用法、读音、辞源及背景、图片等。这是现代辞书理念中较为传统的整体理念。

(3) 以词条为光源,适当辐射语义、语法、语用等相关信息知识。在这方面,《柯林斯 COBUILD 英语词典》树立了样板。

(4) 词条和释语的意义等值,和例证的功能等值。

(5) 在纯形式(音序)编排前提下,适当兼顾词场整体,尤其是同、反、类义词。可使主条臃肿庞杂。

(6) 通过构词成分立目,把相关词条联系成整体,给人提供构成新词的手段和方法。

5. 现代语义理念,演绎出现代语义学释义。

在多维中,最重要的、发展最快的,是释义。它直接受现代语义学的推动。从 19 世纪 20 年代以来,洪堡特、密尔、索绪尔、萨丕尔、奥格登、理查兹、布龙菲尔德、吕叔湘、兹古斯塔、利奇、诺维科夫、莱昂斯等,对词义渐渐产生了二分观、三分观、四分观、七分观等。词义包含着如下要素:第一是所指或外指意义(指物、指概念/观念等),第二是系统价值或内指意义(跟相关词的义差、用差、表示语义等),第三是各种附属意义(感情、语体、语域等),第四是语法意义(词性、结构、变化、功用等),第五是语用意义(语境义、义位变体、常用、罕用)。其中第二、第三要素最为重要。反映出第二、三以及第四、五要素的,属于释义现代化。这些现代语义理念,先后演绎出《简明牛津词典》(1911)、《小拉鲁斯词典》(1948)、《俄语词典》(1949)、《现代汉语词典》(1960)、《小罗贝尔词典》(1972)。

6. 分布分析理念,演绎出辞书的结构主义框架。

结构主义分布分析,是通过语境总和,在结构联系中分析语言单位的语法、语义、语用的共性和个性。这种分析,在辞书中常用于三个方面。

(1) 用于分立条目。通过分布分析,帮助区分同音词和多义词。对同音词,须分立条目;如《现代汉语词典》各版和《现代汉语八百词》根据"就是"的分布,把"就是"分立两个条目：

就是¹ ① 助 用在句末表示肯定……② 副 单用，表示同意……

就是² 连 表示假设的让步，下半句常用"也"呼应……

(2) 用于排列义项。如根据"关于"的分布，《现代汉语词典》各版把"关于"分立两个义项，《现代汉语八百词》把"关于"分立三个义项：

关于 介 表示涉及的事物。a) 关于＋名……b) 关于＋动/小句……c) "关于……的"＋名。

义项的这种排列，叫结构序列。这与历时序列、逻辑序列、频率序列相比有其优点。

(3) 用于辨别义征。如《现代汉语词典》(第5版) 对"年纪、年龄"的释义：

年纪 (人的) 年龄；岁数。……

年龄 人或动植物已经生存的年数。……◇科学家认为地球的～至少有四十五亿年。

这是经过分布分析，得出的义征："年纪"只用于人，"年龄"还用于动植物。能不能用于非生物呢？《现代汉语词典》(第1—4版) 未说，第5版在菱形号之后，增补了用于地球的例子，表示这只是比喻用法。实际上，不仅仅是比喻用法；用于非生物的实例还有好多，如"月球的～、天体的～、同位素的～、北京的～"等等。

以上这三种分布分析，比《国语词典》等是一个进步。《汉语大词典》在这三种分布分析方面，与《现代汉语词典》相比又是一个倒退。

7. 外向的、学习外语的理念，演绎出积极的、学习型词典，并成为导向。

二战以后的二、三年，战败国、战胜国的经济开始复苏，美英在 1938—1948 年已经拿走了诺贝尔奖项的一多半。于是学习科技、学习英语，成了战后的当务之急。因而产生了学习英语的新理念——把词作为语义、语法、语用统一体，突出语用，提示惯用法。外语习得转向，强调在正确性 (correctness) 基础上更突出得体性 (appropriateness)，于是 1948 年演绎出世界上第一本外向型、学习型词典——*Oxford Advanced Learner's Dictionary of Current English*（《牛津高阶当代英语学习词典》由霍恩比/Hornby 主编）。70 年代进入信息时代，英法美德中涌现了十多本学习词典。中国至今没有一本理想的学习词典。综合性、语文性词典向积极的、学习型词典靠拢，吸取其释义优点。《朗曼当代英语词典》就是把学习词典作为竞争对象，因此获得了极大成功。

8. 元语言理念演绎出元语言词典。

元语言，一是指用来释义的自然语言的两三千常用词，叫"释义元语言"或"义元"（primitive）；二是指代表义素的人工设计的语言，叫"形式语言""符号语言""语义标示语"等。前一理念演绎出 1978 年的《朗文当代英语词典》（用 2000 个常用词释义），后一理念演绎出 1982 年卡拉乌洛夫等的《俄语语义词典》（约计分析出 7800 个义素）。未来的当代汉语词典，应该以普通话三千常用词为基础浮动，用三四千常用词较为合适。

9. 语料库理念演绎出语料库词典。

语料库理念，萌生于 1959 年伦敦大学语言学教授夸克（R. Quirk），几年间建起涵盖多种语体的上百万字的"英语用法语料库"。1961 年美国布朗大学建起第一个机读的逾百万字的"布朗语料库"。从 80 年代起，柯林斯等出版社和伯明翰等大学合作，创建了"COBUILD 语料库""英国国家语料库"，开发了《柯林斯 COBUILD 英语词典》《牛津高级学习词典》《朗文当代英语词典》《钱伯斯基础英语词典》等。用语料库比用人工卡片更具有许多优越性：省时、省力、省钱、省物、更便捷。4 亿字的平衡语料库，对于编中型语文辞书较为管用。该库必须含有断代各时期的、多地域、多作者、多学科、多语域、多语体的书籍和报刊，代表活语言的真实文本，由此产生的词典才能是活语言的缩印本。可惜，中国到目前还没有一本来自活语言的真实文本中型词典。

10. 基础常量理念，演绎出了基础词典。

各种、各类、各层次的语言交际，都共有一个基础词汇常量——约 3500 个词。这个量，可以读懂、听懂书面语和口语。例如，根据 Fries 统计，英语常用词 4000—5000 个，占书面语用词的 95%，最常用词 1000 个，占书面语用词的 85%。（《词典编纂的艺术与技巧》：301）掌握汉语 3000 常用词，就能懂得一般语言材料的 86.7%。（《现代汉语频率词典》：1490）由此演绎出《基础法语词典》《基础英语词典》《常用词词典》。

11. 配价理念演绎出了配价词典。

法国语言学家特斯尼耶尔（L. Tesnière, 1893—1954）依存语法，倡导动词核心说，以此为基础把化学的配价理论引入语言学，渐渐发展出配价语法，德国语言学家恩格尔（U. Engel）认为"配价是含有语义的句法范畴"。由这一理念演绎出了配价词典，英语有配价词典，中国也编了一部《德语配价词典》（华宗德等）。《动词用法词典》《现代汉语实词搭配词典》也包含了配价理念。以上说的是语文辞书，百科全书也不例外。例如，小条目主义演绎出小条目百科全书。二百年来，各国百科全书发展的总趋势是由大条目主义到小条目主义,较少出现几万字的大条目,稍多出现几千字的中条目,更多出现几百字以下的小条目,以便检索、查阅。例如《不列颠百科全书》(旧译《大英百科全书》)自 1768 年以来,一直以大条目著称。而在二百年后,顺应潮流,1974 年出版的第十五版 30 卷,转向以小条目为主。采取的主要调整办法是:切分大主题、多设条目、增加"参见"、扩充索引。

附注:

① J. R. 赫尔伯特:《词典编纂法》,转自黄建华、陈楚祥《双语词典学导论》(修订本),商务印书馆,2001:214。
② 赵元任:《汉语词的概念及其结构和节奏》,见《赵元任语言学论文集》,商务印书馆,2002:890。
③ 朱景松:《汉语规范化的成功实践》,见《语言文字应用》1995 第 4 期。

(原载《辞书研究》2007 年第 5 期)

现代语文性辞书的整体观

传统语文性辞书编纂思想是原子观占主导地位,现代语文性辞书编纂思想是整体观占主导地位。这种转变导源于本世纪初以来的语言哲学、语言学、心理学等的新思潮。

现代哲学的始祖弗雷格早在19世纪末就主张整体论——整体决定原子,词语的意义(言语意义)只有在语句中才能确定。到了20世纪初,索绪尔才认为,语言系统的词义是受语言整体系统决定的。后来哈克、蒯因、戴维森、心理学格式塔(Gestalt)学派、哲学维也纳学派逐渐形成、发展了较有影响的整体论思潮。《简明牛津词典》(以下简称《牛津》)、《小罗贝尔法语词典》、奥热果夫的《俄语词典》和《现代汉语词典》(以下简称《现汉》,指修订本)等现代中型语文性辞书就是在这一思潮中产生的代表作。

现代语文性辞书编纂法中从前只是有以"相关条目"为代表的整体观念雏形,还远不成体系,亟待充实、推进、完善。辞书编纂的整体论有十分丰富的内容需要探讨。现代语言学、词汇学、语义学从宏观和微观两个方面促进了辞书编纂整体论的发展。

(一)辞书编纂的宏观整体论,除了哲学思潮之外主要来源是宏观语言学(macrolinguistics),其中诸多社会因素直接影响许多种类词的释义。无论以教人理解语言为己任的描写性辞书(本世纪初兴起,如韦氏三版),还是以教人使用语言为己任的规范性辞书(形成于18世纪中期,如《法兰西学院词典》),以及居于二者之间的辞书(形成于本世纪初),都必须把科学、民族社会、历史、文化、政治、思想作为自己的宏观整体背景。

受这个宏观整体背景制约,已经没有纯粹的语文性辞书,只有语文性突出的辞书。现代语文性辞书向百科性靠拢,增加科学因子,显出一定的兼容性,已成为一种趋势。但是靠拢的步子大小,实在令编者举步维艰,令读者说三道四。《现汉》对"米"(公尺)的释义是:"长度单位。在国际单位制中,1米是光在真空中于1/299792458秒时间间隔内所经过的路程……"这是1983年巴黎第17届度量衡大会所决定的用物理学的一种基本常数界定"米"的长度。《现汉》向这一科学成果迈了一大步。而 1990 年版的《牛津》还维持传统的释义,或许其编者认为反映"米"的物理学界定应当是百科性辞书的任务。《现汉》释"三星"为"猎户座中央三颗明亮的星……"比《辞海》只释古籍中的"三星"更得体。

　　历史像一面巨大的镜子照着与之相关词条释义的原形以及扭曲的尺寸。《汉语大词典》(以下简称《汉大》)是语文性的历时大辞书,卷一 876 页给出"卒"的第 5 个义项是"古代指大夫死亡,后为死亡的通称"。可是,一些历史事实告诉我们:不是"古代",而是周代,到了唐代已定为"五品以上称卒"。更严格地说,也不是整个周代,而是周代礼制之一,因为同是《礼记·曲礼下》的礼制另定:"寿考曰卒,短折曰不禄。"其实《礼记》常记礼制的理想,实际则不尽然。正如《史通》所说:"案夫子修《春秋》,实用斯义。而诸国皆卒,鲁独称薨者,此略外别内之旨也。马迁《史记》西伯已下,与诸列国王侯,凡有薨者,同加卒称,此岂略外别内邪？何贬薨而书卒也？"

　　(二) 宏观整体论略提两笔之后,就来讨论本文的中心——微观整体论,而且在讨论中时刻不能忘记微观语言学(microlinguistics)和语义学给它注入的诸多营养。

　　阿普列祥(1986)提出辞书编纂中对语言进行整体描写的原则,是属于微观整体论范畴的。他的原则包括 6 个总则:能指(词形、语音等),形态,语义,语用,交际特性,句法。每个总则又包括一些细则、细目。如"语义"之下又有 10 个细则、10 个细目。(倪波等,1995:267)但是,他的总则和细则,大多数讨论的是一个词位或一个义位内部的多种信息整体。这是辞书微观整体论的一个侧面,我们要讨论的是另一些侧面,从这些侧面才能纵览微观整体论的全貌。

　　1. 语义场的整体观是现代语义学影响下的语文辞书编纂的第一新思想。

　　一种语言是由千百个高层义场、中层义场、底层义场构成的语义整体网络。尽管语义场的切分至今还没有一个令人满意的结果,但是已有的类似成果是可以参考的:罗杰特的《英语词汇宝库》[①](译法多种)分出 8 大类,1000 小类;巴利在《法语修辞学》[②](一译"风格学")改进分类法,分出 10 大类,297 小类;梅家驹等的《同义词词林》[③]分出 12 大类,94 中类,1428 小类,3925 个词群;林杏光等的《简明汉语义类词典》[④]分出 18 大类,1730 小类。对于语文辞书的编者来说,最重要的不是高层义场和中层义场,而是底层义场,即上述的"小类"和"词群"。

　　(1) 只有掌握底层义场,才能从整体观了解场内缺少的义位(或词项)。如果对《现汉》来说,收词必须讲究选择的高度智慧和技巧,那么对于《汉大》来说,收词尤其需要突出语文性内容的广泛,语文性词条的齐全。如果按其部首及所属下的词目去检查它收词齐全与否,常常是瞎子摸象。如果按底层义场去检索,往往会发现它漏收了许多义位。如"银行"底层义场,只收了"银行、钱店、钱庄",漏收了"银馆、钞店、钞商、版克"等。敬谦中层义场的几个底层义场都漏收了许多义位:诸翁、尊方、尊台、贤婿、阃府、芳驾、芳鉴、芳教、芳影、芳踪、小孙、愚弟、敝上、拜晤、恭迎、鼎助、綮正、台启、勋鉴、鉴纳、枉临、承问、承询、承惠、奉陈、拜陈、呈上、呈准、谨领、领悉、敬复、敬念、惠示、菲礼、殡天、借聆……

(2) 只有掌握底层义场,才能从整体观了解场内义位的价值。索绪尔(1916)多次谈到价值,特别是分析出了构成价值的两个因素:一是表示观念、有意义;一是跟"表达相邻近的观念的词"相对立,"任何要素的价值都是由围绕着它的要素决定的"。(1980:161—162)如果用其后 1924 年出现的新概念——语义场——表示他的卓识,就会简而赅:价值首先并主要表现为语义场中义位(或词位)之间的对立和差异。而语文辞书的中心任务就是反映、描写这些价值,提取现代语义学所说的区别性语义特征。义位包括由义场内外一系列因素决定的许多语义特征。而辞书,即使是详解辞书的释义也不能作穷尽式的描写。提取什么?这就显露出编者的见识、学识和智慧,显示出辞书的高低优劣。

【桌子】家具,上有平面,下有支柱,在上面放东西或做事情。(《现汉》)

一种家具,上面是平的,有一个或几个腿,用来吃喝、写作、工作或游戏等。(《牛津》)

在高支柱或腿上有宽而水平板子的一种家具。(奥热果夫《俄语词典》)

跟"床、凳子"同一底场的义位比较,《俄语词典》没有释出"桌子"的核心义素——功用这一区别性语义特征。这是释义的缺欠。但是其后用例语作了弥补:饭桌,写字桌,圆桌……

【球】指某些体育用品。(《现汉》)

【球】泛指某些圆球形的体育用品。(《汉大》)

跟"铁饼、哑铃"等同一底场的义位比较,《现汉》没有释出"球"的个性义素,比《汉大》稍显逊色。

(3) 只有掌握底层义场,才能从整体观统一场内各义位的释语模式。而词典的编写,一般是按音序或形序(如部首)分工的,即使到后期制作阶段统一处理相关条目,也照顾不到所有的场及其包含的义位。因此,从底层义场整体观视角重新审视现代语文性辞书的代表作的释语模式,常有不统一的缺憾。家具义场是被各国语义学家经常分析的底场,几近经典的范例,且看《现汉》对其中的 3 个义位给出的释语:

【椅子】有靠背的坐具，主要用木头、竹子、藤子等制成。
　　　S_1　　　CS_1　　　　　　　　S_2
【凳子】有腿没有靠背的、供人坐的家具。
　　　S_3　　S_4　　　　　　CS_2
【沙发】装有弹簧或厚泡沫塑料等的坐具，两边一般有扶手。
　　　　　　S_5　　　　　　　CS_3　　　S_6

从比较中可以看出 S_6 是"沙发"独有的语义特征，跟统一模式无关。此外，释语的模式有 3 点不统一：

第一，上坐标义位 CS_1 和 CS_3 是"坐具"，CS_2 是"供人坐的家具"，应统一为"坐具"。

第二，区别性语义特征之一，"椅子"和"凳子"给出 S_1 和 S_4，语义学记作［±靠背］。那么"沙发"有没有靠背呢？应该有。

第三，区别性语义特征之二，"椅子"给出 S_2，"沙发"给出 S_5，这是"质料"特征。而"凳子"没有给出这一特征。事实上，这一特征对 3 个义位有性质的分别：对于"沙发"是主要的、中心义素；对于"椅子""凳子"是次要的、边缘义素，给不给出无关紧要，以不给出为宜。

第四，区别性语义特征之三，"凳子"给出 S_3——有腿，"椅子""沙发"也应给出这一特征。是不是因为有上坐标义位"坐具"，就不必说"有腿"呢？不是。因为"坐具"不都有腿，如"鞍子"等。

从底层义场释语模式审视，《汉大》的缺憾更多，如"现在、未来、过去""上款、下款""立春、雨水、惊蛰……"(二十四节气)、"角、亢、氐、房、心、尾、箕……"(二十八宿)等等义场释语模式都不统一。不再赘述。这是不可避免的。因为《汉大》起初是数千人大兵团作战，后来虽然收缩到 400 多学者，但是 30 多个编写组分散在华东地区五省一市的 30 多个地点，编写人员及主要审稿人训练有素者较少，通晓词典学和语义学的人更少。

2. 等值语义链的整体观。

辞书中的等值语义链有显性的和隐性的。

(1) 显性语义链指左项条目和右项释语是一个等式。列公式如下：

$$G=V+F \quad V=B+C$$

G 是词位或义位。右项常是一个义素配列式，把它分解开，有两个子项：V 是义值（相当于而不等于"概念义"），F 是义域（相当于而不等于"外延"）。把 V 再分解开，又有两个次子项：B 是基义（相当于而不等于"理性义"），C 是陪义（相当于而不等于

"感情义")。右项两个层次的子项 V、F 及 B、C 之和必须跟左项等值。《现汉》绝大多数右项两层子项都跟左项等值。极少数似乎也有待商量。先看右项的义值：

【家父】谦辞，对人称自己的父亲。
【情绪】人从事某种活动时产生的兴奋的心理状态。

"家父"右项次子项陪义"谦辞"跟左项相当。可是基义大于左项，因为"称"可以是面称，也可以是引称（叙称或背称）。依据实际用例，"家父"不用于面称，而用于引称，因此，这里的"称"应改为"称述"。《汉大》用的是"称说"，也较准确；可惜，这个词条的编者是不自觉的，对其余的"家～"谦辞引称的释语欠妥，至于"家～"之外的谦敬引称，更是莫守一式，这是出于众人之手的必然结果。《现汉》对"家父"的释义，就理解词语而言是通得过的，但是就指导运用词语而言有点偏差。

"情绪"右项小于左项，因为"兴奋"仅仅是情绪的一种。像"失败情绪、悲观情绪、忧郁情绪、情绪低落"不宜归属"兴奋"。此外还有"反抗/不满/对立/抵触/急躁/高涨/乐观/激昂/爱国/革命/战斗/不安/偏激……＋情绪"，是否概括为"一种情感状态"，它是由爱憎、惊惧、欲望、喜悦、厌恶、怜悯等引起的，多是不稳定的。

再看右项的义域。如果说义值是义域的质义素，那么义域是义位的量义素。"量可以分为大小或多少两大类"。（亚里士多德）义域的量不仅表现为义位这个集所含元的大小或多少，即意义范围，还表现为使用范围。《现汉》使用多种方式方法准确地给出了跟义位等值的义域，偶尔也有千虑一失者：

【年龄】人或动植物已经生存的年数。
【家属】家庭内户主本人以外的成员，也指职工本人以外的家庭成员。

实际上，"年龄"的义域不限于"人、动植物"，还可以用于有演化过程的某些物体：天体的年龄、地球的年龄、同位素的年龄、北京的年龄。而同一义场的"年纪"，义域没有那么大。"家属"的义域不限于"户主"和"职工"的，还可以是"军人""烈士""被害人""罪犯"等的家庭成员。

显性等值语义链的"值"不仅包括词汇意义的义值，而且包括语法意义的义值。而这种值是语文性（区别于百科性）辞书给定的词的特有属性之一。因此，显性等值语义链也要求左右项语法意义相等。

【老奸巨猾】指阅历很深，老于世故，而手段又极其奸诈狡猾者。（《汉大》）

左项是形容词性短语，右项是名词性短语，左右词性不等值。《现汉》该条的右项是"形容十分奸诈狡猾"，左右项词性等值。

【固执】坚持己见,不肯改变。(《现汉》)

左项是形容词,右项是动词性短语,左右词性不等值。右项之前应该加上"形容"二字。"固执"偶有动词用法,可以用例语提示该用法。

由以上各节可见,义位的义值(基义和陪义)和义域包含着多种因素,仅仅认为"词典是处理内涵意义的领域"是不符合整体观的。

(2)隐性等值语义链,列公式如下,并代入实例:

① a=b[医治]治疗。
② b=c[治疗]用药物、手术等消除疾病。
③ c=a[医治]用药物、手术等消除疾病。

①②是两个等值的左右项,③表示①的左项等于②的右项。这个等值的语义链,有很强的隐性:第一,左项的 a、b、c 在汉语辞书中不在一个词头下,甚至不在一个字母或部首中;第二,右项的 b、c、a 又常常不是一个词,而是一个短语,短语中包含一个跟左项等值的关键词 x 或 y;第三,编者或读者又不注意到相隔较远的地方去核对 a、c 是否等值。因此 a、c 难免出现不等式:

【壮士】豪壮而勇敢的人。(《现汉》)
【豪壮】雄壮。(《现汉》)

用"雄壮"置换"豪壮……",结果是:

壮士=雄壮而勇敢的人。

这是一个不等式,即语义链不等值。

【红】像鲜血或石榴花的颜色。(《现汉》)
【石榴】……花红色、白色或黄色。(《现汉》)

奥热果夫《俄语词典》说"红"是"血的颜色",《牛津》说"红"是"从血到桃色或深橘色渐变的颜色"。用具体物的颜色去解释一般颜色,内中已经有一点不等值,而这里用"石榴花的红色、白色或黄色"去置换"……石榴花的颜色",结果是一个更大的不等式,更大的不等值的语义链:

"红"像……石榴花的红色、白色或黄色。

为了防止出现不等式,《牛津》在以物色释"红"之前加了一句可见光谱的知识来限定。

3. 组合整体观。

这是现代哲学和语义学赋予辞书学的突破性的观点。它是对传统辞书学原子观的突破,也是对传统训诂学诠释语段词、随文生义的突破。它是在整体观指导下阐释语言系统中的义位及其语境意义,是纵向聚合和横向组合新思想的兼容,为辞书开辟了新天地,展现了新面貌。

(1) 组合的整体观,反映的重要方式是在释语中使用夹注号概括组合对象。这是新时代辞书的特征之一。

【霏霏】〈书〉(雨、雪)纷飞:(烟、云等)很盛……《现汉》

"霏霏"最早见于《诗经·小雅·采薇》:"今我来思,雨雪霏霏。"毛传:"霏霏,甚也。"⑤《广雅·释训》"雪也"。毛传和《广雅》属于原子观,而《广雅》又有偏误。到了王念孙《疏证》才萌发了整体观:"雪盛貌也。"⑥但是对组合概括还不够。《现汉》则进一步概括为"雨雪、烟云等"。《汉大》先概括为"雨雪盛貌",然后说"泛指浓密盛多",并用多个书证提示可组合者:云、木屑、杀气、古树等。当然,《汉大》还有许多条目的释义走了回头路,沿用了传统训诂学的旧模式:"勃勃❶兴盛貌"。实际上,并不是泛指兴盛貌,而是指精神、欲望等。

【豁免】免除(捐税、劳役等)。(《现汉》)

修订本之前的版本夹注为"捐税或劳役",概括的组合范围过窄。因为《维也纳外交关系公约》规定,豁免的内容有:刑事管辖、民事管辖、行政管辖、关税和其他直接捐税、作证等。修订本把原夹注中的"或"改为顿号,"劳役"后加个"等",这是符合实际的。

(2) 组合的整体观,反映的常见方式是用例语或书证提示组合对象。

【白净】白而洁净:皮肤~。(《现汉》)

【英俊】容貌俊秀又有精神:~少年。(《现汉》)

"白净"条,修订本之前是"(皮肤)白而洁净",修订本去掉夹注,并将夹注的"皮肤"改为组合例语,这是符合语言实际的。因为"白净"既常形容"皮肤",又不限于"皮肤",老舍《骆驼祥子》里就用来形容"大白石桥"。"英俊"条,修订本之前只有释语,没有例语,修订本加上"~少年"例语,十分重要。但是,还不够,应该再补两个例语:~小伙子,~青年。借以提示"英俊"多用于青少年男子。

莱昂斯的名言是:"观其伴知其义。"也可以反其言而用之:知其义,观其伴。但是,伴毕竟是伴,不能反伴为主。否则,就会重蹈传统训诂学随文生义的旧规,就会又染乌沙阔夫词典等一些俄语详解词典时常诠释语段词的老病。

(三)辞书元语言整体观。

辞书中解释词条的语言,是元语言之一。这种元语言的整体观包括元语言的整体简化,即只使用民族共同语的有限的常用词。《朗曼当代英语词典》②用 2000 个常用词解释 56000 个词条,威斯特和因迪科特的教学词典(第 4 版)用 1490 个词解释 24000 个词条,法国古根海姆两卷本词典元语言包括 1374 个"成分词汇"和 55 个"下定义词"。(阿普列祥,1967:11)"下定义词"大约指的就是属词。辞书应该设计"属词框架",就是给下定义用的上位词或上坐标词定量。我们《现汉》的元语言还没有从整体上予以控制。如解释"正、恰恰、可恰、正巧、赶巧、刚巧、碰巧、偏巧、恰巧、凑巧、正好、刚好、恰好、可好"等 14 个词,从被释词任取 8 个词作为同义词对释,即其元语言有 8 个同义词,应该简化为 1 个。

《现汉》元语言的字、词、句,注意了总体统一规范。例如:

【辈出】(人才)一批一批地连续出现。

《现汉》前几版"辈出"条夹注用的是"人材",修订本改为"人才",因为"人才"是正体、主条。

【房子】有墙、顶、门、窗,供人居住或做其他用途的建筑物。

《汉大》这条释义照抄《现汉》,其中只是把"做"改成"作",这一改动是不合适的。因为"做"有"用做"义,而"作"无此义。当然《现汉》也有些疏漏:

【一孔之见】……(多用作谦词)

【厕身】……(多用作谦词)

【试想】婉词……

"用作"按通例,应改为"用做"。"谦词""婉词",按通例应改为"谦辞""婉辞"。《现汉》中"谦辞"是唯一的词位,"婉辞"是正体、是主条。

【纱帽】古代文官戴的一种帽子,后用做官职的代称。

【乌纱帽】纱帽。比喻官职……

《现汉》释前一条为"代称",释后一条为"比喻",自乱体例。"代称"是对的,"比喻"是错的。类似的还有"桑梓""比喻故乡"应为"借指故乡"。"半""比喻很少","百""千""比喻很多","万""形容很多",释语中的"比喻"不如"形容","形容"不如陈望道(1979:88)的"借指"("以定数代不定数"),也不如宽泛地释为"表示"。

《现汉》的"下台""雅观""识羞""压根儿""声息",前三个词夹注"多用于不定式",后两个词夹注"多用于否定句""多用于否定"。应统一为"多用于否定式"。

不独是我们,就连维特根斯坦这样大的哲学家也是"通过几乎貌似琐碎的细节所考察的恰恰是高度形式化的规范问题"。(徐友渔等,1996:289)规范,就是在形形色色的表达层面,在语言历史演变至今的现状,为语言共同体寻求共同信守的、守恒的用法规则。

《牛津》是几代数十个学者上百年的劳动成果,已作过8次修订。我们的《现汉》只是两代数十个学者只经过40年就占领了辞书界的一个高峰,当然攀登的路更长、更高。

附注:

① P. M. Reget, *Thesaurus of English words and Phrases*, London, 1852.
② C. Bally, *Traite de Stylistigue fransaise*, Paris, 1909.
③ 梅家驹等:《同义词词林》,上海辞书出版社,1983。
④ 林杏光等,《简明汉语义类词典》,商务印书馆,1987。
⑤ 《十三经注疏》,中华书局,1980,414页。
⑥ 王念孙,《广雅疏证》,商务印书馆,1936,669页。
⑦ *Longman Dictionary of Contemporary English*, 1978, Longman.

参考文献:

[1] Ю. Д. Апресян, *Экспериментальвное исследование семантики русского глагла*. Наука, Москва, 1967. /阿普列祥:《俄语动词语义实验研究》,莫斯科科学出版社,1967。
[2] —— *Ннтеогральное описание языка и толковый словарь. Вопросы языкознания*, 1986 No. 2. /《语言的整体描写和详解辞典》,见《语言学问题》1986年第2期。
[3] 陈望道:《修辞学发凡》,上海教育出版社,1979。
[4] 罗竹风主编:《汉语大词典》(1—12卷),汉语大词典出版社,1986—1993。
[5] 倪波、顾柏林:《俄语语义学》,上海外语教育出版社,1995。
[6] С. И. Ожегов, *Словарь Русского Языка*, Москва, 1963。
[7] 石肆壬:《词典学论文选译》,商务印书馆,1981。
[8] 索绪尔:《普通语言学教程》,巴黎版/商务印书馆中译本,1916/1980。
[9] *The Concise Oxford Dictionary of Current English*, Oxford, 1990。
[10] 涂纪亮:《现代西方语言哲学比较研究》,中国社会科学出版社,1996。
[11] 徐友渔等:《语言与哲学》,生活·读书·新知三联书店,1996。
[12] 中国社会科学院语言研究所词典编辑室:《现代汉语词典》,商务印书馆,1996。

(原载《中国语文》1999年第4期)

语文辞书元语言的规则

一、元语言

1. metalanguage,辜正坤先生认为应该译为"解释语言"或"工具语言"。这是合于理据的。但是,哲学界、语言学界、数理逻辑学界、信息处理科学界等通常都译为"元语言"。

元语言有广狭二义:广义的指一切具有解释性的语言或工具性的语言。狭义的指描写记录目标语言(object language)或自然语言的语义特征的人工创造的、抽象的、高层次的形式语言、符号语言、纯理语言或语义标示语,它是对已知或现存符号系统进行阐释的符号系统。在语言学中应用的,称为语言学元语言(linguistic metalanguage)。它是以叶尔姆斯列夫(L. Hjelmslev)的研究为先导的。到1956年首倡用形式语言研究自然语言。五年后卡茨(J. Katz)等人便设计出了形式语言的雏形。

2. 本文用的是广义的元语言。其中的一种便是辞书用来解释词目的语言。"所有描写都具有元语言性质"。[①]元语言"就是一种用来描写语言的语言。现在哲学语义学家已普遍承认自然语言有其元语言:这种语言不止可用来描写其他语言(以及一般意义上的语言),而且可用来描写其自身。一种语言可描写其自身的特性叫自反性"(reflexivity)。[②]

二、语文辞书元语言的现状

几部有名的语文辞书的元语言现状是:自觉控制,数量趋简。

《朗文当代英汉双解词典》(1988,朗文出版集团)收词5.5万条,其释语及例句中的工具性词总数限于2182个常用词。

《朗曼当代英语词典》收词5.6万条,其工具性词只有近2000个常用词。

威斯特和因迪科特的《教学词典》(第 4 版),收词 2.4 万条,其中工具性词只有常用词 1490 个。

法国古根海姆词典(两卷本),其工具性词只包括常用词 1374 个,称为"成分词汇"。而用于下定义的词只有 55 个。③

罗斯·吉琏(Ross Quillian)为语义描写而设计的元素的总数是 100 多个,马斯特曼(Margaret Masterman)设计国际语(interlingua)把语义分类元素定为 100 个。这两个数字的设计者过分求简,带有很大的设想性,并非从实际中提取的。④

以上只是简介了几部辞书元语言的工具性成分的数字。多数辞书的元语言还处于自然状态。本文更关注的是元语言的规则。

三、辞书元语言的规则

1. 同质规则。一个学科或一个专题的研究对象及手段都应该具有同质性,这是首要(不是唯一)原则。所谓"同质",是指具有共同性质或共同特征,都是属于整体结构系统中的。异质则不属于同一系统。

辞书的元语言,按性质划分,有古代性质和现代性质之别,百科性质和语文性质之别,外语性质和本族语性质之别,共同语性质和方言性质之别。《现代汉语词典》的元语言是现代的、语文的、本族语的、共同语的。一部辞书的文本描写部分从头至尾都应该处在同质的语义层中,必须保持内在的质的一致性。释语应该是同质义位的组合。组合和聚合结构是同质成分的相互映射。我们必须从同质视角认识、衡量一部辞书右侧元语言的系统同质性。

在以今释古、以普释方的情况下,左右侧必然异质,不可强求时空陪义的同质,而要保持基义的同质。古义位和今元语言在陪义和基义上不能反差太大,应该注意协调性。例如"尚书"不能释为"部长","皇后"不能释为"皇帝的爱人"。

2. 科学规则。首先得区别开科学学科的元语言和非科学学科的、普通的元语言。前者,是术语及其符号。后者,是自然语言中的民族共同语,如《现汉》的元语言。

以自然语言为形式的元语言,其科学性受制于一个个初始定义。这些起基础作用的"词典定义"是这种元语言科学性的先决条件。这些工具性词及其释义就是元语言的元语言。这些词大多属于基本词汇范畴。因此对这些元语言基本成分的初始定义,必须力争达到准确的科学义值。如用"颜色"去解释"色、色彩(以上为同义对释)、红、红色、绿、黄、粉红、火红"等等(以上为"个性语义特征+颜色")。"颜色"这个元语言的基础成分在《现汉》里被数百次地当作科学基石。

《汉语大词典》有些地方则不恪遵这种科学规则。它说"颜色"是"色彩",而"色彩"是"物体表面的颜色","红"是"颜色的名称……泛指各种红色"。当然《现汉》也偶尔径用工具性词而对它不加界定。如"基本""基本上"都释为"大体上",而"大体上"未作为词目收入。这是违背元语言的严控(regiment)要求的。在这个要求下,就连对日常词汇"语言"(language)"句子"(sentence)"词"(word)"意义"(meaning)"含意"(sense)等都必须进行限制或改变其用法,定义或重新定义。这跟物理学把"力"或"能"重新定义一样。⑤

3. 等值规则。被释的词位或义位跟元语言的义素群在语义、语法、语用等层面是等值的。

语义等值包括义值、义域、基义、陪义等语义要素相等。语法等值包括语法范畴义(如词性)、语法结构义、语法功能义等语法意义要素的等值。语用等值包括组合意义、语境意义等动态意义的等值。

这些等值内容又分显性的和隐性的,《中国语文》1999 年第 4 期已讨论过,不再赘述。这里要强调的是恪守等值规则的一个要领:

淡化对符号所指实体或客体的描述,强化符号在语义世界中环境义素总价值的认识和语义特征的提取。

所谓"淡化"就是在语文辞书中尽量少给出物的属性因子。如对汉语的"水"、英语 water、俄语 вода 三个符号的所指物,《现汉》给出 7 个因子,《牛津》给出 3 个因子,《俄语词典》(奥热果夫,1963)给出 2 个因子。

所谓"强化"是指对符号在语义世界中的语义特征应该提取足够的量。《现汉》对"金子"一词只给出一个义项:所指物——黄金。《牛津》的 gold,除给出黄金这一义项之外,还提取名词性的 6 个语义特征群(义项):①金色;②金币,金制品,巨大金额的钱;③珍贵的、美好的或光辉的事情;④金质奖章;⑤金子的表面涂层,金子颜料,镀金材料;⑥靶心。还提取形容词性的 2 个语义特征群(义项):①全部或主要用金子做的;②像金子颜色的。是不是现代汉语的"金子"只有黄金一个义项呢?不是。而是因为编者淡化了符号的语义特征,强化了符号所指物。在现代汉语里"金子"一词至少还应该有下列 4 个语义特征群(义项):①钱,大价钱;②珍贵,宝贵;③金色,金黄色;④纯正的,纯真的。这些义项在数亿字的语料库里都有数十乃至成百个用例。

4. 整体规则。不能管中窥词,而必须用广角镜观察语义世界整体中的词。因为任何一个信息元都是整体信息网中的一元。词的释义元语言，必须以该词所在的语言整体为大背景。跟大整体不相合者，必须不断地及时地改正。如《现汉》新版把"榜样""浏览"的义域都由窄改宽了。

词的释义元语言，必须以该词所在的语义场整体为小背景。应该同场同模式，就是同一语义场的若干个词的释语模式应该相同。有些辞书有时不遵守这一规则。如《汉语大词典》对"现在、未来、将来"的释义。

5．组合规则。其中包括衔接的逻辑规则、语义规则、语法规则、语用规则。在元语言中有若干义位共享一个语境，从这个视角来认识，又有一个兼容规则隐含其中，若干义位可以组合，就是一个语境可以兼容各义位。

逻辑规则，要求组合具有同现实的同构性，客体世界和逻辑的可能性，可接受性（acceptability）。一般不能违背逻辑的判断、推理规则。但容许合乎语用习惯的非逻辑表达式的存在。如："[除外]……；图书馆天天开放，星期一～。"（《现汉》）

这种非逻辑表达式，在汉语修辞里叫"舛互"或"特选"。其作用是在"全"与"特"、"总"与"分"矛盾中强调一方或双方。这是从古至今屡见不鲜的语言现象。古代有杜甫《石壕吏》的"室中更无人，唯有乳下孙"，现代有杨朔《三千里江山》的"你这个人什么都好，就是嘴快"。著名哲学家 E. Husserl 和 R. Carnap 都肯定了语言中的非逻辑现象。

语义规则，包括选择规则和序列规则。其中主要是语义的协调性。这里又有许多细则。例如同素规则、语体同一规则，分别要求选择到一个组合中的各义位的语义特征或语体陪义应该具有共性。例如："[天空]日月星辰罗列的广大的空间。"（《现汉》）"[不毛之地]不长庄稼的地方……"（《现汉》）前一个例子的"日月星辰""罗列""广大""空间"都具有共同的义素"空间"，它是把各义位组合在一起的中心链条。后一个例子的"不毛之地"是自然语言的组合体，"不长庄稼的地方"是辞书元语言的组合体，两个组合体都分别遵守语体同一规则：文言义位和文言义位组合，口语义位和口语义位组合。

6．简化规则。主要从三个方面贯彻。

第一，尽量控制元语言词语总数，并简化到最低数量。以 1500 个左右为宜。一个基义相同的同义词场的若干词，宜用一个工具词，不应用两三个。

第二，一个词目后的元语言尽量简化。元语言的作用是解码，但是不可能也不要求把被释词的所有信息码一一列出，只是应该选择表示主要语义特征的信息码，即突出区别特征，悬置次要的语义特征。如"人"，从外部到内部，从柏拉图到现代哲人，给出人的特征至少有 10 多个。作为百科性辞书《辞海》(1999 年版)，从其中选择了 6 个特征。作为大型历史语文性工具书《汉语大词典》,从其中选择了 3 个特征:劳动、语言、思维。作为中型的断代的语文性辞书《现汉》,从中选择了 1 个特征:能制造工具并使用工具进行劳动的高等动物。这就是突现了最主要的区别性特征。对"水"的释义,《现汉》从试用本(1973 年)到 2002 年本减少了三个语义特征。

第三,尽量减少一个词目后的元语言的冗余成分。元语言所容许的冗余成分是有限的。元语言必须尽可能实现经济原则,以最少的词语,最简明地表述较多较密集的释义信息。也就是把元语言简化为最小量的义素群。如《现汉》把"过门"释为"女子出嫁到男家",应该简化为"出嫁"。

7. 明言规则。简化规则要求元语言尽量简化,而明言规则却要求元语言适量丰化。

一个事物的特征常常是很多的,或者说它有"无穷的细节"。[6]命名时常舍弃一些特征,语义学上叫命名空位义素。这些义素又有主次之分。释义时一个任务就是要把舍弃的、空位的、隐性的主要语义特征变为显性的语义特征。Greimas(格雷马斯)把这个叫作"明言模型"。

谈到舍弃一些特征,吕叔湘先生以"苹果、布鞋、谢幕"为例。"谢幕"选取了两个特征命名,《现汉》在释义时又补上了五六个语义特征:"演出闭幕后观众鼓掌时,演员站在台前向观众敬礼,答谢观众的盛意。"

按照"简化原则",似乎应将上引释文简化为"(演出)闭幕后(演员)答谢(观众的盛意)"。但是这样的释文有点残缺不全。宁全不残,只好求助于"明言规则"。

8. 单义规则。就是无歧义规则。元语言成分必须以术语为榜样,尽量单义化,尽量选择单义词,尽量少用多义词,不用有歧义的结构。这样的元语言,表面上是属于自然语言的,实际上则很像代数符号的元语言。下列释语不太符合单义规则:"[家父]对人称其父。"(《汉语词典》)"谦辞,对人称自己的父亲。"(《现汉》)"家父"条下所用的"称"是有歧义的,是面称,还是背称(引称),容易产生误解误用。不如把"称"改为"称述"。

9. 规范规则。语文性辞书是语言规范的榜样。因此,语文性辞书的元语言必须在词语、体例、语音、语义、语法、语用各方面都起到规范的示范作用。

《现汉》从试用本到各修订本,释"新闻"条时原用"报导",后改为"报道"。这是用标准词、常用词。"报道"和"报导"的使用频率为 10000:0.5。又如"[锋镝]〈书〉刀刃和箭头,泛指兵器,也比喻战争。"(《现汉》)这里的"比喻"应改为"借指"。

10. 程序规则。

程序Ⅰ。把整个语义世界切分出若干个或成千上万个语义微观世界,即最小的或底层义场。拿这个背景做参数,去描写其中的一个义位的义值、义域、基义、陪义个性价值。否则便不会凸显一个义位的个性价值。

程序Ⅱ。给被描写的一个个义位设置一个描写框架——义位分解的链条公式:义位=义值+义域;义值=基义+陪义。

程序Ⅲ。搜集一个语义底场中几个词位或义位的成百上千个典型用例,归纳并提取其语义特征。分别代入上列公式,并进行比较。确认共性义素,突现个性义素。

程序Ⅳ。从常量到变量。上列程序中所描写的是义位的核心义素,即语义特征的常量、常体或不变量。格雷马斯把它记作 Ns[7](N=noyau[核心],s=seme[义素])。

义位语义特征不仅有常量,而且还有变量或变体,即边缘义素或语境义素。格雷马斯把它叫作定位义素,并记作 Cs(C=contexte[语境])。这样,一个义位的"整体意义"便等于 $Ns+Cs$。

哪些 Cs 要选进元语言?这是有标准的,标准就是常见的用法以及介于用法和义位之间的意味(оттенки значения)。《现汉》释文中菱形符号前面是常量(即核心义素)。菱形符号后面是变量,即语境义素。《汉语大词典》常在一个义项内,先释义位的核心,即常量义素,再补释义位外围的常见的变量义素,即"意味",常用"亦指""亦特指""亦泛指""亦用为"表示。这是义位"整体意义"中不可缺少的。

11. 原型规则。传统的词典学实践,几乎完全是受亚里士多德学派的范畴定义古典理论影响的。新的语文辞书释义应该转向原型论(prototype theory)。这个理论是指人们在心理认知过程中往往是由一个典型的人或事物来认知一类人或事物以及由此形成的概念。在语义学上,原型就是词语义域的典型或中心成员。它的周围有次中心成员,边缘成员。由中心成员形成一个"辐射集"家族。被提取的中心成员的语义特征,便是这个家族的族征。族征构成了家族成员的相似性。从中心到边缘成员,族征渐次减少,形成梯度。有些边缘外的"近亲"或"外戚",在学科分类上和语义划界上常不一致。如"鸡、鸭"等,动物学说它们是鸟类,可是汉语语义把它们排在鸟类之外,如"鸟巢、鸟害、鸟笼、鸟瞰、鸟兽、鸟葬、鸟语花香、小鸟依人、笨鸟先飞"等词语中的鸟不包括鸡鸭。因此,《现汉》对"鸟"的释义元语言应该向语文性靠拢一点。

莱昂斯(J. Lyons)认为,语义原型论应该特别注意运用到下列各类词:自然类的词语(鱼、柠檬),文化类词语(学士),动词,形容词,颜色词等。[8]

按照乔姆斯基的观点,语言能力之中包括词汇,词义贮存在大脑的一个区域,而百科术语贮存在大脑的另一些区域。对词义的解释不能仅仅盯住指称义,即它和物的关系,还要特别注重关系义,即它和相关义位之间的关系。⑨

12. 大词库规则。这里说的"词库"是指储存词的语音、语义、语法、语用等各种信息的、以词为检索线索的语料库。

这里说的"大",是强调语料库的规模巨大、特大。几百万字、几千万字不行,必须有几亿字,十几亿字,几十亿字。仅仅是量特大特多也不行,还必须质的标准高,一是语料的同质性,包括共时(古或今)同质,系统同质(普、方、口、书)等,二是文体的多样性、典范性,库中必须包括文学、政治、法律、科技等语体语料。

这里所以把词库作为一个规则,是针对着有些语文辞书的编者在用元语言下断语时,只凭自己或有限群体的有限语感,不管大小词库一概不用,连现成的搭配词典都不看。这些巧妇能为无米之炊,能为少米之炊。可是编语文辞书,主要靠的不是巧,不是才学识,而是千万种足够的米。时代已经由"例不十,法不立",进入到"例不百,例不千,法不立"。在超巨型的词库面前,连有大量米粮的《现汉》《汉语大词典》等较成熟的辞书都要重新受到严肃的检验,其中一些挑战是带有颠覆性的,主要是在义域、陪义方面的一些说法。而《汉大》的始见书证和晚近书证更要补上成千上万个。

特大型词库,代表了语言的整体,具有一定的完整性。而"在整个 19 世纪——现今也常常如此——完整性原则是所有人类研究的必不可少的条件。"⑩叶尔姆斯列夫也把这一原则看作语言描写的必备条件。

四、结 语

语文辞书越是现代化,越离不开理论。其理论主要是现代语义学、现代词汇学、现代词典学。本文所讨论的辞书元语言,尽量吸收了这些学科的理论成果,但是仍属挂一漏万。

附注:

① ④ ⑦ ⑩　格雷马斯:《结构语义学,方法研究》,生活·读书·新知三联书店,1999。
② ⑤ ⑧ ⑨　J. Lyons. *Linguistic Semantics*: *An Introduction*. Cambridge: Cambridge Un. Press,1995.
③　Апресян Ю. Д. Экспериментальное исследование семантики русского глагола. Москва: Наука,1967.
⑥　吕叔湘:《语文常谈》,生活·读书·新知三联书店,1980。

参考文献：

［1］ 长召其、张志毅:《语文辞书的语义学原则》,见《中国辞书论集(1997)》,商务印书馆,1999。
［2］ H. W. Fowler and F. G. Fowler. *The Concise Oxford Dictionary of Current English*. Oxford: Oxford Un. Press, 1990.
［3］ Ожегов С И. *Словарь русского языка* . Москва:1963.
［4］ 张志毅、张庆云:《词汇语义学》,商务务印书馆,2001。

（原载《辞书研究》2004 年第 5 期）

语文辞书的历时原则

一、历时原则的代表作

历时原则是语文辞书必不可少的原则,只不过在不同类型的语文辞书中所占的地位不同而已。在足本的语文辞书中比在半足本(节本)和简明本(袖珍本)的语文辞书中,历时原则占有主要地位。贯彻历时原则的典范的语文辞书首推格林兄弟的《德语词典》(DW.JGWG,16卷,新版33卷,1852—1961),其次有《牛津英语词典》(OED,10卷,1928年;新版20卷,41.4万条)、《荷兰语大词典》(WNT,1864—20世纪末)、《现代俄罗斯标准语词典》(17卷,12万条,1950—1956)、《法语宝库》(16卷,90万条,1971—1991)、《日本国语大辞典》(20卷,50多万条,1972—1976)、《汉语大词典》(简称《大词典》,13卷,37万条,1986—1994)、《汉语大字典》(简称《大字典》,8卷,5.6万条,1986—1990)。

二、历时原则的内涵

历时原则的内涵就是反映一种语言全部词及其意义的起源、演变、消亡及现状。分开来说,至少包括 6 个方面:

1. 收词:足本收各个历史阶段的专名之外的全部词语。半足本和简明本语文辞书应当收一定量的古语词和各种方言词语。

2. 词形:始出形(年代),变体形(年代),通用形。以通用词形统领历史上依次出现的各种变体词形,尽录无遗。如"伏羲"10 余形,"逶迤"80 形。

3. 词音:古读(上古、中古、近古),今读,异读,某些叶音读法。

4. 构词:以某一语素为中心的构词词族史。《现代俄罗斯标准语词典》就是把同干词、派生词集于一条之内。以反映词族为限,词族的每个被释词条还得放在字母系列中。

5. 书证:在足量性(丰富得无与伦比)和典范性中突出历时性。

6. 释义:这是贯彻历时原则的主体工程,因此有必要分解为以下 8 项:

(1) 一个义位内部的历时体系描述:产生,词源,词类(义位与语法模式的统一),义位的变体即训诂义,语流义变,言语义或语境义(俄国人所说的"意味"以及特用)。体现足本性、词库性、义库性,还要记录义位的消亡(时间)和至今存活状况。

(2) 义位之间的历时体系描述:建立历时层次的释义系统(即义序),并以之再现历时词义结构系统,即历时性的多义义场。借以反映词义演变的复杂性、规律性。

(3) 义项及其相关意义单位必须齐全,其中包括各种语素义、各义位及其变体、义丛,偶尔也得提示句义。意义单位尽可能翔实细密。

(4) 陪义或修辞意义的历时注释。

(5) 语法意义的历时注释。

(6) 方言和语域的历时注释。

(7) "将语音词或概念词联系在一起并揭示其发展历史"[①]。

(8) 历时原则与共时原则的结合,其倾向是在历时原则下的共时原则,亦即动态共时原则,以便贯彻动态规范原则。

从以上 8 项中再取"词义的历时描述"来专门讨论一番。

三、词义的历时描述

1. 大型语文辞书应尽可能地给出词源。中国的词源理论和词源辞书离欧美有一段距离。曾在美国伯克利加州大学东方语系任过教授的薛爱华(Edward H. Schafer,1913—1991)曾说:"任何汉语词典……它们不像所有优秀的西方词典那样提供词源信息。因此,不适合学者使用。"[②]可见,大型语文辞书应当尽可能地反映词源科研成果,这样有助于掌握词的历史及意义。《大词典》的释义应向历时原则推进,给出更多的词源。可是,实际上并不令人满意,《大词典》连《现代汉语词典》已给出的 600 多个词源也大多未吸收。此外,应当给出而未给出的词源更多,如"拔河""试金石"等。《大词典》"试金石"条所见书证《天工开物》(1637 年)比始出书证《格古要论》(曹昭,1387)晚了两个半世纪。《大词典》一类的语文辞书应当尽可能广泛地给出本族词、外来词、术语词、方言词、新词等不同类别词的词源,注明这些词的始出书证,始出时期甚至年代,由来的语种、方言,词形和词音的演变,命名的理据。词源义和语词义不一致的时候应当予以注明。

2. 死词死义不死,应更新一些本义或转义的释义。随着词义研究的推进及古文物、新资料的发现,对一些词的本义有了新的认识,辞书应该不断吐故纳新。

"为",《中文大辞典》释作"母猴也,沐猴也",引李时珍曰"猴好拭面如沐,故谓之沐"。《大字典》引罗振玉《增订殷虚书契考释》:"从爪从象,绝不见母猴之状,卜辞作手牵象形……意古者役象以助劳。"《大词典》未释字的本义,径直以"做,干"为词的本义,《大字典》以"制,做"为词的本义。若跟字的本义相衔接,不妨把去声的"为"第①义项,"帮助"作为本义,《尚书》、《诗经》皆有书证。

"暂",《大字典》《大词典》以《说文》"不久也"定其本义为"短时间",《大字典》引《尚书》为证的句子("暂遇奸宄")是有不同理解的。"暂"的本义应是"突然",即《广雅·释诂》所说的"猝也",《说文》的用例为:"默,犬暂逐人也。"《左传·僖公三十三年》早就用过这个意义:"武夫力而拘诸原,妇人暂而免诸国。"从许慎时代开始才有"不久"的意义。

3. 多义义场的历时描述。多义义场具有多种属性,其中最突出的就是联想性,因此巴利称它为联想场。联想体现在各义位之间的共性义素上。依靠这个形成一个连续统的聚合体,并显示出一个个梯度。词典编者的难题,就是恰当地描述这些梯度联系。对多义场的二分观(分出本义和引申义,或本义和转义)不利于描述它的梯度;多分观(核心义、近核心义、外围义、边缘义)有利于描述它的梯度。因此,《牛津英语词典》给多义义场分出四个层次:第一层,义项群组,用Ⅰ、Ⅱ、Ⅲ标示;第二层,义项单序列,用1、2、3标示;第三层,义项内的小义项,用a、b、c标示;第四层,小义项中的小小义项,用(a)(b)(c)标示。这不单纯是形式或技术问题,而是多义义场语义结构的外在反映。这样的形式反映了多义义场词义结构体系。因为义项群组,适合反映词义演变的放射模型;义项单序列,适合反映词义演变的连锁模型。我们应当推进《牛津英语词典》的标项系统,把义项群组和义项单序列双项结合起来,这样才能反映词义演变的两种交叉模型。我们的《大字典》《大词典》只采用单序列,不便于再现词义演变的多种模型。

大型语文辞书必须遵循发生学历时顺序,它跟实用的共时顺序是相对的。

4. 尽可能地反映出义位演变的历时轨迹。这是大型语文辞书的语文性历时原则的重要表现。不能模糊或者合并历时轨迹,《大字典》给出"降"的第①义项是"投降;降服",这一个义项中混杂了有历时演变过程的一先一后的两个义项。大型语文辞书应当分项描述其轨迹。《大词典》对"脸"只释为"面颊;面部",也未反映出两个历时层面的扩大的历时轨迹。"脚",《大词典》释为"人与动物腿的下端,接触地面、支持身体和行走的部分",《大字典》释为"人和动物的行走器官"。"足",《大词典》释为"脚;腿",《大字典》释为"人体下肢的总称。又专指踝骨以下部分,今叫脚"。两部大型语文辞书都没有把"脚、足"的历时轨迹描述出来:自膝以下的肢体,缩小指踝骨以下部分。

5. 足本力求义项齐全,在历时链条中不应当有义项缺环。《大词典》的条目所缺义项较多,如:

渎——轻慢,不敬
读——上学(《大字典》)
大儿、小儿——杰出男儿
亲娘——大嫂、妇女称谓
昆山片玉——众美之一

当然,《大词典》所释义项也有独到丰满之处。如"念"的义项比《辞源》和《大字典》多给出"极短时间"的佛经用语义项,并引宋·洪迈《容斋三笔》和明·胡应麟《少室山房》为书证。"惠民",《中文大辞典》只释出两个专科义项(县名、河名),《大词典》还释出语词义项"施惠于民",并引《书经》《诗经》为证。

6. 描述义位变体的历时原则。描述义位变体,首先触及语用问题。语用规则,在20世纪逐渐向词典编纂法中渗透,到该世纪80年代成为词典学家自觉引入行为。《朗文当代英语词典》首先宣称,该词典给语用信息以正式席位。除了各种常见的用法说明之外,还得十分关注另一些语用问题,如废弃、旧用、少用、趋于少用、罕用、组合搭配的规范用法。这标志着辞书编纂法由单一的静态的描写向多层面动态描写转变。

作为语用的义位的语义变体,应当尽量记录。这是巨变之前的微变记录。"斗"的"量器"义有"大、小"两个语义变体,《大词典》分为"比喻事物微小","比喻事物之大"两个义项,且排在"量器"之后,这样处理比较合适。《大字典》把"比喻事物的微小,有时也比喻事物之大",合为一个义项,且远离"量器"义项,欠妥。记录的原则,应当是:由个别用例进到群体用例,由足量抽样进到全量概括。

"驱"有"赶走(驱逐)""赶来(去)"两个义位变体,《大词典》《大字典》只记录"赶走",且作为一个义项;而漏收了"赶来(去)"这一义位变体,这样"为渊驱鱼""为丛驱雀""为汤武驱民"的"驱"便无着落。

"传统",《大词典》记录其义位是"世代相传的具有特点的……",其后附有变体"世代相传的,旧的"。这是符合足本词典的历时原则的。

义位的语法功能促使产生了新义位,有的还有变读标志,如"饮"的使动义位读 yìn,"远"的使动义位读 yuàn,对这些在足本里当然要给予一个正式的席位。

有些名词义位,只是偶尔改变语法功能,用如动词、意动、使动、状语,仅是语法意义的变体,尚未产生意义变体或新的义位,足本词典不必单列一个义项,但是应当有所反映。有些名词常用作状语,表示方位处所、工具依据、态度、比喻,时间名词作状语常含有"每个、个个"等义,这些都仍属于语法意义,辞书当然不必反映。一些名量兼类的词(如"人、户、家"等)用在动词之前也产生"个个、每个"的语法意义变体,即使宽收也可以不立为义项,但是可以选入语用变体实例及注释。《大字典》未收,而《大词典》"家"的第⑫个义项便是"家家、每家",较为得体的处理方法是把这个语法意义附在"家庭"义位之下作为语法变体。"朝服"可以在名词义项下再引动词用法变体例:《论语·乡党》:"吉月,必朝服而朝。""疆"的"划界"义是言语临时活用,是语流训诂义,可放在"边界"义项下引例注明,但是《大词典》《大字典》都单独立项,这是传统训诂学的流弊,也是以今律古的词类活用说的扩大化的后果。

四、书证的历时性

在足量性和典范性的条件下,尽可能突出书证的历时原则。书证的历时原则,主要包括三点:尽可能溯源,找到始出例;尽可能探流,找到晚出例;尽可能依历时次序排列。

1. 始出例和始见例是有区别的,前者指在客观语言实践中出现最早的书证,后者是指编者所见到的最早的书证。足本辞书应该尽可能地溯源,找到始出例。请看《大词典》和《大字典》的始出例和始见例比较:

词位	《大词典》书证	《大字典》书证	始出/始见
卖	左传	史记	始出/始见
卒(兵)	史记	左传	始见/始出
骂	左传	史记	始出/始见
快(速)	史记	世说新语	始出/始见
蹶	孟子	论语	始见/始出
少	诗经	孙子	始出/始见
饥(饿)	淮南子	墨子	始见/始出

2. 本义和引申义书证应当遵循先后的历时原则。就时间而言,本义的书证就当在前,早出;引申义的书证应当在后,晚出。大多数辞书的书证是遵循这一历时原则的。但是,也有违背这一原则的。《大字典》给出"边"的本义(旁、畔)的书证是李白的《荆州歌》,而引申义(边缘、边境、边界)的书证是《仪礼》和《左传》的。这里有两个问题:如果本义、引申义合于历时原则,那么本义的书证就不是始出的、原始的;如果书证是始出的,那么本义和引申义就不合于历时原则。《大词典》的"边"条在这两方面都高于《大字典》,把《大字典》的本义定为引申义,而且把书证推到晋代。把《大字典》的第一引申义定为本义。

3. 无书证的"本义"不能视为语言的本义。语言中词的本义,必须得有书证。某字的本义没有书证,充其量只能算作字的本义,而不能视为语言中词的本义。"颜",《说文》说是"眉目之间也",段玉裁注:"各本作眉目之间,浅人妄增字耳,今正。眉与目之间不名颜……颜为眉间。"《大字典》从段说,释为"两眉之间",但是无书可证。《大词典》以"额头"为本义,引《左传》《史记》为证。

附注:

① 谢尔巴:《词典编纂学一般理论初探》,见:石肆壬《词典学论文选译》,商务印书馆,1981:51。
② 薛爱华:《汉学:历史与现状(1982)》,见:周发祥译《传统文化与现代文化》1993年第6期:98。

参考文献:

[1] 中国科学院少数民族语言研究所:《词典编纂法论文选译》,科学出版社,1959。
[3] 陈炳迢:《国外现代辞书选介》,福建人民出版社,1986。

(原载《辞书研究》2000年第6期)

语文性辞书的语义学原则

一、语义学是语文性辞书的支撑点

辞书的高质量决定于主体和客体的许多高标参数。诸如编写队伍的非凡智力因素和高超的非智力因素,语料库的超常丰度,等等,除此之外,还要有领先的辞书编纂理论,即词典学。其中包括两个部分:一是辞书本身的编纂理论,二是与之相关的语义学。后者是前者的支撑点,后者的高度决定前者的高度。布拉格学派的后裔拉迪斯拉夫·兹古斯塔的《词典学概论》所以能被联合国教科文组织选为同类书的样本并向全世界推荐,主要在于其语义学部分的支撑点很高。由此推论,当前应该建立一门新边缘学科——语义词典学,或词典语义学。本文只讨论其中跟释义相关的部分:义位(≈义项)的语义特征的选择问题。

二、语文性辞书的语义特征的选择性

语文性辞书中的少数义项是语素义或义丛,大多数义项是义位。义位是由一束语义成分即义素组成的。义素也叫语义特征。因此语文性辞书大多数义项的释义过程,就是选择义位语义特征的过程。

义位的特征总共有三类:语义特征,语法特征,语用特征。一个义位同时具有每个特征的多元特征。作为一个义项的释义不可能将多元特征尽列无遗,这就发生了选择问题:选择该义位的最显著的区别特征、最具个性的特征,这些特征组成了该义位区别于其他义位的个性综合体。综合体中的特征数目,多则臃肿,少则干瘪。

《现代汉语词典》(以下简称《现汉》)所以能在总体上超过了前贤的同类佳作,就是因为它适量地选择了三类义位特征,并且用简明通畅的语言予以表述。因此,它是词典形态的语义学著作。它对语法特征、语用特征取舍有度,本文不予讨论。本文要讨论的是它对语义特征的选择。

三、语文性辞书的基音——普通义位

普通义位,是对学科义位而言的。跟这对概念相当的是19世纪末俄国语言学家波铁布尼亚(1888:19)首创的近义(Ближайшее эначение)和远义(дальнейшее эначение),后来有些人又提出常识概念、朴素概念、生活概念或形式概念,跟科学概念相对应。近义和远义的内涵可取,理据不佳。常识概念和科学概念在词义学说史上属于词义的概念说,该学说已被国内外许多学者斥为混淆了词义和概念;有许许多多的词只有意义,而不表示概念。不能以逻辑范畴代替语义范畴。逻辑范畴反映的是概念的本质或一般属性,语义范畴反映的是大众易识别的最显著的语义区别特征。因此,使用"普通义位"和"学科义位",更符合语义学原则。

词和这两种义位的关系有三类情况:

A类,有些词只有普通义位,语文性辞书和百科性辞书对它们的释义相差无几。

【筷子】用竹、木、金属等制的夹饭菜或其他东西的细长棍儿。(《现汉》)
夹取食物的用具。(《辞海》)

B类,有些词(主要是术语)只有学科义位,语文性和百科性辞书对它们的释义只是量的差别。

【光年】天文学上的一种距离单位,即以光在一年内在真空中走过的路程为一光年。光速每秒约30万公里,一光年约等于94,605亿公里。(《现汉》)

【光年】计量天体距离的一种单位。光在一年中所走的距离,约等于94,605亿公里。例如……(《辞海》)

C类,有些词既有普通义位,也有学科义位。语义学认为,这是一个义位的两种变体,在辞书中不能把它们并列为两个义项。通常情况,语文性辞书和百科性辞书是分别选择两种义位之一作为本辞书的唯一义项。少数情况,语文性辞书兼采两种义位的语义特征融为一个义项。这是一个比较复杂的问题,本文另列专节讨论。

四、语文性辞书的高音阶——义位变体的选择

语文辞书的水平,当然表现在对只有普通义位和只有学科义位的词语的解释上,

但是更主要地表现在对兼具普通义位和学科义位变体的词语的解释上，这是更高的音阶。下面比较一下《现汉》(1996年版，简称《H》)跟同是中型的、语文性的《简明牛津词典》(1990年牛津，简称《N》)、《俄语词典》(奥热果夫，1963年莫斯科，简称《E》)对"水"和"太阳"的义位变体及其特征的选择：

水	《H》	最简单的氢氧化合物，化学式 H_2O。无色、无味、无臭的液体，在标准大气压下，冰点 0℃，沸点 100℃，4℃时密度最大，比重为 1。
	《N》	无色、透明、无臭、无味的液体，氢氧化合物，化学分子式是 H_2O。
	《E》	透明、无色的液体，纯净的状态是氢氧化合物。
太阳	《H》	银河系的恒星之一，是一个炽热的气体球，体积是地球的130万倍，质量是地球的33.34万倍，表面温度约6000℃，内部温度约1500万℃，内部经常不断地进行原子核反应而产生大量的热能。太阳是太阳系的中心天体，距地球约1.5亿公里。地球和其他行星都围绕着它旋转并且从它得到光和热。
	《N》	地球轨道所围绕的天体，地球从它那吸收了光和热。
	《E》	炽热的球形天体，地球等星球围绕它旋转。

从上表比较中，可以得出以下几点看法：

1. 对"水"这个义位，《H》选择了7个语义特征，《N》选择了3个语义特征，《E》选择了2个语义特征。《H》比《N》《E》多选了4—5个特征。

2. 对"太阳"这个义位，《H》选择了11个语义特征，《N》选择了2个语义特征，《E》选择了2个语义特征。《H》比《N》《E》多选了9个特征。

3. 《H》比起《N》《E》，向百科性倾斜，它选择的是科学义位或准科学义位。这样做，在词典编纂上也有一定的理论根据。兹古斯塔(1983:38)认为："在现代文明复杂的世界中，几乎所有使用语言的领域，都在不同程度上存在着一种追求越来越精确的倾向……在那些有悠久的语文学、哲学和一般文化作品的语言中，有一大部分所指内容倾向于接近准确的概念……帮助并且促使（即便是间接地）这种概念和术语明确起来，是词典编纂者一项最重要的任务。"当然，这项任务的主要承担者是百科性辞书，而不是语文性辞书。

4. 《N》和《E》比起《H》，向语文性倾斜，它选择的是普通义位。

5. 在兹古斯塔(1983:348)看来，《N》和《E》尽管已经向语文性倾斜，但是不够。他认为"说明语义特征的依据"是"对说这种语言的普通人相关的东西，而不是通过科学研究才能感知的特点"。对此，他解释说："这可能是词典学的语义处理和布龙菲尔德语义学之间差别的主要的一点。布氏语义学归根结底是以对所指客观对象的研究为依据的。"由此，他得出结论：

  英语 water(水)一词(作为普通用语)定义"the liquid as in rivers, lakes, seas and oceans"（江、湖、洋中的液体）比定义为"the liquid when pure consists of hydrogen H$_2$O"（纯净时仅由氢二氧——H$_2$O 构成的液体）要好得多。

这种直观定义(ostensive definition)，是语文性辞书中最常用的"词典定义"。它不同于逻辑定义和科学概念，在俄语中，它们叫 дефинция，而词典定义叫 толкование （意为解释、说明。兹古斯塔 1983：345)，其间的区别较清楚。远在奥热果夫 1949 年编《俄语词典》发表了《词典编纂法一般理论初探》，其中第二部分"对立面之二：百科词典和普通词典"结尾一段特别强调了术语在标准语和职业语中往往有不同的意义。例如 эолотник（活塞阀）"普通词典只能作如下解释：'蒸汽机上的一个零件'"。"总之，必须记住，没有任何理由给语言强加一些不是它固有的概念，因为这些概念并非语言交际过程中必需的因素，这一点是主要的和起决定作用的"。(译文见石肆壬，1981：20—21)20 世纪 60 年代美国生成语义学家卡茨(J. Katz)把词义划分为"词典"意义和"百科"意义，并认为后者不属于语义学范围。可见，语文性辞书选择的语义特征是言语交际的必需因素。这一点在李行健(1988：76)先生的《概念意义和一般词义》中已经论述清楚了。

五、语文性辞书的陪音——陪义的选择

科学义位和普通义位是义位的两种变体，也是一个义位在不同语域的两种义值，即义位的基义。与基义相伴的是陪义。

基义是义位的基础义值、根基义值，是基音。陪义是义位的补充义值、伴随或附属性语义成分或语义特征，是陪音。传统词汇学称之为"色彩"，萨丕尔《语言论》1921 年英文版（42 页）称之为 the feelingtones，1964 年中译本直译为"情调"。英语现在通称为 connotation。陪义是交际的必要因素，它们具有社团性、社会性、全民性、民族性。其中许多是具有稳定性的。

语文性辞书只是反映基义还不算完整，必须同时反映陪义，后者是 20 世纪初以来的现代语文辞书的标志之一。

1911 年出版的《简明牛津词典》已经有了良好的开端。《现汉》(1983 年版)及其补编、《汉语新词词典》都充分反映了陪义，其中仅夹注褒贬的词条就有 369 条，内含贬义条 358 条，褒义条 11 条。此外，也有一些应该夹注褒贬而遗漏的。

什么类的词应该夹注褒贬的，什么类的词不应该夹注褒贬，其界限在《现汉》中是泾渭分明的。有的大学教材说，词典只注出有强烈鲜明的感情色彩的词。实际上，《现

汉》对越是强烈鲜明的感情色彩的词,越是不注,因为这些词在基义里已经褒贬自明,或其在语素义和释语里褒贬自明。如:

A 表率、模范、表扬、牺牲、爱戴、伟大;
B 诺言、流弊、利诱、卖国、武断、暴虐、丑陋。

有一类词的陪义里含褒贬,或其语素义和释语里褒贬不明。《现汉》对这类词夹注褒贬。如:

C 银燕、效果、老头儿;
D 嘴脸、手脚、破产、图谋、得宠、骨子里。

A、B类是基义含褒贬,C、D类是陪义含褒贬。两类现象应当分别准确地称之为"褒贬义词"(有的称为"评价词")和"带褒贬色彩的词"。后者如果换掉"色彩"这一传统叫法,应当叫作"带褒贬陪义的词"。

陪义里的一个大类是态度评价感情陪义,其中主要内容是褒贬。陪义里的另一个大类是语体陪义,其中主要内容是口语和书面语。《现汉》分别标注为〈口〉〈书〉。有的词还标注出"旧时""多用于早期白话""多用于文艺作品"等等。

跟语体相联系的是语域。它是社会、环境或职业性的语言变体。广义的语域,包括语体在内。狭义的语域,多指情景语言变体,大体类似"场合"。《现汉》尽可能予以标注:

【拜会】拜访会见(今多用于外交上的正式访问)。
【惠顾】惠临(多用于商店对顾客)。

一个词在一定的语域用久了,便形成了自己的风格。这就是词或义位的风格陪义。《现汉》谨慎地予以标注:

【打屁股】比喻严厉批评(多含诙谐意)。
【大肚子】②指饭量大的人(用于不严肃的口气)。
【宴会】宾主在一起饮酒吃饭的集会(指比较隆重的)。

陪义十分复杂,种类繁多,常见的分三四种,有的分五六种,多则分十几种。陪义也具有隐性和不稳定性,辞书中的标注只能是有选择的:标注具有显性的、稳定性的、为众公认的几种。

六、语文性辞书的音域——义域的选择

语文性辞书除了解释基义、陪义之外,还要选出搭配,看来像弦外之音,义外之例,实际上是词的义域,好像是音域。

传统上称作"词语搭配",现代语义学称作"义位组合"。前者反映的是表层词语共现现象,后者反映的是深层的语义黏着现象。义位组合从动态上,从义位之间关系上,反映义位的义值及其变体,反映着义域,反映着基义和陪义及其用法。伦敦学派的首领 J. R. 弗斯(1957:195)早就认为语义分析的原则是"意义取决于搭配","搭配"是词义的一部分,"观其伴,知其义"。莱昂斯(1977:613)也认为,"词的潜在搭配有理由看作词位意义的一部分"。但是"这种意见并不是所有语言学家都会接受的……即使词典编纂者认为(词的)使用范围不是词义本身的构成成分,他也必须把它看作有关的词怎样使用(或怎样不用)的具体规则(即不是范畴性的、一般的规则),看作是该词所指意义的一部分;结果反正一样,词典编纂者必须在词典中叙述限制条件"(兹古斯塔,1983:57—58)。这是现代语文性辞书的编写趋势之一。《简明牛津词典》在 join(连结、连接、结合)释义后,分别列举了其主语是"事物""物""人";在 enjoin(命令)释义后,交代了其宾语是"人"。

名词的义域限制跟形容词、动词搭配的义域限制,兹古斯塔(1983:50)用传统的术语称之为词的"使用范围",并认为它是词义的第三个基本成分,转换语法又称之为"选择性限制"(selectional restrictions)。实际上就是义域。现代语文性辞书描写的义位就包含两个层次(义值层,义域层)、三个成分的语义特征。

综上所述,一部现代语文性辞书应该以先进的语义学理论为指导,科学地选取义位的语义特征、语法特征、语用特征,构建自己的释义体系,从千千万万个义位、词位等微观世界映射并推进语义学这个宏观世界。反过来,语义学又以这样的一部科学的、规范的语文性辞书为样本,分析其中用自然语言表述的义位的语义特征,进而用人工语言分解义位特征的结构并列出表达式,最终再转换成义位语义特征的逻辑式,从而为即将成熟的机器翻译提供基础编码。因此,辞书学和语义学是互惠互利的姊妹学科。

参考文献:

[1] J. R. Firth, *Papers in Linguistics*, Oxford University Press, 1957:1934—1951.
[2] *The Concise Oxford Dictionary*, Oxford University Press, 1990.

[3]　李行健:《词语学习与使用述要》,吉林文史出版社,1988。
[4]　J. Lyons, *Semantics*. Cambridge University Press,1977.
[5]　闵家骥等:《汉语新词词典》,上海辞书出版社,1987。
[6]　倪波等:《俄语语义学》,上海外语教育出版社,1995。
[7]　С. И. Ожегов, *словарь русского яэыка*, москва,1963.
[8]　石肆壬:《词典学论文选译》,商务印书馆,1981。
[9]　В. В. 维诺格拉多夫,《词的词汇意义的主要类型》,见:《语言学问题(5)》,译文见:《俄语教学与研究》1958(2—3)。
[10]　张志毅等:《词和词典》,中国广播电视出版社,1994。
[11]　拉迪斯拉夫·兹古斯塔:《词典学概论》,商务印书馆,1983。

(原载《中国辞书论集 1997》,商务印书馆,1999 年)

《现代汉语词典》释义体系的创建与完善
——读《现代汉语词典》第5版

一、引言

自从1956年郑奠等的《中型现代汉语词典编纂法》在《中国语文》上发表,至《现代汉语词典》(以下简称《现汉》)第5版出版,《现汉》已经光荣地走过50个年头。它从中国辞书长河中走出,突破了《国语辞典》(1937—1943。1957改为《汉语词典》)及其以前的传统模式,步入了《简明牛津词典》《小拉鲁斯词典》《俄语词典》(奥热果夫)等世界现代语文辞书之林,成为真正意义的现代语文词典。《现汉》是现代文明的产物,是以词典形态存在的词汇学、语义学和词典学著作。在继承和借鉴中,它创立了现代语文词典的释义体系并在不断地完善着这一体系。它作为母本,引领了《汉语大词典》等辞书的释义路径。这其中体现了两位前辈学者吕叔湘和丁声树先生的现代词典学思想以及深厚中西文化交融的卓见和匠心,也凝结了老中青三代编者的学识和功力。

《现汉》的释义体系,有三个子系统:a)语义意义;b)语法意义;c)语用意义。a是骨干系统,b是次要系统,c是更次要系统。本文只谈骨干系统。

二、基义

语义系统的首要单位是义位,相当于词典中的一个义项。义位又分解为质和量两方面。质的方面就是义值,它具有质的规定性,是义位间的区别特征。量的方面就是义域,它是义位的意义范围及使用范围。义值再分解为基义和陪义。基义相当于传统词汇学(或语义学)"理性义或概念义",而基义不仅包括范畴特征,还包括指物特征、表意特征;不仅有思维形态,还有直观形态、情感形态;不仅有指称值,还有系统值。这就是现代词典学语义观的核心理念。《现汉》正是在这个语义观下创建了它的释义体系。

对基义进行解释,是古今辞书的共性。《现汉》的创新在于科学化、开放化、系统化。先看科学化的例子:

> 人:天地之性最贵者也。(《说文解字》)
> 动物之最灵者。(《汉语词典》)
> 能制造工具并使用工具进行劳动的高等动物。(《现汉》)
> 云:山川气也。(《说文解字》)
> 在空中悬浮的由水滴、冰晶聚集形成的物体。(《现汉》)

现代科学认为,人有三个特征:会思维,会说话,会劳动。经过研究过滤,编者选取一个更主要的区别性特征(会劳动)作为个性义素。共性义素"高等动物"在试印本"动物"前加了"高等",这样更精确。对"云"的释义,《现汉》比《说文》显然更符合现代科学,因为云不只是"山川气"。以上二词的基义,一个反映了义位的范畴特征,一个反映了义位的指物特征。

所谓开放化,在耗散结构论看来,词不断跟外界进行信息交流,基义随着客体、主体和语言三种因子,经过用法(特用)、意味(此译谢尔巴 1940 的术语。оттенки значения)的过程,产生新的义位。《现汉》第 5 版与时俱进,给一个个词填补上了新的义位。例如:

> 当家:❶动 主持家务……❷形 属性词。主要的;最拿手的:~菜。
> 传统:❶名 ……社会因素……❷形 属性词。世代相传或沿袭已久并具有特点的:~剧目。❸形 守旧;保守:老人的思想比较~。
> 阳光:❶名 日光……❷形 属性词。积极开朗、充满青春活力的:~女孩|~少年。❸形 属性词。(事物、现象等)公开透明:~采购|~操作。

《现汉》第 4 版(2002 年版)及其以前各版的"当家""传统""阳光"只有第一义位,第二、三义位都是新的。

系统化,是指比传统辞书更具有整体观念,把同义、反义、类义等等词语作为一个个子系统来释义。基本做到了:同场同模式,同类同模式,杜绝循环或重复释义,简化元语言。

同场同模式,指同一最小义场的词,其释义模式相同。例如:

> 父亲:有子女的男子是子女的父亲。

母亲：有子女的女子是子女的母亲。

而有的词典则违背了这一原则。例如：

父亲：生养自己的男子。

母亲：有子女的女子；子女对生育自己的女子的称呼（一般不用于面称）。

"父亲、母亲"，在语言学上称之为关系名词（不是性质名词），英、法、德、俄的语文词典对它们的释义模式跟《现汉》相仿，都突出关系义素，采取叙述式，不宜用定义式。如果硬改这一成例，那可真是切中了段玉裁的名言："乃浅人所改。"《现汉》第5版比第4版更进一步贯彻了同场同模式原则，如"开盘、收盘"，第4版不同模式，第5版同模式。

同类同模式，指同一词类的词，其释义共用同一模式。如名词释义，大多用"个性义素＋共性义素"的定义式或其变式。动词释义，大多用"个性义素＋核心义素"的说明式或其变式。形容词释义，大多用"个性义素＋核心义素"的描写式或其变式，如"形容……""……的"。例子从略。

杜绝循环或重复释义。例如：

被³：❶介 用于被动句，引进动作的施事，前面的主语是动作的受事（施事者放在被字后，但有时省略）：解放军到处～（人）尊敬……

"叫、让"都释为"被³❶"。如果用"叫、让"释"被"，再用"被"释"叫、让"，那就是循环释义。如果用"被"的长释语再分别释"叫、让"，那就是重复释义，会浪费很多篇幅。

精简元语言，指同义义场的词，其释义只用一个工具词条。例如："从先、往昔、先前、在先"等都释为"从前"。

三、陪 义

陪义，又叫附属义，是义值中的一类次要义素，跟传统词义学所谓的"色彩义"相当，而不相等；陪义还包括次要的附属的理性义素，其中多数是隐性的，少数是显性的。《现汉》只标注了其中的理据义600多个（文中所有统计数据皆依据《现汉》第5版）。理据义不是基义因子，它可以帮助理解基义。标注理据义，这是中国故训、辞书的好传统。如《说文》说："黍，禾属而黏者也。以大暑而种，故谓之黍。"《现汉》继承了这个好传统。此外，《现汉》还创建了标注7种陪义的崭新的释义子系统，《现汉》开创了中国辞书系统标注情态陪义的先河。

（一）标注情态陪义。共 16 类，诸如：褒义、贬义、敬辞、谦辞、委婉避讳、骄傲、客套客气、惋惜、喜爱、亲昵、厌恶憎恶、轻蔑鄙视、讥讽嘲笑、戏谑、斥责、詈骂。举要如下：

    a. 无与伦比：没有能比得上的（多含褒义）。
    b. 独到：与众不同（多指好的）。
    c. 幕后：舞台帐幕的后面，多用于比喻（多含贬义）。
    d. 宽衣：敬辞，用于请人脱衣。
    e. 绵薄：谦辞，指自己薄弱的能力。
    f. 尊容：指人的相貌（多含讥讽意）。

例 a、b 标注的陪义是褒的，在《现汉》里只有极少见的几处。有人说，这是《现汉》疏漏，应该把"伟大、光明"等等都标注上褒义。这种看法失之偏颇，混淆了基义和陪义的区别，《现汉》标注的是陪义的褒贬，不是基义的褒贬。

例 c 标注的陪义是贬的，在《现汉》里竟有 180 多处。有多种标法："贬义""含贬义""多含贬义""常含贬义""一般含贬义""多用于贬义"等等。

例 d、e 标注的陪义是敬谦，在《现汉》里共达 400 多处（包括对语素的标注）。

例 f 标注的陪义是讥讽，类似的还有讽刺、嘲笑，在《现汉》里有 20 多处。

总之，情态陪义的标注，不仅有助于理解基义，而且有助于准确用词。因为，语言除了社交、描写之外，还有表情功能。雅可布逊（R. Jakobson, 1960）表情功能描写所指倾向。情态陪义反映的是伴随基义的语言共同体的喜、怒、爱、憎、敬、歉、褒、贬等主观信息。

（二）标注语体陪义。主要有两大类：标注〈书〉的，用于书面语体，带文言色彩，共 3300 多处；标注〈口〉的，用于口头语体，带通俗色彩，共 780 多处。此外，还标注了数理化等科学语体，公文（30 多处）、书信（30 多处）等应用语体。举要如下：

    逐鹿：〈书〉……比喻争夺天下。
    吓唬：〈口〉使害怕；恐吓。
    射线：数学上指从一个定点出发，沿着单一方向运动的点的轨迹；直线上某一点一旁的部分。
    超低温：比低温更低的温度，物理学上通常指低于-272.15℃的温度。
    痕量：化学上指极小的量……
    物化劳动：经济学上指凝结或体现在产品中的劳动。

业经：已经（多用于公文）。

查收：检查后收下（多用于书信）。

《现汉》给定了5000多个义位在语用中的常态、最佳分布，即一种补充义值，欧美学者称之为语体意义（stylistic meaning）或语体色彩（stylistic colouring）。俄罗斯学者称之为功能语体色彩。标注语体陪义，有助于理解基义，更有助于恰当地用词。

（三）标注时代陪义。《现汉》给义位标注了古代、早期白话、旧时等时代，总共2400多处。举要如下：

车裂：古代一种残酷的死刑，用五辆马车把人分拉撕裂致死。

暗器：暗中投射的使人不及防备的兵器，如镖、袖箭等（多见于早期白话）。

薪饷：旧时指军队、警察等的薪金及规定的被服鞋袜等用品。

古代陪义，主要用"古代"标注，其次用"古时""古书上""奴隶社会""封建社会""〈古〉"等，共计900多处。

标注"早期白话"的，是指唐宋至五四运动前口语的书面形式中的成分，共计90多处。

标注"旧时"的，是指20世纪初至20世纪40年代用的词语，共计1100多处，此外还有标注"旧称"的160多处，"旧指"的100多处，"旧社会"的100多处。

总之，以上三类标注，反映了义位在时间轴上的位置。位置一长久，便产生一种规定性，即补充义值，这就是义位的时代陪义。一般来说，这是个常数，偶尔出现变数。因为整个义位系统经常在吐故纳新。《现汉》适时地反映了这种变化。如"薪饷"，《现汉》第5版标注了"旧时"，此前各版均未标注。"出首"的"自首"义，以前各版均标注"（多见于早期白话）"，第5版删除了，因为现在文学作品和报刊上有时还用。

标注"古、早、旧"等时代陪义，不仅是备查，而且是提示使用价值：构建典雅语境，创造时代气氛，刻画古旧人物，表示庄重、讽刺、诙谐等。

（四）标注语域陪义。《现汉》给义位标注了政治、法律、军事、外交、宗教、商业、文艺等等使用领域。举要如下：

傀儡：❷比喻受人操纵的人或组织（多用于政治方面）。

配偶：指丈夫或妻子（多用于法律文件）。

牵制：拖住使不能自由活动（多用于军事）。

阁下：敬辞，称对方……今多用于外交场合。

虔诚：恭敬而有诚意（多指宗教信仰）。

生猪：活猪（多用于商业）。

呕心：形容费尽心思（多用于文艺创作）。

由于多种社会情景，特别是同一职业（或兴趣）的群体形成一个又一个交际范围，一些义位经常分布在一定交际范围中，这便给定了义位的语域（register）陪义。为了理解和使用，《现汉》对此做出了准确反映。

在使用中，常有语域交叉（register mixing）。有学者认为，用《圣经》语言报道拳击就是开玩笑，而用军事语言报道体育竞赛，就是突出尚武精神。正因为有语域交叉，所以语域陪义经常发生着强弱或有无的变化。《现汉》及时反映了这些变化。如"官邸、会见、女士、小姐"的"用于外交"的标注从第 3 版（1996 年版）开始就删去了，"夫人、官员"的"用于外交"在第 4 版还保留，到第 5 版删去了。

（五）标注方言陪义。《现汉》给义位标注了 2000 多个方言陪义。举要如下：

蹩脚：〈方〉质量不好；本领不强。

甭：〈方〉"不用"的合音，表示不需要或劝阻。

砸锅：〈方〉比喻办事失败。

孬：〈方〉❶坏；不好。❷怯懦；没有勇气。

"蹩脚、砸锅"是一类，代表进入普通话不久的、还保留方言味道的词。"甭、孬"是另一类，代表还没进入普通话的、通行的方言区较广，方言味道更浓的词。《现汉》只给这两类词标注〈方〉。对于那些早已进入普通话的、失去方言味道的词，如"龌龊、尴尬、晓得"等等，《现汉》不标注〈方〉。

义位的空间分布，赋予其补充义值。因而方言词有一定的使用限度：描写地方风土人情，塑造带乡音的人物及直引其对话等，这就是文学创作上的方言法（dialectism）。

（六）标注外来陪义。《现汉》给 500 多个义位标注了外来陪义。举要如下：

卡通：❶动画片。❷漫画。［英 cartoon］

卡车：……载重汽车。［卡，英 car］

引得：索引。［英 index］

三 K 党：美国的一个反动恐怖组织……［英 K. K. K.（三 K）是 Ku Klux Klan 的缩写］

DNA：脱氧核糖核酸。［英 deoxyribo-nucleic acid 的缩写］

语际间的词语代码转换，生成了民族化的外来词，即借词。《现汉》对此标法是，在方括号中注明语种及原词。其中借自英语的将近 400 个,梵语的 30 个,法语的 20 多个,拉丁语、德语、俄语各 10 多个,阿拉伯、希伯来、波斯、希腊、捷克、满、藏、蒙语 1-8 个不等。以类别而论,"卡通"是借音的,"卡车"是借音加类名的,"引得"是借音兼义的,"三 K 党"是借义兼借形的,"DNA"是借形的。后者也叫西文字母开头的词语,第 3 版附录了 39 个,第 5 版附录了 182 个。可见其增多的速度。

除了借义的之外,上列的转换代码总是带着异族风采,基义上带着外来陪义。对这些词语,既不排斥,也不滥用。

四、义域

义域,是义位的意义范围和使用范围。可以把它分析为三个主要的类别:a)大小域;b)多少域;c)伙伴域。对这些义域,传统辞书常常忽略不计,而现代语文辞书,特别是《现汉》第 5 版则格外注重。

(一)大小域,即义位所指某物体的大小。例如:

房:❶房子:一所～|三间～……❷房间:卧～|客房……

《现汉》各版都按义域把"房"分为"❶房子,❷房间",❶指房子的整体,❷指房子中的一部分。而《汉语大字典》《汉语大词典》都在一个义项内笼统地释为"泛指房屋、房间",没注意值域理论:义域影响义值,有时决定义值。

(二)多少域,即义位所指物体的多少。例如:

太阳:银河系的恒星之一……地球和其他行星都围绕着它旋转并且从它得到光和热。

手指:人手前端的五个分支。

经书:指《易经》《书经》《诗经》《周礼》《仪礼》《礼记》《春秋》《论语》《孝经》等儒家经传……

文具:指笔、墨、纸、砚等用品。

笔:写字画图的用具:毛笔|铅笔|钢笔|粉笔……

读本:课本(多指语文或文学课本)。

老总:❶旧时对一般军人和警察的称呼。❷尊称中国人民解放军的某些高级领导人,也称有总工程师、总经理、总编辑等头衔的人(多和姓连用)。

"太阳"只指一个物体,即单称名词。采取以值定域的方法,就是描写其独有的语义特征。

"手指"指可数的少数的物体,释语中给出具体数字。

"经书"指可数的但不必数尽的物体,释语便予以举要。

"文具"指可数的但不能数尽的物体,释语便予以分类列举。

"笔"也是指可数的但不能数尽的物体,对这类词也用以值定域的方法,即以类别语义特征划定类别义域。必要时,在例语中用细类补充释语。

"读本"虽然跟"文具、笔"是同一类别,但是不宜分类列举和以值定域,只好用括注限定类别。第 1 版(1958 年版)至第 4 版的"手稿"也是括注限定类别"多指名人的",到第 5 版删去了,这是符合实际的。

第 5 版对义域的确定比以前各版准确了。如"老总❶"新补充了"警察","老总❷"新补充了"总工程师、总经理、总编辑等头衔的人",两个义域都比原来的大了。诸如此类的修改,还有"家属""煞气"等等。

(三)伙伴域,即义位组合搭配的数量范围。弗斯有一句名言"观其伴,知其义。"伴,就是跟义位组合搭配的伙伴词语。莱昂斯(Lyons,1977:375,613)认为"词的意义和它们的分布(distribution)之间存在着一种内在的联系","词的潜在搭配有理由看作词位意义的一部分"。兹古斯塔(1983:57)把这种组合搭配叫作"使用范围",并认为是词义的第三个基本成分(第一个是指称义,第二个是附加义。分别相当于本文的基义和陪义)。我们认为,这是义位义域的一种,简言之"伙伴域"。例如:

出版:把书刊、图画、音像制品等编印或制作出来,向公众发行……

发布:宣布(命令、指示、新闻等)

发作:❶(隐伏的事物)突然暴发或起作用:胃病～|药性～。

"出版"代表第一类伙伴域,把关涉对象"书刊、图画、音像制品等"置于释语正文中,是必不可少的显性组合,是基义的必要组成成分。其成分中,比第 1、2 版(1983 年版)新增了"音像制品",把第 3、4 版的"唱片、音像磁带"简化为"音像制品"。"发布"代表第二类伙伴域,把关涉对象"命令、指示、新闻等"置于释语的夹注中,是不可缺少的隐性组合搭配,不是基义的必要组成成分。

"发作"代表第三类伙伴域,把关涉对象"胃病、药性"置于释语外的例语中,是隐性更强的搭配。这种例语是补充释义,提示用法。比第 1、2 版新增了"药性",比第 3、4 版删去了"酒力"。这一增一删,完全符合巨型语料库显示的结果。类似的还有"遮掩",第 1、2 版释为"掩饰(错误、缺点)",第 3、4、5 版把"错误"置于例语中,且增加"遮掩……不安"一例。此外,新订补例语的,还有"制订、眼热、年龄、领养、占领"等词。

总之,标示出大小域、多少域、伙伴域这些义域,《现汉》比传统辞书显然面貌一新。

五、修订建议

经过50年的努力,《现汉》创建了一个崭新的解释基义、标注陪义、标示义域的完整释义体系,并且还在不断地完善着,而完善是无止境的。下面列举的,就是需要再完善的几个方面。

(一)少数基义尚须补充、简明、精细。

少数词尚需补充义项。如"小"的前缀义,"母"的"泛指女性长辈"义,"黑"的"黑龙江省简称"义。

少数释义尚需简明。如"膝下"释语长达80多字,不如《汉语大词典》简明:对父母的亲敬称谓;指父母身边。

少数释义尚需精细。如"命令❶"释为"上级对下级有所指示","有所指示"不一定是命令,也许改成这样稍好一些:"上级对下级下达强制指示"。"厥"释为"失去知觉,不省人事;晕倒;气闭",医学上说"厥"并未失去知觉,这部分释语可删。"告枕头状"释为"妻子向丈夫说别人的坏话",似应改成"妻子向有权的丈夫告有关人员的状(多是用权报私仇)"。"干戈"释为"比喻战争",似应改为"借指战争",因为干戈是战争的一部分。

(二)少数义场释义模式尚须统一。例如:

嫡出:旧指妻子所生(区别于"庶出")。

正出:旧指正妻所生(区别于"庶出")。

释语中,前用"妻子",后用"正妻"。应统一用"妻子",因为《现汉》未收"正妻"。或改为用"嫡出"释"正出"。又如:

头:名词后缀。a)接于名词性词根……b)接于动词词根……c)接于形容词词根……

子:名词后缀。a)加在名词性词素后……b)加在形容词或动词性词素后……

义项和术语都不统一,"头"分三个义项,用术语"词根","子"分两个义项,用术语"词素";为了减少术语,不如都用"成分"。

存在此类问题的,还有"升温、降温","彩号、伤员、伤号"等以及少数敬辞、谦辞。再修订时,编者应按语义场分工。

(三)工具词条数量尚须控制。用有限的元语言(多是 2000 个词左右)描写词的语义特征是当代语文辞书的大趋势。在这方面《现汉》还有许多工作要做。如"点心"条下用方言"糕饼"不如用普通词"糕点"。"小菜"条下用非常用词"菜蔬"不如用常用词"蔬菜"。又如:

　　成年:指人发育到已经成熟的年龄。
　　青年:指人十五六岁到三十左右的阶段。
　　老年:六七十岁以上的年纪。
　　幼年:三岁左右到十岁左右的时期。

解释四个词,用了四个工具词条"年龄、年纪、阶段、时期"。应改为一个工具词条"年龄"。

(四)陪义的标注尚须斟酌。例如:

　　拜会:拜访会见(今多用于外交上的正式访问)。
　　伙同:跟别人合在一起(做事)。

巨型语料库显示:"拜会"用于外交和一般社交,几乎各占一半.而用于外交还略少一些。因此,"拜会"括注的陪义应删去。"伙同"用于做坏事占 98% 多,用于做好事占 1%—2%。因此,"伙同"括注应为"(多用于做坏事)"。

(五)义域的标示尚须调整。例如:

　　抽缩:机体因受刺激而收缩。
　　获得:取得;得到(多用于抽象事物)。

巨型语料库显示:"抽缩"除了主要用于机体,还用于衣线、纸品、食品干儿等。因此,在原释语后面应补充"衣物等因水分的影响而收缩"。"获得"除了用于抽象事物,还常用于具体事物。因此,括注应改为"(多用于有用的、需要的事物)"。

参考文献:

谢尔巴:《词典编纂学一般理论初探》(词典学论文选译,1981),商务印书馆,1940。
张志毅、张庆云:《现代语文辞书的整体观》,《中国语文》1999 年第 4 期。

张志毅、张庆云:《词汇语义学》(修订本),商务印书馆,2005。

拉迪斯拉夫·兹古斯塔:《词典学概论》(林书武等译),商务印书馆,1983。

R. Jakobson, *Linguistics and Poetics*, 1960, In David Lodge(ed.), *Modern Criticism and Theory: A Reader*, 1988, Longman.

J. Lyona, *Semantics*, *Cambridge* University Press, 1977.

(原载《中国语文》2006 年第 5 期)

辞书强国——辞书人任重道远的追求*

一、我国辞书发展的5个阶段

辞书,是文化大厦的顶梁柱之一,是文化的晴雨表。

辞书大业,惠及天下,功在当今,利在千秋。它是民族思想、科学、文化和语言的结晶,是国运的标志。我国的辞书事业伴随国运,走过了一条漫长而曲折的路。大致可以分为5个阶段:(一)辉煌阶段,(二)新兴阶段,(三)辞书小国阶段,(四)辞书大国阶段,(五)走向辞书强国阶段。后一阶段,还有一段遥远的路要走。差距表现在辞书人才、辞书文本,尤其是辞书理论方面,根据多个数据的综合,我们离辞书强国还有50年的距离。清醒才知不足,直追才能缩小差距。

(一)辉煌阶段,指先秦至清末,这是一段漫长的历史,那时候国学独秀、佛学等西学绿叶在周围陪衬。国学的广袤沃土培育了近千种辞书。除去专书辞书,普通辞书也有600多种,而且形成了六大族群:

1. 词书,主要有《尔雅》及《广雅》《尔雅义疏》等雅系书20多种,《方言》及《方言类聚》等方言系列书10多种,《释名》及《释名疏证》等释名系列书多种。这些书,不仅对释义、解经、读书有协助作用,而且对全民族向共同语的核心意义靠拢有着恒久的维系作用。

2. 字书,主要有《说文解字》及《康熙字典》等系列字书200多种。这些书,对单字、单音词、语素的定形、定义、以及定音,对书面语的标准化,都有久远的规范作用。

3. 韵书,主要有《广韵》及《中原音韵》等韵书系列40多种。这些书,既是韵文用韵的总结和指导,也是读书音和共同语标准音的规范。

4. 目录,主要有《四库全书总目》及《增订四库简明目录标注》等目录系列书20多种。这些书,不仅能检索图书名称和要点,而且能指导阅读。

---

* 《人民日报》2010年10月12日发表过《"辞书强国"究竟有多远》,在此基础上扩充成文。

5. 类书,主要有《艺文类聚》和《永乐大典》等类书系列 50 多种。这些书,不仅能检索辞藻典故和诗词文句,而且能查考史实和事物掌故。

6. 政书,主要有《册府元龟》《文献通考》和《清会要》等政书系列 50 多种。这些书,不仅能检索古代政治经济等制度史,而且能查考文化、学术史料。

在世界辞书的漫长历程中,神州九域筑起了巍峨的光辉夺目的成群结队的里程碑。中华大地比英伦三岛,在早期辞书跑道上领先了 1800 年,汉语大型辞书《字汇》(明·梅膺祚,十四卷)与英语几本小辞书几乎同时在 17 世纪头 10 年前后出现了。

(二)新兴阶段,指 1911 至 1949 年。这一阶段,辞书出版的速度平均每年 38 部。其中掩映着国学余晖和西学晨曦。一方面《说文解字诂林》(正续 1530 卷)、《词诠》《辞通》《诗词曲语辞汇释》等显示着一缕缕的余晖,一方面《中华大字典》《辞源》《辞海》《国语词典》等射出一条条的晨曦,并且这晨曦预示着中国辞书事业从古老的辉煌转向现代的新兴。只是这个弯道上的障碍太多,在马拉松赛中,我们被远远地抛下了。

(三)辞书小国阶段,指 1950 至 1977 年。这一阶段,辞书出版的速度平均每年 125 部,是前一阶段的 3 倍。然而,其中缺乏耀眼的传世之作,只有《新华字典》作为新中国辞书的代表,在联合国辞书展览厅里一度谦虚地站在英美法德俄日等许多国家多部巨型辞书一侧。

(四)辞书大国阶段,指 1978 至 2000 年。这一阶段,出版的速度平均每年 600 多部,是前一阶段的 4.8 倍,而且其中不乏耀眼的传世之作,如《现代汉语词典》《辞海》(1979)、《辞源》(1979)、《汉语大字典》《汉语大词典》《中国大百科全书》《英汉大词典》《俄汉详解词典》等等。

(五)走向辞书强国阶段,指从 2001 年至 21 世纪 50 年代前后。这一阶段,前十年已经有了良好开端,后几十年需要做艰苦的大量的赶超辞书强国工作,主要有以下三个大方面。

二、辞书强国,人才必先强

(一)世界辞书强国的领军人物

"学之兴废在人"。[①]典高,人为峰。辞书强国,首先强在人上。各辞书强国都拥有一批世界一流的博学的编纂专家。近三百年以来,他们足足排成一个长长的队

列,形成全世界有影响的名家团队、梯队。仅举其中的领军人物(以生年为序)为例:

S. 约翰逊(Samuel Johnson,1709—1784)牛津大学三年肄业,都柏林大学博士,英国文学家、一代文豪、词典之父,1775 年出版《英语词典》(2300 页,43 500 条)。

N. 韦伯斯特(Noah Webster,1758—1843)1778 年毕业于耶鲁大学。他的《美国拼写课本》发行 80 000 多册,被誉为"美国文化独立宣言书",并且写过许多英语论文。1828 年出版了《美国英语词典》,上下卷,收 70 000 条,比约翰逊词典多了 27 000 条,释义也更准确、细致、清晰。

В. И. 达里(Даль Вьадими Иванови,1801—1872)俄国语言学家,人种学家,作家。1866 年出版《大俄罗斯活的语言详解词典》(4 卷,20 万词)。

P. A. 拉鲁斯(Pierre Athanase Larousse,1817—1875)法国语言学家,百科全书编纂家。他精通语法、修辞和历史。他的著述比巴尔扎克、雨果还多,影响最大的是《十九世纪万有大词典》(1866—1876,15 卷,后有补编 2 卷,统称《拉鲁斯词典》)、《法语词典》。

K. 杜登(Konrad Duden,1829—1911)德国语言学家,辞书编纂家。1880 年出版《德语正词法大全词典》(收 27 000 词,17 版收 160 000 词,至今已出 23 版)。后来,出版了十卷本分类《杜登词典》及其他一系列《杜登词典》。

B. 库尔德内(Baudouin de Courtenay,1845—1929)20 世纪语言学创始人之一,喀山学派创始人,博士,院士,身兼五所大学教授,高足有谢尔巴、维诺格拉多夫,对音位、语言系统性、语言联盟等研究有公认的贡献。对索绪尔有多方面影响。主编《达里辞典》三、四版。

H. 福勒(Henry Watson Fowler,1858—1933)英国文化学者,辞书编纂家。跟其弟弟一起编纂了一系列词典,其中最著名的《现代英语简明牛津词典》,自 1911 年出版以来,一百年来一直畅销不衰,已经发行了 11 版。

Д. Н. 乌沙阔夫(Дмитрий Николаевич Ушаков,1873—1942)苏联语言学家,院士,莫斯科大学教授,主编《俄语详解词典》(4 卷)等词典。

В. В. 维诺格拉多夫(В. В. Виноградов,1894—1969)莫斯科大学教授,八个国家院士,语言学成就很多,《俄语详解词典》(4 卷)虚词部分主编,科学院 4 卷和 17 卷本的编委之一,《普希金语言词典》编纂领导者。

С. И. 奥热果夫(Сергей Иванович Ожегов,1900—1964)苏联语言学家,词典编纂家,莫斯科等大学教授。谢尔巴、维诺格拉多夫的高足。《俄语详解词典》主要编者,《俄语词典》主编,《现代俄罗斯标准语词典》(17 卷)编委,还合编了其他一些词典。

P. C. J. 罗贝尔(Paul Charles Jules Robert,1910—1980)法国文化学者,辞书编纂家。1945年以后,编纂了著名的《罗贝尔词典》《小罗贝尔词典》《小罗贝尔第二词典》。

(二) 中国辞书人才的差距

中国只有吕叔湘等几位先生是现代学者兼词典编纂家。我们要培养出这样的一流人才,至少需要40年。为什么要40年?跟这些世界名家相比,中国学者的差距在哪里?主要在三个方面:

知识结构、数量和水平。上列编纂专家首先是学者,他们精通语言学、语文学、文学、文化学、历史学或科学技术,精通多种语言,他们是名副其实的博士、多所名校的教授、科学院院士。他们在辞书之外,大多数都有重要论著传世。我们的许多辞书编者,上档次的论著一项也没有。

创造能力。个人的创造能力,一部分靠天赋,一部分靠社会。近几百年,中西个人的创造能力的差异,主要在于社会。《英语词典》产生(1775年)前后的时代,西欧是文艺复兴之后,启蒙思想兴起。当时的社会,给科学创造提供了6个社会性的基石:(1)民主自由的环境;(2)多派新兴哲学共存互补;(3)多元先进文化互惠互利;(4)多种新的自然科学和社会科学竞相发展;(5)科学的理论思维处于主导地位;(6)以创新性为本的教育普遍展开。因此,许多领域取得了重大成就,辞书界也不例外。在宏观上,辞书界出现了实用主义、规定主义和描写主义三种主要思潮,同时也创造了百科、语文和专门的不同类型的现代辞书。在微观上,他们把词义分解为基本义、附属义和语用义。韦伯斯特把约翰逊的贡献和牛顿在数学上的贡献相提并论。而韦伯斯特则被誉为"美国语言之父"。当时的中国,同类学者有戴震、钱大昕、桂馥、段玉裁、王念孙、王引之、朱骏声等,他们正处于国学的乾嘉初期,崇尚实学、朴学或考据,轻视义理、推理,无视新科学。因而当时他们那一代的成果只限于国学继承类的,如《康熙字典》《十三经注疏》《大清会典》《说文解字义证》《说文解字注》等。

大业精神。约翰逊、韦伯斯特一系列学者对于辞书研究和编纂,不仅仅把它作为工作范围内的职业,也不仅仅把它作为一生的事业,还把它作为几代人的大业——经国大业、百年大业、千秋大业。职业精神,对大业稍有帮助;事业精神,对大业大有帮助;只有大业精神,才能确保完成经国济世的千秋大业。例如《牛津英语词典》,1858年筹备,26年后即1884年出版第1卷,再44年后即1928年出齐12卷,又6年后即1934年出第13卷《补遗》,四五十年后即1972年、1976年、

1982年、1986年分别出了4卷《补编》,最后1989年出正补合集20卷。终极规模是,21000页,500000条词,2400000条书证。历时131年! 数易主编,五代接力,千余人参编。数历王权更迭,几经战火,尤以一战、二战为甚。乱中求治,火中生莲。唯此,方铸就百年千秋伟业! 伟哉! 大哉! 大业精神! 多代百折不挠的人文精气,秉承的正是国魂——宁可失去一个印度,也不愿失去一位莎士比亚。

三、辞书强国,理论必超强

(一)辞书理论概况

在多种现代科学,特别是语言学的推动下,从20世纪60年代前后,欧美词典学进入了现代科学行列。仅仅是《法语宝库》到1969年就用现代理念和手段搜集相关语言学资料50000多篇/部。现代辞书科学新理论的产生,强国主要通过5条途径:升华、继承、借鉴、移植、创造(思想的自由创造:爱因斯坦)。

他们的辞书编纂科学理论起码具有下列6个特性:(一)理性,(二)本质的整体性,(三)内在的逻辑性,(四)多维的系统性,(五)结构的和谐性(这是爱因斯坦强调的),(六)多元论(奥地利籍伯克利加利福尼亚大学教授P. K. Feyerabend/费耶阿本德的主张),而不是一元论(Th. 库恩的观点)。从编纂实践上升为理论,必须经过**范畴化**(categorization)。雷科夫(Lakoff,1987:5)认为"对我们的思维、感知、行动和言语来说,再没有什么东西比范畴划分更基本的了。"范畴是织网的网结,是认知的枢纽,是理论的支撑点阵。范畴体系,就是理论。如何范畴化? 辞书强国主要通过6种程序:经典范畴化,原型范畴化,提取最主要的区别特征,用最简明的词语、公式或模型表达范畴特征或属性,借助多种思维方式,尽可能杜绝一切直觉、内省简单枚举。

我国辞书理论研究的成果现状,可以概括为4类:(一)综述型。对前人(古今中外)理论予以介绍、归纳、概括、总结,并举例说明。(二)跟踪型。对前人(主要是外国的)某一理论予以阐释、分析、应用——描写、解释某些现象。(三)创新型。在前人基础上提出新观点(如理念演绎辞书、同场同模式等)、新原理、新规律或新法则等。(四)引领型。提出新理论,国内外许多学者引用、赞同。我们的现状是:综述型、跟踪型较多,创新型很少,引领型尚未出现。

国内辞书界有真知灼见的人很少,许多人还是盲人骑瞎马,瞎子摸象,问道于盲,瞽者论日。于是不可避免的,在一定范围内便形成5"瞎":编纂者瞎编,编辑者瞎审,出版者瞎出,读者瞎买(尤其在二渠道市场,辞书像洪水猛兽般地扑来,买卖者都以钱为中心),评论者瞎评。已经达到令人目不忍睹,耳不忍闻的地步。

在这般情况下,必须极力倡导:理论先行。

一个国家,要富强,理论必须先行。英国从封建王朝跃进到"日不落"帝国,导源于亚当·斯密的《国富论》。英国曾经做过民意测验:现代英国打败入侵之敌的首要功臣是谁?多数人的答案:不是国王,也不是首相或元帅,而是亚当·斯密。同理,辞书理论,是辞书科学动力的第一要素。只有辞书理论,才能增加辞书科学的知识总量。这正如一位哲人说过的:"科学从根本意义上说就是理论"。

(二)辞书强国研究的热点理论

要成为辞书强国,辞书原创理论必须先行,尤其是必须输出领先的辞书理论。必须树立新观念:理念演绎辞书,理念领跑辞书,理念提升辞书。否则,辞书只能在低层次上循环。现代辞书编纂,首先不属于经验范围,而属于理性范围。《法语宝库》主编伊姆斯认为"搞不好词汇学也不能搞好词典学"。当前辞书强国研究的热点理论有12个:1.实用主义、规范主义、描写主义三种主导思想及其有机结合问题;2.解码词典和编码词典的对比和融合问题;3.传统释义方法、新兴释义方法及其综合问题;4.辞书元语言研究及其应用;5.语料库研究及其应用;6.辞书的信息处理与计算词典研究;7.辞书编纂现代化和辞书的电子化研究;8.辞书网络化研究;9.语言和各种知识词典化研究;10.国际辞书比较研究;11.读者需求研究;12.各国辞书史研究,先进经验吸收和借鉴研究。限于篇幅,这里只能简单谈谈前5个问题。

1. 六种主导思想及其有机结合问题。

(1)实用主义。世界各国最早的辞书"难词词典""双语词典"都凸显了实用主义,后来以"学习词典"为代表的一些辞书也在不同方面和程度上体现了实用主义。辞书的"实用"有多种:读经、释难、翻译、正音、正形、辨义、识字、用词、选词、查考、推广标准语……一本辞书最好突出一、二个"实用"目的,适当兼顾其他。

(2)规范主义(或规定主义)。规范,就是标准化,是对实用、描写的积极规约,是各国古今共同语的社会性需要。《英语词典》(约翰逊)《法兰西学院词典》《俄语详解词典》《俄语词典》(奥热果夫)《俄语词典》(科学院)等等辞书都贯彻了规范主义。它们显示了多种规范原则:非逻辑原则(不能用狭义的逻辑苛求活生生的语言)、历史原则(承认语言的历时演变)、习惯原则(从俗从众)、系统原则(兼顾个体及其相关系统)、科学原则(合于历时和共时学理或规律)、功能原则(最能体现语言的功能的单位是首选)、权威原则(权威的文本、用法常被公认)、刚柔原则(语言要素的取舍、推广范围等都要注意刚柔),民族原则(外来词多民族化),国际原则(术语宜国际化),准确原则(能指应无偏差),经济原则(用较短的形式反映较多的内容)。历史告诉我们,上述这些原则,都是互相关联的。少数是双向关联,多数是多向关联。一本辞书常兼顾几个原则,适当照顾其余。

(3) 描写主义。韦伯斯特《美国英语词典》和《韦氏第三版新国际英语大词典》等词典以描写为主,兼顾实用和规范,描写给实用提供了多种可能性,给规范提供了标准化的广泛基础。强国辞书中的描写,都尽可能地反映语言单位的 5 方面情况:(1)词音——语音常体及变体,现代标准音,古旧音,方俗音,书面音,口语音,重音,轻音,变音;(2)词形——词形常体及变体,古旧形,方俗形,常用形,罕用形,讹误形;(3)词义——词义常体及变体,现代语言义,古旧义,方俗义,常用义,罕用义,言语义;(4)语法——词的语法常体及变体,词性及其活用,常规及变异形态,句法标准功能及变异;(5)语用——词的语用常体及变体,音形义的修辞用法,从言语向语言的过渡用法。

(4) 历史主义。19 世纪 70 年代出现的青年语法学派正式提出历史主义,强调语言是随时间变化的现象。辞书的历史主义,主要体现在多个方面:收词求全,词形尽录无遗,词音古读、今读、异读等尽列,适当反映词族史,书证依据时序,释义遵照历史原则。代表作有:《德语大辞典》(格林词典)、《牛津英语词典》《日本国语大辞典》《汉语大词典》。它们都具有特别明显的词库性和研究性。

(5) 理性主义。这里的"理性"和"理性主义"都是广义的:是指在思想文化各领域推崇符合科学逻辑思维,反对神秘主义、信仰主义、直觉主义等非理性主义。辞书的高低悬殊,主要在于设计师的理念。理念的不断更新,推动了辞书的不断发展。理性主义辞书中中小型的代表作,主要有:《简明牛津词典》《小罗贝尔词典》《俄语词典》《现代汉语词典》,还有现代的义类词典、词源词典等。它们都是在现代词汇语义学驱动下产生的,都突出了多维理念、整体理念、元语言理念、语料库理念等等。

(6) 功能主义。在语言学和哲学影响下,词典学的功能主义,自 40 年代以来,一直在形成和完善着。其突出代表是英、法、德、美、俄、日等国家出版的多系列学习词典。它们至少包括以下功能理念:用户本位,功能词典(functional dictionaries 代表语言的样本,再现语言模块),编码(注重语言的生成),用法中心论,注重语法(词法和句法)功能、语用功能,虚词释义更注重其功能和分布特征,语料库的产出和验证功能,元语言简化,义项简化、细化,配例注重语用示范,把繁难语法描述变为简明公式,尽可能实现语言的交际、表达、描述等多种功能。

一本好的辞书,不可能同时平均用力贯彻六个主义,而是以一个为主,兼顾一两个。

2. 解码词典和编码词典的对比和融合问题。

比起解码词典,编码词典至少有 8 个要素:(1)二语习得的新理念,(2)词目、义项的常用性,(3)义项划分的精细性,(4)释义中心的凸显性——词的用法,(5)元语言的可控性,(6)释义的综合性,(7)例证的语用性,(8)语料库的本源性,(9)读者本位性。

本节只简要论述 1、2、3、4、7、9 各点(余者容后文论及)。

(1) 吸收了二语习得新理念。

双语词典是学习词典的前奏。促使学习词典产生的第一个理念,就是二语习得的新理念。二战以后学习英语,成了战后的当务之急。因而产生了学习英语的新理念——把词作为语义、语法、语用统一体,突出语用,提示惯用法。二语习得的转向,强调在正确性(correctness)基础上更突出得体性(appropriateness),于是 1948 年演绎出世界上第一本外向型、学习型词典——*Oxford Advanced Learner's Dictionary of Current English*(《牛津高阶当代英语学习词典》由霍恩比(Hornby)主编)。70 年代进入信息时代,英法美德俄涌现了十多套编码词典。中国至今没有一本理想的编码词典。

(2) 词目、义项的常用性,编码词典中的常量、变量和足量。

词汇是变量,词汇核心是常量。各种、各类、各层次的语言交际,都共有一个基础词汇常量——三千到五千个词。这个量,基本可以读懂、听懂书面语和口语。例如,根据 Fries 统计,英语常用词 4000—5000 个占书面语用词的 95%,最常用词 1000 个占书面语用词的 85%。(《词典编纂的艺术与技巧》:301)掌握汉语 3000 常用词,就能懂得一般语言材料的 86.7%。(《现代汉语频率词典》:1490)由此演绎出《基础法语词典》《基础英语词典》《常用词词典》《教学词典》等。这些常量,是学习词典的主体或核心。

词的基本语言意义是词义的常量,词的言语意义即语境意义是词义的变量。学习词典以描写词义的常量为主,也要照顾词义的变量。

义素也有常量和变量之分。义素常量指核心基本义素,义素变量指非核心非基本义素即次要并受语境制约的义素。对一个一个词位及其义位来说,这个变量常因人、因时、因地、因事而变。就一个义位来说,义素少的有两个,多的有五六个,再多的有十来个。从变量义素中,找出常量,这是学习词典编写者的责任。义素在学习词典里有 3 个量:超量,足量,非足量。超量,就是给出的义素过多;只有释文中必要的语义特征,那才是足量;没有满足释义必要的语义特征,那就是非足量;义素变量中的常量,多数情况下只有 3 个左右语义特征。

足量,就是最显著的、最具有区别性的、最容易感知的语义特征。其中既有事物本身特征的显著性因素,也有人们认知时注意点的因素,更有义位自身的义素特征。学习词典编写者同时注意提取这 3 个因素,并同时赋予最佳的表述。

(3) 义项划分的精细性——吸收现代语义学成果。

从 19 世纪 20 年代以来,洪堡特、密尔、索绪尔、萨丕尔、奥格登/理查兹、布龙菲尔德、吕叔湘、兹古斯塔、利奇、诺维科夫、莱昂斯等,对词义渐渐产生了二分观、三分观、四分观、七分观等。义位主要包含 5 个要素:第一是所指或外指意义(指物、指概念/观念等),第二是系统价值或内指意义(跟相关词的义差、用差等差别),第三是各种附属意义(理性的、感情、语体、语域、时空的等等),第四是语法意义(词性、结构、变化、功用等),第五是语用意义。这些现代语义理念,不仅先后演绎出《简明牛津词典》(1911)、《小拉鲁斯词典》(1948)、《俄语词典》(1949)、《现代汉语词典》(1960)、《小罗贝尔词典》(1972)等词典,而且被编码词典充分吸收并全面推进。

(4) 释义突显词的用法——吸收语用学成果。

20 世纪从房德里耶斯到克鲁斯,有些人主张词义就是用法。乌尔曼仅仅称其为"操作定义"(operational definitions)。大哲学家维特根斯坦到后期对自己主张的"用法说"也产生了怀疑。现代语用学主流学者认为,用法不等于词义,仅仅是词义多要素之一,有的是词的语言义,有的是词的言语义。以此为中心,编码词典吸收了语用学的许多成果。诸如:适当增加词、语、小句等内词条,必须交代词语的语境义及义位变体,突显词语及其意义常用项(舍弃罕用项),提示话语结构,礼貌用法等等。

(5) 例证的语用性,编码词典的新组合理念。

组合,指的范围比搭配广,除了指词语搭配,还可以指语素之间、短语之间、句子之间及其内部语义的组合。解码词典给出的组合,多是短语;已有的编码词典给出的组合,多是句子。须要强调的是,编码词典不仅必须配以例句,而且必须给出例语。而例语又必须给出两类:常见的组合、特殊(习惯、受限)的组合。

组合理念的中心,主要考虑非离散语法所谓的语句的合格度和可接受度,此外还有常用性和完整性。而语境理念主要考虑自然完整语句的语境,即语句的语言语境和非语言语境。最佳语境给被释词的"待填空白",只能是一值(即被释词),不能是二值或多值(即被释词以外的词)。

(6) 编码词典的读者本位性。

编码词典把读者对象置于前所未有的高度,置于前所未有的中心地位。例如,选词立目、释义配例,学习词典都是以读者的编码及解码需要为轴心,首先是频率原则,其次才是词汇、词义系统原则。

综合性、语文性词典向积极的、学习型词典靠拢,吸取其释义优点。《简明牛津》新版和《朗文当代英语词典》就是尽量吸收了学习词典的优点,因此获得了极大成功。

3. 传统释义方法、新兴释义方法及其综合问题。

从古至今释义方法有下列 6 种:A)同义对释,B)反义对释,C)素义对释,D)短语对释,E)个性义征+上义/类义义位,F)叙述/描写物征、义征,G)用自然语言完整句子表述义征。ABCD 式,注重的是被释词和解释词的共性,惯用于解码词典,如《钱伯斯 20 世纪词典》许多地方用同义对释。而在编码词典及类似的词典中很少用或完全不用同义对释,如旧版《小罗贝尔词典》只占 15.02%,《现代法语词典》占 3.7%,《柯林斯英语词典》则完全取消了。EF 式属于分解释义,注重的是被释词的个性,对于解码词典和编码词典都是适用的,但是使用的限度不同:一般适用于解码词典的主条,广泛用于编码词典的主条和副条,但是在副条中还必须注明副条语义、语用个性。G 式一般不用于解码词典,而用于编码词典,如《BBC 英语词典》《钱伯斯基础英语词典》《朗文当代英语词典(第 3 版)》《柯林斯 COBUILD 英语词典》(占该词典释义总量的 99%),但是不宜过多使用,因为用于自然语言完整句子中的词和被释词在许多情况下是不等值的,也就是语言系统的词位常常不等于"语段词"(言语语境中的词),个例遮蔽类型,单一遮蔽了多样(多样信息、结构、搭配),基义遮蔽了陪义。总之,解码词典和编码词典的早中近期显示出的释义趋势是:从单一、分解、句子转至多式(ABCDEFG)综合。《麦克米伦英语学习词典》正向综合靠拢。

4. 辞书元语言研究及其应用。

元语言,一是指用来释义的自然语言的两三千常用词,叫"释义元语言"或"义元"(primitive);二是指代表义素的人工设计的语言叫"形式语言""符号语言""语义标示语"等。

前一理念即"释义元语言"的研究,主要有两个问题:一是定量研究,选取多少个常用词?二是用少量的常用词如何表达复杂的释义内容?有时会出现,释文中的非常用词如何转化成常用词?强国在解决这两个问题基础上,演绎出了一系列词典,较早的有:1932 年奥格登和理查兹《基础英语词典》(释义词 850 个),1935 年威斯特《新方法英语词典》(释义词 1779 个,1961 年版 1490 个),1971 年《法语宝库》(有限度地使用了元语言,见其《导言·释文的语言》),1978年的《朗文当代英语词典》(以后各版,释义词都是2000个多一点),1995年《柯林斯合作英语词典》(释义词2000个),2000年《牛津高阶英语学习词典》(释义词3000以内),2002年《麦克米伦高阶英语词典》(释义词2500个)。总之,用少量元语言,已经成为以学习词典为代表的词典释义的主流趋势。据可靠信息,我们将在2013年出版一本用少量元语言释义的词典。未来的理想的汉语学习词典,应该用4000左右个常用词较为合适。在这方面,我们落后了80年。

5. 语料库研究及其应用。

语料库理念萌生于1959年伦敦大学语言学教授夸克(R. Quirk),几年间建起涵盖多种语体的上百万字的"英语用法语库"。1961年美国布朗大学建起第一个机读的逾百万字的"布朗语库"。从80年代起,柯林斯等出版社和伯明翰等大学合作,创建了"COBUILD语料库""英国国家语料库",由此开发了《柯林斯COBUILD英语词典》《牛津高级学习词典》《朗文当代英语词典》《钱伯斯基础英语词典》等。

用语料库比用人工卡片具有许多优越性:不仅省时、省力、省钱、省物、便捷,而且具有鲜活性和广阔性,它提供了广阔空间让编者选择自然语言完整典型的例句。因此,编者们都不允许自造例句,迫不得已时也只能适当改动例句。就规模而言,词典用的理想语料库,其字节数量跟词典条目数之比,较合适的量应为10000:1。例如,4亿字的平衡语料库,对于编一部收词4万条的辞书较为管用。就内涵而言,语料库必须含书籍和报刊,而且是多地域、多语域、多语体(以上三项至少包括10多个子项)、多作者(至少1000多)、多学科(70左右)的,一个或各个断代的。它们代表活语言的真实文本,由此产生的词典才能是活语言的缩印本。可惜,中国到目前既没有理想的语料库,也没有一本来自语料库的真实文本词典。在这方面,我们比强国晚了近40年。

上述以1—5方面为代表的十二方面的研究,不是孤立的,它们受制于现代哲学、文化学、语言学、数理逻辑学、数学、计算机科学以及其他科学技术。因此,在这些方面要想赶超辞书强国,至少需要二三十年。

四、辞书强国的主体标志——辞书文本

我国现在的辞书品种、系列、数量、规模等,比起辞书强国还有较大的距离。百科全书、专科辞书有距离,语文辞书距离更大。

大型古今兼收的语文辞书,我们的《汉语大词典》比《牛津英语词典》起步晚了120年,收词少了13万条,订补和检索也落后了。

大型现代语文辞书,我们至今还没有一部,而每个辞书强国都不止出版一部。例如:法国早就有《法兰西学院词典》,20世纪50年代以后还有《大罗贝尔词典》《大拉鲁斯法语词典》《法语宝库》(1971年始出),德国有1935年始出的《杜登词典》,俄国有1950年始出的《现代俄罗斯标准语词典》,美国有1953年《韦氏新世界英语词典》,日本有1972年始出的《国语大词典》。平均比我们早50多年。

中型现代语文辞书,论数量,仅法国跟《现汉》规模相当的就有近10本。论时间,《法语通用词典》《简明牛津英语词典》,比《现汉》分别早出版78年、67年。更令人瞩目的是,他们有长久的辞书品牌意识,培植时间长久的有:牛津系列250年,柯林斯系列190年,韦伯斯特系列180多年,麦克米伦系列170多年,拉鲁斯150多年。如果我们的《新华字典》《新华词典》等,算作"新华"系列,也只有几十年。品牌意识,平均比我们早100多年。

英语现代语文辞书,在1940年前产生了一个全新的理念——以用词为主的学习词典,并于1942年出版了第一部学习词典——《英语习语及句法词典》(即《现代英语高级学生词典》的前身)。60多年以来,学习词典经过了三代发展,一年比一年兴旺,至今在英国已经出现了"五大天王"家族分庭抗礼的兴盛局面:牛津、朗文、柯林斯、剑桥、麦克米伦。以其起步的年代而论,比我们接近合格的"学习词典"早了60多年。

我们虽然在1992、1995、2005、2006年分别出版了几部"学习词典",但是都不完全符合学习词典的要求,大多徒有虚名,跟《现汉》的相似率超过一半。

纸本辞书之外,辞书强国在电子辞书、网络辞书、现代编纂技术方面,也领先50年。强国的纸本和电子辞书等产业规模远远超过我们,英国一个名社甚至一部名典的销售额,可谓"富敌一国"。这"富"跟高稿酬是互为良性循环的物质条件,他们的稿酬平均是我们的60倍。这等无比的物质条件塑造了一群群顶尖人才,催生并滋养着一个个新理论,雕刻出一套套杰出的辞书文本。

总之,从人才、理论、辞书文本以及产业规模四方面取出平均值,我们离辞书强国还有50年左右的距离。

好在,我们国运正隆,盛世鼎新。盛世修典史不绝,辞书强国梦定圆。只有强国梦圆,才能适应"应用力"居世界第二的汉语(联合国2005年"调查报告")和持续升温的"汉语热":到2011年已经有近100个(2009年底为88个)国家的500多个孔子学院(含孔子课堂270多个)、4000多所大学以及10000多所华文学校共有6000

多个班次、4000多万人(其中注册的13万学员)在海外学汉语。汉语的广泛传播,必定从多方面反哺中国的辞书事业。

附注

① 黄侃:国故月刊题辞,《国故月刊》1919(1);另见《二十世纪的中国语言学》87页。

(原载《辞书研究》2012年第1期)

义类词典编纂法

一、义类辞书的源流

（一）传统义类辞书

义类辞书，也叫概念词典或题材词典，它们区分为传统的和现代的。传统义类辞书，旨在训诂读经，分类较粗，不便检索。如古希腊的《比布鲁斯语文词典》(*Philo of Byblos*)，中国的《尔雅》(成书于战国末期)把2074条词，分为19类：释诂（古代同义词）、释言（多是常用词）、释训（多是叠字）、释亲、释宫、释器、释乐、释天、释地、释丘、释山、释水、释草、释木、释虫、释鱼、释兽、释畜。《释名》(成书于西汉末)把1502条词，分为27类：释天、释地、释山、释水、释丘、释道、释州国、释形体、释姿容、释长幼、释亲属、释言语、释饮食、释采帛、释首饰、释衣服、释宫室、释床帐、释书契、释典艺、释用器、释乐器、释兵、释车、释船、释疾病、释丧制。《通雅》(成书于1573年以后)分52类。《通俗编》(成书于1788年前)分38类。1920年中华书局出版的《作文类典》，把作文能用的古旧词语按国家、法律……人事、妇女等分为31类，附有部首索引。还有准义类词典，即所谓的"类书"，如较早的、唐代的《艺文类聚》分46类，727小类。较晚的、清代的《渊鉴类涵》分43类，2536小类。类书，海纳古代各类事物，精选丽词骈语。以上这些义类，属于古典范畴，跟柏拉图式的知识分类没有本质区别。

（二）现代义类辞书

现代义类辞书，旨在帮助选词用词，其分类是比较科学的，便于检索。

现代的语义分类，从哲学上继承了培根、圣西门和黑格尔等人的思维成果，从自然科学上继承了现代研究成果。1852年，具有现代科学头脑的、受到了现代语言学"联想关系"影响的英国皇家学会会员罗杰特(P. M. Roget)医生主编出版了 *Thesaurus of English Words and Phrases*（常译作《英语词汇宝库》，准确的译名应该是《英语词语和短语义类词典》），收256000个词语，附音序索引，便于检索，至今已经印刷了 100 多次。后来,多国多次效仿该书:1859 年罗伯逊(T. Robertson)的《法语概念词典》、1862 年波斯尔(P. Bossiere)的《法语类比词典》、1877 年以前桑代尔斯(D. Sundares)的《德语词汇》(副标题是:德语写作人人必备的修辞手册)、1881 年施列辛(Schlessing)的德语《适当的词语》(1927 年修订本改名为《德语词语及同义词手册》)、1934 年德恩赛夫(F. Dornseiff)的《德语分类词典》(又译《按类义群划分的德语词汇》或《德语词汇的题材组列》,分 20 个义类)、1936 年马奎特(Ch. Maquet)的《分类词典》、1942 年卡萨雷斯(J. Csares)的《西班牙语义类词典》(又译《西班牙语概念词典》)、1963 年哈里格(P. Harlig)和瓦尔特堡(W. Wartburg)的法语《作为词汇基础的概念体系》、1981 年《朗曼当代英语词库》等。在中国有,1982 年梅家驹等的《同义词词林》(以下简称《同》)、1985 年林杏光等的《简明汉语义类词典》(以下简称《简》),1991 年竺一鸣等的《俄语同义词词林》、1998 年董大年的《现代汉语分类词典》,1999 年梅家驹等的《写作语库》。近几十年外国又出版了几十部《义类词典》,并且形成系列,如柯林斯 8 部,牛津 11 部。

现代义类辞书,跟传统义类辞书相比,功用明确而突出——在"辞穷""辞乏"的时候,为寻辞、选辞等表达(写作、翻译、作文)提供一个备用词库,帮助提高一语或二语学习者的表达能力。正如罗杰特《英语词汇宝库》副标题所显示的——本书的分类和排列对于思想表达和文学写作大有帮助。《德语词汇》也有近似的副标题:德语写作人人必备的修辞手册。例如,在汉语《同义词词林》中想找对别人父亲的尊称,可以查到"令尊"等 10 个词语,其中的"令翁、尊父"等连《汉语大词典》都没收录。

二、义类和科学类的分类体系

语义类别跟科学类别,是两套体系。其区别,至少有六方面:

(一)两种分类的体系性区别

义类词典的分类,是面向语言使用者的词语意义的分类,至少受三个条件制约:语义类别,语法词类,事物科学类别。大类、中类更多显现出科学和语法特点,小类特别是更小的类更多显现出语义特点。

罗杰特的语义分类体系是:第 1 版分为 6 大义类(抽象关系、空间、物质、智慧、意志、感觉),24 中类,1000 个小义类,35000 组同义词。第 3 版分类又细化了一些,分 8 大类(抽象关系、空间、物理学、物质、感觉、智慧、意志、感情),42 中类,1040 个小类。索绪尔的高足巴利(C. Bally)在名著《法语修辞学》把义类分为 10 大类,42 中类,297个小类,他更注意同义词的等价关系,反义词的对应关系。波兰著名语义学家韦尔兹毕卡(A. Wierzbicka,1985)从语义角度,把词语划分为4类:(1)简单的人工制品,如水杯等;(2)复杂的人工制品,如汽车等;(3)民俗生物或自然类,如狗等;(4)集合概念,如服装等。

汉语的《同》划分12大类,94中类,1428小类,3925细类(同义词群),细(群)再分更小的类(组);《简》划分18大类,1730小类。

义类体系的要点是:大类宜粗,不宜细,分出几类至十几类较合适;中间几类层次不宜过多,大多不超过5个层次(从大类到小类);小类宜细,分出几千乃至几万个小组,都不算过度。例如《同》Af08"官吏"分成几个小词群,比较合适;而《简》一(94)"官吏"未分词群。又如《同》Ec01,"红"下又分6个小词群,而《简》没细分。这些小词群都比《简》细致而实用。反过来看,《简》的"手动作"分119小类,"脚动作"分17小类,"拟声"分65小类,都比《同》细致而实用。《现代汉语分类词典》(苏新春等)一级类含9类,二级类含62类,三级类含508类,四级类含2057类,五级类含12659类。

科学分类,是面向科学研究者的对概念或事物的科学分类。至少受制于下列四个条件:概念的本质属性,事物的外部特征和内部特性,事物的渊源关系和临界关系,科学发展水平。例如近代生物分类学,始于18世纪瑞典人林奈(C. von. Linne),他建立了分类阶元系统:自然界三分为植物、动物、矿物;生物四分为纲、目、属、种。现代分类学七分为界、门、纲、目、科、属、种,七单元上下再加次生单元(如总纲、亚纲、次纲等等),总共20多个层级。比语义类层级繁多,界限严格。

(二)两种分类对象和依据不同

语义分类的对象主要是词语及其义位,科学分类的对象是概念或事物。例如分类对象为"蛙",《同》等"义类词典"关注的是"蛙"类的词语,只收"蛙、青蛙、田鸡、蛤蟆、牛蛙、树蛙、哈什蚂",它们分别是古代常用词、现代常用词、通称、统称(上义词)、同类词、商品名。在上列"蛙"名中,除了后面两个词,都是常见词。百科全书和动物辞典关注的是"蛙"类的千百种自然物体,分为50属670种,如高山蛙、倭蛙、浮蛙、岩蛙、扁手蛙、真蛙、水蛙、林蛙、棘蛙……但是不收"蛤蟆、哈什蚂",因为不是正式科学术语。而上列术语,又不是广大语言使用者需要掌握的,因此语义类词典不必收列。

语义分类的对象还有义位,如"蛤蟆"既可以指青蛙,也可以指蟾蜍,因此"蛤蟆"在《同》里先列于"青蛙"之后,又列于"蟾蜍"之后。

语义分类依据的是语义特征,科学分类依据的是本质属性。例如"章鱼、鱿鱼",

从造词到用词一直以为是鱼,《同》《简》都分到鱼类,动物学则依据体态本质特征分到软体动物一类。

（三）两种分类的原则不同

科学分类,必须遵守邻近原则,不能超越层级。如动物分类的"界、门、纲、目、科、属、种",七单元及其上下次生单元（如总纲、亚纲、次纲等等）,总共20多个层级。每一次分类,必须在邻近的上一层单元下、本单元内进行,不能超越层级。例如对龟鳖的分类,必须在动物爬行纲之下的龟鳖亚纲内,再分出曲颈龟亚目、侧颈龟亚目等,下面又分出总4科、分11科……

语义分类,可以适当跳跃,超越层级。例如《同》Bi 动物这一中类之下不分门、纲、目、科等,只直接分出23个小类；Bi01 牲畜　野兽……Bi15 龟　鳖,其下直接列出两类词群：

龟　乌龟　金龟　玄武　元武　元夫　元绪　王(忘)八　洞幽先生　玄衣督邮　缁衣大夫

鳖　鼋　甲鱼　鼋(元)鱼　团鱼　王(忘)八　醉舌公　元长使　河伯使者

所谓"等值原则",是指子项之和必须穷尽母项。科学分类必须遵守这个原则。如龟鳖的纲、亚纲、目、亚目、科、亚科、属、亚属、种、亚种几十个子项必须等于其总纲。

语义分类的等值原则,较宽松,可以接近或超越等值。语义词典里,可以不收录"曲颈龟、侧颈龟、太平洋海龟"等目科种术语。如《同》只收录了龟鳖的不足20个词语。但是,不可缺少的子项是不能遗漏或省缺的。例如《同》的大类L"敬语"下,应该补列"尊称"。

科学分类所谓子项不相容原则,指各子项的外延不能有交叉关系、包容关系或全等关系,只能有全异关系、排斥关系。如鱼下分无颌类、有颌类,有颌类下又分三个亚纲,其中一个亚纲下又分鲈形目、鲤形目、鲑形目、鲱形目、鳕形目等。各小类间外延不相容。

《同》Bi14 小类"鱼"中使用的是宽松的不兼容原则：其中有包容关系的上位词"鱼虾、水族、鳞介、鳞甲"等；更多的是全等关系的同实异名,如"鲳、鲳鱼、银鲳、镜鱼、平鱼"。

语义分类比科学分类更需要照顾词性。

科学分类,虽然不强调照顾词性,但是实际上,大多数类别都隐含着词性区别。

语义分类,大多强调照顾词性。在这一方面,《简》首先注重义类,其次照顾词性,把不同词性的词语合编到一个大义类。例如:在"空间"这个"大类"里,大多是名词,少数是形容词(如远近、长短、厚薄、深浅、粗细等),还有动词(如分割、衔接、容纳等)。在"疾病"这个"中类"里,多数是名词(如疾病、病象、病情、病人),少数是动词(如生病、康复)。在"地位"这个中类里,多数是名词(如位置、身价等),少数是形容词、动词(如平等、平行)。而《同》把"疾病""生病"分别分到 Dl01、Ib10,把"位置""平等"分别分到空间、异同两个类别里。照顾词性,是更严格的分类。不照顾词性,虽然不是严格的分类,但是对于不关心或忽视词性的读者来说,检索也许方便些。

三、义类辞书的词、义归类问题

分类难,归类更难。难在义类词典的归类需要照顾三个层次:词位的归类,义位的归类,义素的归类。

(一) 词位的归类

词位,首先遇到的问题是词位的词形变体、语音变体:不要把它的变体跟常体并列为主条,而要把变体作为副条。例如《同》列出"唯(惟)一",表示"唯一"是常体,"惟一"是变体;但是收了变体"惟独",漏收了常体"唯独"。这表明编者没有把词位及其变体观点贯彻到底。又如,在"高兴"类里把"欢娱""欢虞"都列为主条,实际上"欢虞"是"欢娱"的词形变体:李善注谢朓《始出尚书省》诗"虞,与娱通",朱熹注《孟子·尽心上》"欢虞与欢娱同"。《同》(233 页)在"犹豫"类里把"犹豫""尤豫"都列为主条,实际上"尤豫"是"犹豫"的词形变体。

其次,对词位的具体特征必须仔细辨认分析,语义分类既要照顾语义特征,又要兼顾事物本质特征。在二者矛盾的情况下,义类词典应该以前者为主,因为是义类词典,不是百科词典。例如:

"乌贼、墨鱼、墨斗鱼",《同》把它们归为鱼类,比较符合语言习惯,而《简》把它们归为软体动物,把"鱿鱼"(乌贼的一种)归为鱼类,归类标准不统一。有的词位,特征不是简单明了,不容易归到适合的类别。

"摇钱树",《同》把它归为 An 丑类/An07 妓女……嫖客类,而《简》把它归为"一(103)富人"类,恐怕都是偏误;比较合适的分类,应该归为"臆想物"。

《同》把"眼睛"归 Bk03,"眼皮"归 Bk10,"眼毛、眼睫毛"归 Bk12,后三个词都应该归到 Bk03"眼、耳、鼻"类。

《简》不该把"徐图"归"慢"类,应该归到"图谋"类,因为这是它的主要义征。不应该把"井井有条、有条不紊"归为"言语"类,而应该归到"整齐"类。

(二) 义位的归类

一个词位归属不同义类,这是因为多义关系。一个词位包含多少个义位,就应该归属多少义类。例如:

"特写"有两个义位:报告文学的一种;摄影的一种手法。《同》把前一个义位归为 Dk26 散文…杂记类,把后一个义位漏收了,应该补进 Dk29 戏剧……电影类。

"泼辣"有两个义位:凶悍而不讲理;做事大胆,有勇气。按照前一意义,《同》把它归为 Ee38"民主……蛮横"类;按照后一意义,《同》把它归为 Ee12"果敢"类。

"欢畅"只有一个义位:高兴,痛快。《同》把它归到 Ga06"满意"类,似乎不如归到 Ga01"高兴"类。

"殂落"《简》归到"薨"类,不太合适,因为"殂落"不限于指天子、高官死亡。

(三) 义素的归类

一个义位归属不同义类,这是因为一个义位含有多个义素,显示出多个语义特征或义征(即"多面性"),应该按不同语义特征划归到不同的义类。例如:

"大师"的第一个义位"在学问或艺术上有很深的造诣,为大家所尊崇的人。"其中有两个义素:一学问,多指知识和学识;二艺术,多指擅于运用形象的技能。因此,《同》把"大师"归为两个义类:一方面归入 Al01 知识分子类下的"学者"组,着重指有学问;一方面归入 Al03 俊杰 人才类下的"能手"组,着重指技能高超。

"供奉"这一义位有"虔诚献给神佛""供养老人"二义素,因此《同》把"供奉"归为两个义类:Hk 宗教活动,Hi 社交活动。

"老相""少相"都只有一个义位:"相貌显得比实际年龄老/年轻",是标准反义词;而《同》把它们归为两个义类——"老相"归为 Dc03"相貌"类,"少相"归为 Eb36"年老……年轻"类,可见这是按照两个义素归类的,既然如此就应该把它们一起都归到"年老""年轻"两个类别里。

"销魂"只有一个义位,内含两个相反的义素:形容极度悲愁;形容极度欢乐。因此《简》把"销魂"归到四 15、21"悲伤""忧愁"类;四 17"快乐"类。而《同》只把"销魂"归到 Ga"高兴"类,失于缜密。

"比翼鸟",《现汉》在一个义项里给出两个子义项(在一个义项里包括本义和比喻义),因此《同》把"比翼鸟"归到两个义类:Bi11 禽兽类;Ah08 夫妻类。而《简》只归到夫妻类,只考虑现代也有道理,如果兼顾古代本义,就应该再归到禽兽类。

"异曲同工"只有一个义位,内含两个义素:相同;效果好。因此,《简》把它分别划归两类:三智能 116 效果;十八性质 27 相同。而《同》只把"异曲同工"归到 Jb"异同"01"相同"类,失于偏颇。

在科学分类中,一个术语义,归属两个类别是极少见的。

四、增补词条及义项

(一)增补的原则

义类词典,常见的有大型的和中型的。收词语的原则,大型的也不可能囊括无余,以 20 万—30 万条为宜;中型的应收常见的,以 5 万—10 万条左右为宜。《同》的作者自称收录近 70000 条,实际收录近 64000 多条。《简》作者称收录 60000 多条。《现代汉语分类词典》(苏新春等)作者称收录约 83000 条。大辞书学家罗贝尔(1980)强调说:"任何一本大型词典都不可能包含一种语言的全部单词。今天科技的词汇不可胜数……如单是硬鳍类的鱼就有三千多种,而一部语文词典,从无数种表示鱼类的词汇中能收进其词条栏内的不会超过一百五十个较常用的名称……"《同》收进"鱼、虾"类的词条 127 条,《简》收进"鱼、虾"类的词条 27 条。《同》《简》,特别是《简》显然需要增补词条。最急需增补的,是高频词、次高频词及中频词。

(二)增补举例

《同》《简》都需要增补的:

电视、信号、老将、新星、文献、杠杆、杂家、宝葫芦、拜门、杏坛、杏花坛、杏树坛、弑、系列、悉列等等。

富贵荣华、新陈代谢、富可敌国、天道酬勤、生为人杰、瞽者论日、众星捧月、文如其人等等。

《同》需要增补的:

治学、先后、嫌疑、眼拙、看齐、芳容、芳邻、演进、扬弃、公元、科举、交割、周年、惠书、孤僻、入世、伴舞、独舞、拨冗、阳婆、大着、委身、广袤、动力、仙乡、谦退、谦克、谦辞、谦逊、谦冲、阒然、逆光、内涵、手套、令妻、贵恙、玉照、宝眷、初叶、初探、阵容、厚爱、任何、记载、冥寿、冥诞、成败、不德、若属、若辈、走(自谦称谓)、艾(50 岁)、艾老(50 以上的人)、纠葛、尊容、尊颜、周年、争光、振兴、伟人、恭维、垂涎等等。

量力而行、添砖加瓦、佛头着粪、太平盛世、林林总总、从长计议、举世无双、众叛亲离、童心未泯、事在人为、良师益友、用心良苦、自圆其说、自暴自弃、自不量力、厚积薄发、吆三喝四、穿金戴银、幸灾乐祸、坐吃山空、追名逐利、勤奋志笃、勤劳致富、勤能补拙、鞠躬尽瘁、死而后已等等。

《简》需要增补的：

重要、次要、表现、大胆、运用、作者、编者、画儿、年画、版画、名画、杰出、惟独、购置、购买、睡、安息、安歇、瓜分、分割、划分、割让、革除、割除、毒品、动摇、序曲、妄念、及门、手册、滋补、滋补品、核、核心、用处、高下、忧伤、标准、尺度、绳墨、规矩、总则、细则、附则、纠葛、头衔、阖家、阖府、桂冠、重逢、内涵、内含、盲目、袜、袜子、宠物、能量、能源、产生、出版、面世、强化、熏陶、医疗、医治、诊疗、诊治、银行、钱庄、地震、地动、震、独到、独步、大作、及门、鲍鱼、鲸鱼、乘、搭、搭乘、捎脚等等。

调查研究、多种多样、丰富多彩、循序渐进、循规蹈矩、远见卓识、真知灼见、鬼鬼祟祟、安然无恙、乌烟瘴气、必由之路、衣冠楚楚、跋山涉水、名落孙山、屡试不第、榜上无名、妙语连珠、闭目塞听、望而生畏、姑息养奸、盲人摸象、瞎子摸象、瑕瑜互见、瑕不掩瑜、概莫能外、乘坚策肥、曝鳃龙门、铭感五中、玉楼琼宇、创巨痛深、结驷连骑、离经叛道、随波逐流、锲而不舍、简明扼要、不遗余力、不言而喻、不堪一击、不舍昼夜、不设城府、非分之想、不枉进士、寄人篱下、仰息他人、安如磐石、全力以赴、相得益彰、牢不可破、量力而行、略胜一筹、渐入佳境、更上一层楼、高屋建瓴、瞎子摸象等等。

（三）按系统增补

以上属于零星的发现和增补，不是有效率的办法。科学的办法，应该是按词汇系统，成类、成群地增补。《同》《简》至少应该增补以下各系统词语。

1. 口语。目前口语词典至少已经出版了8本，收录的词位已经超过几千条，大多数应该补进《同》《简》，而二书原来收录的口语词不到200条。

2. 方言。应该增补使用频率较高的方言词，尤其是港澳台和北方官话区的。相关的词典已经出版了十几本，应该从中选录近1000条。

3. 术语。应该增补进入中学课本和中等文化范围的百科术语。《同》《简》不仅把《现汉》所收的15000条术语悉数收入，而且应该从《中国中学生百科全书》再选收1000多条《现汉》未收入的新术语。

4. 新词语。近几十年出版了 60 多部新词语词典,收词最多的已达20000多条。《同》《简》应该增补分布较广、频率较高的新词语几千条。

5. 书面语、古旧词语。《同》《简》不仅应该从《汉语大词典》选收近10000 条,还应该从《渊鉴类函》类书中选《汉语大词典》漏收的同实异名词。例如《渊鉴类函》四百四十卷之三列举了龟鳖近 50 个名称,其中《同》未收列的有:

  元龟、神龟、乌衣、王虚、驼龙、大鼋、圆鳖、白若、玄夫、地甲、江使、玉灵、时君、灵蔡、神蔡、大蔡、金介、昭亮、神使、冥灵、藏六、元仵、甲虫长、玄介卿、先知君、阴虫老、灵寿子、清江使、漏天机、绿衣使者、巳日时君、玉灵夫子、通幽博士、洞元先生、洞玄先生。

《同》至少应该从上列词语中选收 10 来个。

僻词或近现代用不着的,中型义类词典不能收。例如:

  令合(贤妻,仅见宋人笔记)

  下舂(黄昏,仅见《淮南子·天文训》)

  狼犺(笨拙,像猴的兽。古少用,今不用)

  付诸剞劂(刻印书。古少用,今不用)

但是,富于表现力的词语,还可以酌情收录一些。例如:芝宇(脸的敬辞)、芝眉(脸的敬辞)、寿倒三松、寿享期颐、芝焚蕙叹(为同类的不幸而悲伤)。

6. 成语。应该补收的更多,如:姊妹篇、妙语佳句、乌合之众、幸灾乐祸、用心良苦、穿金戴银、不可告人、不可名状、不世之才、不世之功、群龙无首、年富力强等一大群。

7. 检查最小的语义场,补充漏收的词语。如:《简》中"我"的谦称这个语义场漏收的词语有"小子、末学、不慧、不肖、牛马走"。"班门弄斧"这个语义场漏收的词语有"布鼓雷门、关公面前耍大刀、圣人面前卖三字经(斯文)"又如《同》在对来信的尊称义场,原来只收了"华翰、朵云、瑶函、琅函",还应该增补许多敬辞。例如:

  大函、惠函、大札、芳札、芳信、芳缄、芳翰、瑶翰、台翰、尊翰、玉翰、鼎札、手教、尊谕、诲存。

还有"生病""腐败"等等义场还需要补收许许多多词语。

除了增补词条,还有增补义项。漏收义项,是常见的。编者常把多义词一个或两个义项漏掉。这是义类词典增补工作值得重视的问题。漏收义项的例子有:

《同》漏收了"分身"的"抽空"义;只收了"分娩"义。漏收了"指导"的名词义;只收了动词义。漏收了"鸟瞰"的"概况"名词义;只收了"观看"义。

《简》漏收了"首要"的"最重要义";只收了"首脑"义。

五、微观体例的参数调整

义类词典的宏观体例差别,是由词语划分的大、中、小类决定的。其微观体例,差别较多,这是由较多参数影响的。对下列参数应该做出合理的选择。

(一)类目标记和标记词

《同》的类别结构是:

  大类   →中类   →小类

  大写英文字母→小写英文字母→两位阿拉伯数字

  A 人   →Ab 男女老少 →Ab01 男人 女人 男女

《简》的类别结构是:

  大类   →小类

  汉字数字   →两位阿拉伯数字

  一 人物   →03 男人,04 女人,05 老人……

从以上对比可以看出:《同》《简》大类基本相同;《同》有中类,《简》没有中类;细目《同》划分较粗,《简》划分较细;小类之下的细目,《同》划分较细(用分行的方式显示),《简》划分较粗(不分行,不显示细目)。类目、正文,都应该用编号和字体区别开。

(二)标示和标注

小类和细目,其首词都应该用黑体标示。对这一方式,《简》给予了足够重视,而《同》忽略了。

此外,还应该标注词的语体类别等附属义,如〈口〉〈方〉〈书〉〈旧〉等。因为这跟用词有关。

(三)简注

词目后面用括号简注词义,不能滥用。比较合适的做法是:注难词、难义,不注常用词、常用义;注可能误解的词或义,不注不大可能误解的词或义。《简》的诸如此类简注似乎应该删除:

同学(在一个学校学习的人)

同事(同一单位工作的人)

敌人(敌对的人)

牧民(牧区中以畜牧为生的人)

军人(军队的成员;服兵役的人)

教员(担任教学工作的人员)

学生(在学校读书的人)

(四)搭配

在词条后面,用括号给出必要的搭配,提示用法。这一举措,是义类词典的特征。因为它是为读者着想的,必须突显了使用原则。在这方面,《简》比《同》更受读者欢迎。例如:

记者(新闻记者、特派记者、外勤记者)

教练(总教练、主教练、副教练)

跳(跳高、跳绳、跳远、跳水、跳伞)

磨(磨面、磨粉、磨豆腐、磨麦子)

静(静默、夜阑人静、更深人静、闹中取静)

分明(分明可见、黑白分明、泾渭分明)

六、结束语

传统的义类辞书,作为历史产物,他们的生命已经终结了。现代的义类辞书,作为现代文明国家共有的辞书类型,100多年来,一直方兴未艾。世界各辞书大国,大中小型义类辞书已经出版了100多本。中国作为奋起直追的辞书强国,义类辞书也已经出版了十来本,奋斗目标有两个:(一)编纂出版一两部大型的,读者对象是资深的写作者和翻译家,收词语近30万条,分类和归类需要更科学;(二)编纂出版多部适用的小型的,读者对象是初学写作者,收词语约2—3万条,分类和归类需要更简明。

国语运动的杰作——国语辞典

国语运动,是中国20世纪前10年至40年代末发生的空前的语文运动。它推动着中国语文乃至中国文化迅速走向现代化,其中最显著的标志是编纂并出版了《国语辞典》。今年恰逢国语运动主要文件发表100周年,特撰文纪念。

一、国语运动

国语运动,早于五四运动,是中国文化先驱启蒙运动的潮流之一。1909年提出:改官话为国语,设立"国语编查委员会"。1911年出台《统一国语办法案》,主要有5项决议:①成立国语调查总会及分会,调查词语、语法、音韵,②审定国语标准,③编辑国语课本,④编辑国语辞典,⑤编辑方言对照表。后来,1916、1919、1928各年多次强调国语辞典,相继成立了"国语辞典委员会""国语辞典编纂处""中国大辞典编纂处",《国语辞典》(以下大多数地方简称《国》)的编纂上升为国语运动后期的重点工作。1934年商务印书馆出版《国语运动史纲》(黎锦熙)。

二、《国语辞典》出版概况

《国语辞典》,中国大辞典编纂处编。1929年着手,1931年正式编辑,1933年夏初稿完成,秋后补充、修改,钱玄同提过意见,赵元任参与校订,黎锦熙不仅校订,而且于1936年12月25日作序,商务印书馆(上海)1937年出四卷本第一卷,1944年出八卷本,1947年再版合订为四卷本(黎锦熙复校于长沙),1948年再版,32开四本,4924页。1945年北平1版,32开八册4727页。收字(包括简体字、异体字)、复合词(以之为主)、成语等10万多条。按注音字母顺序编排。附音序和部首检字表。1957年出简本并更名为《汉语词典》,32开1254页,选收了原书中的"北京话语汇和有翻检必要的古汉语材料",收词 70644 条。

三、《国语辞典》承前启后的作用

杰出的辞书,正像杰出的科研成果一样,都是承前启后的。

对《国》起过前导作用的主要辞书有:《中华大字典》(1915),《辞源》(1915),《辞源续编》(1931);《国语普通词典》(单音词、复音词 1 万条,1923),《白话词典》(1924),《王云五大词典》(1930),《王云五小词典》(1931 初版/1936 增订,词语 5800 条),《辞通》(1934),《标准语大辞典》(1935),《辞海》(1936)。

受过《国》启迪的主要辞书有:《中华国语大辞典》(1940),《国音字典》(1949),《人民小词典》(5 万条,1951),《学文化字典》(1952),《新华字典》(1953),《同音字典》(1955/1956),《汉语词典》(1957),《现代汉语词典》(1978)。

《国》在四个方面起了承前启后的作用:收词,正音,定形,释义。

四、《国语辞典》的主要贡献

(一) 收词

《国》冲破了中国辞书强大的"厚古"传统势力,把自己的性质定为:民族共同语的中型描写词典。因此,它收词的总原则是,普遍适用。具体分解为以下 5 项。

(1) "常用、间用及虽罕用而须供查考之辞"。

A. 常用,指国语语文中常用的词语。B. 间用,指介于常用和罕用之间。C. 罕用,指很少使用的。D. 罕见,不收。例如"父亲"语义场的常用、间用、罕用、罕见的 4 类词主要有:

A. 父亲、爸爸、爹爹、爹、老爷子、老太爷。

B. 严父、严君、严亲、令尊、尊大人、家父、老爹、阿父、阿爹。

C. 太公、椿庭、尊府、尊甫、尊公、尊君、尊翁、尊大人、尊大君、家公、家君、家严、乃公、乃翁、所天。

D. 令翁、令椿、家翁、家大人、郎罢、尊父。

(2) "各学科较常用之辞"。例如:

代数学、平方、电磁波、热量、化合物、硫酸、花粉、叶脉、石英、白云母、恒星、太阳历、白内障、猩红热……

(3)"见于古籍而尚流行于现代语文中及通俗口语中所用之辞",即古语词、口语词。注重古语词,这是中国辞书的传统。注重口语词,这是各国近现代语文辞书的惯例。《国》能够兼顾,实在难能可贵。例如:

古语词——弗弗(风疾貌)、菶菶(强盛)、多故(多患难)、堕敚(堕落败坏)、蹴鞠(习武之游戏,犹今之足球)、骀藉(掩映)、蹂躏)。

口语词——头里、头晌、脚丫(儿/子)、脚脖子、眼面前儿、眼圈儿、日头、老爷们儿、跑肚、日里、老实巴交儿、甜头。

(4)"成语之具有特别意义或行文时习用者"。例如:

A. 有特别意义者:太阿倒持、冬温夏清、东食西宿、投鞭断流。

B. 行文时习用者:独木难支、东山再起、头童齿豁、体大思精。

(5)"习见之简体字,酌为采入"。例如:

体(體)、听(聽)、号(號)……

总之,从收词等方面看,其思想开明、开放。因为有开明人士献计献策。其中提过建议的有钱玄同,他留学日本,提倡新文化,参加过国语运动,主张汉字改革,拟制过罗马字拼音方案,任过北大、北师大教授。参与校订的有赵元任,他留学美国,也参加过国语运动,主张汉字改革,拟制过罗马字拼音方案,任过清华教授、中央研究院研究员,具有现代语言学思想。出谋划策、多次校订并作序的是黎锦熙,他是北大、北师大多所大学教授,他主张推广国语、言文一致、普及白话,创制了注音符号,与钱玄同创办《国语周刊》,与钱玄同、赵元任研制国语罗马字,1924、1933、1935年出版的《新著国语文法》(吸收了美国人的图解法)《比较文法》《国语运动史纲》,都体现了开明意识。

(二)正音

20世纪20—30年代,古音演变的尾声在国音中留有余音,方音向国音靠拢中显现出一字多音的复杂问题。因此许多具体、繁杂的语音问题有待处理。例如:古今音演变遗留问题(入声遗留问题,阳声韵尾 m 遗留问题),古今异读问题,文白异读问题,雅俗异读问题,别义变读问题,轻声问题,儿化问题,等等。这些都是《国》注音的难题,而难题大多解决得比较稳妥。

注音方式,1936年出版的《辞海》还是反切加直音,次年出版的《国》则把反切或

直音转换成用注音字母标注的准确读音,反映了国语运动的新成果,体现了国语运动的创新精神。其注音创新,举要如下:

(1) 确定北京音系、标准音(1931年有《国音字母表》)注音字母表包括:24个声母,16个韵母(结合韵母22个),4个声调。

(2) 区分了"读音""语音",即文白异读。

以读音为标准音的词条。例如:

【解手儿】ㄐㄧㄝ₃ㄕㄡ儿 …语音亦作 ㄐㄧㄝ₁ㄕㄡ儿

【蛰】读音为ㄓ₂,带出的复音词有:蛰伏、蛰居等。

【陆】❹ "六"之大写字,(读音)。

以语音为标准音的词条。例如:

【白报纸】ㄅㄞ₂ㄅㄠ⁴ㄓ₃

以语音为附条的。例如:

【散光】ㄙㄢ₃ㄍㄨㄥ(语音)

"读音""语音"兼采者,在单字下标○。例如:

【淤血○】ㄩㄒㄩㄝ₄　　【流血○】ㄌㄧㄡ₂ㄒㄧㄝ₃

(3) 活语言,依口语标注。例如:

【溜达】ㄌㄧㄡ·ㄉㄚ　【溜边儿】ㄌㄧㄡㄅㄧㄚ儿

(4) 轻声。制定轻声号"·"及标注格式。例如:

【巴掌】ㄅㄚ·ㄓㄚ　【直溜】ㄓ·ㄌㄧㄡ

(5) 儿化。儿化,是汉语语音十分复杂的现象。有的语音和读音都儿化或两可,有的只是语音儿化;有的用于构词,有的用于构形,有的只是一种音变。对这些复杂的现象,《国》主要采取三种办法处理:a. 必儿化者,词目为【词根+儿】,注音为注音字母+儿;b. 可儿化,词目为【词根+(儿)】,注音为注音字母+(一儿);c. 因儿化变音者,照变音标注。例如:

【凉粉儿】ㄌㄧㄤㄈㄜ儿

【疤癞眼(儿)】ㄅㄚ·ㄌㄚㄧㄢ(—ㄚ儿)

【白面儿】ㄅㄞㄇㄧㄚ儿

(6) 异读，别义异读，分别注㊀㊁音；一义异读，注"又读"。例如：

【畜】㊀ㄔㄨ₄……… ㊁ㄒㄨ₄

【颤】㊀ㄓㄢ₄，㊁ㄔㄢ₄（颤巍巍又读）。按，颤巍巍的颤又读ㄓㄢ₄

【颤巍巍】ㄓㄢ₄ㄨㄟ₂ㄨㄟ₂

【过】ㄍㄨㄛ₁，ㄍㄨㄛ₄的又读。

(7) "词类连书法"，即词语中分词连写。例如：

【打游击】ㄉㄚˇ ㄧㄡˊㄐㄧˊ

【推波助澜】ㄊㄨㄟㄅㄛ ㄓㄨㄌㄢˊ

【吞舟之鱼】ㄊㄨㄣㄓㄡ ㄓ ㄩˊ

（三）定形

汉语一个词，常因为古今、雅俗语音或用字不同，而出现不同形体。《国》的编者用现代语言学观点，分清了常体和变体。

(1) "以通行习见之体为主，附以简体、异体"。例如：

"鬓角"是主条，用"亦作鬓脚"引出副条；"鬓脚"是副条，只注"即鬓角"。

"螳螂"主条下有"亦作螳蜋"；"螳蜋"不常用，没出条目。

"標緻"主条下有"亦作標致"；"標致"不常用，没出条目。

(2) 带"儿"和不带"儿"，意义无关，有构词区别，分立词目。例如：

【解手】犹分手。　　　　【泥胎】谓泥塑之神像。

【解手儿】谓排泄大小便。　【泥胎儿】陶器未烧者。

(3) 同形不同音义，分立词目。例如：

【公道】ㄍㄨㄥㄉㄠ₄至公之道理。

【公道】ㄍㄨㄥ·ㄉㄠ公平。

【四海】ㄙ₄ㄏㄞ₃……四方……

【四海】ㄙ₄·ㄏㄞ谓性情豪爽慷慨。

【三正】ㄙㄢㄓㄥ谓夏正建寅……

【三正】ㄙㄢㄓㄥ谓天地人之正道。

（四）释义

(1) 义训变迁、语源考证，不详叙。例如：

"解",自《庄子》以后的经籍"解"的古训共有 149 个,《辞源》归纳 3 个读音,21 个义项;《辞海》归纳 4 个读音,27 个义项;《汉语大字典》《汉语大词典》分别归纳为 3 个读音,40、44 个义项;《国》只给出 3 个读音,13 个义项,简化义训变迁,省略语源考证,突出简明意旨。

(2) 简而不漏,浅而不陋,"浅"指"简明浅近文言或语体"。

"解"的 20—40 多个义项,《国》选取其主要的或核心意义就是 10 来个,因此《国》确属简而不漏。而其"浅而不陋"主要体现在释义的简明浅近。例如:《辞海》给"解"的第三个义项是"说也,析言事理也"。《国》只浅显释为"讲说"。又如:

【解放】谓解除种种违反自然之道德、习惯、制度等之束缚使各个人归于自由平等……(《辞海》)

谓脱去束缚。(《国》)

【解热剂】使患热病者热度减退之药品也……(《辞海》)

使病人热度减退之药品。(《国》)

(3) "一义中更可分为数项者,则用(ㄅ)(ㄆ)(ㄇ)……",这是"子义项""子义群"观念,在当时中国是了不起的创新。例如:

【唐】❷朝代名:(ㄅ)帝尧之朝代(公元前 2357—前 2256)。(ㄆ)李渊代隋,国号唐,凡二十帝,二九零年(公元 618—907)。

(4) "两词不互注",其一"必有相当之注释",已有"闭环"或"不循环"观念。例如:

【国人】犹国民。

【国民】具有某国国籍之人。

【热心】谓有血性而富于同情心者。

【热肠】犹热心。

【热诚】犹热心。

(5) 已有标注词性的观念,特别是对虚词,"各词中有注明词性之必要者,均于释义中分别注明之"。

【之】……❺助词……❻介词……❼代名词,作宾语用…

【罢了】助词,表语意之制限或让步的口吻,相当于文言之而已……

【与其】比较连词,恒与不如、不若、宁、宁可等词连用,表审决之意……

(6) 建立了释义专用术语系列。

《国》从训诂学和辞书中梳理、整合出一系列释义专用术语。共有 3 类:第一类,数量较多,用在释文前头,起搭头作用(有时用在释文后面),吕叔湘先生叫"搭头词",如"谓、犹、指、喻、同、即"等等;第二类,用在释语之后的,起收尾作用,如"貌、总称、合称、统称、通称"等;第三类,用在释文中间,起搭桥作用,如"曰、亦称、又称"等。有的,可以用在两个位子上,如"谓、指、喻、称、简称、统称"等。以上是释义术语的分布类别,再来看看释义术语的意义类别。

"谓"类 4 个:

谓　常用格式是:A 谓 B,意思是"A 说的是/指的是 B"。其中 A 是被释词语,B 是释文,其语义关系是:A 较特殊,B 较一般;有时 A 较抽象,B 较具体。如:【支派】谓歧出之流派。【支付】谓付出款项。【拔白】谓破晓。【枝头】谓树枝之上。

俗谓　民间流行的称谓、称呼。如:【山根】俗谓后颈曰山根。【四眼人】俗谓妊妇。【三角(儿)眼】俗谓目形之有锋棱者;为狼鸷之相。(按,鸷即凶猛)

旧谓　旧时代说的是或指的是。如:【热官】旧谓势要之官。【散职】旧谓闲散之官。

泛谓　广阔范围说的是或指的是。如:【五湖四海】泛谓各地。

"犹"类 2 个:

犹/犹言　常用格式是:A 犹/犹言 B,意思是①"B 义近似/等于 A",②"B 是 A 的引申义",③"B 是 A 的本字",④"A 是古语,B 是今语",⑤有时表示比喻。如:【枝蔓】犹枝节。【肢体】犹言身体。【膏雨】犹言甘霖。【执掌】犹言管理。

"称"类主要有 14 个:

称、曰　称呼,用于名词释语前面,"称"有时也用于后面。如:【支线】称分支之铁路。【老朽】……年老者自谦之称。【讣闻】告丧于人曰讣闻。"曰"有时也用于区别近义词,如:【幅员】……广狭曰幅,周围曰员……故称疆域曰幅员。

俗称　民间通行的称呼。如:【山楂】……俗称红果儿,或山里红。【月份牌(儿)】日历之俗称。【老爷儿】太阳之俗称。其俗称,常包括方言词。

泛称　宽泛的称呼。如:【热病】泛称体温增高之一切病症。

亦称、又名、亦曰、又称(少用)　正式名称之外,另一种称谓。如:【月末】……亦称月终。【马铃薯】……又名山药蛋。【浮力】……亦曰上压力。

别称　指正式名称以外的名称。如:【山左】山东省之别称。

总称　总括一体称呼。如:【四郊】城外周围附近之总称。【四肢】人两手两足之总称。【三光】日、月、星之总称。【三教】儒、佛、道三教之总称。

合称　合起来称呼。如:【四民】旧时士、农、工、商之合称。【老公母俩】合称年老之夫妻二人。

通称 通常称呼。如：【川】❷水之通称，如言高山大川。

统称 多者合一称呼。如：【三行儿】厨夫、油伙儿及茶房之统称。（按，油伙儿即厨师助手）

概称 概括称呼。如：【山陵】高原之概称。

简称 简缩称呼。如：【老贤侄】……亦简称贤侄。【五律】五言律诗之简称。

自称 对着别人，称呼跟自己相关的人或事物。如：【山妻】自称其妻。【老夫】年老者自称。

尊称 对人尊敬的称呼，称呼对方或跟对方相关的人或事物。如：【老爷子】尊称老人。【老师】学生对先生之尊称。

敬辞类的还有：尊敬词、敬称、敬词（敬辞），以上皆未立词条。

谦称 对人谦恭的称呼，称呼自己或跟自己相关的人或事物。如：【贱躯】谦称己身。【小侄】对于父执之谦称。（按，父执即父友）

谦辞类的还有：谦词、谦称（以上皆未立词条）、自称之谦词、自谦之词、自谦之称。

"指"类3个：

指 指称的是（指的范围，比字面儿可能大或小）。如：【马上】指用武，"马上得天下"，见汉书。

专指 专门指称一个或一小类事物。如：【热闹儿】❷专指戏剧娱乐之事。

泛指 宽泛指称的是。如：【干部】……泛指一般工作人员。

其他类：

喻 常用格式是：A喻B，意思是A比喻B，A是较具体的词语，B是较抽象的词语。如：【枝节】喻事之旁出者。【羽翼】喻辅佐之人。【雨露】喻恩泽。

亦作 正体外的变体，多指异形词。如：【月蚀】亦作月食。【三合土】亦作三和土。【欲盖弥彰】……彰亦作章。

为节省篇幅，成语或短语异形，只注某字异形。亦作，也用于注音。

即 常用格式是：A即B，意思是：A是副条，B是主条（或异形的常体，或同义的常用词）。如：【知宾】即知客。

同 常用格式是：A同"B"，意思是：A是副条，B是主条（多指异形的常体）。如：【直日】同"值日"。

貌 常用格式是：A……B貌，意思是"……的样子"，"A"多是形容词，有时是副词，"B貌"多是"形容词/动词＋貌"。如：【直挺挺】僵直貌。

隐语 秘密语，常用词语的代换词语。如：【三只手】隐语，谓窃贼。

（五）编排

《国》的"凡例·排列顺序"（一）至（十四）有详细说明，这里不再赘述，只强调两点：

《国》第一次按字词注音字元音节次序排列，在汉语辞书历史上是重大创新，特别难能可贵。

《国》的词条立目及其排列已有词位及其变体观念，空前创新，极其难得，更加难能可贵。

（1）同形词（或音有别）分立条目。例如：

【霸道】ㄅㄚˋㄉㄠˋ❶轻仁义而尚权术之政，别于王道而言。❷谓行事蛮横。
【霸道】ㄅㄚˋ·ㄉㄠ 谓剧烈，厉害。

（2）同音异形词分作主副条，副条常用者出条并标出"同××"，副条不常用者只附于主条后标出"亦作"。例如：

【飞语】无根之语。【蜚语】同"飞语"。
【把式】亦作把势。
【巴头探脑】谓引首窥伺。巴亦作扒。

（3）词位构词变体，常用者出条，或并列，或分立；不常用者只附于主条后标出"亦作"。例如：

【树根（儿）（子）】树之根。
【说三道四】谓乱加谈论。
【说五道六】犹说三道四。
【巴不得】亦作巴不的、巴不得的、巴不到。

五、《国语辞典》的局限性

（一）未吸收当时国外重要成果

当时国外已有一批惊人的词典成果，如：1755年约翰逊《英语词典》，1828年韦伯斯特的《美国英语词典》（7万条），1854—1862年已经出版3卷的格林兄弟《德语词典》，1856年拉鲁斯系列词典开始编写，1884—1928年出版的《牛津英语词典》，1911年福勒兄弟的《简明牛津词典》，至1934年已出三版，1935年已经出第8版的

《法兰西学院词典》。

《国》没吸收"基本意义"和"附属意义"词义研究成果。从19世纪20—30年代，索绪尔、萨丕尔、奥格登/理查兹、布龙菲尔德，对词义渐渐产生了二分观、三分观等。词义包含着如下要素：第一是所指或外指意义（指物、指概念/观念等），第二是系统价值或内指意义（跟相关词的义差、用差等），第三是各种附属意义（感情、语体、语域等），第四是语法意义（词性、结构、变化、功用等），第五语用意义（语境义、义位变体、常用、罕用）。其中第二、第三要素最为重要。反映出第二、三以及第四、五要素的，属于释义现代化。这些现代语义理念，演绎出《简明牛津词典》(1911)等词典。《国》对这些现代语义理念，多半未予反映，偶尔注意到了词的附属义，如：【洋鬼子】旧俗称外国人，含讥诮义。而后来的《现代汉语词典》则大量地注明了词的附属义。

（二）收词立目的原则，不尽科学

收"犹豫"，不该收"犹豫"的重叠变体"犹犹豫豫"。

（三）有些概念、用语、释义陈旧

例如：

【国家】封建时代，诸侯称国，大夫称家，封建废后，乃合为一词。

（四）释文用了较多文言，甚至用文释白

例如：

【饭锅】釜。　　【雨星星】微雨貌。
【知道】谓知之。　【说服】谓以言语折之使服。

（五）释义及其术语有些不准确

释义有些不科学。例如：

【支气管炎】即感冒。

释义有些不准确。例如：

【八面玲珑】喻行为言论处处巧妙。/原指窗户宽敞明亮，后用来形容人处世圆滑，不得罪任何一方。（《现汉》）

【八面威风】喻声势广大。/形容神气十足。（《现汉》）

【三军】军队之通称。/对军队的统称。（《现汉》）

（六）偶尔有循环互注现象

例如：

　　【薄情】寡情。/【寡情】薄情。

（七）多处出现"非自足"弊病

即违背 WNI(The Word No In)原则,用于释义的词语,未收词立目。例如:统称、总称、合称、敬称、谦称、概称,等等。

（八）注音未准确反映语言事实

　　【八哥儿】ㄅㄚ·ㄍㄜㄦ

　　【八成】ㄅㄚㄔㄥ(ㄦ)

《现汉》的注音分别是 bā·ge(～儿),儿化由常体改成变体;bāchéng,取消儿化变体,都是符合语言实际的。

六、结　语

《国语辞典》,实属历史丰碑。

最难能可贵的是,《国语辞典》的编创者们,在军阀混战、列强入侵、国无宁日、多事之秋中,北南辗转,乱中求治,难中求祥,大志终酬。中华文化的先行者们,事业精神,大业魂魄,伟哉！大哉！

参考文献：

[1]　中国大辞典编纂处:《国语辞典》,商务印书馆,1937—1944。
[2]　中国大辞典编纂处:《汉语词典》,商务印书馆,1957。
[3]　中国社会科学院语言研究所词典编辑室:《现代汉语词典》,商务印书馆,2005。
[4]　张志毅、张庆云:《词汇语义学与词典编纂》,外语教学与研究出版社,2007。

书 评

一本英文版的古汉语著作
——《古汉语语法四论》

《古汉语语法四论》的作者是 Christoph Harbsmeier，他的中国名字叫何莫邪，取意于"《诗》三百……'思无邪'"。他毕业于牛津大学中文专业，1981 年获得博士学位，同年年底在丹麦出版了英文版新著——Aspects of Classical Chinese Syntax，即《古代汉语的一些句法问题》。原书是斯堪的纳维亚学会亚洲学专题丛书第 45 种。当作者把这本书的大部分清样送请吕叔湘先生审阅的时候，吕先生便根据书的内容，给他题写了新的书名——《古汉语语法四论》。这是一本很实用的汉语著作。

《古汉语语法四论》共 303 页。书的前面有自序和导言。书后附有：（一）参考文献 152 种（包括作者本人的 4 种）；（二）引例书 47 种，每种书都有缩写和全称对照，其中大部分是先秦两汉的书，如《书经》《诗经》《左传》《论语》《史记》等等；（三）专名索引，其中包括人名、书名、虚词等；（四）用丹麦文写的内容提要。书的正文分四章：

第一章，讲否定句。首先讨论了动词、静词和否定句，其次讨论了用于祈使句的否定词（如"勿、毋、无"），最后讨论了用于过去时的否定词"未"以及用于否定句句末的语助词"矣"。

第二章，讲数量的表示问题。这一章的内容最多，共七节。第一节讲表示周遍数量的词"兼、遍、偏、周、泛、悉、尽、共"，附带一小节"两"。第二节是第一节的续写，讲"皆、各"。第三节讲表示数量有无的词"或、有、'有……者'、莫、无"。第四节讲表示数量关系和比较级的词"于、所、多、鲜"，附带一小节讲表示最高级的词"至、最、莫"。第五节讲表示专限数量的词"专、独特、徒、直、唯、维、惟、祇、啻、仅、而已、耳"，附带一小节讲语助词"亦、又"。第六节讲表示泛指数量的词"凡"。第七节讲表示有一定范围的表多数的词"诸、群、众"。

第三章，讲代词。第一、二节讲反身代词"己""自"。第三节讲疑问代词"谁、孰、奚、何、安"。第四节讲泛指代词"者"和具有领属性的代词"所"。

第四章，讲条件关系。第一节讲让步句及表示让步关系的"纵、虽、若"。第二、三节讲表示条件关系的"若、如、则""苟",第四节讲违反事实的假设词"使"。

总之,《古汉语语法四论》不是讲理论语法,而是讲实用语法。注重实例分析。每章每节在一段简短的论述之后,便举出一些例句。全书一共分析了1320多个典型例句。每个例句都先引汉语原文,再译成英文;每个例句后面都用缩写字头注明出处;对有的例句还加以说明解释。

因此,操英语的人,在学习现代汉语之后,再读这本很实用的、启蒙性的古汉语著作,对提高汉语水平,大有裨益。这本书的编写体例,对我们编写供外国人用的《古汉语读本》有一定的参考价值。

当然,读这本书还不可能弄通古汉语所有的常见问题,因为书中还没有讲到判断句、被动句等句法问题,更没有涉及词类活用等词法问题。

我曾将其中的例句,用最佳版本一一核对校正一遍。现在看来,还有一部分例句跟最佳版本有出入。如第1章第2节例(4)"且比化者无使土亲肤于人也独无恔乎"(《孟子》第2篇第7节),其中的"也"应改为"心"。第1章第3节例(7)"若令桀纣知必国亡身死殄无后赵……"(《吕氏春秋》第7篇第4章)其中的"赵"应改为"类"。此外,书中对某些例句的翻译和说明,也有不妥之处。但是,这些都是瑕不掩瑜的。

(原载《语言教学与研究》1986年第3期)

读《汉语口语教科书》*

在 10 万外国人学汉语的大潮中,五光十色的教材层见叠出。其中令人瞩目的一部是《汉语口语教科书》。

这部教材是莫斯科大学亚非学院汉语专业的中级教材。由科学出版社(莫斯科)1983 年出第一版,1988 年再版,720 页。

这部教材的作者是谭傲霜女士,她 1954 年毕业于北京大学新闻专业,现为莫斯科大学汉语教研室副教授,语言学博士,世界汉语教学学会理事。她既有良好的汉语和俄语的素养,又有良好的语言理论修养和丰富的汉语教学经验。因此具备编出一部高水平教材的条件。

该书的第一版和第二版都分成 4 个单元:一、中国人的几个风俗习惯;二、访问中国;三、出国学习;四、在国外。4 个单元共 12 课,每课又包括 4 个部分:甲,课文;乙,注释;丙,作业;丁,本课进程和作业分配,后附测验。

每课课文都有 3 个特点:

(1) 不论是叙述体,还是对话体,都有较强的口语特色。在对话体课文中,作者选择了买东西、看病、郊游等会话题材,而且编入了大量系统的套语,如打招呼、相识、告别、邀请、委托、请求、致谢、致歉、称赞、祝贺、指责、遗憾等方面的用语。

(2) 具有较强的实用特色。如第八、九课"出国前后"(上、下)包括"办出国手续、行李过磅、送行、出示证件、检查行李、到使馆去"等内容。

(3) 具有中国国情特色。如"天干、地支和属相""阳历和阴历""籍贯是广东""到中国讲学"。

注释部分包括:(甲)生词,(乙)固定词组,(丙)范句(汉俄对照),(丁)语法词义辨析。

作业部分的特色是:

(1) 用足够的量保证精粹的知识转化为熟练的技能,如第一课作业量竟有 198

---

* 谭傲霜:《汉语口语教科书》,科学出版社(莫斯科),1983 年第 1 版,1988 年第 2 版。

题(项)。

（2）作业是多层面的：语素、词、词组、句子、句群。这个多层面的作业正是语言体系的整体反映，缺一便破坏了语言体系的整体性。

（3）作业形式尽可能丰富多彩。有：填空，用近义词代替，用课文中的生词、词组代替，造句，完成句子，改写句子，翻译句子，课文中的语句和说话格式复习，分析课文中的语法和词义，选择正确的答案，配上反义词，配上宾语，提问题，回答问题，启发性问题，组织小对话，说话练习。

（4）作业的词语、句型练习循环及重复率适量。循环及重复过多或过少都不符合记忆训练规律，只有适量，才能取得事半功倍的效果。

该书的第二版比第一版有许多改进。

根据作者在两版之间这几年内对汉语功能句法的研究心得，对"语法词义辨析"中的一些疑难课题作了新的辨析。有的全部翻新了，有的部分改变了。如："把"字句的用法，"要"与"会"的区别，句尾"了"的用法，结果补语"成"的用法。

根据作者对语义语调的进一步认识，修改了对"范句"的逻辑重音的处理，使汉语句(原句)逻辑重音所传递的说话人的意图和俄语句(译句)所表达的意图完全一致。课文中的逻辑重音和断句方式也有所修改，使说话人的意图更加明确，达到比较理想的修辞效果。

每课结尾的"本课进程和作业分配"全部做了修改。速度放慢，作业分配放宽。这样有助于学生更稳固地掌握学过的东西。

此外，对汉字和拼音上的一些错误，也作了订正。

以第二版而论，这部教材有3个做法对第二语言教学富有启发性。

1. 如何进行词汇教学？

每一课都把词汇教学放在首要地位。"难怪人类语言被称为词的语言……词应当看作是基本的单位，其他所有的语言单位(如词素、成语、某些语法结构)都这样或那样地决定于词。"(А. И. Смирнцкий, *Лексическое и граммати ческое в слове*, вкн., *Вопросы граммати ческого сторoя*, 1955, стр. 11)每一个词都是一个微观的语言世界，都是一个微观的文化文献。因此，词汇教学是第二语言教学的关键。

作者尽量避免原子式地孤立地学习单词，而是按语义聚合关系，使学习者学习一个语义子场的一个词群。如表示时间的副词词群"从来、一直、始终、总是、永远"，表示估计的副词词群"大概、恐怕、也许、可能"，不定人称代词词群"人家、有人、别人、大家"。这样一口一口地吃饭，总比一粒一粒地吃饭，益处多些。

还是为了避免原子式地孤立地学习单词，作者又特别注意按语义结构的组合关系,使学习者学习活的线性词组。这些词组都是包括课文中的生词在内的常用词组,多半具有较强的口语色彩。如"没关系、没什么、无所谓、随你的便、不在乎、谈不到、算了"。如果从第一语言俄语(这里简称 L_1)和第二语言汉语(这里简称 L_2)关系的角度看,这些词组可以分成 3 类:

(1) 在 L_2 里是词组,而在 L_1 里是一个词。如:

报户口——прописаться

爱开玩笑的人——шутник

文化程度——образование

客气点——повежливее

年纪轻——молодой

(2) 在 L_2 里是一个词,而在 L_1 里是一个词组。如:

差不多——примерно одинаковый

过奖——спосибо за комплимент

(3) 在第二语言和 L_1 里都是词组。如:

填履历表——заполнять анкему

婚姻状况——семейное положение

依靠……供养——находиться на ньем иждивение

跟……客气——говорить из вежливости

以 L_1 和 L_2 为双因子参照数来学习相关的词组,熟悉习惯搭配,对习得活的线性言语,对训练言语技能的实践来说,是很有效的做法。

在词汇教学中,作者特别注意 L_2 和 L_1 的语差。这部教材的特点之一,就是不仅注意 L_2 和 L_1 的对应词的等值的一面,而且特别注意另一方面——区分其间的语差。如关于年龄方面的词语,一方面介绍了两种语言共同使用的一组词"年轻——молодой/老——старый",另一方面又交代了其差别:汉语的"年轻/老"只适用于青年人、中年人、老年人,不适用于小孩儿;此外,汉语还有"大/小"一组词,且适用于任何年龄段,比"老/年轻"更具有相对意义。而俄语就没有跟"大/小"在语义、用法上等值的词。要知道,L_2 学习的重点,正是在语差上。

作者不仅注意 L_2 和 L_1 的语差,而且更注意 L_2 内的同义词语或近义词语的辨析。如果不能掌握 L_2 内易混单位在词汇义、修辞义、语法义、语用义上的差别,那么便不可能学会纯正的 L_2。正因为如此,所以教材的每一课中都有"词义辨析"。总的看来,其辨析常遵循 5 条原则。

（1）辨析的对象,是从语义子场中选择最有用的词群。如"搬/迁移","刚、刚才、刚刚/才","才/只"。

（2）辨析的单位,不是义位,而是词位。如不是用"搬"的 2 个义位（"移动""迁移"）,而是用"搬"这个词跟"迁移"比较。这样,便于 L_2 学习者在初学阶段从整体上掌握一个词。

（3）辨析的项目,是多维的。同义词的差别是表现在多方面的,而对于一组具体的词,辨析的项目又有所侧重。如说"搬/迁移"主要差别有 3 点:①词义的重点不同,②所带宾语及搭配的情况不同,③用于口语和严肃场合不同。

（4）对 L_2 的词义辨析,尤其注意适量的原则。既不能详细过度,令人陷入 L_2 的迷魂阵,也不能简略过度,令人误以为 L_1 和 L_2 的对应词是等值的,以致用错。作者掌握着学习者的能力和知识的正常负荷量,辨析大多掌握着简明扼要的准则,且使用 L_1 的词作辅助注释。如对"以后/然后"先分别解释意义,接着说"以后"的不同用法相当于俄语的 через、после того、как 或 когда,"然后"相当于 a потом;"以后"总是用在逗号前面,"然后"总是用在逗号后面。言简意赅。

（5）对 L_2 的词语辨析宜用"分解式"。对 L_1 的词语辨析,经常允许从聚合关系中找出一个 S 词作为被释词 A 的语义特征的代表,而对 L_2 词语辨析时则宜将 S 词分解为一个由一些最常用词组合的、易于理解的词组。如"啰唆",《现代汉语词典》注为"(言语)繁复",而这部教材则把"(言语)繁复"分解为:"写文章或讲话不必要地长或多",这样就便于学习者理解、掌握。

2. 如何进行句子教学？

这部教材在每一课中都把句子教学放在主干地位。如果只了解静态的、孤立的词以及语法的空架子,那么还不能组合出符合汉语习惯的处于动态的句子。而关于汉语句法,在使用非汉语的人们之中又有两种错误认识:一种认为汉语句法过于简单,甚至认为没有句法;另一种认为不可捉摸。因此,从实用和理论两个侧面说,句子教学都是汉语口语教学的具有生机的主干部分。

这部教材从无限多的句子中筛选出一定量的"范句"。范句不是无穷无尽的言语句子的任何个体,也不是有限的语法模式的语符列,而是课文中单词、词组和语法间的桥梁,是由给定的词组成句的有信息的习惯框架,是常见的词、语义在句法层级上的典型组合。其典型作用,就在于启发学习者对类似的汉语句子的内在的理解和生成能力。

范句不能过少,应该给出一个有效的量。在教材中,第九课给出 57 个范句,是最少的;第十课给出122个范句,是最多的。从第一到第十课,总共811个范句。

教材注意常用句式的变化,特别是同义句式的变化。先用给定的常用词造出一种句式,然后用替代、移位、添加、删除等手法造出表层结构各异的句式,如果是同义句式常放在括号里。如跟"年、年纪、岁数"相关的句式有20多个:

我已经不年轻了(不是年轻人了)/我岁数已经大了/李先生是个上了岁数的人/我老了(我年纪老了)/你已经不小了(你年纪不小了)/……他们岁数(年纪)相同(他们同岁)/他比你小(大)/……二十岁满了没有?(满了二十岁吗?)

教材注意常用句式的辨析。有些句式,对于 L_1 的掌握者来说,运用自如,习以为常,无须辨析,而对于 L_2 的学习者来说,却扑朔迷离,时常用错。这些常见的错误,就是辨析选择的出发点和依据。这样的辨析,才是有的放矢,才能产生实效。如对学过初级汉语的俄罗斯人来说,对"避免/免得"造成的句式还常区分不开。因此教科书便在第二课从分布的位置、结构特点、搭配组合、风格色彩等方面,进行了简明扼要的辨析。

3. 如何进行会话教学?

编者认为:会话技能是包括语音、词汇、句子、语义、语法、语用的综合技能,也是 L_2 口语教学的最终目的。会话不允许把活生生的语言变成公式化、概念化的一问一答,而是要求情节真实,合乎逻辑,特别是必须合乎汉语的习惯用法。因此,这是难度最大的训练。

怎样完成这个训练?

(1) 教材规定会话训练占总课时的40%。

(2) 作业部分的最后一项是"说话练习"。其习题从3个逐渐增加到14个。每一个习题中都规定会话的框架:场景、身份、题目、内容、情节、线索、必须使用的语句。这样才能把学习者的思路、语言的线性走向纳入汉语的逻辑和习惯轨道,达到语言规范化的目的。做到"宁可说得少些,但要说得好些",不要一味追求流利而染上一大堆语病。

(3) 在做"说话练习"之前,必须完成下列准备练习:

① 练习对译课文。

② 反复使用说话格式中交际用途较广的语句。

③ "在这样场合下你应该怎么说"的问答练习。

④ 反复练习课文、说话格式和范句中的用几种符号标明的词语间的停顿、逻辑重音,反复听录音中的节奏、语义重音、语调。

（4）学习者两人一组，在课外做好上述准备，上课时在老师的辅导与配合下进行一系列对话。或者把对话体改成叙述体，由一人叙述。不断强化学习者的语言信息输入、分析、扩展、组合、重建、生成、输出、反应、表达等各种技能。在 L_1 的环境中调动各种 L_2 交际手段，使各种交际性会话更见成效。

L_2 和 L_1 的习得是有很大区别的。从 L_1 到 L_2 的转移效应，除了以教学环境、老师、学生为参数以外，还有一个重要参数——教材。而教材本身又有近百种参数（包括语言的和非语言的）。其中，以语言体系为主要参数，即以语言体系为本位的教材，是消极教材。而谭傲霜副教授的《汉语口语教科书》则是积极教材——以 L_2 的学习者为本位，以交际实用为指导原则，以交际情景化结构为单元框架。它尽力介绍言语的使用规则、实用知识，以期使学习者尽量利用母语的正迁移作用，尽快结束过渡语，尽快掌握目的语。因此，这部教材选择的语音、词语、语义、语法、语用及其正误诸参数，特别是平行同义手段各参数，都是适合 L_2 习得的聚合和组合单位。

这部教材也不是无瑕可摘的。如"十二宫"等极少数非语言参数，似乎不宜选入中级汉语课本。少数平行同义表达手段的辨析似不够准确。如说"迁移……后面不能跟着宾语"(38 页)。又如在辨析"不如/没有/不像"三种句式时说："句子最后的形容词如果是褒义，像'高''漂亮''聪明''好'，'不如''没有'和'不像'三种句式都可以用；如果是贬义，像'矮''丑''笨'和'坏'，只能用'不像'句式。"(104 页)有些错字没有校正，如"月中是月亮最园的时候"，"月亮从正园到正园大约要二十九天半的时间"(124 页)。当然，比起整部教材来，这些小毛病实在是大醇小疵。

（原载《世界汉语教学》1993 年第 1 期）

喜读 A. Л. 谢米纳斯的《现代汉语词汇学》

1992年末，我十分高兴地读到了莫斯科出版社刚刚出版的 A. Л. 谢米纳斯的散发着新鲜学术气息的《现代汉语词汇学》(1992年3月25日付印，9月初发行。为简便，以下称"C 书"。)

A. Л. Семенас(谢米纳斯)60年代留学北京大学中文系。回国后，师事著名语言学家、语言研究所所长 В. М. 宋采夫教授，获得语文硕士学位，现为俄罗斯科学院东方研究所（拥有900人）语言部（有50多人）汉语言学专家，是女星璀璨的俄罗斯语言学界的又一新星。

当我读完并合上这本成熟之作的时候，不由自主地回想起她的长期的学术奠基活动。

在实践上，她是从三个方面奠基的。首先，来中国学习5年汉语；其次，从关于汉语的各种辞书（约近40种，据 C 书所列文献目录统计，下同）中，特别是从现代汉语口语中收集了比收入辞书中更为广泛的词汇、语义材料，仅用于本书中的就有3800多个实例（含语素、词、词组及句子）；再者，她多年以主力的身份参加东方研究所几代专家编纂的4卷本的《大汉俄词典》。编纂辞书，对于词汇学家和语义学家，正如调查方言对于方言学家一样，是必不可少的基础工作。编纂辞书的实践，迫使你在更深的层次上熟悉词汇学（狭义）、语义学、构词学、语言史等等丰富多彩的言语和语言世界。词汇学和辞书学互为条件、互为动力地发展着。正是《大俄汉词典》长期编纂的实践为她的成熟之作打下了坚固的实践基础。

在理论上，她主要是从三个方面奠基的：首先，她攻读了俄文、中文和英文版的普通语言学论著（仅列在文献目录中的就有20种），普通词汇学和语义学论著（50种），俄、英、法、日等个别词汇学和语义学论著（35种）；其次，她攻读了俄、中、英文版的汉语总论（10种）、汉语语法修辞（26种）；再者，专门攻读了俄、中、英文版的汉语词汇学和语义学论著（85种）。为了补足书本的不足，1987年她曾来中国作为期一年的专题学术访问。曾访问了孙常叙、周祖谟、刘叔新、符淮青等在词汇学方面颇有建树的学者。

她的实践和理论准备渐臻成熟。从1973年至今,她在世界著名学术刊物《语言学问题》(俄文版)等书刊上发表了10多篇有关汉语语言学、词汇学、语义学等方面的学术水平较高的论文。因此,C书是水到渠成的研究成果。

C书共有280页。正文前有编辑 Б. 郭洛捷茨博士的评介和作者的引言。正文后附有英、中文"概要"。最引人注目的是俄、中、英文参考文献目录,内含1841—1988年间的275种:国内的125种,其中20世纪70—80年代的占73%多;国外的150种,其中70年代的只占6%多,80年代的占70%。由此可见,作者密切注意学术动态,特别是近十年的国外动态,而且C书的内容也敏锐地反映了国内外汉语词汇研究学术前沿的新成果。足见她受过良好的科研训练,有着优秀的科研素质。

C书的正文252页,分4章。

第1章,汉语词汇研究的系统——结构观。1.1节,词汇系统的描写原则,单位和关系是词汇系统的基础。1.2节,中国的词汇研究。1.3节,汉语词汇系统的基本单位(первичная лексема——初始词汇单位,комплексы——综合体[以上术语皆C书自译],成语)。1.4节,现代汉语词汇发展的几种趋势(三音节增多,附加法进一步发展)。

第2章,词汇——语义聚合问题。2.1节同义词的6个问题。2.2节,反义词的5个问题。2.3节,词的上下义关系。2.4节,语义场。2.5节,多义现象,词素义。2.6节,成分分析,以视觉语义场为例。

第3章,词汇综合体及其组合结构。3.1节,结构形式模式(……复合法的语法描述和构词结构,名、动、形的模式,模式描述)。3.2节,结构语义模式(语义组合结构描写原则,复合词组成成分之间的语义概况、描写)。

第4章,汉语词典和现代汉语词典编纂法问题。4.1节,汉语词典的类型及概述。4.2节,复合词在词典中的反映。4.3节,系统关系在词典中的反映。4.4节,词典对词的描写的非同一样式。4.5节,语法信息的形式。4.6节,在翻译词典中词汇非等价问题。4.7节,汉语词汇语义分类纲目。

现在,可以把C书的内容从以下几个方面进行比较:

1. 比起欧美,苏俄的词汇学在语言学中一直处于显赫地位。随着语义学的引进和发展,两个学科互相促进,词汇学和语义学专著在20世纪70—80年代出版了100多部(据我所知),而且两个学科出现互相渗透的趋势。如莫斯科科学出版社1974年出版的阿普列祥(Ю. Д. Апресян)《词汇语义学》。实际上高等教育出版社1982年出版的诺维科夫(Л. А. Новиков)的《俄语语义学》的三个主要部分也是讲的词汇语义学。该社1989年出版的第2版的库兹涅佐娃(Э. В. Кузнецова)的《俄语词汇学》(第 1 版有中译本,共 2 编 9 章)分三个部分 14 章,都贯穿着语义学内容。C 书就是在这样一个学术背景下,吸收了词汇学和语义学的双重营养孕育诞生的。这一特点,在 C 书的主体章节中(第 2、3 章)表现得最明显。

2. 在明星满天的苏俄词汇学界,汉语词汇学专著寥若晨星。除了几本专题专著(如 1958 年出版的 Ю. В. Рождественский 的《汉语语法史中的词形概念》)以外,概论性的专著当推功勋科学家、权威汉学家 В. И. Горелов 教授的系列汉语著作之一的《汉语词汇学》(莫斯科,1985 年)。该书是写给汉语专业高年级大学生的教科书或参考书,以简明、通俗见长,而 C 书是更高层次的概论性的学术专著。它不仅是苏俄的第一本,而且也是世界上罕见的带有新鲜、浓厚的学术气息的汉语词汇学专著。

3. 中国自 50 年代以来,出版了几十部现代汉语词汇学专著。专题性的除外,概论性的有代表性的有 4 部:孙常叙教授的《汉语词汇》(吉林人民出版社,1956 年)具有开创之功,创获颇多;周祖谟教授的《汉语词汇讲话》(人民教育出版社,1959 年)简明扼要,由博返约;符淮青教授的《现代汉语词汇》(北京大学出版社,1985 年)长于词义分析;刘叔新教授的《汉语描写词汇学》(商务印书馆,1990 年)长于词汇组织(即系统)描写。前两本是属于传统词汇学范畴的,后两本是向现代词汇学靠拢,并基本属于现代词汇学范畴。谢米纳斯从上述著作或作者那里,也从其他专题论文里吸收了营养,着力用现代词汇学和语义学的理论、方法总结、发掘汉语词汇、词义的结构规律:

(1) C 书的第 1 章就旗帜鲜明地提出"汉语词汇研究的系统——结构观",在全书结论中再次总结了汉语词汇系统问题,全书的主体也用系统的观点统率:第 2 章和第 3 章的聚合问题(特别是语义场问题)和组合问题(特别是所谓"综合体"的结构问题)。在系统论指导下的这一双向研究结构在汉语词汇概论中还是一个新的尝试,是一个具有统摄意义的新框架。

(2) C 书把传统的"构词法"放在第 3 章的组合结构中阐述(见 3.1——3.2 节),分别总结、描写了名词、动词、形容词的构词模式,并归纳出构词的语法模式与语义模式。这是一种创获和革新。

(3) 传统词汇学把词义视为浑然一体,现代词汇学和语义学把词义分析为义位、义素、语素义等不同层级的单位。C 书用这种新的科学观点,对汉语的词义及其相互关系进行语义成分分析。如 2.1.4 节"汉语同义词的几个特点"中对"重要/主要/首要"(69—70 页)、"注视/凝视"(71 页)、"边疆/边境"(72 页)的分析。2.6 节整节都是以视觉语义场为例进行语义成分分析。

(4) 传统词汇学惯用定性分析,现代词汇学则兼用定量分析,使定性精确化、规律化。

C 书的 3.1.1 节"几个数量述评"是在结构形式模式中,分析汉语词汇的 1、2、3、4 和 5 个音节以上的词在一定词汇范围内所占的数量及百分比。

C 书的 3.2.1 节"复合成分之间的语义概况"列举出词汇综合体(лексичские комплексы)语义组成成分之间的横组合关系 52 种。这些语义关系取决于其成分的排列次序和结合方式。这 52 种关系和数量引出一个质的导向:某些综合体应归为复词,而不能归为词组。

C 书多处使用现代语言学惯用的分布列表法。C 书的表中或用"＋、－",或用阿拉伯数字表明语义成分或性质"存在""缺乏""程度",把弗·培根的"三表法"统一于一表,把归纳与比较的结果量化为一览醒目的形式。

总之,"作者在很大程度上遵循了莫斯科语文学派的原则"(该书编辑 Б. 郭洛捷茨基博士语),运用现代语言学理论对现代汉语词汇的许多现象作了比较系统的、深入的、清楚的分析。该书对国内外汉语研究者有较高的参考价值。即便是概论性的书,也是各有侧重的。要找出 C 书的不足,难免有求全责备之嫌:其一,C 书对汉语词汇结构系统的描述,视角、方法新,材料、事实不太新——有些新的,但应有更多新的。论证词汇的系统性,是世界性的难题。突破这一难题的关键,已经不在理论,而在发掘事实依据。从这一角度说,刘叔新教授的《汉语描写词汇学》比 C 书有更大的突破。其二,对语素义和义位之间的种种关系的研究还不够深入。从这一点上说,C 书比符淮青教授的《现代汉语词汇》逊色。其三,在第 3 章组合结构中,没有设立专节阐述组合义的各种问题(包括语流义变)。其四,有些例子不合时宜。如 C 书的 31—32 页的"破四旧""立四新""四大""1)大鸣,2)大放,3)大辩论,4)大字报"。这些例子带有过时的、浓厚的政治色彩,并且已为现时的法律和舆论否定。最后要声明一点,对一位外国友人写出这样好的一本《现代汉语词汇学》,上述意见可能有点吹毛求疵,希作者和读者原谅。

(原载《世界汉语教学》1994 年第 3 期)

《明清敬谦语研究》读评*

2010年9月16日,收到刘宏丽寄来他的专著《明清敬谦语研究》。因为我有终生学习的观念,有每日读新书的习惯,所以便急不可待地读了起来。版权页上印着:中国社会科学出版社,2010年8月第1版,251千字。封面内折页印着"作者简介",由此便把我的记忆拉回到16年前。

1994年9月,黄海一隅胜似春光,宏丽升入研二,到了确定学位论题的时候了。她本科学的是英语,虽然汉语文字学的底功不如学中文的,但是她有通向外域的工具。我倒喜欢带这样的学生,因为我在汉语圈儿里属于洋务帮。如果让这样的学生搞出短平快成果,就让她做英汉对比;但是为了让她夯实汉语基础,她的学位论题还是定为现代汉语敬谦辞研究。

一年多,学位论文完成了。她在时代性和民族性纵横双向考察汉语敬谦辞之后,给出了现代汉语敬谦辞坐标系。在定点、定位中,从多方面剖析了现代汉语敬谦辞:界说,类别,聚合,组合,特点,产生,语用。论文的学术性较强,语料很丰富。论文后来又增加了许多有趣的材料,经过多次修改,于2001年正式发表,引起学界的关注。

几年后,这一研究又推进到了历时和共时相结合的研究,这就是她在山东大学的博士论文——《明清敬谦语研究》。因为有坚实的基础和长期的准备,所以博士论文就更加厚重。特别引人注目的是:

1. 明确地阐述了敬谦语鉴定的主要标准:语素准则,义素准则,俗约准则。详细地解析了敬谦语的七个主要特点:民族性,时代性,情态性,语用方向性,语境依赖性,达意可替换性,不平衡性。这些提法,都是敬谦语研究的前沿成果。

2. 清晰地建立了明清敬谦语的五级分类体系:第一级分出有声话语敬谦语系统和无声敬谦语系统,第二级分出有声中的称谓性敬谦语系统和非称谓性敬谦语系统,无声中的体态敬谦语系统和书写格式敬谦语系统,尤其是第三级的语汇性质的

---

* 刘宏丽:《明清敬谦语研究》,中国社会科学出版社,2010。

敬谦称谓和语用敬谦称谓手段,更能反映出作者的独到见解。

3. 建构了敬谦语的六个组合规则:同素规则,互补分布规则,顺序规则,方向同一规则,态度同一规则,语体同一规则。这些规则,各有不等的覆盖面,都是成立的,而且很少见于中外语言学著作。

4. 阐释了明清敬谦语的三方面文化内涵:文化源头、文化思维走向和文化特点。这些内容丰富了文化语言学乃至宏观语言学。

5. 语料丰富。论著参考了古今中外理论书籍250多种,敬谦语语料书籍60多种。书中引用敬谦词语近2000条。从时间跨度上看,最早的语料有甲骨文,较晚的语料有齐白石、老舍、茅盾、王力等。

6. 敬谦语理论和明清敬谦语史料处理上,匠心独运。既有"以论带史",也有"论从史出",更有"寓论于史""史论结合"。

出版的书稿,比博士论文送审稿,又有许多改进:内容扩展、充实了,语料更丰富了,引文核实得更准确了。

客体世界、主体世界和语言世界等都在不停地前进,因此该项研究还有新的空间:还需要充分运用已有的汉语史语料库,更应该自建一个专题语料库;宋元及其以前的敬谦语断代研究尚须展开,以便获取汉语敬谦语的历史全貌。微观研究有待进一步细化,例如书中对敬谦语聚合规则、组合规则只总结了六个,还可以增加两三个。

总之,该项研究进行了整整16年,可谓厚积薄发。其成果对词汇学、修辞学、语用学、文化学、社会语言学等多种学科都具有理论和实践意义。同时,运用上述多学科理论,对敬谦语的基础研究和断代史研究都有多方面推进。

(原载《鲁东大学学报》2011年第4期)

怀念吕叔湘先生

吕叔老——甘做人梯,光前裕后

吕老叔湘,不仅是莘莘及门学子的鸿师,更是芸芸拜门弟子的硕彦。如果某些名家是著作等身的,那么吕老自己的著作再加上为他人审订的著作,至少是几倍于身。从王力先生的《汉语史稿》《古代汉语》,到外国一些汉学家和博士的专著,以及国内后学的习作,岂止数百种,都有吕老的真知灼见潜在那字里行间。他甘愿做铺路石,做人梯,因此,他卓尔不群地矗立于当今学界。

我忝列拜门受业,自觉饱尝了吕老的春风夏雨般的教诲。

25年前的春天,我在吉林大学中文系语言专业四年级读书时,写了一篇学年论文《确定同义词的几个基本观点》,3.5万字。当时想把这篇冗长的拙稿寄给吕老审阅。但又想,吕老是学界泰斗,年高事繁,怕无暇分神。后来还是贸然写了一封求教信,将拙稿寄了去。不久,我便接到了吕老的挂号邮件。打开一看,令人喜出望外,不仅审了摘要,而且审了全文,逐页在眉端、行间加了许多工整的批语。其中有的是改了错字和标点,换了用得不准的词儿;有的是予以溯源、正名,深化论点,提供论据,提示论证方法;有的是删去一些废话,乃至一些不必要的节段;有的是指出前后文的矛盾。不管是同一页上的矛盾,还是相隔几页,十几页甚至二十几页的矛盾,都没有躲过吕老一丝不苟的慧眼。更令人感动的是,吕老还一一订正和润色了拙稿中的外文引文和译文。比如稿中将一个苏联语言学家的名字写为Лефрмаский,吕老眉批:"ф、р之间应有о。"拙文还举过这样一对例子:кресмьяне/кресмьянемво。吕老眉批:"论述的是前缀,而举例确属后缀问题。"此外,还在一些译文旁边加上:"这种译文不好懂。"吕老的批语前后用了四种笔:铅笔、红铅笔、蓝铅笔、圆珠笔。由此猜想,吕老没有整段空闲时间,不能一口气审完那80多页的手稿,只好时断时续地、一部分一部分地读。这正如他后来在信中所道出的甘苦:"来信、来件、来访太多,大会小会也没个完,虽有间隔,仅可喘息,甚以为苦。"在忙不及履,饥不及餐的时候,能分出那么多时间给嗷嗷待哺的雏鹰,令人怅触至深。更使我受用终身的是,吕老那严谨的治学态度。按照吕老的指点,我把稿子修改了几遍,一直到我读研究生时才抛出发表,后来有幸被一些名牌大学复印作为研究生的参考资料。是吕老点铁成金,使一篇习作升华为学术论稿。

　　30年前,我还在读高中的时候,受当时的《语文学习》期刊中的"同义词例解""词义辨析"栏目的启发,开始照葫芦画瓢地给那家杂志写些小稿子。刚一上大学,便读了罗常培和吕叔湘先生合写的《现代汉语规范化问题》。文章说:"一部小型的同义词典在澄清目前词汇使用方面的混乱将有很大帮助",这就引起了我编《同义词典》的想法。21岁那年,我居然写完了词典的初稿,商务印书馆同意接受出版。这对一个年轻人来说,确实是美好的开端。然而,随着批判"白专"、拔"白旗"、"反右倾"、"四清",不仅要"自我革命",而且要写"红色的书",词典中的例句被迫无休止地更换。经过七灾八难,好容易定稿,十年动乱又开始了。我带着词典的几个稿本和资料,转徙流离,素材多有散失。直到天下重归风平浪静,才勉强凑成一个小册子,转给上海辞书出版社。出版社请吕老作序,吕老欣然在春节的爆竹声中写了2000字的序言。在此之前,我已请我的导师孙常叙先生作了一篇序。吕老听说出版社对两篇序的安排有分歧意见,便给上海辞书出版社当时的社长束纫秋写了一封信。信的后一段是这样写的:"孙先生学问渊博,是著者读研究生时的导师。我和著者认识在后,也未曾对他有过多少实质性的帮助,不能和孙先生相比。如果只能用一篇序,应当用孙先生的,不用我的,不可计较虚名以作取舍。"甘做人梯,且谦逊之至,感人肺腑。

　　前年,由我爱人张庆云编著,我审订的《汉语反义词词典》(72万字,齐鲁书社出版)即将杀青的时候,我们把"凡例""体例样稿"近百页送请吕老审定。这时吕老虽然已经辞去语言所所长、《中国语文》主编等许多忙差,但是来信、来访、来聘顾问等有增无减,应接不暇。就在这一日万机之中,吕老还是逐字逐句地审订了体例,亲笔抄清一张体例标准样稿,并写来具有实际指导意义的复信。信中嘱咐我们:"细看样稿,觉得在安排上还可改进。词典这东西,要想种种办法压缩篇幅,用尽量少的篇幅容纳尽量多的内容,因此可删则删,可并则并。太生僻的不收。如'瘦瘠'似为生僻,且见字明义。'不食'非常冷僻,连《辞源》都没收。切忌以多为贵。切忌搞形式主义,不避重复。"根据吕老的指教,我们将《词典》大大地压缩了篇幅,调整了体例,提高了质量。出版后,受到香港三联书店和一些大中小学教师的好评。

　　也是前年,张庆云要开语法专题课,以吕老的《中国文法要略》为教材。我们不知道怎样讲效果更好些,又写信请教吕老。吕老旋即回信:"我希望你讲课采取这样的办法,学完一节要求学生找反面例子。反面例子有的有可解释(解释包括方言),这就等于对原书作了补充。有的无可解释,但少见,这可以作为'例外'。如果反面例子不少而又无可解释,那就说明原书的说法有问题。这样教学,学生学会动脑筋，一生受用。教课最怕是像把泡沫塑料泡在水里，考试等于从泡沫塑料里挤水，水还是原来的水。"按此办法，获得了很好的效果。

1980年暑期，吕老去青岛疗养，我从烟台专程去看望先生。先生问我的《同义词典》是否已经定稿，搞没搞新的课题，并说如果有新的论文或成果，可以寄给他看看；又询问了教学情况，甚至谈到了写作课的教法。先生已年逾七十，头脑仍然条分缕析，话题仍旧情真意切。

1985年中秋刚过，吕老从上海的一个出版计划会拔出腿，又转到烟台《大百科全书·语言卷》定稿会。由师母陪同，住在芝罘宾馆。吕老一到就给我们打来了电话。见面后，吕老详细询问我们《反义词词典》的定稿情况，编写体例的修改结果。告别时，吕老一定让我们拿着他们从上海带来的月饼和茶叶，说这是享有盛名的上品，特意给你们带来的。情意真挚，好像我们之间已经从拜门师生变成了忘年交。以后几次见面，吕老对我的新课题，谈了许多真知灼见。这一年，吕老已年逾八十，脸上布满了岁月工匠的粗雕细刻，背也驼了，但与后学谈起专业课题和治学之道，仍是逸兴遄飞，令人如风春风，如雨夏雨。

25年来，吕老对我，有信必复，先后共复了36封信，每封信都是以其昭昭使人昭昭，他几乎每出版一本书，必赐赠一本给我，每本书的扉页上都亲笔题写："志毅同志指正。"这几个字，倾注了老前辈引导后生学步的匠心。

吕老甘做人梯的精神感人至深。雏鹰正学老凤飞，我逐渐模仿着：有青年求教的信（已有数百封），一定及时回复；有青年送审的书稿（已有几百万字），一定尽心尽力地拜读，一丝不苟地写出自己的浅见寡识，只有甘做人梯精神代代相传，一代学界才能光于前，裕于后。

1987年7月于烟台

星沉丰碑在——怀念吕叔老

吕老叔湘已经走了几个月了,作为拜门私淑弟子,我奉读着镶在习作上的吕老的批语、吕老讲学的笔记、数十封手教、十多本赠书,怀念之情日增一日,今日只得用笔寄托哀思。

一、老凤带着雏雁飞

三十七年前,在吉林大学,我升入语言专门化四年级(五年制),开始做学年论文。当时我已经能凑合着读点俄文,便用一些俄文书和《语言学问题》杂志的论文为指导,写成一篇习作《确定同义词的几个基本观点》(3.5万字)。指导教师说,我提不出什么意见,只好给你满分。求知若渴而未得滴水,于是便分别向几位老先生求救,其中最负盛名、一日万机的,当属吕先生,而唯一回信并批改习作的也是吕先生。对3.5万字的习作,吕老竟批改了三遍,铅笔、红铅笔、蓝铅笔、圆珠笔四种批语,总字数1000多,约略有8个方面:

(1) 改字、补字、换词。如"已"改为"已经","时"改为"时候",并示以"语体风格"。可谓以其清通使人清通。

(2) 改正俄文:在 оттенка 旁用蓝铅笔标上"原文是 оттенки",即为复数,意为"各种细微差别"。在 Лефрмаский(一语言学家名字)的上方眉批:"ф、p之间应有 о"。对"кресмьяне/кресмьянемво"的铅笔眉批:"论述的是前缀,而举例却属后缀问题"。由此可见,吕老批改习作之细,对俄语学习之精。

(3) 删削。常对习作有旁批:"近于废话""这种话似乎用不着""无谈的必要""诸如此类的话都是可有可无的""3.3节是题外话"。文贵简,以其简洁使人简洁。

(4) 准确。习作中常有不准的说法。吕老都一一点批:"说'同义词就是意义相近的词'就会产生这么严重的后果,是否有点夸大?看对'相近'如何理解。""前人所说音近义通是指字(词根)说的,不是指词说的,与同义词问题关系不大……"

（5）明确。在一些节段旁点批："这节论点不明确……""3.23节目的性不明确""似有无的放矢之嫌""意义色彩的差别与词汇意义的差别如何区分？"（4）（5）方面的批语力主炼字不如炼意。

（6）贯通。为使文意贯通，吕老点批出文意不合者多处："这话内部有矛盾……""35页的词义、色彩、用法三者并列，与26—27页的说法有矛盾。"即使相隔3000多字的方枘圆凿，吕老也能以其清晰的思想予以匡正。

（7）论证。吕老批示："此处应该多说几句""应该多举些例子加以分析"。他提倡，文以意为主，意贵透彻。

（8）译文。眉批有："这种译文不好懂""注意译文"。吕老认为，起码要做到"信、达"。

这篇习作经吕老多次点铁方能成金，升华出学术气，到1965年才敢发表。至今，有的学者认为它是该课题的少数代表论著之一。

1980年吕老把我的习作《同义词词典编纂法的几个问题》由2.5万字压缩到1.5万字。

1984年吕老给我们制定反义词词典体例，并写信忠告我们："词典这东西，要想各种办法压缩篇幅。"结果我们把100多万字的稿子压缩到72万字出版了。

老凤带着雏雁在科研天地里习飞，又在教学天地里习飞。1985年6月13日来信教导我们说："我希望你讲课采取这样的办法，学完一节要求学生找反面例子。反面例子有的有可解释（解释包括方言），这就等于对原书作了补充。有的无可解释，但少见，这可以作为'例外'。如果反面例子不少而又无可解释，那就说明原书的说法有问题。这样教学，学生学会动脑筋，一生受用。教课最怕是像把泡沫塑料泡在水里，考试等于从泡沫塑料里挤水，水还是原来的水。"我们按这种办法教了几遍，学生果然受益无穷。

二、冰城燃薪传火

三十五年前盛夏，吕老春秋方富，学术鼎盛，来到我的第二故乡哈尔滨讲学。8月19日在少年宫拉开了讲学的第一幕，讲演的中心是"青年语文教师的修养"。从"认认真真的态度"讲到教师特有的愉快享受，说他自己教了九年半中学，学生几千名，有的成为科学家、将军，路上遇见还得停车敬礼。从识字、写字讲到学语法修辞、读书、写文章、学古文、学语言学知识、教法及其他修养。千人大厅，座道无虚位,连门口也站满了人。间休的时候,我到台上去拜见吕先生。他关切地问我:"考研录取通知书什么时候拿到的?什么时候入学?跟孙常叙教授主攻什么方向?……"

第二幕便拉到了黑龙江省图书馆讲演厅,讲演的题目是"汉语语法分析的一些问题"。主要内容有:(一)什么是语法分析及其在语法研究中所占的地位,(二)语法分析的依据,(三)语法分析包括哪些问题,(四)语法分析的方法,(五)分类问题。边讲边行云流水般地写着英文人名和术语:Varro(罗马语言学)、Jespersen、Bloomfiled、Harris、Hjelmslev、Fries、exocentric(外向、离心)、endocentric(内向、向心)、interdependence(互依)、detamination(偏依)……间或写俄文术语,如 морфема 有形素、词素、语素 3 个意义。

曲高和寡,听这一讲的只有哈尔滨和长春几所高校搞汉语和外语的教师。和者越寡越是知音,吕老讲得更是逸兴遄飞。米黄色的西服裤,雪白色的衬衣,用考究的背带把前后裤线吊得笔直,手执着一支长长的白烟嘴儿,目光如炬,睿智过人。

第三幕在当年的哈尔滨师院礼堂拉开,讲演的题目是"评讲《一篇发言稿》",又回到雅俗共赏的天地,听众又骤增 1000 多人。从评讲中,教师学到了立意、尚质、谋篇、炼字、炼句、达意等等写作要略,也学到了评改学生作文的思路。吕老这位硕彦鸿儒,对语言学、语文学、中小学语文教学,龙虫并雕,以雅导俗,俗中生雅。

第四幕又拉回黑龙江省图书馆讲演厅,讲演的题目是"语法体系"。一共讲 4 次:第一次讲传统语法体系,从罗马体系讲起,主要讲"法兰西学院语法"和"俄语语法",并比较其异同。第二次讲改良主义体系叶斯柏森语法。第三、四次讲美国描写(结构)语法学派,也延及乔姆斯基的《句法结构》。

盛夏的冰城,正是避暑的好去处,而吕老却把彼时彼地变成忙于燃薪传火的良辰佳境。其嘉言懿行,令人铭感至今。

三、"序"外一波

十七年前,小稿《简明同义词典》即付梓,出版社说这本书用不着两个人抬轿子,只用吕先生的序,不必用孙常叙先生的序。孙先生当时正在整理《舀鼎铭文考释》等等近百万字的古文字论稿,中华书局正在催稿,在万机中赏给"文革"前我这唯一的研究生一点面子,分神赐序。不用孙先生的序,我回不了话,在无可奈何的时候,只好写信给吕老。见信后,吕老四处打听才弄清那位社长的名字,于是立即给他写了一封言真意切的信:"……孙先生学问渊博,是著者读研究生时的导师。我和著者认识在后,也未曾对他有过多少实质性的帮助,不能和孙先生相比。如果只能用一篇序,应当用先生的,不用我的,不可计较虚名以作取舍。"谦逊、甘做人梯的懿范溢于言表。写这等信,实在难为老先生了。可是也只有吕老的信一到,便贤圣就位,求仁得仁,尽如人意。

四、春风夏雨数十年

三十六年间,吕老赐信45封。信中有玩笑,有对人、书、事的褒贬,有多年的老话题——到烟台避暑,更多的是对我本科、研究生以及后来一些习作的指导。1988年10月29日来信说:"见示拟集散论为一书,甚好甚好。但书名《词的学问》,似过于违俗。鄙见可在《词和词典》与《语词论集》二者择一用之,以为如何?姑写书名,以供采择。如另有佳名见示,仍当濡笔为之,不辞拙陋。"此时已过杖朝之年,长者更润物细致,仁者更爱人以德。

吕老赐赠的书有10多本,在自己著作的扉页上都写上"志毅同志/庆云同志指正"。赠送《经籍纂诂》时写"惠存",并有附信:"我托朋友代购,不料买重了,现在拿一部送给你们,对你们编书也许多少有点用处。"又赠《语文学习讲座》多册,说"对你们教学或许有用"。赠译作《文明与野蛮》,扉页上写了一段话:"月初在烟台参加大百科审稿会,得与志毅、庆云同志晤叙,归来捡此一册奉赠,以为纪念。一九八五年十月二十三日。"那次是中秋刚过,吕老从千岛湖少儿语文百科规划会,经过上海来烟台的,特意给我们带来茶叶和月饼,并说:"这茶是天下第一茶西湖龙井,这月饼是上海正宗的稻香村月饼。"情真意切,芝宇间写满了忘年之欢。

雏雁久渴,喜逢春风化雨,"文革"中又沦落为一介遗野书生,辜负了雨露润物的情意。唯愿再习飞几年更上层楼,再告慰吕老的在天之灵。贤哲文德垂范后人,永惠后世,语界人梯,学海同钦,泽被众生,功在民族。星沉丰碑在,一座学术和人格的丰碑,巍峨的。

(原载《语文建设》1998年第8期)

序 言

序　言

《汉语词汇》再版序言*

恩师的大著《汉语词汇》,自1956年问世至今,已整整五十年了。这半个世纪,语言学以及词汇学日新月异,而硕士生、博士生及其导师、其他学者引用或转引《汉语词汇》的,有增无减。这说明《汉语词汇》在变量中有恒量,有经久难变的学理。学术研究一般都是在变量中寻求恒量,穷源溯流,占领旧高峰,攀向新高峰。

《汉语词汇》恒量中的学理有:(1)词的性质,(2)词的结构,(3)词义的性质,(4)词义的发展转变,(5)造词法,(6)现代汉语词汇的性质、形成、判别,(7)同音词,(8)多义词,(9)同义词,(10)近义词,(11)反义词,(12)方言词汇,(13)专业词汇和同行语汇,(14)外来语词汇,(15)基本词汇,(16)词汇音变。这些研究,在现代汉语词汇学历史上,都有开掘源头之功。因此,中国外语界泰斗王宗炎教授认为"孙是汉语词汇学的开路先锋之一"。(《汉语词汇学的新探索》,载《语文建设通讯》1998年10月)

草创的首功,更在于构建体系。全书把上述16个研究点,编织在首创的多层次体系之中:三纲(词,词汇,音变),九目(词的性质和结构,词义,造词法,词汇,词在词汇里的几种相对关系,几种特殊性的词汇,基本词汇,基本词汇的累积、传承和发展,词汇音变),三十三章,九十四节。

开创体系的业绩,在于分清轻重主次,确定主攻方向,瞄准要占领的高峰。16个研究点中有两个重点:"基本词汇",用了两篇,九章,106页,详论了现代汉语基本词汇的性质、推寻、核心、累积、传承和发展等主要问题;"词汇音变"是三纲鼎立的一纲,篇幅虽然不多,可是地位独特。

一个主攻方向是造词法。在中国语言学史上,从科学意义上,先生第一次把造词法跟构词法并列,予以区分界定,并且构建了造词法体系。当年的《中国语文》编委郑林曦(1959,《试论成词的客观法则》)认为,造词法的研究,在认识词的方法上更加容易求得客观的效果。这一开创性成果,引领出几本"造词法"专著,多本词汇

---

* 孙常叙《汉语词汇(重排本)》,商务印书馆,2006。

学的"造词法"专章。

　　大著不仅是汉语词汇学者的主要参考书,而且是英、法、日、俄等外语词汇学者的主要参考书。例如梁守锵的《法语词汇学》(商务印书馆,1964)把《汉语词汇》列为有限的几部参考书之一,谢米纳斯博士的俄文版的《现代汉语词汇学》(1992)引用了先生的同义词等观点,郭列洛夫功勋科学家的俄文版的《汉语词汇学》(1984)引用了先生的36个观点。

　　这样的开创性的成绩,似乎并没有引起先生的兴奋。大著,只是应付教学急需而撰写的讲稿,未做后续研究。直到大著出版第七年,带不才一人读研究生时,还没把大著列为必读书或参考书;列为必读书的,三学期依次为:郭沫若的《甲骨文研究》《两周金文辞大系图录考释》,朱骏声的《说文通训定声》,王念孙的《广雅疏证》。可见,先生的兴奋点,还是在古文字上。因为,他童年从父学《说文解字》,少年学《说文古籀补》,习作有《金石小集》《石鼓文简释》,青年师从高亨,问学罗振玉,皆攻甲金篆。25岁在山东大学《砺学》上发表论文《释监》,26岁在专科学校教书时有自书的楷体石印《文字学》面世,34岁有自书的楷体油印《周客鼎考释》行世,54岁报告《天亡殷问字疑年》(我跟省吾先生不约而同去听讲),72岁发表《则、瀺度量则、则誓三事解》(《古文字研究》第7辑),90寿诞终于有集腋成裘的55万字的《孙常叙古文字学论集》尽付剞劂(东北师范大学出版社)。先生不仅毕生钻研古文字学,而且工于甲金篆隶楷行等书法。他的《龟甲兽骨文字集联》(东北师范大学出版社,1987年)以反映甲文书法艺术为主,也可一睹隶楷行的神韵。《汉语词汇》封面隶书题签即是先生的神工天巧。《〈楚辞·九歌〉十一章的整体关系》(《社会科学战线》1978年创刊号,后出专著《〈楚辞·九歌〉整体系解》)插图"国殇""湘夫人""河伯""山鬼"等工笔国画,也皆是先生的神来之笔,中国美术家协会当以有这位佼佼会员而自豪。

　　先生的古文字学、训诂学、书画天赋,在《汉语词汇》中时时显露峥嵘,常常画龙点睛,更是取精用宏。

　　管窥先生才学识,仅见上述一斑。先生的为人,"仰之弥高,钻之弥坚"。至人藏辉,与时盈缩卷舒,绝不"乱说乱动"。那漫长的十年岁月,他周围有成千人在"动乱",又经过层层发动,就是贴不出几张揭发他的大字报。到教授成批下乡插队落户的时候,东北师范大学中文系也只好把他和逯钦立教授留下,继续搞"斗批改"。也许跟为人的"高""坚"有关,先生当了几十年系主任和名誉系主任,十几年省社联副主席、省语言学会理事长。

　　先生用自己的德才学识,培育出张静、王凤阳、武占坤、王勤、马国凡、刘伶、孟维智、张成材、高葆泰、朱振家等一代代学有专长的学生。唯末学驽钝,不敢自矜。

以上仅为愚生拜读恩师大著之一得，距其精髓甚远，请方家指正。

再版前，责任编辑李智初确认了作者生前的一些订补，校改了书中的个别字词，统一了引文体例，把繁体字改为简体字。为尊重文献的历史性，余皆保持原貌。

受业　张志毅　拜记

2005 年 9 月 7 日

乙酉鸡年白露

《汉语词汇学论集》序*

我18岁从同义词这个小门摸进词汇学、语言学天地,至今整整55年了。学习的兴趣,与时俱增。今年参会学习已经十次了。第十一次,要去苏州参加第八届词汇学会,学习心得汇报稿正要煞尾。之后还有几个学习材料正待咀嚼消化,如饥似渴。正在这时候,天上掉到我电脑里一群馅饼——李如龙先生自选的、就要出版的《汉语词汇学论集》(厦门大学九十年校庆"南强丛书"之一)。于是急忙打印,漱手捧读。如闻天籁,顿击节称赏。捧读伊始,另一妙文映入眼帘。

1990年6月1日,苏联科学院语言所所长宋采夫派他的博士生陪我逛莫斯科书店。买了好些俄文版书,其中一本是《国外语言学新天地》第22卷"中国语言学"专辑(1989),内中有王力、吕叔湘、李荣、黎锦熙、刘世儒、朱德熙、张志公等大家的高论。212—233页就是李如龙先生的妙文《汉语方言的词汇差异》(因为俄文间不便插入很多汉字,就在正文后面集中印了409个汉字词语,并代之以序号,正文用序号代替汉字词语)。汉语论著被译成外语的极少,除非有特殊的学术价值。该文的学术价值就在于:发现并总结了汉语方言的词汇差异:五类十九型;意义差异方面又细分出五类——对立型、对应型、交叉型、并用型、补充型。这是李先生用汉语方言宝贵材料给汉语词汇学乃至普通词汇学提供的一份学术厚礼。

咀嚼这一馅饼,享受着人间美味。还有一个馅饼系列(《汉语词汇学论集》)等待着品尝:

赫然摆在《汉语词汇学论集》之首的,是"词汇系统";闪耀在大作眼部的,是"音义相生、词汇衍生";稳居大作躯干的,是"汉字和汉语关系、口语和书面语词汇";压轴在大作末尾的,是"词汇的比较、规范和教学"等更有实际意义的问题。

思路独到,论断新颖。词汇系统问题,已经有国内外多位名家从多角度论证,而大作却独辟蹊径,名为"多元系统":构成系统,生成系统,词音的组合系统,词义的延展系统,词语的层级系统,言文分歧的交叉系统,历时演变系统。"词汇系统的生

---

* 李如龙:《汉语词汇学论集》,厦门大学出版社,2011。

成与发展"更是独树一帜,总结了5个规律:有理据词增多,因音造词减少,因义造词增多,复音词增多,陀螺形运转。后者是亮点,核心词及单音节基本词的绝大多数是初始编码,是认知和后续编码的初始点,其最恰当的位置是陀螺底端,陀螺上部合理地分布着各种类型的滋生或衍生词,表明着词汇系统的生成和演变,渗透着"音义相生、词汇衍生"思想。这不仅是汉语词汇系统生成与发展的图式,也是其他语言词汇系统生成与发展的主体图式。按自然科学习惯称呼,这个陀螺图式应该叫作陀螺模型。它具有普适性。陀螺模型的出现,表明作者具有吕叔湘所说的"悟性",爱迪生所说的"灵感",即使"悟性、灵感"占天才的1%,也是万万不可缺少的。

李先生多年来一直关注着"汉字和汉语关系、口语和书面语词汇"这样的重大而急需研究课题,有出众的宏观思考(如互动、和谐、适应关系,汉字促使言文分化和沟通作用,汉字古今贯通作用),也有超群的微观研究。关于口语和书面语词汇问题,他不仅做了初步探索,而且指导他的几届博士生做接力棒式研究,不久的将来就有可观的突破性成果问世。

我在大三读过袁家骅等的《汉语方言概要》以后,就对方言研究者特别崇敬。因为他们是兼通音韵学、词汇学、语法学、语言学理论、地理学、历史学、民俗文化学和方言调查的全才。例如,袁书说"南昌话的名词词尾'子',比普通话的应用范围要广泛得多。"40年后,李先生是用"使用频率及分布"说明"南昌话的'涎围子、麻雀子、驼背子'",这个说解已经上升到21世纪教育部推荐的研究生教学用书——他的《汉语方言学》的水平,而该类书在汉语语言学中只有6本。脚踏实地的方言学者一光顾词汇学,便贡献出掷地有声的资料和观点。李先生若肯把"治学严谨"的大门打开一个缝隙,把他的见于其他文集的关于方言特征词的6篇论文也收在该论文集里,那将竖起另一个更光辉的顶点。努力研读该论文集以及超越150万字的其他大作,略缀一二心得,不知近其要义否?

他的要义常在心中。对于专业,大多数人把它当作职业,极少数人把它当作事业,李先生则把它当作生命。后两种学者越多,一个学府或国家越有希望。他带着生命力旺盛的论文,参加学术盛宴,而且常同我们移日卜夜,弃七望八的过河卒子借着微微的酒热,学兴大发,用生命渲染着各种研究前景,吊着学人的胃口,盼着下次夜宴,下次夜悬明镜。

张志毅

庚寅虎年小雪前六日

2010-11-16 于卜居地海滨一隅

《对外汉语词典释义研究》序*

牛年小阳春,在丹桂飘香的西子湖内金溪山庄,步入知非之年的章宜华教授把他的新著成稿赐下,于是我有幸成了第一读者。从那一刻起,便手不释卷地读着这新意四溢的书稿。

边读边想。想起整整十年前,在南京东郊宾馆,时值不惑之年的宜华先生刚从法国、比利时带来清新的空气,习习地吹入与会者的耳畔。令人至今难忘的是,那时他就讲述了家族相似性和原型论在辞书编纂和研究中的应用。后来其高论新论宏论层出叠见,例如在2005年香山会议、2006年商务印书馆专家论证会、2007年北京军都度假村语言学名词审定会、2007年教育部语信司/鲁东大学汉语辞书研究中心揭牌仪式、2008年中国辞书学会常熟会议以及烟台多次辞书会议等重要会议上的专题报告和主题发言;例如从20世纪90年代开始在《辞书研究》《现代外语》《外语教学与研究》《外国语》《学术研究》等刊物上的八十多篇论文;例如《语义学与词典释义》(上海辞书出版社,2002)、《计算词典学与新型词典》(上海辞书出版社,2004)、《词典编纂的艺术与技巧》(译/商务印书馆,2005)、《当代词典学》(商务印书馆,2007)、《语义·认知·释义》(上海外语教育出版社,2009)等多部著作。而面前的这本书稿更是渐入佳境、攀向高峰:

第一,强调了对外汉语学习词典的四个特点。

第二,特别突显了用户意识。

第三,切实做了词典使用调查。

第四,详细地调查、研究、分析了二语学习与中介语的多方面、多层次问题。

第五,对比更彰显特色:内向型普通词典与外向型学习词典对比;国内与国外二语学习词典对比。

第六,前五个高原隆起一个高峰:多维释义模式的探讨和构建。主要探讨了释义框架、结构、原则,主要构建了五种语义模块:句法的、搭配的、概念的、语用的、网

---

* 章宜华:《对外汉语词典释义研究》,商务印书馆,2011。

络的。

第七,为追求大厦整体完美,精雕细刻一砖一瓦,书中每一个节段都经过仔细打磨。

总之,这本书稿是宜华教授学术特征的缩影:广泛吸收认知语言学、语义学、词典学等学科国际前沿成果,构建有特色的理论体系。一月升起,百星暗淡。近日或难有出其右者。

高精尖多的成果铸就了学者的广泛显著的影响。宜华教授先后在亚洲辞书学会、中国辞书学会、双语词典专业委员会、(广外)国家文科基地等等要位任要职,更令人瞩目的,他获得了商务印书馆特聘研究员、教育部语信司/鲁东大学汉语辞书研究中心学术委员等殊荣。

著名学者,一向寥若晨星。因为他的出现,至少需要十几个条件,特别是下面六条:良好的社会历史背景(新时期百福具臻),受过优良的外语和专业教育(他是黄建华先生的外语词典学博士),过人的智慧(他的言谈文字中充溢着聪颖),持之以恒的超常勤奋(他三十年寒暑日夜读写不辍),治学广博而专精(他勘察了英法语言哲学、语言学、认知语言学、语义学等大片油田,正钻探着词典学这口油井),超群的理性思维和理论素养(他的论著运用了严密的推理,吸收了多派理论营养)。相形见绌,自愧弗如,自当勉力为之,以免望尘莫及。唯愿我们跟宜华先生一起攀向词典学的新高峰。

原子钟也有误差,书中某些虚词的释义是否还可以更简明些,或者可以用格式代替叙述。这是见仁见智的事,也许不算误差。感谢作者给我们留下讨论的余地。

张志毅 2009 年 10 月 20 日深夜
于西湖金溪山庄
改于烟台芝罘

《词汇论》序*

20世纪80年代中后期,商业大潮滚滚而来,潮头顶着商业巨子和弄潮儿,波谷也裹挟了政界和学界的新秀。逆潮而动,一位神闲气定的南开学子,居然闯进语言学,竟然冲进词汇学,竟至屈驾来遗野茅庐切磋。

他,周荐兄,手捧厚重的、掷地有声的硕士学位论文《复合词词素间的意义结构关系》(近50 000字),以文会友。其文,本已无可点易,连导师都没动几个字。可我自幼就嗷嗷待哺,一见美食必呈饕餮状,贪婪失态,童心未泯,竟然胡诌了好几页读后感。至今令人难忘的是:那文反旧传统的精神跃然纸上,现代意义的定性和定量分析支撑着章章节节(因此被引用很多次),超常勤奋充溢在字里行间,严密的范畴及其系统镶嵌在全文的关节点,新潮的观点和宏富的材料斗榫合缝,总之是现代理性思维引领着一位学子的开山与成名。

此后,锐不可当,他在《中国语文》等国内外刊物发表论文100多篇,在商务印书馆等国内外出版社出版专著10多部。苦学力文,竿头日进。最近又把集大成的著作《词汇论》赐下,令人先睹为快。快就快在,仅仅30年便形成了自己的学术风格:务实,严谨,求新。新就新在,全书体系建构于五论:词汇单位论,词汇构造论,词汇意义论,词汇集合论,词汇发展论;全书体系鼎立于数十个新范畴,例如词汇学里"字的功用",词品,词感,词加,简单复合词,复杂复合词,双字格,固定格式——架构,字义对词义的影响,词义因使用的分类,标签性的词语,词汇的缺位与补位、占位与错位、易位与让位。总之,这是一部站在前沿的、令人瞩目的、引领潮流的力作。

学问是少数人能学、能问的,学者是更少数人的桂冠,名著是极少数人的学术结晶。这些,总共需要二十几个条件,至少必备6个条件:受过良好教育(尤其是自学),身处优越环境(特别是自己营造的),勤奋超常,智力超人,目标一致("靡不有初,鲜克有终"),路径高效。这后一条,荐兄对学人的示范意义集中于一点:治学,

---

* 周荐:《词汇论》,商务印书馆,2016年。

先治史——1995年他出版了《汉语词汇研究史纲》,2006年扩充为600多页的《汉语词汇研究百年史》,给60多部专著、100多篇论文以学术定位。他枕藉经史,以往鉴来,述远考近,揆古察今。学史,使人超越了狭窄的视域,占领了制高点,增强了鉴别力,厘清了诸说的正偏误、高中低,因而范铸了多项清醒的论著,成就了一位清醒的学者。

瑕瑜互见,光影相连。荐兄颇识大体,力主中学为体,西学为用,有时难免体用拿捏失度。荐兄推崇礼制,为人如此,治学如此,有时难免博文约礼。荐兄胸有典谟,一不留神就文胜于质。如第二章第一节之一"字究属何单位",也许在吕叔湘笔下找不到这样表述。

短短的30年,一颗光彩夺目的学术新星冉冉升起,学界上空镶嵌了一珠启明星。每逢盛会,知己学友,总在金城、江夏、姑苏、钱塘、霸上、南国、水乡、宝岛,把酒论学,伴着长庚星光,每每兴犹未尽,只得延颈举踵期盼着下一个星辰夜话,共话周公华星秋月。

序者,乃心得也,实乃佛头加秽耳。

张志毅

2012年9月30日/壬辰龙年中秋

于山东芝罘遗野庐

"现代汉语词汇学丛书"序*

外语教学与研究出版社汉语部经过一段筹划,终于隆重推出"现代汉语词汇学丛书",第一批出十本。序齿列锦:

周祖谟《汉语词汇讲话》(《语文学习》1955—1957;人民教育出版社,1959)。

武占坤、王勤《现代汉语词汇概要》(湖南人民出版社,1959;内蒙古人民出版社,1983)。

葛本仪《汉语词汇研究》(山东教育出版社,1985)。

刘叔新《词汇研究》(新选论文集)。

符淮青《词义的分析和描写》(语文出版社,1996)。

张志毅、张庆云《词汇语义学与词典编纂》(新选论文集)。

周光庆《从认知到哲学:汉语词汇研究新思考》(新著)。

张绍麒《汉语结构词汇学》(新著)。

苏新春《汉语词义学》(广东教育出版社,1992)。

周荐、杨世铁《汉语词汇研究百年史》(《汉语词汇研究史纲》,语文出版社,1995)。

遗憾的是,因为版权关系,有些书不能如愿编入本丛书。如现代汉语词汇研究开山之作孙常叙的《汉语词汇》(吉林人民出版社,1956)。

本丛书的作者老少年龄相差43岁,有国学渊博的宿将,也有中坚和新星。出版时间先后相差46年,内容有开垦探索的讲话,承前启后的概论,别树一帜的描写,朴实创新的分析,思辨独特的新论,务实严谨的史论。总之,有传统的平实,现代的新潮,当代的前卫。

本丛书是现代汉语词汇学的轨迹史册,是语义学的一条源水,是信息处理的一块基石,是语文辞书的一支血管。一个语文辞书出版单位的信誉,是跟其出版物的学术含量成正比的。

---

* "现代汉语词汇学丛书",外语教学与研究出版社,2006—2009。

本丛书反映着词汇学从传统向现代的转化。这个转化有三个背景：哲学的现代化转向，其号炮发自19世纪末；语言学现代化转向，其号角吹起自20世纪初；语义学现代化转向，其启明星升起在20世纪20年代。一个欧美人不太注意的领域——词汇学，其现代化转向的信号，到了20世纪70—80年代才从莫斯科学派传出。至今，现代词汇学已经比较明显地带上了四个特色：

（一）现代哲学特色。西方近一百年来现代哲学的主流是语言哲学或分析哲学，其关于语言要素、意义、结构、类型、功能、实在、意识、真理、演绎法、分析法、定量分析、整体论（跟原子论相对）、多元论（跟一元论相对）等哲学思想正在启迪词汇学的新智慧。

（二）现代语言学特色。受现代语言学影响，词汇学形成了双轨模式：一条是继续沿着前期轨道前进，诸如语言系统论、价值观、语言言语二分说、共时历时双坐标思想、聚合组合（静动）双向原则；另一条是沿着后期轨道前进，诸如从一元到多元（指研究单位）、从自治式的微观到非自治式的宏观（跟多学科和外语因素结合）、从单语的个性到多语的共性、从单层面到多层面（语音、语义、语法、语用及其内部各层面）、从描写和理论到解释和应用。

（三）现代语义学特色。现代词汇学正在成功地吸收着现代语义学的一些成果。诸如语义场理论、义素分析法、义位的多元多层次语义特征、义位之间的关系：同义、反义、多义、（同音）异义（以上为传统的四种），上下义（蕴涵、层次）、总分义（总体及部分，即拥有关系）、类义（并列、互补）、交叉、序列、义族（派生、构词）、依存、比例、组合（以上为现代的九种），转换、同义派生、题元、场所、工具、方式、声响、指小、指大、特征、良好、不好、进程、开始、停止、使出现、使不存在、实现、使实现、使就绪、变坏、侵害、表现、处置、来源（或指向）、完成、单位等等（以上为当代七十多种词汇函数）。

现代词汇学也正在尝试吸收语用学成果。如义位的语境动态真值、义位的语境变体、义位的语境特征等。

（四）数理特色。受数学、计算机科学、信息论、控制论的影响，特别是受数理语言学的直接影响，现代词汇学必然具有四个数理特色：计量特色，形式特色（数学模型、公式、结构式、形式符号、图表），计算机特色（巨型语料库以及由此导出的词汇词义各种定量分析），模糊特色（模糊义研究，由此促进计算机模糊程序的设计以及模糊计算机的研制）。

词汇学，尤其是汉语词汇学，其路曼曼而修远，必将上下中外而求索。愿同道用志不分，共襄盛举。本丛书是蓄水引龙的海湾，现代理论词汇学跃出龙门已经指日可待。

这套丛书的出版,是由苏新春教授提议的,并做了一些发起和联络工作。外研社汉语部的编辑们的敬业精神十分感人,他们确有成效地进行规划、组稿、审编,用辛勤劳动构筑一座座文化景观。

外语教学与研究出版社在有识之士的引导下,以雄厚的学术为基石,以现代的理论为基础,建构一座举世瞩目的经籍珍品大厦,计日程功。

奉序为贺。

张志毅

2005 年 7 月 2 日

卜居地芝罘

"当代语言学论丛"总序*

乙酉鸡年冬至后三日,正是"气始于冬至,周而复生"的日子,我们的省级强化建设学科汉语言文字学又传来喜讯:新的一批研究成果,作为语言文字理论与应用研究文库,即将出版,嘱写一序。于是便目睹了大饱眼福、大饱口福的方丈盈前:

张绍麒教授主编的《汉外词汇对比研究报告》,

陈淑梅教授主编的《词汇语义学论集》,

亢世勇教授主编的《语言应用研究(第二集)》,

徐德宽博士的《信息时代的语言教学与研究》,

王宝刚博士的《〈方言〉简注》,

李海英副教授的《普通话水平测试的社会语言学阐释》,

姜岚副教授的《威海方言调查研究》,

姜仁涛讲师的《〈尔雅〉同义词研究》,

张文峰、侯仁魁老师的《计算语言学》。

这真是珍肴异馔。孰能与之媲美呢?

那就是我从年初到年末看的俄语、汉语、英语多篇应届博士论文。比外语博士论文,我们的成果少了点匠气,多了点师魂。在引介和运用外国新理论方面,我们稍逊于人;在基于语料库,脚踏实地的升华方面,我们略胜于人。在几个博士点座谈中,我多次强调"脱去匠气,生发师魂"。

到了今日的地球村,纯国粹的课题已经寥若晨星。因此对绝大多数的专题都必须极力扩展视野,扩展到古今中外,每遇一题必须梳理其中外学术思想史。否则,谁都难免坐井观天,连王安石这样的泰斗对国粹的"十三经"也偶尔"寡识不知周礼伪",而我们这些初出茅庐的新手更要小心翼翼地观测天高地厚。只有理清中外学术思想史,才能认清某一说法的新旧、前后、高低。否则,可能扮演了悲剧角色(以

---

* "当代语言学论丛",中国文史出版社,2006。

"旧"为"新")而自以为新,这在许多专著和教材中时有发生。学术要堕落到这等地步,那也真是泡沫了。好在"阳乘阴,是以万物仰而生",一股朴学而清新的学术空气,正像冬至阳气又昂然升起,学术百花园又将争奇斗艳。以是记于盈前方丈。

张志毅

2005年圣诞节于烟台

《现代俄语词汇的多义性研究》序*

该书作者的指导教授郑述谱先生,让我读读这部书稿,看看是否有话写在前面。

听了他的话,有点心动。因为我同郑先生神交已久,20 世纪 80 年代伊始便从《辞书研究》《外语学刊》《中国俄语教学》等许多刊物上拜读了他的词典学、词汇学等充满新意的论文,从中了解了莫斯科语言学派的新成果和他本人的新突破。1996 年春天,在敝校召开第二届全国现代汉语词汇学研讨会,特意邀请郑先生来给我们吹吹清新的西风。那真是相见恨晚,一见如故,我们不仅是同乡、同道,而且具有同一个兴奋点。此后,晤叙益多,更加佩服其博学、严谨、创新。这样的导师指导的作品,当然令人心动。

2004 年年末,在跟俄语博士生举行的一次座谈会上,认识了郑先生的高足吴哲。因为处于同一磁场,今年一见到这部书稿,便感到有格外大的磁力,其他的书都被排斥在外了。专心一意地,一口气地,一个字一个字地咀嚼品味着,莫斯科语义学派以及吴哲博士创作的美味佳肴令人大饱口福。

论题的背景,令人神驰。在"第 1 章 现代俄语词汇多义性研究的历史与现状"中,在同西方对比的视角下,简介了俄语词汇学、语义学的历史与现状,同时把多义性研究置于其中,令人有太空俯瞰之感。而所俯瞰的,正是世界语言学中满眼葱绿的一块沃土——莫斯科语言学派的词汇语义学及其多义性研究。那里有许多新成果、新发现,令欧美学者大为惊讶!

全书构架,体大思精。对词汇多义性可以从许许多多视角进行研究,而作者从中选择了三个视角:共时、历时、认知。把这三个视角的研究,作为论述的主体,这是从全体中精选出主要骨架。共时和历时研究,虽然是研究语言现象共用的方法论,但是对词汇多义性来说,特别重要,具有突出的意义,因为其中包含的共时和历时的因子太多。同理,认知论对词汇多义性研究来说,尤其重要,也是因为其中包含的认知因子太多。论文用认知论推进了词汇多义性研究,建立了多义词的认知语

---

* 吴哲:《现代俄语词汇的多义性研究》,商务印书馆,2007。

义结构,多义研究的认知模式:意象图式模式、隐喻模式、换喻模式。

立论超俗,新意迭出。例如,3.2.1.2节"词义演变的基本途径"抛弃了旧说"扩大、缩小、转移"或"辐射、连锁、交叉"等,另立新说"义子增加、义子缺失、义子强化、义子弱化、义子独立、义子变异以及结合演变"。3.2.2节"词义演变类型"抛弃了旧说"隐喻型、换喻型",另立新说"包含型、并列型、对立型、交叉型"。还有"语言的整合一体描写原则在多义性研究中的应用"。

基础坚实,征引宏富。在此项研究初期,作者已经进行了多项相关研究。仅在攻读博士学位期间,在国内外发表的学术论文就有10篇,其中有的就是本书内容的一部分,有的跟本书关系很密切,如《认知语言学框架内的多义性阐释》《词汇语义群对比研究》《双语类义词典的语言学基础及编纂原则》。作者对相关学科的理论和本专题理论进行了充分研究。所梳理和研读的俄语、汉语及英语文献,足有300多种,其时间跨度从1889年(А. А. Потебня)到2005年(郑述谱),其空间跨度从俄、中到欧美,征引堪称宏富。

总的来说,此书的学术含量,理论水平,论点创新,论证逻辑,在同类作品中均属上乘。如能在参考文献中列出正文提及的欧美学者的文献若干种,当是锦上添花。

郑先生及其高足,我们都有共同的兴奋中心,此书即将在商务印书馆出版,更令人兴奋,自然愿意说些助兴的话。

张志毅

2005年8月15日

《古代法律词汇语义系统研究》序*

东海读本科四年,我居然没有机会跟他共同学习一门课程。相反,他毕业后不久,用自己出版的计算机公文写作教材给我们教计算机课,给我们创建和移植了数十亿字的语料库,促使我们的科研和辞书编纂走上现代化。

直到邢福义先生、李宇明先生和我们共办硕士班的时候,才有机会跟东海他们共同研读"词汇语义学",共同确定研究方向和毕业论文题目——《汉语同义语素编码参数和规则》。在东海论文答辩会上,华中师大好几位先生称赞他有敏锐的语言观察能力,有较高的思辨能力,运用了科学的定性定量分析法。不久,这篇论文就发表在《中国语文》2002年第2期上。

后来,东海跟王宁教授读博士。王先生正计划着,利用训诂学的成果构建一座汉语词汇语义学大厦,东海的学位论文自然是设计师大厦框架内的一个构件。这样跟我的泛泛之论就有点瓜葛,于是把他的论文拿给我看看,并约定去答辩会上坐坐。为此,就写了下面一些话。

这一选题具有理论意义:对训诂学、汉语历史词汇学、语义学、术语学、法律语言学等研究都有推动作用。也具有应用价值:对《汉语大词典》《汉语大字典》《辞源》《辞海》《法律词典》等修订编写,对古籍整理,都有促进作用。

论文的结论是:《唐律疏议》的词汇语义具有词义谱、上下义关系、平行关系等严密的系统,显现出网络状。这一结论,显然是正确的。在这项研究成果中,该文的创造性表现在多方面,主要有四个:

(一)中西理论、方法的有机结合,以训诂学的为主,适当吸收西方成熟的有用的理论、方法,如运用了语义网、知识本体等等。

(二)提出法律专科词语新分类法:本域、借域分类法,知识分类法等等。

(三)主要探讨普通词语法律专科化,附带探讨法律词语全民化,共有三个环节:进入语境,取得临时义征;常住语域,取得部分义征;永居不归,取得本域义征。

---

* 王东海:《古代法律词汇语义系统研究》,中国社会科学出版社,2007。

（四）提出语义合成复音词的三种模式：初步融合，半程融合，完全融合。

对该研究领域文献资料，作者下了极大的、力所能及的功夫。已达到足量和精熟的程度。引用文献多达 230 多种，其中竟然有外文文献 10 多种，《唐律疏议》及相关法律文献有 30 多种，建立了《唐律疏议》数据库，有分门别类的数据。

该文语言、程式、引文规范（连转引都一一注明），概念准确，推理严密，论证严谨，结构合理，学风踏实。在同类论文中属上乘之作。

东海毕业时，舍弃了京津等地一些高校的优越条件，脚踏实地地回到了海滨一隅的母校。因为有省部级二等奖等条件，当年就晋升了教授。这部书的出版，又为他学术长征擂起进军鼓，愿东海一鼓作气。

奉序以贺。

张志毅

2007 年 9 月 26 日于鲁东大学

《古汉语书目指南》前言*

　　古语、外语,是吸收古今文化,扩展知识视野的两大杠杆,是现代知识人必不可少的素养。古代汉语影响弥深,在中国,中学生要学习;大学里中文专业要系统学,其他专业像历史、哲学、经济、法学、教育、军事、自然科学史、中医等等也都要学习它。古汉语在中国必学,必研究,在日本、印度、东南亚、北美、北欧、西欧等许多国家和地区也在学,也有研究。中外的众多的初学者、再学习者、刚起步的研究者,都常提出一个问题:先读什么,后读什么?

　　王英明同志的《古汉语书目指南》(以下简称《指南》)就是回答这一问题的。

　　它不仅将目录学精化到古汉语学科,而且将古汉语学科的书目升华到目录学高度。"目录学"以及"书目答问"之类的书只是向初学者提供一束入门的书库式的储存信息,即只告诉读者内中"有什么"以及"读什么"。《指南》则在储存信息之外,又增加一系列线性信息,即进一步输出了阅读程序信息。英明同志以国外同类书目为借鉴,先将目前已经见到的古汉语 313 种书目,按学科划分为 10 大类,33 中类,17 小类。在每小类之中,别开生面地编制出由低到高、由浅入深的书目程序:入门的初级读物,升堂的中级读本,入室的高级的研读专著。书后附有权威单位、权威人物给大学生、助教、讲师、副教授开列的"古汉语必读书目"。从宏观上,《指南》展示出一条学习、研究古汉语的途径:从什么书起步入门,从什么书升堂入室。从微观上,《指南》对每一本书都介绍了:(一)作者、出版者、出版时间、字数;(二)总的内容,各章节的内容;(三)作用、意义、影响及评价。文字简明扼要,旨在给选择阅读、研究同一层次的书提供一个参考。总之,《指南》不仅是大学生、研究生、助教的良师——它确实具有"指南"的作用;也是讲师、副教授、教授的益友——它给他们指导后学学习、研究古汉语提供了诸多方便。

　　书中虽然也渗透了我多年教古汉语的一点粗浅想法,但是更多的、更主要的内容是王英明同志教学经验的总结,是他到上海、北京、天津、济南各大图书馆广泛搜

---

* 王英明:《古汉语书目指南》,齐鲁书社,1988。

集、辛勤钻研的记录。我作为第一个读者,从头至尾,一字一字地读完他的手稿,实在受益匪浅。当然,即使最好的表,也不能指望它走得十分准确。诚恳地请求国内外专家、读者不吝匡正。

张志毅

1986 年 12 月 23 日于烟台

《汉语数据库建设及其应用》序[*]

在庚辰龙年的盛暑,我约世勇一同去春城昆明参加语文辞书研讨会。他为了赶写这部大作的最后两章,放弃了开会的机会。等我从云贵高原回落到海滨的时候,已是金秋送爽的好时节,沐浴着初秋的凉爽,捧读着他新意迭出的书稿,颇有暑后清明之感。

书中有理论饥渴者的"味美思",如第二章各节段和第五章第四节:计算机时代的汉语汉字研究,计算语言学对理论语言学的挑战,计算语言学及其研究的内容,计算机时代汉语汉字研究的特点,面向中文信息处理的汉语各方面的研究;自动切词与词性标注,词语语法属性的自动标注,短语的自动切分和标注,词义的自动标注。

书中更有实际工作者须臾不可离开的实践知识和操作技巧。

总之,这在中文信息处理领域是一本值得研读的好书。不读这类的好书,就将落在时代的后面。因为人类文明已经度过了农业时代、工业时代,进入信息时代,21世纪信息产业率领着时代的潮流。信息已经成了人类社会生存的三大资源(另有物资、能源)之一。

书中凝结着作者的勤奋和智慧。他从延安窑洞走出来,做过兰州大学研究生,做过北京大学计算语言学研究所访问学者,师从著名教授俞士汶先生,参加研究过国家重大项目和国际合作项目多项。这些都给他的书注入了精良的营养。

作为同行、同道、同事,愿意跟读者一起分享作者的甜美的果实。

张志毅

2000 年 9 月 8 日

庚辰龙年初秋

---

[*] 亢世勇:《汉语数据库建设及其应用》,作家出版社,2000。

"语言文字理论与应用研究文库"总序[*]

甲申猴年，渝州叶黄，迎来了中国英汉语比较研究盛会和该会诞生十年庆典。应邀，我从东海之滨乘车经秦岭蜀道，到达了天府之国。在开幕式上，我（还有沈家煊先生和美国的根茨勒教授）作了主题学术演讲。那是空前盛会，英语界资深教授、博导、名家、权威咸集。更令人喜出望外的是，我们学科点的年轻博士解海江的《汉英语颜色词对比研究》的理论之高和语料之丰，在那鸿篇巨制之林，也属上乘之作。

会后，乘船顺流而下，大三峡、小三峡、小小三峡，那世间的奇峰异岭，两岸对峙，葱茏辉映，夹出一条蜿蜒高耸的绿色长廊。它比美国的大峡谷有生机盎然之美，比意大利的威尼斯有天造地设之美，天姿地色，绝世无匹。然而，一回到海滨，这美感居然被更美的东西冲淡了，那便是我们学科的琳琅满目的、美不胜收的一批新成果，比海江的《汉英语颜色词对比研究》更胜一筹，或不分轩轾。如张绍麒教授的《汉外语言对比研究报告》、亢世勇教授的《面向信息处理的现代汉语语法研究》、陈淑梅博士的《东汉碑隶构形系统研究》、王宝刚博士的《〈方言笺疏〉因声求义研究》、徐德宽博士的《现代汉语双宾构造研究》、吕永进教授的《汉字规范形音义》、姜岚老师的《普通话水平测试理论与实践》等，即将由上海辞书出版社出版。还有一些重要成果，将陆续由权威出版社推出。

这批语言学与应用语言学成果及其后续研究，是很有意义的。小而言之，对我们这个省级重点学科起巩固、强化、提高、发展作用；大而言之，对中国语言学也是添砖加瓦。我们都有责任推动整个语言学的发展。因为，"这门学科的重要性完全可以同17世纪伽利略改变了我们关于物质世界的整个观念的科学媲美"（卡西勒）。语言学的"结构主义在社会科学中所起的革新作用——如原子物理学家在自然科学中所起的作用"（列维-斯特劳斯）。"历来有一种传统：把语言学看作是这样一种活动，它能导致发现新的认识论，发现具有启发意义的革命纲领"（莫里斯·格罗斯）。

---

[*] "语言文字理论与应用研究文库"，上海辞书出版社，2004。

(以上引文皆见伍铁平《剑桥语言百科全书·中译本序》)

我们的研究,还有待于"脱去匠气,生发师魂"。匠气,就是工匠式的缺乏创新的习气;师魂,就是大师式的重大原创的思想。木匠的产品是桌椅板凳,画匠的作品是毫无新意的图案。大师的产品是蒸汽机、电动机、日心说、相对论等等。

新学说、新理论的诞生,需要社会或民族的五个基石:一是民主自由的环境,二是多派哲学思想,三是科学的理论思维,四是先进的多种文化,五是创造性的教育。需要个人的十六个条件:一是多种哲学思想,二是逻辑和数理逻辑训练,三是高等数学思维、逆向思维、多向思维,四是精通一二门外语,五是古文阅读能力,六是良好的母语素养及表达能力,七是占领本学科的四级理论制高点(一二三级学科和专题的),八是广阔的视野和临界学科的知识,九是掌握多派学术思想史,超越一个学派的狭隘视域,分清学说的新旧高低,十是专一的学术方向,十一是优先注重演绎法、比较法、定量定性法,十二是高超的观察能力、信息处理能力,十三是超人的勤奋,十四是持之以恒的毅力,十五是大胆挑战,十六是名人、名著。要成功,先发疯,盯住目标向前冲。对于个人来说,社会民族的五个基石是非可控因素,而个人的十二个条件中至少有十个是可控因素。我们的创新,只能在可控因素中最大限度地调动积极因素,多脱去一些匠气,多生发点师魂,多产生一点大师级或近于大师级的新学说、新理论。这样一来,我们学科和我国的语言学研究才能有望同国际同行对话,同国际接轨。

愿与同事、同行、同道共勉。是为序。

张志毅

甲申猴年立冬后七日

2004 年 11 月 17 日

《普通话水平测试(PSC)的社会语言学阐释》序*

乙酉鸡年小雪前几天,李海英老师带着存有新稿《普通话水平测试(PSC)的社会语言学阐释》的 u 盘,来舍间小叙。这时小城的山间海滨仍旧湿润而温暖。也许靠这点独厚,这里哺育出一代代文豪武将,吸引来一批批异人新秀,名校名师的高足从 20 世纪 50 年代到 60 年代,从 80 年代到 90 年代,络绎不绝。陈昌来、张绍麒、亢世勇、陈淑梅等新一代研究生,头角峥嵘,卓尔不群。

海英大学一毕业,就来到这硕博咸集的山海之间。她像一棵小青松从岩石间秀出挺立。先是单兵训练,跟着几个老师进修;在获得硕士学位之后,又开始了科研跋涉,今天,她的第一部书稿终于展现在我们面前。全书共分为五章:研究综观,社会学意义,普通话习得特点,被试社会特征,测试员的社会特征。全书主要阐释了普通话水平测试对我国政治、经济、文化、教育以及其他社会生活所具有的重大意义,尤其"被试社会特征与 PSC"一章更有独到功夫,阐释了被试影响测试的五个因子:性别、年龄、成长背景、受教育程度、语言态度。从多视角分析了各个因子,用大量统计数据证明了各因子制约下的测试结果,定量分析和定性分析互补互动。

这项研究属于应用语言学范畴,如果再能把测试的重点、难点、疑点分类分层深入解释,或许还能锦上添花。

海英十年里教过现代汉语、修辞学、语用学、社会语言学、普通话语音等课程,这些教学理念都在这本书中留下了倩影。她参加过国家测试员培训班,多次以国家测试员的身份测试过各级各类人群,这些阅历都在这本书中流淌着神韵。

该书"虽无华屋朱门气,却有琪苑瑶草香"。有了这样的起点,预示着"前程渐觉风光好,琪花片片黏瑶草"。

---

* 姜岚:《普通话水平测试(PSC)的社会语言学阐释》,齐鲁书社,2006。

作为第一个读者,我愿意跟作者一起分享本书的清新和旨甘。

张志毅

2005 年 12 月 2 日凌晨 2 时

北京香山饭店 4013 室

(原载李海英《普通话水平测试(PSC)的社会语言学阐释》,齐鲁书社,2006 年)

《汉语构词法和造词法研究》序*

2001年春天,仕春经过考试和考查,录取为硕士研究生。开学以后的三个学期,我便跟他们一起研读"词汇语义学""汉语词汇史""语言学前沿"等课程,每周每人交一份500字以上的读书笔记。其中必须写四方面内容:一、侧重于思想方法的读书心得(笔记的重点),二、对原书章节的批评(理论、结构、语言),三、提出问题(课内外的大小问题,查工具书后仍存疑的),四、读相关参考书的摘要报告。上课便报告读书笔记,讲评读书笔记,根据共性问题扩展讲解、讨论新内容、新理论、新思维。其训练着眼于理性思维、创新思想、广阔视野和写说能力等。仕春虽自谦"天性驽钝",但他能独行其是,三个学期他对"科学学",即元科学、元理论情有独钟。到南京大学读博的前两个学期他更注意学习和总结治学理论和方法。因此他的进步是飞跃的:从自发到自觉,从感性到理性。这条以论带史、以写带读的路子,可以分解出几个要点。

原子和整体互补,正如枝干依存。这是哲学观。宏观制约着专题研究中的点、线、面、体及其与认知辖域(基体)的关系。仕春读博期间写出了20多篇"一干多枝"的论文,如:构词法和造词法研究综述一类论文5篇,构词法和造词法体系研究一类创新论文5篇,从数据看汉语构词法各时期的发展一类创新论文5篇,汉语词汇复音化一类创新论文4篇,专书复音词统计方法新论一类论文6篇。这些论文是原子,是枝条,构成整体、主干,形成一篇原子密集、枝条丰茂的博士论文——《汉语构词法和造词法研究》。真是独树一帜。

"研究概况""语言学史一瞥"两节,力图从史见论。其文献综述,不是文献的排列和分类,而是抽取思想,上升范畴,分清流派。真正的学者只有站在哲学、学科、专题各级多派学说史的高峰,才能超越狭隘的视域,才能脱去工匠气,显示出一览众山小的大师风范。

论文力争达到前沿。如何达到前沿?必须阅读三阶段的三类文献。三阶段的

---

* 李仕春《汉语构词法和造词法研究》,语文出版社,2011年。

文献是：以有史以来的经典文献的有关论述为源头，以现当代名著的有关论述为线索，以最近的新论为前沿的新战报（重点）。三类文献是：汉语文献，汉外文献（翻译、编译、译介论著），外语文献。三者缺一，尤其是缺少后一段、后二类文献，那便成了国粹的陈年老账，而学术大势显示：至今几乎没有什么是阈于一国的国粹。

论文尽力用理论导航。只有新理论，才是科研的导航仪。新理论引导阅读，引导观察，引导构思，引导选材做舟，引导舟舰远航。来源于实践的理论，多带些直感性。高端的新理论，多来源于对前人成说的创造性继承，对域外学说的创造性借鉴，对学科内、学科外有关范畴的创造性移植，对已有思想成果的创造性思索。新理论包括：本专题学说史，新范畴的创造，新判断的创立，新推理的创建，新体系的构建。

论文把定量分析法发挥到极致。定量的时域，从毛公鼎到毛选；书类有经史子集；项目类有字、词、词类、词频、单音词、复音词、单纯词、合成词、复合词及其构词法和造词法；总数据有8000多。用数据比用事实说话更加可信。定量分析，常有开云见日之效。内省简单枚举法，常弄得乌云蔽日。萨丕尔早就指出："举例性质资料不足以用作论据。"只有在足量资料中选出的例子，才能用作论据。在当今时代，只有对足量或全量做定量分析的资料，才能用作当今的论据。论文多处拨开旧说之云，洞见新说之日。材料是骨骼，是血肉；没有骨骼和血肉，灵魂无以寄托。材料是舟舰；没有舟舰，理论无以导航。

赞佩之外，也有点遗憾。"研究概况""语言学史一瞥"两节，国外构词学说（如布龙菲尔德的、俄国多位学者的），还有赵元任创建的构词的句法模型，汉外构词法比较，都写得不到位。因此，不能回答有人提出的所谓的"张冠李戴"问题。这在一定程度上，给论文留下一个缺口。不知仕春以为然否？

总之，仕春这厚重的论文，是材料做舟，理论导航。奉序为贺。

张志毅

2010年6月20日

海滨一隅

《汉语大词典订补》序*

　　丙戌旺旺年惊蛰,阳气升,春雷滚,后五日仓庚鸣。由西部边陲特快专递来志兵、红梅的《汉语大词典订补》。那一条条订正、补释宛如一串串珍珠。还未来得及鉴赏,便应诏去教育部评审、论证两个小课题。

　　往返路上,想起2003年志兵有幸来敝地的情景。在浮动的人群中,他从内向外透露着静雅之气。后来,全国英汉比较学会会长杨自检教授用质朴的声音告诉我:在来试讲的硕士、博士、讲师、教授中,志兵讲得最好;科研成果也多而高,其中主要是《汉语大词典》订补,还有《中国语文》的短而精的文章——《〈名词比喻造词〉辨正》。该文,我去年忝列北师大博士论文答辩委员时还见到一博士论文引用它,足见其学术价值之高。

　　返回后,放下手头的几个急活儿,如饥似渴地品味着一串串珍珠,约2000粒,补瑜指瑕主要有:一曰释义失误,二曰义项不全,三曰书证迟后、讹舛、缺失,四曰标点讹误,五曰缺乏照应,六曰词条漏收等。哪一条都是掷地有声的。可见志兵的真才实学,也足见红梅的硕士、博士六年的积铢累玉之功。

　　鉴赏这些攻瑕指失、寻弊索瑕的美文,颇有闻过则喜之感。因为我也凑数当过《汉语大词典》(以下简称《大词典》)几十个编写组中的一个组长,挂过主要编写者之名。回想当年,《大词典》破土动工的时候,中国还没有走出怪圈,发动工农兵学四结合数千人上阵。有一张卡片是这样写的:"不能自己",请注意"自己"有动词用法。"自已"误为"自己",写者缺乏常识,或失于疏忽。怪圈渐散,人员渐减,仅剩"学"者四百。但还是分散在华东五省一市,好在主编罗竹风是新政权的元老,有挟天子以令诸侯的本领。他的学生安徽省副省长,在第一卷问世时,愿意出资,让我们100多个受苦受难者到安庆、天柱山、合肥庆功休整。到了末卷面世时,他又率领我们有一得之功的100多人到人民大会堂跟国家领导一起庆功。《大词典》历时十八个春秋,纵跨十八个维度,经过数千、数百人之手,交上的试卷能得多少分呢? 听

---

* 程志兵《汉语大词典订补》,上海辞书出版社,2010年。

说,权威人士给了60分。那40分丢在哪里呢?就丢在近十几年成百人给《大词典》拾遗补阙之处。志兵、红梅的《订补》又挽回了许多分数。切盼有志之士共同交一份高分答卷。

如果说《大词典》编纂之始末,找始见书证和晚近书证,还有博闻强记的学问含量,那么时至四库全书等电子版纷纷面世的今日,其学问含量减少,技术含量渐多。而《订补》有的成文较早,有的成文较晚,既有学问,又有技术。其中的学问更在于它使《大词典》收词、义项更全,释义更准,释语更简,照应更周。《大词典》修订的前景辉煌灿烂,企盼词典学专家学者、爱好者、《大词典》的使用者共襄盛举。愿与志兵、红梅切磋琢磨,与众共之。

2006 年 3 月 31 日
芝罘海滨一隅

《英、日、法学习词典编纂研究》序*

2012年农历壬辰龙年夏至和闰4月后的端午节接连过去，一个嗷嗷待哺的老者收到一份营养美餐——于屏方、张科蕾、彭冬林、杜家利合著的《英、日、法学习词典编纂研究——兼论对汉语学习词典编纂的影响》书稿。虽状如嗷嗷，但不可饕餮。不能把美餐当大饼一样鲸吞，而必须把它当成白宫的法国糕点细细品尝。虽品多日，仍无餍足。每品一口，都有品后感，断断续续罗列如下。

一边品尝，一边回忆着跟几位作者难得的天赐机缘。十几年前，曾忝列师群，跟屏方、家利一起研读小作《词汇语义学》，回顾"汉语词汇史"，瞭望"语言学前沿"，翻译英文新著，撰写、汇报、讲评着读书笔记。尤其是于屏方的《词汇语义学》课程论文，我读后在脑海里闪出的第一句话就是"一个外语本科生进入语言学角色如此之快！"这就是灵气，即1％的因素，它调动着那99％。后来，本校学报发表了那篇"论文"，她的手写体第一次变成了印刷体。毕业论文更出色。当年她便考取了广外的博士生，受黄建华、章宜华、桂诗春、钱冠连等仙人指路，高论迭出：2007年《动作义位释义的框架模式研究》《基于抽象语义参数的词典类型与释义模式相关度分析》（收于《语言学论丛》，国外权威学者将其与《中国语文》《方言》并称为三个权威杂志），2008年《迷失与折返——海明威文本"花园路径现象"研究》，2010年《汉、英学习词典对比研究》，还有数篇颇有见地的论文。以上论著，都有杜家利的"一半"。此外，在其博士导师冯志伟的指导下，杜家利另有计算语言学宏论多篇。

张科蕾是作者中年龄最小的，反而是我认识最早的，早到摇篮和幼儿园时期。后来她到了北外和日本读书，见面机会就少多了，而就在这一时期她业务突飞猛进，以至于在读她的论文时，闪现在我眼前的第一句话竟是：她对术语系驾驭得如此之纯熟，对术语的运用如此之准确。这一特点，也自然反映在该书她所写的章节里。她的跃进，不仅植根于名校、名导、洋墨水，而且扎根于人品和学品双优、外语和汉语两栖学者之家。散发着"耕读传家久，诗书继世长"的门第书香。

---

* 于屏方、张科蕾、彭冬林、杜家利：《英、日、法学习词典编纂研究》，中国社会科学出版社，2014。

彭冬林是作者中年龄偏大的,反而是我认识最晚的,晚到 2005 年。那时,他是外研社汉语部主任。为了开拓新天地,他高屋建瓴地来约出汉语工具书和汉语词汇学理论书。不重视"理论",是出版商;重视"理论",是出版家。他确实出版了几本好词典,也出版了一些有影响的理论书,其中较有代表性的是"现代汉语词汇学丛书",我遵命厚颜奉上"丛书序",真是越老越不知道天高地厚。这前后,他频频礼贤下士:每到寒舍,必赐鲜花;每次开会,必到房间垂问。文如其人,越谦恭,越有真才实学。该书中法语学习词典部分,写得超乎常人见闻。

四位熟悉的学友,做了一方丈我不熟悉的洋糕点,恰好一边品尝,一边学习。舌尖和心尖都抢着要说话。

大作标题虽然长了点儿,但是主次分明,分寸得当,见地独到。

大作的结构是,以学习词典的宏观论述为大背景,以学习词典的微观论述为主体。宏观中只包括概况、类型、词表和外部信息(前、中、后置页)。微观中则详论语义、配例、用法、文化、模式及其现代化等等信息。

关于概况,作者画龙点睛:在词典类型学中,学习词典已经确立了自己的地位,形成了自己的系列、层级和品类。

关于类型,作者在词典普通类型(8 种)基础上,凸显了学习词典的特色类型(3 种):解码和编码(功用类)、内向和外向(用户类)、初阶、中阶和高阶(水平类)。值得注意的是,学习词典出现了新趋势,即以学习词典为中心的类型融合的趋势:普通语文词典兼容了学习词典的几个突出优点(例如新版《简明牛津》);学习词典的内向型兼容外向型,或者相反,或者两者融合;学习词典的增容趋势,增加百科信息、文化信息、模块和组装信息(例如搭配、句型、同义反义、词汇扩展[词族/类义])。

国外学习词典对我们有哪些启示呢?至少有十几点,而作者突出强调以下几点:1)"释义中心论"转向"用法中心论";2)"文化词典"转向"功能性词典";3)大型语料库的充分运用;4)实现解码能力,更注重提高编码能力;5)全方位、多角度地揭示词的语义、语法和语用信息;6)配例源于语料库,突出丰富性、典型性、样本性(语言输出样本);7)注重语言的交际功能及口语;8)由"语言本位"转向"用户本位"。此外,还应该有义项简化、细化,元语言简化等等。

已经出版的汉语学习词典,距离上述各点都有或大或小的距离。我们期待着多个系列理想的汉语学习词典的诞生。

全书关于学习词典的理论既有前沿的写照,也有自己的突破。关于释义个性、语法模式和语用特色的材料,有举例有定量。外语和汉语、释义和用法、解码和编码等等布局主次、轻重、缓急有序。

  总之,一桌洋糕点品尝完了,品尝的感想也只能写到这里,不能全部罗列,否则高明的读者会更耻笑我无知或一知半解。

  一边品尝洋式糕点的美味,一边本能地直感土人脾胃有点癖好。从"国标"高度看,书中对汉语的运用,在极少的地方,尚有毫厘之距。为了达到汉语运用的"国标",让我们一起细心读读吕老的晚近学术散文吧!纯属共勉!感谢作者给了我一次再奋勉学习的机会!

张志毅

农历壬辰龙年小暑

2012 年 7 月 7 日于遗野庐